8 Lk 3 1015 (7)

Paris
1890

Lalore, Charles

Cartulaire de l'abbaye de Montiéramey

Collection des principaux cartulaires du diocèse de Troyes

Tome 7

CARTULAIRE

DE L'ABBAYE DE MONTIÉRAMEY

COLLECTION

DES

PRINCIPAUX CARTULAIRES

DU DIOCÈSE DE TROYES

TOME VII

CARTULAIRE DE L'ABBAYE DE MONTIÉRAMEY

PAR M. L'ABBÉ CH. LALORE

Chanoine titulaire de la Cathédrale de Troyes
ancien Professeur de Théologie au Grand-Séminaire de cette ville
et Membre de la Société Académique de l'Aube

PARIS	TROYES
THORIN, RUE DE MÉDICIS, 7	LEOPOLD LACROIX
CHAMPION, QUAI MALAQUAIS, 15	RUE NOTRE-DAME, 83

1890

INTRODUCTION [1]

I

Le village de Montiéramey, dans lequel était située la célèbre abbaye qui lui a donné son nom, fait partie du canton de Lusigny, dans le département de l'Aube ; il est au sud-est de la ville de Troyes dont il est distant de 20 kilomètres environ, sa population actuelle est à peu près de 500 âmes.

La fondation de l'abbaye de Montiéramey se place au IX° siècle. Un prêtre du diocèse de Troyes, nommé Arrémare ou Adremare, voulant vivre dans la solitude, se retira à l'entrée d'une vaste forêt appelée le Der,

[1] M. Lalore est décédé le 29 mars 1890, mais nous devons dire que la composition de ce cartulaire, les recherches comme le classement des chartes sont entièrement son œuvre, l'impression en a été faite sous sa surveillance directe. Si ce travail, bien que l'impression date déjà de plusieurs années n'a pas été publié, le motif en est que M. Lalore s'était réservé de le faire précéder d'une introduction. Mais dominé comme il l'était par les devoirs du ministère sacerdotal et entraîné par les exigences des nombreux travaux qu'il s'était imposé, il n'a pu réaliser son désir ; la mort est venue le surprendre avant qu'il ait pu mettre la dernière main à son travail. Mort, hélas ! profondément regrettable à tous les points de vue ! Cette introduction, d'après certains propos, dont il nous souvient, devait comporter des développements étendus demandant travail

dans une contrée désignée sous le nom de *Mansus Corbonis* ou Meiz-Corbon. Alédramne, premier comte de Troyes, lui fit, en 837, l'abandon du lieu où était assis cet ermitage. Encouragé par ce bienfait et par l'autorisation de d'Adalbert, évêque de Troyes, Adrémare entreprit la fondation d'un monastère dédié à Saint-Pierre, apôtre, et auquel il donna le nom de *Nova Cella in Dervo*, pour le distinguer du monastère de Montier-la-Celle près Troyes appelé alors *Cella Antiqua*. Cette fondation fut solennellement approuvée par le pape Léon IV, en l'année 855, et le monastère prit alors le nom de Montier-Adremare, *Monasterium Adremari* ou *Monasterium Arremarense*, d'où est venu le nom actuel Montiéramey. Quelques années après, en 883, le roi Carloman, en confirmant les donations faites au couvent, accorda aux religieux le pouvoir d'élire leurs abbés, selon la règle de saint Benoît, sans l'intervention des comtes de Troyes ou de n'importe quel autre comte.

Il serait, sans doute, d'un grand intérêt de faire l'historique de cette abbaye qui a été une des plus

---

et recueillement. Sur quels points devaient porter ces développements ? Nous ne saurions le dire, aucune note ne s'est trouvée qui ait pu le révéler.

Si nous nous permettons de faire précéder l'œuvre de M. l'abbé Lalore de quelques lignes, ce n'est pas pour suppléer au travail qu'il aurait donné, nous n'avons pas cette témérité, mais nous avons pensé que certaines explications préliminaires étaient utiles ; nous avons essayé de les donner. Ensuite, comme nous avons trouvé aux Archives de l'Aube un document contenant le relevé des biens que possédait l'abbaye, et comme il est certain que ce relevé aurait été signalé par M. Lalore, nous avons cru qu'il était bien de le faire connaître, et nous n'avons pas hésité à le publier en entier à la suite de nos explications.

célèbre de l'ancien diocèse de Troyes, mais ce travail, pour être complet, nécessiterait des développements qu'il y aurait témérité de notre part à entreprendre. Au lecteur désireux de connaître et d'étudier cette histoire, nous indiquerons où il pourra trouver des renseignements en dehors de ceux contenus au cartulaire. Il devra consulter : 1° Les *Miscellanea historicæ* de N^{as} Camusat, f° 283 et suivants ; 2° *La Saincteté Chrestienne*, de Desguerrois, f° 219 et suivants ; 3° *La Topographie historique*, de Courtalon, t. III, pages 105 et suivantes ; 4° et surtout le *Gallia Christiana (nova)*, tome XII, province de Sens, diocèse de Troyes, pages 549 et suivantes.

Nous croyons encore utile de mentionner que dans les premières années du xiii° siècle, les bâtiments claustraux devenus insuffisants pour le nombre des religieux furent abandonnés, et un nouveau monastère ainsi qu'une nouvelle église furent construits dans de plus vastes dimensions et dans un site plus voisin de la rivière la Barse. Ce nouveau monastère et son église furent, à l'époque de la révolution, déclarés biens nationaux, vendus et démolis ; les constructions qui subsistent encore aujourd'hui ne sont que des xvii° et xviii° siècles. L'église conventuelle qui existait à l'époque de cette translation est devenue l'église paroissiale de Montiéramey, plusieurs de ses parties primitives, construites dans le style du xii° siècle, subsistent encore. Pour leur description on peut consulter : 1° le *Voyage archéologique dans le département de l'Aube*, de M. Arnaud, page 118 ; 2° *Le Répertoire archéologique dans le département de l'Aube*, dressé par M. d'Arbois de Jubainville, page 116, et la *Statistique monumentale du département de l'Aube*, par M. Charles Fichot, t. II, pages 343 à 347.

II

A ces indications préliminaires, nous croyons indispensable d'en ajouter d'autres sur les sources où l'auteur du cartulaire a été puiser pour la composition de son travail. Bien qu'en fin de chaque document reproduit dans le cartulaire on en fasse connaître la provenance, il nous a semblé nécessaire pour en faciliter l'intelligence d'entrer dans quelques courtes explications.

Un certain nombre de bulles et de chartes originales existent encore aux Archives de l'Aube, nulle difficulté en ce qui les concerne.

D'autres documents déjà publiés sont relevés dans les ouvrages des auteurs qui les ont fait connaître, les ouvrages où se trouvent ces documents sont indiqués, nulle difficulté également pour se rendre compte de la provenance de ces documents.

Restent enfin les documents provenant des divers cartulaires de l'abbaye. Trois cartulaires sont signalés. Un premier cartulaire indiqué sous l'expression *Vieux cartulaire*, ne doit plus exister, il comprenait les chartes les plus anciennes, notamment celle de 837, on est sans renseignements ni sur l'époque à laquelle il a pu être écrit, ni sur son étendue, ni sur les causes de sa disparition, il ne nous est connu que par la citation qui en est faite comme document très ancien par

Pithou dans son ouvrage *Les coutumes de Troyes*, édition 1609, et par André Duchesne, *Histoire de la maison de Vergy*, *Preuves*. Deux cartulaires existent encore. Le premier se trouve aux Archives de l'Aube ; c'est un petit in-4° contenant 24 folios parchemin, l'écriture est celle du xiii° siècle, la charte la plus ancienne est datée de 1100. Ce cartulaire est malheureusement dans un état de conservation déplorable, il a été rongé par les rats, il est pourri par l'humidité et une grande partie de ses folios est enlevée ; cependant il a encore pu être utilisé, c'est celui qui est indiqué sous la lettre A. Le second des cartulaires qui existent encore, se trouve à la Bibliothèque Nationale à Paris (fonds latin), n° 5432 (1). C'est un in-4° écrit au xiv° siècle, il commence en 1120, c'est celui qui est indiqué sous la lettc B.

III

Les propriétés, les privilèges, les bénéfices que l'abbaye de Montiéramey avait possédés ont été d'une grande importance. Dès les premières années de sa fondation, cette abbaye fut enrichie par de nombreuses

(1) Dans les *Archives Historiques du département de l'Aube*, page 154, M. Vallet de Viriville mentionne une lettre de 1688 qui fait connaître que le cartulaire de Montiéramey est à la bibliothèque du Roi et que les pouillés et autres pièces concernant cette abbaye, de 1560 à 1570, ont été déposés à la Bibliothèque de Saint-Germain-des-Prés, et ce du temps du cardinal de Bourbon, archevêque de Rouen et abbé commandataire de l'abbaye de Montiéramey. On s'explique ainsi la présence de ce cartulaire à Paris.

libéralités dues à la piété des souverains pontifes, des évêques, comme celle des rois et des plus grands seigneurs. Un pouillé conservé aux Archives de l'Aube (carton 6, H. 2) fait connaître les principaux biens de l'abbaye. Ce document n'est pas daté, il est vrai, mais il porte trois signatures dont celle du vicaire général de l'abbé et celle du secrétaire du chapitre des moines, il semble donc présenter de réelles garanties de véracité. L'écriture est celle du xvie siècle. Malheureusement la vétusté a altéré le papier sur lequel il est écrit et dans quelques endroits ce papier est troué et l'écriture manque. Sur la chemise du dossier, dans lequel se trouve ce pouillé avec d'autres listes des propriétés plus ou moins complètes, est écrit un résumé des propriétés de l'abbaye. Ce résumé est daté de 1625, il mentionne que dans un ancien pouillé, signé, se trouvent : 5 offices claustraux, 13 prieurés et la chapelle Saint-Hilaire à Villy-en-Trodes, 19 cures dans le diocèse de Troyes, 13 dans le diocèse de Langres, la chapelle Saint-Georges à Pargues, la chapelle Saint-Jean-Baptiste à Chaource ; dans le diocèse d'Autun : la cure de Savigny et le prieuré de Bèze uni à la manse abbatiale ; le tout à la nomination de l'abbé de Montiéramey ; plus 3 cures au diocèse de Besançon auxquelles l'abbé nommait autrefois.

Nous donnons la copie entière de cet ancien pouillé.

[BENEFICIA SPECTANTIA] AD COLLATIONEM NOMINATIONEM [ET PRESENTATIONEM DOMINI] ABBATIS ARREMARENSIS ORDINIS [S^{ti} BENEDICTI] (1).

IN TRECENSI DIOCESI
OFFICIA CLAUSTRALIA MONASTERII ARREMARENSIS

Præpositura
Thesau[ra]ria seu sacristia
Infirmaria
Elemosinaria
Cantoria.

PRIORATUS IN TRECENSI DIOCESI

Prioratus Sancti Michaelis de Cappis (2).
Prioratus Sancti Petri de Dervo.
Prioratus Sanctæ Theodosiæ
Prioratus de Angledura
Prioratus Sanctæ Mariæ de Partu, vulgo dicitur : *Rainfroissard*
Prioratus Sancti Joannis de Castro, in urbe Trecensi, unitus est abbatiæ.

PRIORATUS IN LINGONENSI DIOCESI :

Prioratus Sancti Salvatoris
Prioratus de Pargiis

---

(1) Les mots placés entre crochets manquent par suite de la pourriture du papier.

Ce titre a été rétabli d'après une copie de ce pouillé écrite fin du xvie siècle.

(2) Ce prieuré est indiqué sous le vocable de Saint-Michel, cependant dans les documents publiés dans le cartulaire et tous antérieurs à 1237, le vocable sous lequel il est énoncé est celui de : *Beatæ Mariæ de Capis* et l'église prieurale, qui se trouvait *in castro*, est bien sous le même vocable *Beatæ Mariæ*.

Prioratus de Vivariis
Prioratus de Fayllo
Prioratus de Lentisco
Prioratus de Marchota
Prioratus de Insula alias de *Moté en Isle*.
Capella Sancti Hylarii prope Villiacum in Trodis.

VICARIÆ PERPETUÆ SEU ECCLESIÆ PARROCHIALES,
IN DIOCESI TRECENSI.

Ecclesia dominæ Virginis Mariæ Arremarensis cum suo succursu de Monsterolio

Ecclesiam (sic) Sancti Petri de Clareyo, alias *de Clerey* cum suo succursu de Francyo (1)

Ecclesia Sancti Joannis [et Sancti Lupi] de Cappis

Ecclesia Sancti Martini [in vineis] prope Trecas

Ecclesia de Gigneio et Buceio

Ecclesia de Curte Argentea, alias de Courtrangiis

Ecclesia Sancti Martini de Ruliaco

Ecclesia Sanctorum Gervasii et Prothasii de Angledura

Ecclesia Sanctæ Mariæ de *Brando[n]villiers*

Ecclesia Sancti Christophori de Hancuria

Ecclesia de *Somsois*

Ecclesia S[ancti] Vinebaldi de Magnicuria

Ecclesia Sancti Mauricii de Nogento super Albam cum suo succursu de *Cocloix*

Ecclesia Sancti Martini de Donno Martino

Ecclesia de Palo et Dervo

Ecclesia de Folliis et Francyo

(1) Cet article est en entier d'une autre écriture et d'une autre encre, mais il paraît écrit à la même époque.

Ecclesia Sanctæ Mariæ de Pulchro Visu (1)
Ecclesia de Noiis prope Trecas
Ecclesia de Burriis, est succursus de Monsterolio (2)
Ecclesia domni Andræ apostoli de Magnillo Sancti Petri.

Vicariæ perpetuæ seu ecclesiæ parrochiales, in Lingonensi diocesi.

Ecclesia Sancti Remigii de Marollis cum suis succursibus, nimirum Sanctæ Mariæ de Calido Furno et Sancti Laurentii de Villiaco.

(1) En marge est écrit *nulla est*. Cependant, dans le diocèse de Troyes, à Chappes, ou près de Chappes, existait antérieurement à 1206 une église ou chapelle sous le vocable de *Sancte Marie de Bello Visu* ou de *Pulcro Visu*. Cette église est encore nommée dans une charte (page 271) *Ecclesia Beate Marie Magdalene apud Bellum Visum*, auprès se trouvait le cimetière de Chappes. Cette église certainement faisait partie des bénéfices de l'abbaye de Montiéramey. Le château, qui était une place importante, a subi lors de la guerre de *Cent ans* plusieurs sièges. Ses fortifications, qui furent relevées en 1346 avec de grands développements, s'étendirent sur les propriétés du prieuré « devers le chemin de *Belvoir* » (page 393). Probablement cette église aura été détruite à cette époque, telle serait la raison de la mention *nulla est*. Il y a lieu de faire encore remarquer que dans une liste succincte des bénéfices de l'abbaye, sans date, mais semblant écrite par la même main que celle qui a écrit le résumé de 1625, on a substitué à l'article annulé le nom de « Beauregard, uni à Marolles et à Villy-en-Trodes ». Beauregard est un hameau près de ces deux communes, il dépendait de l'ancien diocèse de Langres. Un lien quelconque a-t-il existé entre l'ancienne église *de Bello Visu de Capis* et Beauregard, au diocèse de Langres ? On ne saurait le dire, mais on croit utile de signaler ces diverses mentions.

(2) Cet article est barré, on a écrit en marge *nulla est* : mais la liste des bénéfices dressée au XVIIe siècle, maintient Bures uni à Montreuil, aussi l'église de *Pulcro Visu* étant supprimée, c'est bien 19 cures qui sont dans le diocèse de Troyes, ainsi qu'il est indiqué dans le résumé de 1625, dont il a déjà été fait mention.

Ecclesia Sancti Martini de *Sefons*
Ecclesia Sancti Laurentii de Frigida Valle
Ecclesia Sancti Petri de Longo Prato
Ecclesia Sancti Joannis de Cadusia cum suis succursibus Sanctæ columbæ de Manso Sancti Roberti (1), de Pargis
Ecclesia de Lochiis cum suo succursu de Landrevilla
Ecclesia Beate [............] Visu (2)
Ecclesia de Balen[o *la Grange*] prope Cadusiam
Ecclesia Sanctæ Mariæ de Coperto Fonte.
Ecclesia Sanctorum Salvatoris et Petri cum suo succursu Sancti Martini de Pommeyo
Ecclesia Sanctæ Mariæ de *Montignon*
Ecclesia Sancti Victoris de Chareveyo
Ecclesia Sanctæ Mariæ de ...... alias *Chuges*
Ecclesia de Arsiaco
Ecclesia de Fayllo (3)

(1) Lisez : *de Manso Roberti*.

(2) Deux mots manquent en cet endroit par la pourriture du papier. Doit-on lire *Bello* ou *Pulchro Visu* ? C'est ce qui semble être la vérité. Dans ce cas, est-ce de Beauvoir ou de Beauregard qu'il s'agirait ? La cure de Beauvoir au diocèse de Langres, suivant le pouillé de ce diocèse publié par M. Vouriot, est à la présentation de l'évêque, elle ne saurait être un bénéfice de l'abbaye. A-t-on voulu indiquer Beauregard près Marolles-lès-Bailly et Villy-en-Trodes ? C'est possible, mais on doit faire remarquer que dans la liste du xvii° siècle et notamment dans deux autres listes, incomplètes il est vrai, et écrites au xvi° et xvii° siècle, on a substitué au lieu et place de *Bello* ou *Pulchro Visu* le nom de Galluard (alias) Walluart. Ce nom, suivant trois bulles publiées aux pages 34, 37, 51, serait celui d'une paroisse du diocèse de Langres sous le vocable de *Sancte Marie de* Gallnart, alias Walluart. Nous n'avons pu trouver cette localité. Nous signalons ces différentes indications sans prétendre les expliquer.

(3) Dans le résumé des bénéfices de 1625 on indique 13 cures

Capella Sancti Georgii de Pargis spectat ad omnimodam collationem abbatis Arremarensis

Capella Johannis Baptistæ in ecclesia de Cadusia, in dubio est an ad abbatem an ad dominum de *Chesley* attineat, ad minus est alternativa.

In diocesi Eduensi

Ecclesia Sancti Cassiani de Savigniaco prope Belnam
Est in eodem diocesi prioratus Sancti Mauricii de *Beez* abbatiæ unitus.

In diocesi Bisuntinensi.

Olim erant subscriptæ ecclesiæ parrochiales spectantes ad presentationem abbatiæ Arremarensis ; nunc autem nihil juris saltem in possessorio,

Hæ sunt :
Ecclesia de Sarmagia
Ecclesia Sanctorum Mariæ et Johanne de *Salve*
Ecclesia Sancte Mariæ de Capellis.

> *Suivent trois signatures dont celles de Charles Lemaire, vicaire général de l'abbé, et de Deherisson, secrétaire du chapitre des moines.*

Le pouillé dont on donne la copie constate que dans le diocèse de Besançon il se trouve trois églises pa-

seulement pour le diocèse de Langres, et cependant on en mentionne 15 dans le pouillé ; même nombre se trouve dans la liste du xviie siècle.

roissiales qui sont à la présentation de l'abbé de Montiéramey, mais sur lesquelles, en fait, aucun droit n'était exercé. La liste des bénéfices du xviie siècle, dont on a déjà parlé, confirme cette indication en mentionnant qu'il y a encore 10 cures au diocèse de Besançon, « cures auxquelles l'abbé n'a pas nommé depuis longtemps ». Au nombre de ces cures se trouvent celles désignées au pouillé.

Voici les noms de ces dix cures tels qu'ils sont orthographiés sur cette liste. Quelle que soit la différence dans cette orthographe, on retrouve facilement les noms sous lesquelles ces paroisses sont indiquées dans le cartulaire.

Ecclesia Sancti Petri de Broyes ou Broies.
Ecclesia de Perigniaco ou Perygné.
Ecclesia Sancti Martini de Toneriaco seu Chuciaco ou Tincey.
Ecclesia Sancte Marie de Calmis ou Sainte-Marie-en-Chaux.
Ecclesia Sancti Leodegarii de Brusiliaco.
Ecclesia Sancti Desiderii de Barro ou Barz.
Ecclesia Sancti Petri de Samargis ou Sermanges.
Ecclesia Sancte Marie de Capellis ou *de Campellis.*
Ecclesia Sancte Marie et Sancti Johannis de Saluos ou Saluez ou Salueth.
Ecclesia Sancti Remigii de Nova Villa.

L'abandon des droits de l'abbaye sur ces églises s'explique, d'une part par, leur éloignement de Montiéramey à une époque où les communications étaient peu faciles et, d'autre part, par les difficultés que l'exercice de ces droits avait dû rencontrer lors de la formation du comté de Bourgogne, à la fin du xe siècle, laquelle avait placé les contrées où étaient situées ces églises sous une autorité étrangère et souvent hostile à la France.

LÉON P.

Septembre 1890.

CARTULAIRE

DE MONTIÉRAMEY

1. — 837.

Quidam religiosus presbyter, Adremarus territorii Tricassium, in urbe eadem ab ineunte etate sancte religionis institutionibus educatus atque informatus, assentiente pusillis nisibus memorate urbis antistite Adelberto, locum quemdam remotioni aptissimum, ab eadem decem ferme millibus distantem elegit, ac munificentia religiosi comitis Aledramni adeptus est in silva, que vulgo vocabulo Dervus dicitur, super fluvium Barsam, sub mensura videlicet perticarum accingarum in longitudine quingentarum, in latitudine ducentarum vigenti, qui equis partibus eodem fluvio interfusus ; in quo cellam in memoria beatissimi Petri, apostolorum principis, construxit : hac tantum pensione taxata, ut annua beati Petri apostoli festivitate XX denarios partibus comitis ejusdem civitatis persolvere non detractet, quatenus hoc obsequio, quia comitis fuerit, dignoscatur. Anno ab Incarnatione Domini octingentesimo tricesimo septimo, indictione vero XV, anno XXIII imperii Hludovici, christianissimi imperatoris. In nomine Domini, Adelbertus, episcopus, privilegium a me factum consensi. Signum Aledranni, comitis, qui hoc privilegium fieri rogavit et consensit. Frotarius, episcopus Tullensium. Ado, episcopus Namctentium. Vacardus, Noungensis episcopus. In Dei nomine Joseph, episcopus Auriensis. *Vieux Cartul. de Montiéramey*, cité par Pithou ; *les Coutumes de Troyes*, p. 510, éd. 1609. — *Gallia Christ.*, t. XII. Instr., p. 247.

2. — 25 avril 854 ou 855.

Invocation monogrammatique : *Amen* répété, en notes tironiennes. In nomine Sancte et Individue Trinitatis. Karolus, gratia Dei rex. Si sacrosanctis locis divino cultui mancipatis, ibidemque Deo famulantibus reverendis viris assensum nostre amplitudinis, secundum quod ipsi petierint, vel necesse habuerint, clementer prebemus, regiam consuetudinem exercemus, et divini muneris gratiam ob hoc facilius nos adepturos Xpristo propitio non dubitamus. Itaque notum sit omnibus fidelibus sancte Dei Ecclesie et nostris, presentibus scilicet atque futuris, quia karissimus nobis atque satis dilectissimus Odo, vir inluster, comes, ad nostram accedens serenitatem, innotuit, qualiter tempore predecessoris sui Aledranni, quondam fidelis comitis nostri, ex comitatu Tricasino per licentiam venerandi pontificis Tricasino civitatis Adalberti et ejusdem predicti Aledramni quidam religiosorum virorum Adremarus, reverendus Dei sacerdos, in eodem pago in silva, que dicitur Dervus, super fluvium Barsam, petierit sibi locum et licentiam dari ad exartandi sive concidendi atque emundandi sive procurandi tanti spacii terram ad edificandam ibi cellam ceteraque edificia, vel laborum fructus circa excolendos, que per girum undique inter terram arabilem et silvam cingitur, perticarum ancingarum in longitudine quingentarum, in latitudine ducentarum viginti. Unde obtulit una cum ejusdem loci reverendis viris auctoritatem privilegii episcopalis servandam, eorum venerabilimus manibus subterroboratam, atque ejusdem Aledramni scripto firmatam. Sed pro integra firmitate petiit celsitudinem nostram, ut idem privilegium nostro auctoritatis precepto plenius confirmare dignaremur. Cujus ergo exaudibiles preces clementer excipientes, hoc auctoritatis nostre preceptum fieri jussimus, per quod precipimus atque firmamus, ut, sicut in eodem privilegio plenius laciusque continetur, sic nostris ac futuris temporibus firmiter inviolabiliterque maneat inconvulsum, eo videlicet modo : ut post excessum ejusdem venerabilis patris Adremaris, potestatem habeant, superstites ejus qui fuerunt, ex sese ejusdem loci prestituendi atque eligendi sibi secundum regulam sancti Benedicti absque alicujus comitis interrogatione, salva monastice regule auctoritate, ad consensum proprii loci, abbatem. Et annis singulis volumus, sicut in eorum privilegio continetur, ut partibus comitis, quia de suo jure ipse res quondam fuisse noscuntur, in festivitate sancti Petri argenti denarios viginti ejusdem loci abba persolvat, remota omnis inquietudinis contrarietate vel obpugnatione. Et ut hec munificentie nostre auctoritas firmior habeatur, et per ventura tempora diligencius a Dei fidelibus conservetur, de anulo nostro subter eam jussimus sigillari. Signum Karoli (Monogramme) serenissimi regis. (Invocation monogrammatique : *Amen,* en notes tironiennes.) Gislebertus, notarius, ad vicem Hludoici recognovit et subscripsit. (Ruche : Odo, comes inluster, en notes tironiennes. — Place du sceau détruit) Data VII kalendas maias, indictione III, anno XIIII regnante Karolo, gloriosissimo rege. Actum Adtiniaco, palatio regis, in Dei nomine feliciter. Amen. — Archiv. de l'Aube, *Origin.* (Les notes chronologiques ne concordent pas.)

3. — 855.

Leo, episcopus, servus servorum Dei, reverendissimo et sanctissimo Prudentio, Tricassino episcopo, salutem. Cognoscat prudentia sanctitatis tue, qualiter hic religiosus Adremarus monachus cum monachis suis cum summa devotione, ad laudem et gloriam sancte Trinitatis et remedium anime sue, suorumque omnium, in honorem beati Petri, apostolorum principis, seu et sancti Leonis, ejusdem vicarii,

Pape, monasterium desiderat consecrare, et situm et structuram ejus sancti cenobii in rebus juris dicti beati Petri, apostoli, que ejus vero sunt, fundare ac construere. Que res predicto Guidoni, generosissimo comiti, per preceptum pontificale donate sunt. Quam ob causam jubemus, ac hortamur sanctitatem tuam, ut quando ab illius monasterii predictis monachis fueris cum humilitate postulatus, illuc accedere debeas et locum quem vobis significaverit, ipsas illic reliquias supranominatorum sanctorum, quas a nobis accepit, eo tenore et conditione recondas atque consecres, ut semper ac perpetualiter sub jure ac potestate sancte nostre Romane ecclesie jam fatum monasterium consistat atque permaneat. Sanctitatem tuam omnipotens Deus incolumem custodiat. Frater, bene vale. Baronius, *Annal. eccles.*, ad an. 855 n. 13.

4. — 15 mars 864.

In nomine Sancte et Individue Trinitatis. Karolus Dei gratia rex. Cum ecclesiarum Dei honorem et stabilitatem procuramus, servorumque ejus justis petitionibus obtemperamus, ad presentis vite cursum felicius transigendum, necnon etiam ad eterne remunerationis premium id nobis profuturum non diffidimus. Igitur noverit omnium sancte Dei Ecclesie fidelium, nostrorumque presentium ac futurorum industria, quia veniens carissimus avunculus noster Radulphus, comes, humiliter petiit magnificentiam nostram, divino ductus amore, quatenus sanctis fratribus sub monastico ordine in cellula, qui Dervus vocatur, super fluvium Barsam a quodam viro religioso Adremaro nomine quondam initiata, atque in honore beati Petri apostolorum principis fundata, Xpisti obsequiis militantibus, liberalitatis nostre gratia conferremus stirpes, vel ut vulgo dicitur exartes quosdam, quos ex rebus Tricassinensis comitatus ipsi proprio labore de heremo ad agriculturam perduxisse noscuntur : siquidem res ipse his conlaterationibus disterminantur, id est ex uno latere fluvio Barse vel *Barsith*, ex altero sylva Clarascense, ex una fronte stirpe eorumdem monachorum, et ex altero sylva communi ex potestate Sancti Petri de Valleclusa vel Sancti Lupi : intra has conterminationes constat habere ejusdem conterritorii in longitudinem perticas CXX et in latitudinem LX : cujus petitionem ratam anime nostre et salutiferam cognoscentes, libenti animo suscepimus et placabiliter eidem adquievimus. Unde hoc celsitudinis nostre preceptum ob eternorum renumerationem premiorum memoratis sanctis fratribus fieri, darique jussimus, per quod prefixas res omnes ad eorum dumtaxat necessarios subministrandos usus liberalitate regia conferimus, atque ad habendum firmissimo jure et pro libitu eorum ordinandas presenti auctoritate confirmamus, quatenus, illarum sumptibus sustentati, nostri nominis memoriam in sacris orationibus frequentare non desinant. Et, ut hec nostre largitionis auctoritas majorem in Dei nomine per futura tempora obtineat vigorem, anuli nostri impressionne subter eam jussimus sigillari. Gauzlemus, notarius, ad vicem Ludovici recognovit. Datum idibus martii, indictione XII, anno XXIV regnante Karolo, rege. Actum Compendio palatio, in Dei nomine feliciter. Amen. — Archiv. de l'Aube, *Copie*.

5. — 19 avril 871.

In nomine Sancte et Individue Trinitatis, Karolus Dei gratia Rex. Regalis celsitudinis mos est fideles regni sui donis multiplicibus et honoribus ingentibus honorare atque sublimare. Proinde morem predictum regium videlicet predecessorum nostrorum sequentes, libuit celsitudini nostre quibusdam monachis in Tricassino de monasterio Sancti Petri quod nunc Nova Cella dicitur, de quibusdam rebus proprietatis nostre honorare atque sublimare. Itaque noverit experientia seu industria omnium sancte Dei Ecclesie fidelium, nostrorum tam presentium quam futurorum, qui concedimus ad proprium prefato monasterio quasdam res in pago Tricassino, id est campum unum in villa que vocatur Tanoclaria unde etiam altitudinis nostre preceptum hoc fieri illisque dari jussimus, per quod prefatas res, cum omnium rerum integritate totum et ad integrum prefatis monachis in proprium concedimus et de nostro jure in jus illorum solemni more transferimus, eo videlicet modo ut quidquid ex predictis pro sua utilitate facere decreverant libero in omnibus potiuntur arbitrio, faciantque sicut ex reliquis rebus illorum proprietatis, ut autem hec nostre donationis authoritas firmior habeatur, et per futura tempora melius conservetur annuli nostri impressione sigillari jussimus. Ciffredus ad vicem Goyleni relegit. Data XIII kalendas maii, indictione II. Actum in monasterio Sancti Dionisii, anno XXXI regnante Karolo gloriosissimo rege nostro in Dei nomine feliciter. — Amen. Archiv. de l'Aube, *Copie.*

6. — 25 octobre 877.

In nomine Sancte et Individue Trinitatis. Karolus, imperator augustus, pro eterni regis amore dedit fideli suo Roberto villam Cadusiam, que est in pago Tornodrinse, cum omnibus rebus ad se pertinentibus, scilicet tam in mancipiis utriusque sexus, quam silvis, pratis, pascuis, aquis, aquarumve decursibus ; et, eo donante, precepit Odoni, comiti, fratri Roberti, consignare vel tradere. Predictus vero comes Odo cum Tournodrinsis ejusdem ville pagensibus subternominatis, jam fato Roberto publiciter tradidit, in vice domini Karoli, imperatoris, ad possidendam, habendam, tenendam, vendendam, dominandam, vel cui voluerit derelinquendam. Data et traditio facta VIII kalendas novembris, indictione XI. Hec sunt nomina de pago Tornudrinse qui ad ham traditionem adfuerant : Bertraldus, Ardebertus, Bertaldus, Franco, Sarebertus, Frederius, Valtorus, Bernardus, Elbertus, Bobinus, Arorardus, Ingelbodus, Boso, Adilo. — Archiv. de l'Aube, *Copie*. D'Arbois de Jubainville, *Voyage paléogr. dans le département de l'Aube*, p. 67. L'indiction XI est sans doute l'indiction constantinienne.

7. — 16 septembre 878.

Johannes, episcopus, servus servorum Dei, filio Rotfredo, religioso abbati de cenobio Sancti Petri, sito in loco, qui vulgo vocatur Mansus Corbonis, et nunc Nova Cella, in territorio Tricassino, in regno Burgundiorum, successoribusque tuis in perpetuum. Convenit enim nostrum pontificium, ut quanto supra universos eminet dignitate, tanto magis eniteat pre omnibus serenissima pietate: quatinus, cum illi est licere, quod misericorditer libet, qualiter libitum sit, ex utraque parte pium illi decernere decet. Immo postulastis a nobis, ut prefatum monasterium sine ecclesiastico sineque publico munere aliquo sub nostra Apostolica persisteret tuitione. Nos vero vestram religiositatem intelligentes, cum apud Trecas synodum pro universarum Dei ecclesiarum negociis celebraremus, statuentes volumus, Apostolicaque auctoritate firmantes decernimus, ut nullus episcoporum nullusque minister publicus vel officialis eorum aliquando ex hoc monasterio vel ex quibuscumque prediis ipsius decimas exigat, aut censum aliquem super eodem exposcat, exceptis illis XX denariis, quos in festo beati Petri ipsius ter ritorii comiti dare debetis. Sed cuncta, que ibi oblata sunt vel offerri contigerit, tam a vobis quam ab eis, qui in eodem loco in officio abbatis vel conversatione religiosa succrescunt, seu qui pro anime sue remedio ibidem oblationes suas obtulerint, a presenti tempore illibata et sine inquietudine volumus et Apostolica auctoritate possidere sanccimus. Itemque constituimus, ut, obeunte abbate predicti monasterii, non alius ibi quacumque obreptionis astutia ordinetur, nisi quem consensus monachorum secundum timorem Dei et institutionem regularem sancti Benedicti elegerit. Hoc quoque capitulo presenti subjungimus, ut locum avaricie recludamus, nullum de regibus, nullum de sacerdotibus, vel quemcumque fidelium, per se suppositamve personam, de ordinatione ejusdem abbatis vel clericorum aut presbiterorum, vel de largitione xpismatis, aut consecratione basilice, aut de quacumque commoditate spiritualis aut temporalis obsequii, sive quibuscumque causis ad idem monasterium pertinentibus, audere in auro, vel alia qualibet strene commoditate, vel exenii loco quicquam accipere, neque eundem abbatem ordinationis sue causa dare presumere, ne occasione ea, que a fidelibus pio loco offeruntur aut jam oblata sunt, consumantur. Neque episcopus civitatis ipsius parrochie, nisi ab abbate ipsius monasterii invitatus, ibidem publicas missas agat, neque stationes in cenobio eodem indicat, ne servorum Dei quies quoquo modo populari conventu valeat perturbari : neque paratas aut mansionatus exinde presumat exigere. Susceptionem autem fidelium et religiosorum ac benefacientium et facultatum non modo ibidem gratis fieri denegamus, verum etiam suademus. Si quis vero sacerdotum, judicum atque secularium personarum, hanc constitutionis nostre paginam agnoscens, contra eam venire temptaverit, potestatis honorisve sui dignitate, percussus Apostolico anathemate, careat, reumque divino judicio se existere de perpetrata iniquitate cognoscat, et, nisi vel ea que ab illo sunt male ablata restituerit, vel presumpta correxerit, vel digna penitentia illicita acta defleverit, a sacritissimo corpore Dei Domini ac redemptoris nostri Jhesu Xpisti alienus fiat, atque in eterno examine districte ultioni subjaceat. Cunctis autem eidem loco justa servantibus sit pax Domini nostri Jhesu Xpisti, quatinus et hic fructum bone actionis recipiant et apud districtum judicem premia eterne pacis inveniant. Scriptum per manum Georgii, scriniarii sancte Romane ecclesie, in mense septembrio, indictione XII († Bene valete †), XVI kalendas octobris. Datum per manum Walperti, humillimi episcopi sancte Portuensis ecclesie, anno Deo propitio pontificatus domini nostri Johannis, summi pontificis et universalis pape, in sacratissima sede beati Petri, apostoli, sexto. — Archiv. de l'Aube, *Copie XVe s.* et autres.

8. — 25 juillet 879.

Ego Boso, Dei gratia id quod sum, necnon et dilecta conjux mea Hirmingardis, proles imperialis..., In pago Laticence mansum indomnicatum in villa, que Lentiscus vocatur, cum omnibus ibi aspicientibus.... Ego in Dei nomine Boso hanc cartam donationis subscripsi et firmare rogavi. Hirmengardis, proles imperialis, consensi : Signum Richardi, comitis..... Ego Stephanus, archicancellarius, jubente inclyto et illustri viro domno Bosone, sive conjuge ejus domna Hirmengarde, hanc cartam scripsi et subscripsi. Datum XIII kalendas augusti, anno Incarnationis Domini nostri Jhu Xpisti DCCCLXXVIIII, anno I post obitum Hludovici, gloriosissimi regis, in Dei nomine feliciter. Amen. — *Vieux Cartul. de Montiéramey*, ap. Duchesne, *Hist. de la Maison de Vergy*, Preuves, p. 12.

9. — 18 octobre 882.

Pithou dans son *Bref recueil des évêques de Troyes*, cite le *Vieux cartulaire de Montiéramey* dans lequel se trouvent plusieurs transactions entre Bodon qui s'intitule « Bodo sancte Auguste Tricassinorum episcopus » ou « Trecorum ecclesie episcopus » et l'abbaye de Montiéramey. Le roi Carloman ayant donné à l'évêque de Troyes quelques droits à Nogent-sur-Aube et le comte Robert lui ayant donné Villy-en-Trode, l'évêque abandonna aux religieux de Montiéramey les nones et les décimes de Nogent et de Villy. L'un de ces titres porte : « Actum Auguste Trecorum civitate publice sub die XV kalend. decembris anno IIII regnante domno Karolo in Dei nomine feliciter. » Dans ce titre on lit : « Ego Bodo, monachus quondam, quidem abbas, nunc autem Domino largiente, episcopus. » *Les Coutumes de Troyes*, p. 513, éd. 1609.

10. — 20 février 883.

I[hesus] XP[istus] (Invocation monogrammatique). In nomine Domini Dei æterni et salvatoris nostri Jhesu Xpisti. Karlomanus gratia Dei rex. Si petitionibus servorum Dei aurem nostræ pietatis accomodamus et eorum utilitatibus consulimus, Deum omnipotentem super hoc retributorem habere confidimus. Qua de re notum esse volumus omnium sanctæ Dei æcclesiæ, nostrorumque tam præsentium quamque futurorum industriæ, quoniam post obitum Sadraberti, venerabilis abbatis, ad nostram accedentes clementiam monachorum postulationes per intermissionem Hugonis, abbatum venerabillimi, humiliter petierunt, ostendentes avi et patris nostri præ manibus præcepta, divarum recordationum Karoli silicet augusti, ac Lhudovici pii, genitoris ac piissimi regis, in quibus continebatur, quemammodum avus et pater noster monasteriolum in pago Atoariensi, quod quondam Alfa vocabatur, ob perpetuam sui mercedem in honore sancti Salvatoris fundatum, ex rebus suarum proprietatum ditaverunt. Rotfridum abbatem ex Manso Corboni, qui Cella Nova dicitur, virum strenuum, inibi diebus suis præfecerant. Deprecati ergo sunt antedicti loci monachi regiam celsitudinem nostram, quatinus idem monasteriolum ob recordationem avi et genitoris nostri, seu avæ et genetricis, sub immunitate nostra susciperemus, et precepto nostræ auctoritatis, quicquid ibi a præfato avo et genitore nostro collata erant, confirmaremus; et quia dudum Sadrebertum abbatem, virum Deo dignum, perdiderant, humiliter petierunt, ut loco ipsius abbatem nomine Rotfridum inibi statueremus, quem ipsi moribus et vita probabilem testantur. Quorum præcibus, quia juste et rationabiles erant, libenter adquiescentes, statuimus et confirmavimus præcepta avi et genitoris nostri ; et abbatem, Rotfridum videlicet, quem ipsi postulaverunt, ipsi loco et congregationi præfecimus, et Alfa monasterium ibi cum omnibus appendiciis subdidimus; necnon et res quæ per largitionem avi et patris nostri ibi collatæ sunt ; sicut in preceptis ipsorum continetur : eo videlicet modo et tenore, ut predictus abba Rotfridus idem monasterium, necnon et sui monachi ac familia ipsorum cum omnibus sibi legaliter respicientibus, sub mundeburdo et tuitione nostra, ita auctoritate testamenti regiæ dignitatis nostræ corroborata, perpetualiter maneant ut nullus alterius loci monachum in eorum cœnobio mittere præsumat nec aliquem infra eorum congregatione ministerialem facere, nisi ex ipsis qui regulariter ibi sunt ab infantia nutriti, et secundum sancti Benedicti institutionem, ex sese, non ex aliis habeant eligendi licentiam abbatem. Statuimus autem, ut neque comes neque alia judiciaria potestas, ad quælibet loca, id est comitatus, civitates sive mercata in regno nostro, pro suis necessitatibus ipsi aut familia ipsorum exierint, ab eis trabaticum aut portaticum, aut rotaticum, aut cespitaticum, aut mansionaticum, vel salutaticum, aut aliquod obsequium sive redibitionem, exceptis in hoc l[o]c[is] [in] q[ui]b[us] p[er] p[re]c[e]p[ta] nostra concessimus ut accipiantur, recipere vel exactare ullatenus [præ]sumant ; quiete et secure per omnia, quatinus pro nobis et gloriosis patribus nostris Karolo augusto et Lhudovico rege, et ava nostra gloriosa regina Hirmendrudi, necnon genitrice nostra Ansgardi, fratreque karissimo Lhudovico, necnon et statu regni nostri, liberius et devotius clementiam Dei omnipotentis omni tempore exorent, sub nostra tuitione perpetualiter, sicut statuimus, maneant. Ut autem hujus nostræ auctoritatis largitio majorem in Dei nomine obtineat firmitatis vigorem, manu nostra subterfirmavimus, et anuli nostri impressione subsignari jussimus. Signum *(Place du monogramme royal)* Karlomanni gloriosissimi regis. *(Invocation monogrammatique :* Xpistus.*)* Norbertus notarius subscripsit. Datum X kalendas febroarii, anno quinto regnante Karlomanno gloriosissimo rege, indictione prima. Actum apud Compendium publicum palatium in Dei nomine feliciter, amen. Orate pro Honorato et Leoterico, qui hoc ambassaverunt, et pro fra're eorum Helmoino defuncto. (Archiv. de l'Aube, *Origin.* Ed. d'Arbois de Jubainville, *Biblioth. de l'Ecole des Chartes*, t. XXXIX.

11. — 30 septembre 892.

In (1) nomine Domini Dei æterni et salvatoris nostri Jhesu Xpisti. Odo, clemencia Dei rex. Si petitionibus servorum Dei aurem nostræ pietatis accomodamus et eorum utilitatibus consulumus, Deum omnipotentem super hac retributorem habere confidimus. Quocirca noverit omnium sanctæ Dei ecclesiæ fidelium nostrorumque tam presentium quam et futurorum sollertia, quoniam, adiens celsitudinem nostram, quidam monachus Aginus nomine, qui cellam, quam Sadrevertus abbas a serenissimo pie recordationis Karolo impetrare decertaverat, ante presentiam fidelium nostrorum repetiit. Quam ob causam cum ad placitum nostrum apud Vermeriam venissent, afuerunt inibi Fulco venerabilis archiepiscopus, Dido episcopus, Honoratus episcopus, Riculfus episcopus, qui illius proclamationis repetitionem more antecessorum suorum discutiendo investigarent. Cujus petitionem inutilem invenientes, talem eidem sententiam diffiniendo dederunt, ut monasterium ex Manso Corboni, qui Nova Cella dicitur, pergeret, atque sub abbatis Erchengerii ordinatione regulariter consisteret, nihil amplius ex hac nefaria repetitione se intermittens. Quorum diffinitionem inanem adjudicans, eandem cellam ausu temerario iterando repetiit. Quapropter jam nominatus

(1) Une invocation monogrammatique précède ce mot.

abbas Erchengerius, nostram adiens excellentiam, obtulit nobis precepta antecessorum nostrorum, regum scilicet, atque privilegia Apostolicæ sedis, ubi continebatur qualiter monasteriolum, quod quondam Alfa vocabatur, Manso Corboni, qui nova Cella dicitur, subjectum priscis temporibus dinosceretur, atque super hoc nostræ altitudinis preceptum expetiit, ut jam nominatum monasteriolum suæ ditioni ejusque successorum pareret. Cujus petitionem ratam invenientes, una cum consensu fidelium nostrorum id fieri decrevimus, eo videlicet more et tenore, ut predictus abba Erchengerius successoresque sui idem monasterium nec non sui monachi ac familia illorum cum omnibus sibi legaliter pertinentibus sub tuitione nostra perpetualiter maneant ; vel nullus alterius loci monachum in eorum cænobio mittere presumat, nec aliquem infra eorum congregatione ministerialem facere nisi et ipsis ; et secundum sancti Benedicti institutionem exs ese non ex aliis habeant eligendi licentiam abbatem. Et, ut hoc preceptum per omnia tempora majorem in Dei nomine obtineat firmitatis vigorem, manu propria cum subter firmavimus atque anuli nostri impressione insigniri jussimus. Signum Odonis (*place du monogramme royal*) gloriosissimi regis. Throannus notarius ad vicem Askerici episcopi recognovit et subscripsit. Data II kalendas octobris indictione X, anno incarnationis Dominicæ D CCC XCII, anno quinto regnante domno Odone gloriosissimo rege. Actum aput villa Coneda in Dei nomine feliciter. Amen. Amen.

Archiv. de l'Aube, Orign. Ed. d'Arbois de Jubainville, *Bibliot. de l'Ecole des Chartes,* t. XXXIX. — Le sceau qui était appliqué sur le parchemin a disparu.

12. — 21 décembre 896.

Notitia qualiter venit Berthardus, venerabilis abbas, una cum suo advocato, nomine Adreverto, ad Cortem Onulfi ante Richardum, illustrem comitem. Proclamavit se, quod Ragenardus, vasallus ejusdem comitis, homines ex villa Caduscia per vim et violentiam distraxerit, et sine lege et judicio ad suum servitium inclinaverit. Qua ratione diu discussa, judicatum est eidem Reginaldo, quod injuste occupavit, per legem redderet. S. Richardi, comitis, qui hanc noticiam fecit et firmare rogavit. S. Rodulfi, filii ejus. S. Manasse, comitis. S. Elduini, comitis et conspalatii. S. Widonis, comitis. S. Ragenardi, comitis. S. Umberti, comitis. Actum Corte Onulfi, jubente Richardo, inclyto comite.,.... XII calendas januarii, anno IIII regnante Karolo, Francorum rege, Zacharius, rogatus, scripsit et subscripsit. — Ap. A. Duchesne, *Histoire de la maison de Vergy*, Preuves, p. 19.

13. — 950.

Placuit atque convenit inter domnum Gislebertum, comitem, et Gratianum, abbatem monasterii sancti

Petri Dervensis... Dedit itaque domnus Gislebertus, comes, partibus Sancti Petri Alericum ex vico vel potestate Pisniacense, consentiente Ingelberto, ex cujus beneficio habebatur..... Et ut inviolabile obtineat firmitatis judicium, ego Gislebertus, gracia Dei comes, subterfirmavi et fidelibus nostris corroborandum tradidi. S. Ingelberti, qui consensit. S. Roberti, comitis. Ego Neguvinus, jussu domni Gisleberti, comitis, anno XV regnante Ludovico, rege, recognovi. Actum Cavilonis civitate feliciter. Amen.
— *Vieux Cartul. de Montiéramey*, ap. A. Duchesne, *Hist. de la maison de Vergy*, Preuves, p. 34.

14. — 6 août 959.

Placuit atque convenit inter gloriosum Trecassine urbis comitem Rotbertum et Gratianum, abbatem monasterii Sancti Petri Dervensis.... Dedit itaque predictus comes partibus abbatis pratum unum. Pertinet autem pratum illud de camera comitis de potestate Podenniaco. Ego Rotbertus, comes, firmavi et fidelibus meis firmare precepi. Actum Trecas civitate publice sub die VIII idus augusti, anno V, regnante Lothario, rege Francorum. Signum Rotberti, gloriosissimi comitis. S. Adelais, comitisse. S. Erberti, filii eorum. S. Walterii, vicecomitis. Ego Goduinus, levita, scripsi et subscripsi. — *Vieux Cart. de Montiéramey*, ap. A. Duchesne, *Histoire de la maison de Vergy*, Preuves p. 36.

15. — 1088.

Eudes, comte de Troyes, concède divers biens à l'abbaye de Montiéramey. « Actum in curia Trecensis comitis Odonis, astante ejus matre Alaide ; presente Philippo, episcopo, anno ab Incarnatione Domini MLXXXVIII regnante Philippo, rege. » *Vieux Cartul. de Montiéramey*, voir Pithou, *Les coutumes... de Troyes*. Bibliothèque de Troyes, Cabinet local, n° 361, p. 517.

16. — 1100.

In nomine Summe et Individue Trinitatis. Omnibus Xpristi fidelibus tam futuris quam presentibus notum fieri volumus, quod Hugo, excellentissimus comes Trecassine civitatis, interpellatus a domno Ottone, Arremarensis monasterii abbate, donavit et in perpetuum obtinere concessit beatis apostolis Petro et Paulo monasterii Arremarensis, pro anima patris sui Theobaldi, et matris sue Alaidis, necnon et pro animabus fratrum suorum Stephani videlicet atque Odonis et pro sua anima, justiciam ville Sancti Martini, que villa juxta muros Trecassine civitatis sita est, et omnia que in ipsa villa sive juste sive injuste tam ipse quam omnes predecessores sui comites capere solebant. Actum est hoc publice apud Trecas in aula ipsius comitis, anno ab Incarnatione Domini M° C°, indictione VIII, pontificatus autem domini Paschalis pape secundi anno III°, tempore Philippi, regis Francorum, Philipppo, episcopo Trecassine civitatis pontificum obtinente. Hujus rei testes sunt : Gaufridus, filius Otranni ; Bovo, filius Baldrici ; Albericus de Vitriaco ; Robertus, filius Hugonis de Porta ; Gaufridus, filius Witerude, monetarius ; Ingelmerus, prepositus ; Deodatus, filius Achardi : Fredericus de Rumiliaco ; Winebertus, filius Radulphi. Ex familia Sancti Petri : Goboldus, villicus ; Balduinus, Rainardus.

1er février. — 9 avril 1121 (*nouv. st.*). Sequenti quoque tempore vir nobilissimus Rainaldus, Trecassine civitatis vicecomes, rogatus a domino Gauterio, abbate, prefati abbatis Ottonis successore, donavit et perpetualiter concessit memoratis apostolis Petro et Paulo Arremarensis monasterii pro anima patris sui Milonis et matris sue Letuidis et pro anima fratris sui Milonis et pro anima sua partem suam de justicia ville Sancti Martini, que, ut dictum est, juxta muros Trecassine civitatis posita est, et omnia omnino que in eadem villa juste vel injuste tam ipse quam antecessores sui vicecomites sumere solebant. Et hoc fecit in presentia domni Hugonis predicti, comitis, et laude atque voluntate ipsius. Actum est hoc Trecis coram venerabili Philippo, ipsius civitatis episcopo, in curia ipsius episcopi, et coram domino Hugone comite, domino Gauterio abbate presente, et Theoderico monasterii Sancti Johannis priore, anno ab Incarnatione Domini M° C° XX°, concurrente IIII in bissexto, epacta nulla, indictione XIIII*, pontificatus autem domini Calyxti secundi pape anno III°, regnante Ludovico rege Francorum. Hujus rei testes sunt : Bovo de Sancto Sepulchro ; Otrannus, filius Gaufredi ; Odardus de Volenissa; Pontius de Capis ; Robertus et Johannes de Insulis ; Ansellus, filius Fromundi ; Theodericus, panetarius; Gualo, magister pelliciorum ; et Gualo Nisiardus ; Ingelmerus, filius Tebaldi ; Symon, tunc prepositus vicecomitis ; Evrardus, exactor ; S. Lucernis ; Bonellus de Venna ; Willelmus ; Ansellus ; Erfredus ; Constantius, frater Dumi ; Otto de Porta ; Ayricus, eminarius. Ex parte Sancti Petri : Petrus de Marcio, archidiaconus ; magister Fulco ; Guillelmus, filius Ingelmeri ; Ayricus, villicus Sancti Johannis ; Belinus, filius Johannis Gasatiani ; Ogerius et Stephanus de Parvo Masnilo ; Rogerius, decanus. Si quis autem inimicus Ecclesie hanc donationem et hanc libertatem aliqua subreptatione molestare temptaverit, nisi condigna satisfactione correxerit, a corpore et sanguine Xpristi sit segregatus, et anathemate percussus, a corpore etiam totius sancte Ecclesie separetur. Amen ! Amen ! Fiat ! Fiat ! — *Origin.* — *Cartul.* A, fol. 20 r° ; B, fol. CIX v°.

17. — 1108.

« Hugo, comes Trecorum ; Airardus, comes Brenensis, et *Aaliz* uxor ejus, Milo comes Latiscensis, frater Erardi » figurent, au rapport de Vignier, dans un « vieil tiltre de l'abbaye de Montiéramey »...

« Actum Brionensi Castro, anno ab Incarnatione Domini M° C° VIII°, regnante Ludovico, Francorum rege ; et Philippo, Trecarum episcopo ; atque Hugone, Trecarum comite. » — Bibliot. nat., *F. Français* 5995, fol. 36 r°.

18. — 21 octobre 1100. — 1113.

In Dei nomine incipit. Quoniam quicquid a mortalibus agitur deficiente mundo in oblivionem vertitur, hanc a primis Deus homini dedit industriam ut litteris commendaret quod in futurorum notitiam venire vellet. Unde etiam hunc mater Ecclesia morem in diversis orbis partibus optinuit, ut ecclesia queque litteris retineret quicquid ei mortalis quisque de sua conferret hereditate. Igitur Hugo, comes Trecassinus, Teobaudi nobilissimi comitis filius, nec non et uxor ejus Constantia, Philippi Francorum regis filia, de communi mortis sorte securi et de vita eterna solliciti, dum precepta divina studiosius audiunt quia arta sit ad vitam eternam via principibus, dicit enim evangelium quod facilius possit camelus foramen acus transire quam dives intrare in regnum celorum, hanc sententiam pertimescentes, eamque quoquomodo evadere cupientes, pauperum Xpisti condescendunt egestati ut eorum opitulatione amplum mundi errorem valeant pertransire. Adeunt namque ecclesiam in honore apostolorum Petri et Pauli consecratam, que vulgo Monasterium Arremari dicitur, antiquitus autem mansus Corbonis vocabatur, cui pro salute animarum suarum jure hereditario dederunt possidendum, si quis ei de eorum beneficio sive miles sive serviens aliquid dedit vel dare voluerit. Et hoc idem de omni terra eorum potestati subjecta annuunt. Insuper et eidem ecclesie dederunt quicquid apud Altam Ripam habebant, nichil sibi inde retinentes, terris cultis et incultis, silvis quoque et pratis aquarumque decursibus, obsecrantes ut perpetuo anathemate dampnetur si quis quacumque factione hanc eorum donationem violaverit, nisi ea que abstulit condigna satisfactione restituerit. Actum est hoc anno ab Incarnatione Domini M° C°, indictione VIII*, XII kal. novembris. Hujus doni testes sunt: Milo, comes Barri ; Rainardus, comes de Juviniaco ; Andreas, comes Rameruci ; Widone de Wannonisrivo; Hilduinus de Villamauri ; Dudo de Marolio ; Gosbertus de Castellione ; Girardus de Roseio ; Rainerus de Rameruco ; Adam de eodem castro ; Hugo de *Peanz* ; Ingelmerus, prepositus Trecorum ; Robertus de Insulis ; Fridericus de Rumiliaco ; Herveus, villicus. — Et de servis Sancti Petri : Fromoldus, villicus ; Petrus ; Rogerus ; Balduinus. Item de nobilibus : Gaufredus, filius Otranni, dapifer ; ejusque filius Otrannus ; Jorannus de Vitriaco ; Bovo, filius Baldrici. Hoc item itaque concessit Hugo, quondam possessor ejusdem terre, videlicet Alte Ripe, testibus : Hilduino, preposito de Vendopere ; Humberto, villico. Hec adstipulatio facta est in aula comitis apud Trecas, tempore Philippi, regis Francorum ; et ejusdem urbis episcopi Philippi ; adstante Jocelmo, archidiacono ; et Milone, comitis capellano.

[7 mars 1100 *v. st.*] — Dederunt etiam eidem ecclesie pro salute animarum suarum et pro redemptione animarum comitis Teobaudi et uxoris ejus filiorumque suorum Odonis et Philippi, quicquid accipiebant in villa Sancti Martini, que juxta murum posita est, sive per consuetudinem sive per justitiam. Si quis autem ecclesie inimicus hanc eorum donationem aliqua factione violaverit, nisi congrua factione correxerit, a corpore et sanguine Xpisti segregatus, a corpore etiam omnis ecclesie separetur. Actum est hoc anno suprascripto nonas martii. Cujus doni testes sunt : Godfredus, dapifer ; Albricus de Vitriaco ; Godfredus, filius Witeri de Moneta ; Robertus, filius Bovonis de Porta ; Bovo, filius Baldrici ; Ingelmerus, prepositus ; Deodatus, filius Achardi ; Fredericus de Rumiliaco ; Wimbertus, filius Rodulfi. Ex parte Sancti Petri : Goboldus, villicus ; Fredericus, villicus ; Balduinus ; Rainaldus. Hec adstipulatio facta est in aula comitis Trecassina, tempore Philippi, regis Francorum ; et ejusdem urbis episcopi Philippi ; adstante Burchardo, Sancti Petri canonico.

[1102.] Contulerunt etiam eidem cenobio omnia que habebant in Novavilla et Pruciaco et Ruliaco in terra duntaxat ipsius ecclesie, salvamentum videlicet et justiciam et frescennas et quodcumque aliud ibi in terra ipsius possidebant. Quod si aliquis instinctu diaboli hoc violaverit, et ecclesie cui data sunt aliqua factione subtraxerit, ab omni sancte Ecclesie communione divisus, et a Xpisti corpore et sanguine segregatus cum dampnato diabolo dampnatus perpetuis gehenne ignibus perpetualiter comburatur, nisi ea que male acta fuerint condigna satisfactione emendaverit. Actum est hoc apud Trecas in aula comitis, anno ab Incarnatione Domini M° C° II°. Cujus doni testes sunt : Jocelmus, archidiaconus ; Ansellus de Berneriis ; Milo, capellanus comitis. Et de laicis : Wido de Wannonisrivo ; Walcherius de Castro quod dicitur *Fertez* ; Milo de Cacennaio ; Manasses de Plagistro ; Gofredus, filius Otranni ; Bovo, filius Baldrici ; item Clarembaudus de Plagistro ; Ingelmerus, prepositus ; Wandelbertus ; Winibertus, major pincerna ; Odardus de Sparnaio ; Hugo de Pontiaco.

[1103.] Contulit etiam idem nobilissimus comes Hugo sepe dicto cenobio duos servos apud Curtem Argenteam commanentes, Mainardum videlicet et Frotmundum cum omnibus suis infantibus. Si quis autem aliquid de hoc dono quolibet modo defraudaverit, anathemate perpetuo anathematizetur, nisi scelus admissum congrua emendatione correxerit. Dedit etiam comes salvamentum de Buxiaco. Actum est hoc apud ipsum cenobium anno ab Incarnatione Domini M° C° III°. Cujus donationis testes sunt : comes Petrus Donni Martini ; Otrannus, filius Gofredi dapiferi ; Witerus Huripellis ; Walo de Marolio ; Odardus, magister pistorum ; Winibertus, archipincerna ; Hugo, item pincerna ; Framericus, similiter pincerna ; Wicelinus, prepositus Trecorum ; Anscherius, civis urbis; Soimarus. De familia Sancti Petri : Petrus ; Rotgerus ; Framericus ; Humbertus cognomento Amicus.

[1104.] Aliquando etiam cum ad idem monasterium devenisset conventum fratrum benigne ingressus eos gratissimo demulcens alloquio contulit eis dimidiam coriorum partem ex omnibus suis venationibus, caprarum scilicet et cervorum, quolibet tempore vel in quolibet loco Trecassensis comitatus comitis venatio fiat. Quisquis autem ex coriis que ad usus ecclesie, ad cingula scilicet fratrum et ad libros ecclesie ligandos attributa sunt, fraudem fecerit anathematizetur, nisi satisfactione congrua satisfecerit. Super hoc etiam ipse benignissimus comes quandam suam ancillam Elisabeth nomine rogatus a fratribus concessit. Actum est hoc publice apud idem cenobium anno ab Incarnatione Domini M° C° IIII°. Cujus doni testes sunt : frater Albertus, comitis capellanus ; Achardus de urbe Remensi ; Hugo Vendoperensis, filius Teobaudi.

[1104.] Super hec omnia idem excellentissimus comes unum clientem ejusdem ecclesie apud Barrense castrum, quod super Albam situm est, manentem cum area Huldini in qua domus ejus posita est fecit ita perpetualiter liberum ut nullam omnino comiti vel ejus ministris consuetudinem solvat, nec alicujus hominis justicie subjaceat, nisi per clamorem abbatis vel prioris aut prepositi supradicti sepe cenobii. Quod nobilissimus comes ideo fecit ut quotiens abbas aut prior vel prepositus ipsius ecclesie ad prefatum castrum venerint, habeant servum paratum, apud quem hospitentur vel a quo omnia eis necessaria subministrentur. Si quis autem contra hanc cartam venire temptaverit, cum diabolo perpetualiter dampnetur, nisi delictum suum congrua satisfactione emendaverit. Actum est hoc publice apud Barrum super Albam anno ab Incarnatione Domini M° C° IIII°. Cujus rei testes sunt : Albertus, capellanus comitis ; Godefredus, dapifer ; Engelmerus, prepositus Trecorum ; Grimaldus Trecensis ; Deodatus, prepositus Barri ; Humbertus *Poilivult.* Et ex parte Sancti Petri : Constancius de Barro ; et Teodericus, frater ejus ; et Warnerus, villicus de Juniaco, servi Sancti Petri ; Vaslinus, villicus de Fredevalle ; Belinus et Bernardus, servi Sancti Petri. Inter alia quoque beneficia que supradictus Hugo comes eidem Cenobio contulit, dedit etiam cum uxore sua Constancia locum ad molendinum faciendum, qui dicitur ad Balnea comitis. Hujus rei testes sunt : Godefridus, dapifer ; Otrannus, filius ejus ; Ingelmerus, prepositus ; Fulconeerius. Et de servis Sancti Petri : Frericus ; Petrus, camerarius ; Mammes.

[1107.] Certi quia mens humana novis ac variis semper intenta occupationibus obliviscitur que aliquando egit, dignum duximus litteris mandare, ad memoriam videlicet posterorum, quod Hugo, Trecassinus comes, Theobaudi scilicet strenuissimi comitis filius, quondam tempore veniens ad Arremarense Monasterium, cum decentissime susceptus fuisset, rogatus a fratribus inibi Deo servientibus, dedit sancto Petro, ob remedium anime sue ac parentum suorum usuariam consuetudinem in nemore Vendoperensis castri. Et ut evidentius ipsam consuetudinem faciat manifestam, concessit predictum nemus in usus proprios monachorum intus vel foris monasterium. Actum est hoc publice apud idem monasterium anno ab Incarnatione Domini M° C° VII° Ad cujus rei confirmationem subnotantur testes hi : Gosbertus, dapifer ejusdem comitis; Ansericus, Milonis filius de Cacynniacho ; Herbertus de Cappis ; item de Cappis Boso cognomento Paganus; Hilduinus de Vendopere. Ex parte Sancti Petri : Petrus et Petrus, villici ; Arnoldus, villicus ; Bauduinus ; Wauterus, pistor.

[1111.] Notum sit omnibus tam futuris quam presentibus, quod Hugo, Trecassinus comes, pro spe salutis eterne et redemptione anime sue concessit beato Petro, apostolo, et fratribus Arremarensis ecclesie, ut si homines Sancti Petri uxorem ex ancillis comitis acceperint, infantes ipsorum invicem partiantur ; et si servus comitis ancillam Sancti Petri duxerit, similiter partiantur. Donatione autem facta de futuro de preterito autem sicut est ita remaneat. Hujus doni testes sunt : capellani ipsius comitis Albertus et Drogo ; Milo, comes Barrensis, cui hoc idem comes Hugo dedit ; Ansericus de Cachynniaco ; Rainerius cognomento Reversus ; Robertus Aurelianensis ; Symon de Parniaco ; Hodo ; Witricus Carnotensis. Actum est hoc apud ipsum cenobium anno ab Incarnatione Domini M° C° XI°.

[1113.] Notum sit omnibus quod memorabilis Hugo, comes Trecorum, concessit ecclesie Arremarensi domum Vitalis, medici, apud Barrum super Albam liberam et absolutam ab omni consuetudine et theloneo et justicia, ita ut nullam omnino deinceps vel comiti Trecorum, vel alicui homini consuetudinem solvat, vel alicujus hominis justicie subjaceat, nisi per clamorem abbatis vel prioris vel prepositi predicte ecclesie. Si quis vero contra hanc donationem venire temptaverit in perpetuum anathema sit. Hujus doni testes sunt : capellani ipsius comitis Albertus et Drogo ; Milo, comes de Barro super Sequanam ; Ansericus de Cacenniaco ; Rainerius cognomento Reversus ; Robertus Aurelianensis ; Winebertus, magister pincerna ; Witricus Carnotensis, Actum publice Trecis in curia, anno ab Incarnatione Domini M° C° XIII°, tempore venerabilis Philippi, Trecensis episcopi.

[1113.] Omnibus Xpisti fidelibus tam futuris quam presentibus notum sit, quod memorabilis Hugo, comes Trecorum, ad Sepulchrum Dominicum pia devotione profecturus, multis magnisque beneficiis, que Arremarensi ecclesie contulerat, adjecit rem diu multumque expectatam, justiciam videlicet quam circa Desdam habebat extra Quarantaniam scilicet in Monte Herberti et Pruciaco et Ruliaco et Novavilla et in omnibus aliis ad Desdam pertinentibus, hac ratione ut si homines Sancti Petri hominibus comitis aliquid forisfecerint, homines comitis eant ad monasterium ab abbate vel a preposito justiciam querere, ibidemque in curia Sancti Petri rectitudinem consequantur, nisi abbati vel preposito placuerit rectitudinem facere illis de suis hominibus aut apud Desdam aut in alio congruenti loco. Cujus rei testes affuerunt : Magister Drogo, archidiaconus ; Jocelmus, archidiaconus ; Milo, comes Barri ; Ayrardus, frater ejus, comes Brenie ; Gosbertus, dapifer ; Hugo, dominus de *Peanz* ; Gaufredus, filius Otranni ; Otrannus, filius ejus ; Falcho, propositus, filius Ingelmeri ; Gaufredus, filius supranominati Gaufredi ; Johannes de Insulis ; Robertus de Insulis. Actum publice Trecis in curia, anno ab Incarnatione Domini M° C° XIII°, tempore venerabilis Philippi, episcopi Trecensis. — *Origin.* Au bas de la charte, à gauche est une croix avec ces quatre mots, dans les quatre angles formés par les croisillons : *Signum | Hugonis (au-dessus)* ; *comitis | Trecorum (au-dessous)* ; à droite, sur le parchemin, était appliqué le sceau du comte, il a disparu.

19. — 27 mars 1110.

Guillelmus, sancte Crisopolitane ecclesie servus, Ottoni, abbati S. Petri Monasterii Aramahensis, ceterisque loci ejusdem fratribus salutem. Quotiens precibus pulsamur equitatis, si consensum prebuerimus pietatis, ad utriusque vite prosperitatem nobis valere non ambigimus. Quapropter venerabilium fratrum vestrorum Milonis et Arnaldi, sacriste vestri, petitionibus adquiescentes, donavimus vobis et ecclesie vestre perpetuo possidendam ecclesiam de *Salueth* cum appendiciis suis, salvis tamen synodalibus, eulogiis, et paratis, atque justiciis ad nostram Bisontinam ecclesiam vel ejus ministris pertinentibus. Ut autem nostra hec cautio inviolabiliter obtineat firmitatem, sigilli nostri impressione eam jussimus insigniri, sed et nostrorum fratrum autenticorum testimonio roborari, pontificali interdicentes auctoritate, ne quis huic nostre sententie contraire audeat ullo jam tempore. S. Brochardi, archidiaconi; S. Hugonis, thesaurarii Sancti Stephani; S. Guidonis, decani. Datum Bisontii, VI kalendas aprilis anno Dominice Incarnationis M° C° X°, pontificatus donni Guillelmi primo, indict. III. Ego Bonifilius scripsi. — *Origin*. Le sceau était appliqué sur le parchemin.

20. — 6 avril 1117.

Paschalis, episcopus, servus servorum Dei, dilecto filio Gualterio, abbati monasterii sanctorum apostolorum Petri et Pauli in Dervo, quod Arremari dicitur, ejusque successoribus regulariter substituendis, in perpetuum. Pie postulatio voluntatis effectu debet prosequente compleri, quatenus et devotionis sinceritas laudabiliter enitescat et utilitas postulata vires indubitanter assumat. Quia igitur dilectio tua ad Sedis Apostolice portum confugiens, ejus tuitionem devotione debita requisivit, nos supplicationi tue clementer annuimus et beatorum apostolorum Petri et Pauli Dervense sive Arremarense monasterium, cui Deo auctore presides, et tam ei adjacentem villam quam cetera omnia ad ipsum pertinentia sub tutelam Apostolice Sedis excipimus. Per presentis enim privilegii paginam Apostolica auctoritate statuimus, ut quecumque bona, quascumque possessiones idem monasterium, in presenti X^a indictione, concessione pontificum, liberalitate principum, oblatione fidelium, vel aliis justis modis possidet, et quecumque in futurum, largiente Deo, justo atque canonice poterit adipisci, firma vobis vestrisque successoribus et illibata permaneant; in quibus hec propriis duximus nominibus annotanda : capellam Sancte Marie in ipsa monasterii villa, in villa Mosterello capellam SS. confessorum Egidii atque Victoris, in Magno Maysnillo capellam S. Andree, cum decimis et omnibus earum, quarum videlicet ipsum monasterium caput est, sine paratis et sine omni exactione pontificali ; apud oppidum Cappas ecclesiam S. Lupi, S. Johannis Baptiste et capellam Sancte Marie, cum decimis et omnibus pertinentiis earum ; in civitate Trecorum æcclesiam, B. Johannis Baptiste, capellam Sancte Marie Deaurate ; extra civitatem ecclesiam S. Martini de Areis (*lege* in Vineis), capellam Sancte Julie cum decimis et pertinentiis earum ; ecclesiam Sancte Marie de Curte Argentea, cum decimis et pertinentiis suis ; æcclesiam S. Martini de Ruliaco, cum decimis et pertinentiis suis ; æcclesiam SS. Gervasii et Protasii de Angledura, cum decimis et pertinentiis suis ; æcclesiam S. Mauricii de Novigento, cum decimis et pertinentiis suis ; æcclesiam Sancte Teodosie super Albam fluvium, æcclesiam S. Martini de Donno Martino, æcclesiam B. Petri de Dervo, capellam Sancte Marie de Henfredi exarto, æcclesiam S. Michaelis de Buris, cum decimis et omnibus pertinentiis earum. In episcopatu Lingonensi : æcclesiam S. Marie apud Insulam in pago Barrensi sine omni exactione episcopali, æcclesiam S. Remigii de *Sumfonz*, cum decimis et pertinentiis earum ; capellam S. Laurentii de Fredivalle, apud Longum Pratum æcclesias duas in honore B. Petri, cum decimis et pertinentiis earum ; apud Videliacum æcclesiam S. Laurentii, cum decimis et pertinentiis suis ; æcclesiam S. Victoris, martyris, de Chirriviaco, capellam S. Victoris de Viveriis, capellam S. Sulpicii de Lentilio, cum decimis et pertinentiis earum ; æcclesiam S. Marie de *Galluart*, æcclesiam S. Marie de Pargas, æcclesiam S. Johannis de Caduscia, æcclesiam Sancte Columbe, æcclesiam S. Marie de Cooperta Fontana, cum decimis et pertinentiis earum ; monasterium S. Salvatoris quod Alfa dicitur, cum dignitate sua et sine omni exactione pontificali; æcclesiam S. Petri que ejusdem monasterii parrochia est, æcclesiam S. Martini de Pomeio, æcclesiam de Achiaco, cum decimis et pertinentiis earum. In episcopatu Eduensi : æcclesiam S. Mauricii de *Bez* ;

æcclesiam S. Cassiani de Saviniaco, cum decimis et pertinentiis earum. In episcopatu Bisuntino : æcclesiam S. Martini de Tinciaco, æcclesiam S. Marie de Calmis, æcclesiam S. Desiderii de *Barz*, æcclesiam S. Benigni de Novavilla, æcclesiam S. Petri de Sarmagiis, æcclesiam S. Marie et S. Johannis de *Salnez*, æcclesiam S. Marie de Campellis, cum decimis et pertinentiis earum. Decerminus ergo ut nulli omnino hominum liceat idem monasterium temere perturbare aut ejus possessiones auferre aut ablata retinere minuere vel temerariis vexationibus fatigare, sed omnia integra conserventur eorum pro quorum sustentatione et gubernatione concessa sunt usibus omnimodis profutura. Illam sane veterem consuetudinem ratam apud vos servari censemus ne mulieres monasterii ambitum ingrediantur. Si qua igitur in futurum æcclesiastica secularisve persona hanc nostre constitutionis paginam sciens, contra eam temere venire temptaverit, secundo tertiove commonita, si non satisfactione congrua emendaverit, potestatis honorisque sui dignitate careat, reamque se divino judicio existere de perpetrata iniquitate cognoscat, et a sacratissimo corpore ac sanguine Dei et domini Redemptoris nostri Jhu Xpisti quatenus et hic fructum bone actionis percipiant, et apud districtum judicem premia eterne pacis inveniant. Amen. *Dans le cercle concentrique :* Scs Petrus. Scs Paulus. Paschalis PP. II. *Légende :* Verbo Domini celi firmati sunt. Ego Paschalis, catholice ecclesie episcopus, subscripsi. *Monogramme :*

Bene valete. Datum Beneventi, per manum Johannis sancte Romane ecclesie diaconi cardinalis ac bibliothecarii, II non. aprilis, indictione X[a], Incarnationis Dominice anno MCXVII, pontificatus autem domini Paschalis secundi pape anno XVIII°. Archiv. de l'Aube, *Origin*. — Fac-simile, *Musée des Archives départem*. n. 32, planche XXII.

21. — Mai 1120.

Ego Jocerannus, Dei gratia sancte Lingonensis ecclesie episcopus, notum volo fieri omnibus Xpisti fidelibus tam presentibus quam futuris, quod quidam dilectissimus nobis abbas Gualterus nomine ex monasterio in Dervo quod Arremari dicitur nostram adiens presentiam deprecatus est ut sibi et fratribus in Arremarensi monasterio Deo et sanctis apostolis Petro et Paulo famulantibus concederemus ecclesiam S. Laurentii de Villiaco, que sui monasterii juris esse videbatur, et capellam Sancti Hylarii, que juxta Villiacum sita est, simili modo concederemus et confirmaremus, addidit etiam ut ecclesiam cujusdam loci multo tempore deserti nomine *Sumfunz*, antiquitus in honore S. Remigii fundatum, olim a predecessore nostro venerabili Roberto, et postmodum a nobis predecessori ejus abbati Ottoni concessam, denuo concederemus, ac sigilli nostri impressione confirmaremus : cujus petitionibus libenter annuentes, predictam ecclesiam Sancti Remigii de *Sumfunz* et Sancti Laurenti de Villiaco, cum decimis et pertinentiis earum ; et capellam Sancti Hylarii quam supradiximus jam dicto abbati Gualterio et fratribus Arremarensis Monasterii perpetualiter habendas concedimus. Has igitur et omnes alias ecclesias quas in episcopatu nostro noscuntur memorati fratres, sicuti a domino et venerabili papa Paschali II Apostolica auctoritate et privilegii sui corroboratione permunite sunt, sic eas illis possidendas nostra episcopali auctoritate sancimus et sigilli nostri munitione pariter roboramus, videlicet : sancte Marie capellam in pago Barrensi apud Insulam ; capellam sancti Laurentii de Fredivalle ; apud Longum Pratum duas ecclesias in honore beati Petri, cum decimis et pertinentiis earum ; ecclesiam sancti Victoris de Chirriviaco, capellam sancti Victoris de Viveriis, cum decimis et pertinentiis earum ; capellam sancti sulpitii de Lentilio, ecclesiam sancte Marie de *Valluart*, ecclesiam sancte Marie de Pargas, ecclesiam sancti Johannis de Cadussia, ecclesiam sancte Columbe, ecclesiam sancte Marie de Cooperta Fontana, cum decimis et pertinentiis earum ; monasterium Sancti Salvatoris quod dicitur Alfa, cum dignitate sua, ecclesiam sancti Petri que ejusdem monasterii parrochia est, capellam sancte Marie de Monte Montio sive de Novavilla, ecclesiam de Pomeio, ecclesiam de Achaio, cum decimis et pertinentiis earum, salvis consuetudinibus que Lingonensi debentur ecclesie. Datum Divioni, VI Idus maii, anno ab Incarnatione Domini M° C° XX°, epacta XVIIIe, concurrente IIII°, in bissexto, indictione

XIII*, secundo anno pontificatus Calixti pape II, regnante Ludovico rege Francorum ; donno Jocerano, episcopo, cathedre sancte Lingonensis ecclesie presidente, Fulchone, cancellario. Hujus rei testes sunt : Willencus, decanus et archidiaconus ; Ayrardus, archidiaconus ; Paganus, archidiaconus ; Jocelinus Juvenis ; Humbertus Longus, prepositus Lingonensis ; Arnaldus, decanus Divionensis ; Hugo, decanus de Eschylo ; Heinricus, abbas Divionensis ; Gualterius, abbas Arremarensis ; Harduinus Carnotensis ; Petrus Gallus ; Hugo ; Oddo, camerarius ; Oddo, cellarius ; Martinus ; Oddo, grammaticus ; Guido, prior Sancti Salvatoris ; Rainaldus ; Hylbertus, monachi Arremarensis. — *Origin.* — *Cartul.* B, fol. 81 v°.

22. — 1er février — 9 avril 1121. (*Voir plus haut* n. 16.) Les notes chronologiques de cette charte ne concordent pas.

23. — 31 août 1121 — 25 septembre 1122.

In nomine Summe et Individue Trinitatis. Omnibus Xpisti fidelibus notum fieri volumus, quod Rocelinus et Hilduinus, fratres, de Vendopere, rogatu et amicitia Hugonis, comitis Trecassini, donaverunt beatis apostolis Petro et Paulo et monachis eis famulantibus, domno videlicet abbati Gualterio et fratribus cum eo morantibus, omnibusque eorum successoribus in perpetuum, quicquid tunc habebant et quicquid habere debebant, preter feodos laicorum, infra rivum qui dicitur *Treloux* versus abbatiam Arremarensem, justiciam videlicet, silvas, campos, terras cultas et incultas, aquas aquarumve decursus, Pulterias, Altam Ripam, Mansum Medium ; hoc etiam donaverunt, ut si monachi Arremarensis Monasterii aliquo modo aquirere poterant feodos quos in denominatis locis quidam laici tenent, laude et voluntate eorum liberam acquirendi et possidendi habeant facultatem ; ultra quoque ipsum rivum qui dicitur *Telous* donaverunt et concesserunt in perpetuum S. Petro et monachis supradicti Monasterii Arremarensis usuarium totius silve usque ad castrum Vendoperense, ad omnia que eis necessaria fuerint ; pastionem etiam porcis eorum absque pasnatico ; omnibus etiam hominibus S. Petri Arremarensis Monasterii, ubicumque fuerint in terra monachorum manentibus, dederunt et concesserunt ultra eundem rivum qui dicitur *Telous*, versus castrum Vendoperense, usuarium totius silve talem qualem habent homines de Magni Masnillo ; preterea XX denarios de spaagio Videliaci, quos calumpniabantur S. Petro, Arremarensi Monasterio absque calumpnia et sine contradictione possidendos concesserunt. Omnes istas donationes et concessiones laudaverunt uxores eorum Adelaidis videlicet uxor Rocelini, et filii ejus Gaufridus, primogenitus, qui inde habuit equum unum, et Tebaldus, filie ejus Hermengardis, Hubelina, Faganna, Riheldis, que inde habuerunt plures nummos ab abbate Gualterio, et uxor Hilduini nomine Emelina. In hujus itaque rei recompensationem et scambitionem dedit eis domnus abbas Gualterius et fratres Arremarensis ecclesie villam unam videlicet Longum Pratum et quicquid in ea proprium habebant, exceptis hominibus S. Petri, qui homines si mutare locum et ad dominos suos redire voluerint, conductu supradictorum fratrum Rocelini scilicet et Hilduini libere et secure facere poterunt ; et preter ecclesiam et cimiterium et decimas grossas et minutas ; et preter terram S. Lupi et terram Anserici. Hac conditione et hoc tenore ista scambitio facta est, ut si aliquando castrum et honorem suum, quem comes Hugo Trecassinus pro CCC libris in vadimonio habebat, receperint, S. Petrus Arremarensis Monasterii villam suam ex integro rehabebit. Et hoc supradicti fratres Rocelinus videlicet et Hilduinus fide sua in manu... Hujus rei testes sunt : Herbertus de Brierio, Hiduinus Grossus de Vendopere, Hugo de Fulcheriis, Eulardus, Engelbertus. De familia S. Petri : Balduinus, Herbertus filius ejus, Petrus villicus de Manillo, Theodoricus forestarius, Odelinus, Henricus villicus de Monsterello, Robertus sutor, et alii quam plures. Actum est hoc publice apud Arremarense cenobium in camera domni Gualteri, abbatis, II kalendis septembris anno ab Incarnatione Domini M° C° XX° I°, concurrente V°, post IIII bissextum, epacta XI^a, indictione XIIIIe, pontificatus autem domini Calixti II pape anno IIII°, regnante Hludovico rege Francorum, domino Joceranno presidente in cathedra sancte Lingonensis ecclesie, domino autem Philippo Trecorum pontificium optinente.

Postea vero, anno uno jam transacto, ne supradicti fratres Rocelinus videlicet et Hilduinus conquererentur et dicerent se timore et coactione domini Hugonis, Trecassini comitis, hoc fecisse, domnus abbas Gualterius dedit eis duos equos optimos ; et uxoribus eorum IIII libras, uxori videlicet Rocelini XL solidos et cifum unum novum multum bonum, mazerium, et uxori Hilduini similiter XL solidos et vaccam unam, quatenus hoc bono animo et placabili benigne et amicabiliter et sine rancore facerent, laudarent et concederent, quod ipsi et uxores eorum filii et filie eorum libentissimo fecerunt. Actum est hoc publice, id est ista secunda concessio sive laudatio apud Vendoperense castrum in aula ipsius castri VII° kalendas octobris. Hujus rei testes sunt : Josbertus de Castellione, tunc dapifer Hugonis comitis ; Petrus Carduus ; Oudo de Brierio, Landricus de Firmitate super Albam ; Petrus, filius Odelardi de Vendopere ; Bovo et Gualterius frater ejus de Burreio ; Milo, frater Rocelini ; Gualterius, coccus Hugonis comitis. De familia S. Petri : Tegrimus de Aguleio, Odo, Gervinus, Petrus filius Goen. — *Cartul.* B, fol. XXXIX v°.

24. — 9 octobre 1122.

In nomine Sancte et Individue Trinitatis. Omnibus

Xpisti fidelibus notum fieri volumus, quod domnus Hugo, excellentissimus comes Trecassinus, dum secunda vice Jherusalem pergeret, apud Eduam civitatem in die festivitatis sanctorum Simonis et Jude (20 octobre 1114) dedit et perpetualiter obtinere concessit beatis apostolis Petro et Paulo Arremarensis Monasterii et ecclesie sancti Johannis Baptiste de Castello, que infra muros urbis Trecassine sita est, et monachis eis famulantibus, domno videlicet abbati Gualterio et successoribus ejus sextarium frumenti, sextarium vini, panem unum, et spatulam porci, que omnia singulis annis monachi Sancti Johannis de Castello soliti erant dare ad portam civitatis, que versus abbatiam Arremarensem posita est. Cum vero a sancto Dominico Sepulchro isdem comes rediit, domnus abbas Gualterius presentiam ejus adiit cumque humili prece rogavit, ut, quod apud Eduam fecerat, hoc coram famulis suis et coram legitimis testibus Trecassine urbis faceret et concederet. Quod benevole et amicabiliter fecit. Actum est hoc publice apud Trecassinam urbem in claustro Sancti Johannis Baptiste de Castello VII idus octobris, id est in die festivitatis sanctorum martyrum Dyonisii, Rustici et Eleutherii anno ab Incarnatione Domini M° C° XX° II°; concurrente VI°; epacta XXII; pontificatus domni Calysti secundi, pape, anno V; indictione I; regnante Ludovico, rege Francorum; primo anno pontificatus domni Attonis, Trecassine urbis episcopi. Hujus rei testes sunt : Manasses de Villamauri; Gaufridus, filius

Otranni ; Bovo de Sancto Sepulchro ; Robertus, miles Aurelianensis ; Atto de Moneta ; Salo, frater ejus ; Falcho de *Linais;* Drogo de Villamauri ; Herbertus, clericus, de Rosnaio ; Girardus, clericus, de Brienna ; Robertus de Insulis, tunc prepositus comitis ; Johannes de Insulis ; Lebaldus ; *Aganon*, filius ejus ; Lebaldus, nepos Lebaldi Divitis ; Robertus Diabolus ; Willelmus de Porta ; Evrardus, veerius. Exparte Sancti Petri : Gilduinus, nepos ipsius domni abbatis Gualterii ; Lecelinus, monetarius ; Herbertus de Arbrosello ; Bernardus, famulus abbatis ; Alardus ; Herbertus ; Arnulfus, nepos Willeboldi : Odo de Sancto Martino ; Hemmaricus ; Abel ; Petrus, filius *Goen ;* Todericus de Cadusia. Si quis autem inimicus Ecclesie hanc donationem aliqua subreptione violare temptaverit, nisi condigna satisfactione correxerit, a corpore et sanguine Xpisti sit segregatus, et anathemate percussus, a corpore etiam totius sancte Ecclesie separetur. Amen ! Amen ! Amen ! Fiat ! Fiat ! Fiat ! — *Origin.* Sceau et contre-sceau appliqués sur le parchemin. — *Cartul.* A, fol. 20 v° ; B, fol. CXIII r°. — Notes chronologiques : épacte égyptienne, indiction Constantinienne, l'année du pontificat de Callixte II est erronée.

25. — 27 avril 1134.

(Monogramme du Christ : XP.*)* Laudabilibus SS. patrum instruimur exemplis queque digna memorie

litterarum monimentis fideliter adnotare, ad omnipotentis Dei laudem, qui auctor est et amator veritatis, et ad refellendas versucias diabolice pravitatis. Ego igitur Guilencus, Dei misericordia Lingonensis ecclesie episcopus, notificare studui omnibus tam futuris quam presentibus, me, consilio venerabilium Lingonensis ecclesie fratrum, ecclesiam S. Germani de Mareolis, cum decimis et appenditiis suis, Deo et ecclesie Arremarensi, in honorem apostolorum Petri et Pauli fundate, et Galtero ejusdem ecclesie venerabili abbati in perpetuum concessisse, ita scilicet, ut ipse successoresque ejus et fratres ibidem Deo regulariter servientes, salvo jure Lingonensis ecclesie, cum pace possideant et obtineant. Si qua autem, que, ad eandem ecclesiam pertinent, de his que laici possident adquirere fratres Arremarensis ecclesie potuerint, in partem eorum cedat, et nulli aliquid inde defraudari liceat. Novimus etiam quod predecessor noster domnus scilicet bone memorie Jocerannus ecclesiam S. Laurentii de Videliaco ecclesie Arremarensi donaverit cum decimis et appendiciis suis, salvo etiam jure Lingonensis ecclesie, quod et nos laudamus et confirmamus. Presbiterum vero idoneum in prefatis ecclesiis domnus abbas Arremarensis eliget. Hujus itaque donationis testes sunt : Guilencus, episcopus ; Pontius, archidiaconus ; Fulco, archidiaconus et cancellarius ; Clemens, notarius ; Maynardus, decanus ; Henricus, sacerdos ; Petrus, monachus, de Brierio ; Johannes, monachus et capellanus ; Guido, monachus. Acta sunt hec Lingonis, V kalendas maii anno ab Incarnatione Domini M° C° XXX° IIII°. — *Origin.* Le sceau était appliqué sur le parchemin. — *Cartulaire* B, folio LXXXI v°.

26. — 20 juin 1136.

Notum sit omnibus Xpisti fidelibus, quod Gualterius, comes Brenensis et Ramerucensis, dedit S. Petro Arremarensis Monasterii et domno Gualterio, abbati, et monachis ibi Deo et S. Petro famulantibus, sedem super Albam fluvium ad molendina facienda apud Sanctam Theodosiam ; insuper et justiciam et quicquid ipse comes ibi habebat, laudante uxore sua, et infantibus, et proceribus, et clientibus suis, per manum Manassis, archidiaconi, de Rumiliaco, tali pacto, ut si inde calumpnia vel placita orirentur, idem comes cum suis pacificaret et defenderet. Habuit autem propter hoc VII libras, quas accepit Manasses archidiaconus, nam comes ei debebat. Actum est hoc apud Pinniacum anno ab Incarnationne Domini M° C° XXXVI°, XII kalendas julii. Hujus rei testes sunt : Boso de Panceio, Boso de Tilleio, Gualterius de Sancto Karauno, Paganus de Univilla, Albericus de *Montingun* et Radulfus filius ejus, Gualterius de *Bugnez*, Gobertus prepositus, Arnulfus de Elesmundo, Hugo de Vendopera, Hugo de Rameruco, Clarellus Faber, Richardus Rapina, Bancelinus, Hugo, Arnaudus et Milo, venatores. De familia Sancti Petri : Petrus Sanctus, Petrus Bubulcus, Herbertus filius Balduini, Ansoldus Coccus, Girbertus de Curia, Petrus Michaudus, Locelinus de Rulliaco, Archembaudus, Robertus et Bencelinus de Novigento, Hugo et Guillelmus nepos ejus de Pinniaco, et alii plures. — *Copie*. — *Cartul.* B, fol. XXXIV v°.

27. — Avant 1137.

Quoniam eorum que in scripturis inveniuntur fama perhennis esse perhibetur idcirco scripto memoriali ad posterorum noticiam tradimus, quod ego Clarembaudus, dominus de Cappis, dedi ecclesie Sancte Marie, que in castro meo est, quam et parentes mei fundaverunt, et fratribus ibidem Deo servientibus medietatem furni qui est in burgo Sancti Lupi, alia enim medietas antea monachorum erat, pro remedio animarum antecessorum meorum et maxime pro anima Ermengardis, uxoris mee, et Hugonis carissimi filii mei, tali conditione quod prior ejusdem domus et monachi qui cum illo erunt annuatim anniversaria eorum facient. Concessi etiam ut nulli heredum meorum liceat in eodem burgo Sancti Lupi alium construere furnum. Dedi etiam libertatem omnibus qui in villa mea sunt et erunt ut nullus eorum cogatur ad meum furnum ire, sed ad quemcumque ire voluerit, sine ulla contradictione eat et coquat panem suum. Laudaverunt hoc filii mei Clarembaudus, Gualterius, et Guido. Et ut ista donatio firma in perpetuum et inconcussa consistat, sigilli mei impressione signavi. Hujus rei testes sunt : Hugo Niger, prepositus de Capis ; Guiardus de Clareio ; Ottrannus, vicecomes ; Theodoricus Grossus Denarius ; Ernulfus de Villerio ; Bartholomeus de Fulcheriis ; Herbertus de Rumiliaco ; Gualterus de *Chasere*, Radulfus de Ponti ; Gualterius Sagitta ; Petrus, prepositus ; Johannes Faber. Ex parte monachorum : Gualterius, venerabilis Arremarensis Monasterii abbas ; Petrus Furnarius ; Petrus de *Briel;* Gerricus, precentor ; Ascelinus, prior de Cappis ; Isembardus ; Hugo ; Robertus Magnus ; Herbertus, serviens abbatis. — *Copie.* — *Cartul.* B, fol. LXXX r°.

28. — 1136 au plus tard.

Omnibus Xpisti fidelibus tam futuris quam presentibus notum sit, quod quidam reverendus presbiter Wido nomine, capellanus monasterii S. Salvatoris, quod dicitur A [*Alpha*], Deo devotus cupiens existere, veniens apud Arremarense Monasterium petiit a donno abbate Galtero et a fratribus, ut sibi liceret in fundo S. Salvatoris in condamina regia montis Amalberti capellam cum cymiterio construere et domum ad susceptionem pauperum et peregrinorum, ut tam ipsis quam ibidem in obsequio pauperum degentibus solummodo et viventibus alimonia, et defunctis exhiberetur sepultura. Cui, nimia devicti caritate, tali tenore concessimus ut nullius religionis vel conversationis homines ibidem substituantur, aut prior proponatur, nisi consensu et voluntate abbatis Arremarensis Monasterii, remota omni exactione, salvis tamen consuetudinibus que juris ecclesie S. Salvatoris dignoscuntur esse scilicet terragium et decime. Quod si, fraternitate deficiente per quam id operis inceptum est, domus ad defectum venerit, predicta omnia scilicet capella et domus cum omnibus ad se pertinentibus absque alicujus contradictione in jus et potestatem monachorum S. Salvatoris transibunt. Quapropter, concedimus eis omne usuarium pasture tam in silvis quam in pratis et pascuis nostris. — *Origin. Cyrographe.*

29. — 5 février 1137 (*v. st.*)

Innocentius, episcopus, servus servorum Dei, dilecto filio Guidoni, abbati monasterii Sancti Petri, siti in loco qui vulgo dicitur mansus Corbonis et nunc Nova Cella in territorio Trecassino in regno Burgundiorum, ejusque successoribus regulariter substituendis, in perpetuum. Si fratrum nostrorum petitiones benigno favore prosequimur, nostri apostolatus officium exercemus. Dignum est enim ut quemadmodum pater vocamur in nomine ita comprobemur in opere, et qui ad animarum regimen assumpti sumus, eas a pravorum hominum nequitia tueamur, et sub pio Apostolice Sedis gremio confovere curemus. Hujus rei gratia, dilectissime frater in Xpisto Guido abbas, postulationibus tuis debita benignitate impertimur assensum, et monasterium Sancti Petri, cui, Deo auctore, presides, cum omnibus ad ipsum pertinentibus sub sancte Romane ecclesie protectione suscipimus atque ad exemplum predecessorum nostrorum sancte memorie Johannis et Paschalis, Romanorum pontificum, presenti scripti pagina communimus. Statuentes, ut quascumque possessiones, quecumque bona idem locus in presentiarum juste et canonice possidet, aut in futurum concessione pontificum, largitione regum vel principum, oblatione fidelium, seu aliis justis modis, Deo propitio, poterit adipisci, firma tibi tuisque successoribus in perpetuum et illibata permaneant. In quibus hec propriis nominibus duximus exprimenda : videlicet, capellam Sancte Marie in villa Arremarensis Monasterii, in villa Mosterello capellam SS. confessorum Egidii atque Victoris, in magno Maisnillo capellam S. Andree, cum decimis et omnibus pertinentiis earum ; apud oppidum quod Cappas dicitur ecclesiam S. Lupi, S. Johannis Baptiste et capellam Sancte Marie, cum decimis et omnibus pertinentiis earum ; in civitate Trecorum ecclesiam B. Johannis [in Castro] capellam Sancte Marie Deaurate ; extra civitatem ecclesiam S. Martini de Areis (*lege* de Vineis), capellam Sancte Julie cum decimis et pertinentiis earum ; ecclesiam Sancte Marie de Curte Argentea, cum decimis et pertinentiis suis; ecclesiam S. Martini de Ruliaco, cum decimis et pertinentiis suis; ecclesiam, SS. Gervasii et Prothasii de Angledura, cum decimis et pertinentiis suis ; ecclesiam S. Mauricii de Novigento, cum decimis et pertinentiis suis ; ecclesiam Sancte Theodosie super Albam fluvium, ecclesiam S. Martini de Domno Martino, ecclesiam B. Petri de Dervo, capellam Sancte Marie de Henfredi (*al.* Remfredi) Exsarto, ecclesiam S. Michaelis de Buris (al. *Bures*) cum decimis et omnibus pertinentiis earum. Altaria quoque a venerabili fratre nostro Atone, Trecensi episcopo, tam vobis quam monasterio vestro confirmata, presenti privilegio roboramus, quorum nomina sunt hec : altare in honore S. Martini et altare in honore S. Remigii in villa *Sumseis*, apud Gigneium altare in honore Sancte Julie, apud Brandovillare altare in honore Sancte Marie, apud Hauncurtem altare in honore S. Xpistophori, apud Manicurtem altare in honore S. Vinebaldi. In quibus nimirum omnibus, quas in episcopatu Trecensi habetis vel in antea habituri estis, licentiam habeatis idoneos presbiteros eligendi, eosque episcopo presentandi, a quo videlicet curam animarum suscipiant, sibique de spiritualibus, vobis autem de temporalibus juxta canonum instituta respondeant. Porro cimiterium de Capis, cimiterium de Angledura, et cimiterium de Masnillo Letranni a predicto episcopo concessa, vobis nichilominus confirmamus, necnon prenominatam ecclesiam SS. Gervasii et Protasii liberam et immunem ab omni episcopali exactione fore censemus. In episcopatu Lingonensi : ecclesiam Sancte Marie apud Monasterium juxta Insulam in pago Barrensi sine omni exactione episcopali, ecclesiam S. Remigii de *Sumfonz*, (al. de *Sefont*), cum decimis et pertinentiis earum ; capellam S. Laurentii de Fredivalle ; apud Longum Pratum ecclesias duas in honore B. Petri, cum decimis et pertinentiis earum ; apud Villiacum ecclesiam S. Laurentii cum decimis et pertinentiis suis ; ecclesiam S. Victoris de Chirreviaco et capellam S. Victoris de Viveriis, capellam S. Sulpitii de Lentilio, cum decimis et pertinentiis earum ; ecclesiam Sancte Marie de *Galluart*, ecclesiam Sancte Marie de Pargas, ecclesiam S. Johannis de Cadusia, ecclesiam Sancte Columbe, ecclesiam Sancte Marie de Cooperta Fontana, cum pertinentiis earum ; monasterium Sancti Salvatoris, quod Alpha dicitur, cum dignitate sua et sine omni exactione episcopali ; ecclesiam S. Petri, que ejusdem monasterii parrochia est, ecclesiam S. Martini de Pomeio, ecclesiam de Achiaco cum decimis et pertinentiis earum. In episcopatu Eduensi : ecclesiam S. Mauritii de *Bez* ; ecclesiam S. Cassiani de Saviniaco cum decimis et pertinentiis earum. In archiepiscopatu Bizuntino : ecclesiam S. Martini de Taneyaco, ecclesiam Sancte Marie de Calmis, ecclesiam S. Leodegarii de Brusiliaco, ecclesiam S. Desiderii de *Barz*, ecclesiam S. Benigni de Novavilla, ecclesiam S. Petri de Sarmagiis, ecclesiam Sancte Marie et S. Johannis de *Salnez*, ecclesiam Sancte Marie de Campellis, cum decimis et pertinentiis earum. Et quoniam equum est ut religiosi viri, qui de elemosinis et aliorum beneficiis debent vivere, aliquibus vexationibus non vexentur, constituimus ut nulli episcopo, nullique ministeriali publico vel officiali eorum, e quibuscumque prediis vestri monasterii decimas exigere, vel aliquem censum exposcere liceat, exceptis illis XX denariis, quos in festivitate beati Petri ipsius territorii comiti dare debetis. Obeunte vero te, nunc ejusdem loci abbate, vel quolibet tuorum successorum, nullus tibi qualibet subreptionis astutia seu violentia preponatur, nisi quem fratres aut fratrum pars consilii sanioris secundum Dei timorem et beati Benedicti regulam providerit eligendum. Xpisma vero, Oleum sanctum, consecrationes ecclesiarum, ordinationes monachorum aut reliquorum clericorum qui ad sacros gradus fuerint promovendi a diocesano suscipiatis episcopo, siquidem ipse catholicus fuerit, et gratiam atque communionem Apostolice Sedis habuerit, eaque vobis sine pravitate et exactionis molestia exhibere voluerit. Missas sane publicas ab episcopo civitatis, nisi forte ab abbate ipsius loci vel fratribus fuerit invitatus, seu et stationes ibidem celebrari omnimodo prohibemus, ne forte in servorum Dei recessibus popularibus prebeatur occasio ulla conventibus. Decernimus ergo ut nulli omnino hominum liceat prefatum monasterium temere perturbare, aut aliquam ei exactionem seu gravamen imponere, vel ejus possessiones auferre, vel ablatas retinere, minuere, seu quibuslibet vexationibus fatigare ; sed omnia integra conserventur eorum pro quarum sustentatione et gubernatione concessa sunt usibus omnimodis profutura. Si quis igitur in posterum hanc nostre constitutionis paginam sciens, contra eam temere venire temptaverit, secundo tertiove commonitus, nisi reatum suum congrue satisfecerit, potestatis honorisque sui dignitate careat, reumque se divino judicio existere de perpetrata iniquitate cognoscat, et a sacratissimo corpore et sanguine Domini nostri Jhesu Xpisti alienus fiat, atque in extremo examine districte ultioni subjaceat ; cunctis autem eidem loco sua jura servantibus sit pax Domini nostri Jhesu Xpisti, quatenus et hic fructum bone actionis suscipiant et apud districtum judicem premia eterne pacis inveniant. Amen. Amen. Amen. — *Monogramme :* Bene valete. — *Dans le cercle concentrique :* Scs Petrus. Scs Paulus. Innocentius papa II. *Légende :* Adjuva nos Deus salutaris noster. Ego Innocentius, catholice Ecclesie episcopus, suscripsi. † Ego Conradus, Sabiniensis episcopus, suscripsi. † Ego Gregorius, diaconus cardinalis Sancti Sergii, suscripsi. † Ego Oddo, diaconus cardinalis Sancti Georgii ad Velum Aureum, suscripsi. † Ego Guido, diaconus cardinalis Sanctorum Cosme et Damiani, suscripsi. † Ego Ino, diaconus cardinalis Sancte Marie in Aquino, suscripsi. † Ego Crisogonus, diaconus cardinalis Sancte Marie in Porticu suscripsi. † Ego Petrus, presbiter tituli Sancte Susanne, suscripsi. † Ego Girardus, presbiter tituli Sancte Crucis in Jerusalem, suscripsi. † Ego Littifredus, presbiter cardinalis tituli Vestine, suscripsi. † Ego Lucas, presbiter cardinalis tituli Johannis et Pauli, suscripsi. † Ego Martinus, presbiter cardinalis tituli Sancti Stephani in Celio Monte, suscripsi. † Ego indignus Guido, sacerdos, suscripsi. Datum Rome, per manum Almerici, sancte Romane ecclesie diaconus cardinalis, cancellarius, nonis februarii, indict. I^a, Incarnationis Dominice anno M° C° XXX° VII° pontificatus vero domini Innocentii pape II° anno VIII°. — *Copie.*

30. — 1137-1163.

G[odefridus], Dei gratia Lingonensis episcopus, venerabili abbati Wi[doni] Arremarensis Monasterii, ejusque successoribus regulariter substituendis, in perpetuum. Episcopalis officii est religiosos quosque diligere, eosque ampliori gratia confovere. Ea propter, dilecte in Xpisto frater Wi[do], abbas Monasterii Arremarensis, tuis justis petitionibus annuentes, concedimus vobis canonicam electionem sacerdotum in ecclesiis vestris que in episcopatu nostro sunt. Ita sane ut a vobis idonea et utilis persona in eis eligatur, a nobis autem vel a nostris suscipiat animarum curam. S. Warnerii; S. Pontii; S. Hurici; S. Hugonis de Riveria; S. Symonis, decani; S. Richardi, presbiteri; S. Hugonis, presbiteri. — *Origin.* — *Cartul.* B, fol. LXXXII v°.

31. — 1138.

Notum sit omnibus hominibus quod contentio quedam erat inter Widonem, Arremarensem abbatem, et Hugonem de Maceriis cognomento Bligardus, pro molendinis que Arremarensis ecclesia apud Sanctam Theodosiam super Albam fluvium possidet; predictus enim Hugo partem inibi clamabat, affirmans eadem molendina partim in terra sua consistere. Tandem contentio ista hujusmodi fine sopita est, concessit enim et dedit memoratus vir Deo et Arremarensi ecclesie, per manum Guidonis, abbatis, ponens donum super altare ejusdem ecclesie, laudantibus fratribus suis Radulfo et Henrico, et uxore sua Laurenna, et sorore sua Godilendis, quicquid ibi suum esse dicebat ; ita tamen ut nos querelam illam de familia Duranni et Letuidis liberam concederemus, que inter nos et ipsum diu fuerat, et C insuper solidos donaremus ; hoc tamen pacto quod nos de terra ipsius que est apud S. Theodosiam, tam in terra quam in nemore, quantum necesse esset ad usum molendinorum, perpetuo acciperemus. Additum est etiam hoc, quod si quandoque abbati vel posteris ejus predicta molendina in terra predicti viri movere placuerit, ipse vel heredes ejus competentes mutuum per manum duorum virorum, quorum unus ex parte abbatis alter ex parte ipsius sic accipient. Hac autem lege hoc totum factum est : ut si inde aliquod placitum vel calumpnia Arremarensi ecclesie surrexerit, Hugo vel heredes ejus totum in pace component. Actum est hoc in capitulo Arremarensi, et Trecis confirmatum per manum comitis Theobaldi et sigillo ejus roboratum anno ab Incarnatione Domini M° C° XXX°

VIII°. Hujus rei testes sunt, de canonicis Sancti Petri : Odo, prepositus ; Manasses, archidiaconus, Rumiliaci ; Evrardus, canonicus Sancti Lupi ; Tegerius. De militibus : Ilduinus, Gaufridus Furnerius, Ansellus de Triagnello, Hugo de Planceio, Ansculfus de Capis, Philippus de Varricurte, Burdinus de Summa Valle, Johannes de Insula et Girardus frater ejus, Mauricius de Insula, Guiardus de Pontibus, Ansellus Fromondi, Hugo de *Moranpun*, Petrus Wandelberti, *Nichol* de Porta. Ex parte B. Petri : Wido *Bordele* ; Radulfus, filius Berengarii, miles suus, et Centorius, prepositus ejus ; Ansoldus, villicus ; Petrus Sanctus ; Petrus Bulbucus ; Petrus, Villiaci villicus ; Garnerius, villicus de Curte Argentea ; Gervinus ; Arnoldus Rasus ; Bonetus Rasus ; Petrus de Vendopere ; Hugo, filius Balduini, furnerius ; Robertus de *Masteil* ; Helias ; Philippus ; Garnerius Coccus ; Arnodus cognomento *Grives* ; Balduinus, filius Garnerii ; Arnulfus de Villiaco ; Garnerius, filius *Ysabel* ; Theobaldus, nepos Fromoldi. Ex parte ipsius : Radulfus, frater ejus ; Galterius *Buinez* ; et ubi primum concordia facta fuit, videlicet apud S. Theodosiam, testes sunt ex parte Hugonis : Durannus, Wibertus, filius ejus. —*Cartul.* B, fol. XXXI v°.

32. — 1140.

Viri discreti et sapientis est pro utilitate anime sue vita superstite laborare. Quid enim prodest homini, si mundum universum lucretur, anime vero sue detrimentum paciatur ? Quamobrem ego Teobaldus, Blesensis comes, do et imperpetuum concedo elemosinam Deo et ecclesie Sancti Petri de Monasterio Arremarensi, pro remedio anime mee meorumque antecessorum, Costelinam, filiam Bonelli juvenis : quod donum laudaverunt et concesserunt Matirdis, comitissa, uxor mea, et Henricus, filius meus. Ut autem hoc donum ratum et inconvulsum permaneat, hanc cartulam sigilli mei auctoritate confirmare precepi. Hujus rei testes fuerunt : Hilduinus de Vendopere ; Petrus Bursaudus ; Guiardus, tunc prepositus Trecarum ; Ugo de Colle ; *Nichol* de Porta. Confirmo etiam abbati et monachis ejusdem ecclesie Arremarensis emptionem quandam, factam ab eis, sicut infra scriptum est. Assensu namque domni Hathonis, Tricassini pontificis, emerunt a Burdino de Summa Valle XX libris medietatem decimarum tam grossarum quam minutarum de Desda et de Sancto Martino, oblationes trium festivitatum in anno, et censum quem habebat apud Sanctum Martinum, laudantibus Helisabeth, uxore sua, et duobus filiis suis Johanne et Andrea, et duabus filiabus suis Anna et Emelina. Sed, quia abbas Sancti Martini contendebat minutas decimas et oblationes sibi prius datas fuisse, voluntate ipsius Burdini retenta sunt ab abbate Arremarensi de XX libris solidi LX donec idem miles easdem decimas et oblationes tradat Arremarensi ecclesie absque ulla calumpnia possidendas. Hoc ita factum et mea presentia roboratum sigilli etiam mei auctoritate firmavi, posteris transmittendum. Hujus rei testes fuerunt : Guiardus, prepositus Trecarum ; Ansellus, filius Fromondi ; Johannes de Insulis ; Guillermus, sagittarius. Hii autem testes fuerunt in claustro Sancti Johannis, quando Burdinus et uxor ejus et filii et filie hoc, quod emptum a monachis fuerat, super altare Sancti Johannis posuerunt : Hugo *Cancer;* Humbertus *Baez;* Theodericus ad Nasum ; Engermerus de Insulis ; Petrum *Roboam ;* Amator, monetarius ; Falco filius Jocelini ; Paganus, filius Hervei ; Guilermus Ingo ; Petrus, filius David ; Falco, monetarius ; Nicolaus de Porta. Et de servientibus Sancti Petri : Bonnellus Rufus ; Filippus ; Fulco Parinus de Sancto Martino ; Gualterius, cognatus ejus. Affuit etiam Guaufridus, frater Burdini, qui laudavit. Actum est hoc apud Trecas, anno ab Incarnatione Domini M° C° XL°. regnante Ludovico, filio Ludovici, rege Francorum ; Hathone, episcopo, Trecensium cathedra residente. Guillermus, clericus meus, sigillavit. Signum Henrici, filii comitis Teobaldi Blesensis, et Matildis, comitisse Blesensis. — *Cartul.* B, fol. XXXVII r°.

33. — 1140-1148.

In nomine Domini. Ego Godefridus, Lingonensis episcopus, notum volo esse quod predecessor noster Wilencus bone memorie ecclesiam de Maroliis Monasterio Arremarensi dedit, eo tenore ut medietatem omnium beneficiorum monachi habeant, exceptis confessionibus, peris, nuptiis, reconciliationibus mulierum, nummis de caritate, refectione mortuorum. De his quoque que ad monachos pertinent in curia eorum justitiam eis tenebit sacerdos, si controversia orta fuerit. Dedit et predecessor noster predicto monasterio duas partes minute decime de Brierio. Quas donationes ego quoque concedo et presenti carta confirmo. Testes sunt : Stephanus, abbas Molismensis ; Girardus, abbas de *Mores;* Clarenbaldus, decanus de Musseio. — *Cartul.* B, fol. LXXXIII r°.

34. — Avant le 7 mai 1143 (au plus tard.)

Ego Hato, Dei gratia Trecensis episcopus, dilectis filiis Guidoni, abbati, et monachis Arremarensibus in perpetuum. Officii nostri nos hortatur auctoritas religiosa loca diligere, et fratres in eis divino famulatui mancipatos rebus ecclesie sustentare. Ea propter, dilecti in Domino filii, pietatis intuitu vestris precibus annuentes, dedimus vobis et monasterio vestro, laudante Manasse de Villemauro, archidiacono nostro, vetus attrium de Clareio, et capellam que in eodem atrio est, ad petitionem bone memorie Bernardi, Clarevallensis abbatis : hac tamen lege et tenore ut presbiter Clareii nichil unquam ibidem accipiat, sed ea que viventes illic obtulerint, vel morientes dimiserint, singulariter monachorum sint. Huic dono probabiles persone interfuerunt : predictus Manasses de Villemauro, archidiaconus ; Manasses Rumiliacensis, archidiaconus ; Odo, archidiaconus ; Falco, archidiaconus ; Gibuinus, cantor et archidiaconus ; Bernardus, abbas Clarevallensis, ad cujus petitionem hec omnia facta sunt et concessa, — *Origin.* — *Cartul.* A, fol. 9 v°.

35. — 7 mai 1143 (au plus tard.)

Innocentius, episcopus, servus servorum Dei, dilecto Guidoni, abbati Arremarensi, salutem et Apostolicam benedictionem. Que pietatis intuitu et amore religionis monasteriis et aliis piis locis a fratribus nostris episcopis impenduntur, laudamus, et votis atque desideriis postulantium assensum prebentes libenter scripti nostri munimine roboramus. Ea propter, dilecte in Domino fili, karissimi filii nostri Bernardi, Clarevallis abbatis, precibus inclinati, donationem vobis de ecclesia Clareii a Trecensi episcopo rationabiliter factam, firmamus et scripti nostri privilegio communimus. Datum Laterani, nonas maii. — *Cartul.* B, fol. XLVI r°.

36. — 1143 (au plus tard.)

Ego Hato, Dei gratia Trecensis episcopus, Guidoni, abbati, et monachis Arremarensibus, in perpetuum. Ex injuncto nobis episcopatus officio imminet fratribus in monasteriis Deo servientibus multipliciter providere et eorum inopiam quantum possumus sustentare. Ea propter, dilecti in Domino filii, precibus vestris gratum impertientes assensum, donavimus vobis et monasterio vestro ecclesiam de Clareio, laudante Manasse de Villemauro, archidiacono nostro : hoc pacto ut in vita hujus presbiteri qui vocatur Iterius medietatem in omnibus et per omnia habeatis ; post mortem vero ejus vel seculi mutationem libere et absque ulla contradictione presbyterum in ecclesia supradicta eligatis, qui a Trecensi episcopo curam animarum suscipiet et vobis de temporalibus respondebit. Ex tunc in predicta ecclesia Clareii duas partes accipietis et sacerdos tertiam, excepto quod in tribus festivitatibus anni in solennitate Omnium Sanctorum, in Natali Domini, in Pascha omnes oblationes separatim habebitis, nisi quod in unaquaque predictarum festivitatum presbiter XII nummos habebit. Si autem terra culta vel inculta predicte ecclesie in elemosinam data fuerit, specialiter vestra erit. Hec sunt autem que sacerdos separatim accipiet : nuptias, peras, reconciliationes mulierum, confessiones. Consuetudines omnes ecclesie Trecensi ipse persolvet et redditus. Adjecimus autem et dedimus vobis, laudante Falcone, archidiacono nostro, pro Dei amore et specialiter pro dilecto filio nostro Nicholao, fratre vestro, qui nobis fideliter et efficaciter Rome et multis aliis locis servierat, ecclesiam de Follis, hoc iterum pacto et tenore ut in vita hujus presbiteri qui vocatur Radulfus, V solidos per annum pro investitura accipiatis : XII denarios in festivitate

Omnium Sanctorum, XII in Natali Domini, XII in Pascha, XII in Pentecosten, XII in festivitate ecclesie. Cum autem presbiter iste decesserit vel seculum mutaverit, libere et absque ulla contradictione presbiterum in predicta ecclesia de Follis eligetis qui a Trecensi episcopo curam animarum suscipiet et vobis de temporalibus respondebit. Ex tunc in predicta ecclesia de Follis duas partes accipietis et sacerdos tertiam, excepto quod in quatuor festivitatibus anni, in solennitate Omnium Sanctorum, in Natali Domini, in Pascha, in Pentecosten, omnes oblationes separatim habebitis, nisi quod in unaquaque predictarum festivitatum predicte ecclesie XII nummos habebit. Si autem terra culta vel inculta predicte ecclesie in elemosinam data fuerit, specialiter vestra erit. Hec sunt autem que sacerdos separatim accipiet : nuptias, peras, reconciliationes mulierum, confessiones. Consuetudines omnes ecclesie Trecensis ipse persolvet et redditus. Hujus rei testes sunt : Odo, prepositus ; Odo, abbas Pultariensis ; Guillermus, abbas Sancti Martini ; Manasses de Villamauri, archidiaconus ; Manasses de Rumilliaco, archidiaconus ; Falco, archidiaconus ; Odo, archidiaconus ; Gibuinus, cantor et archidiaconus; Petrus, decanus ; Guerricus, cononicus ; Galterus, filius Ingelmeri ; Iterius et Radulfus, presbiteri. — *Deux origin.* — *Cartul.* A, fol. 10 r°.

37. — 1143 au plus tard.

In nomine Sancte et Individue Trinitatis. Ego Hugo, Dei gratia Autissiodorensis episcopus, et ego Bernardus, Clarevallensis abbas, omnibus Xpristi fidelibus. Omnis qui est ex veritate, et perhibet testimonium veritati, veritatem libenter audit. Ea propter, universitati fidelium notificamus quod Hato, venerabilis Trecensis episcopus, ad preces nostras et per manum nostram dedit Arremarensi Monasterio ecclesiam de Clareio et ecclesiam de Follis, laudantibus Manasse de Villemauro et Falcone, archidiaconis suis. Et ut donum istud firmum illibatumque permaneat predictus episcopus et nos Apostolico bone memorie domini Innocentii pape secundi munimine fecimus corroborari. Ne vero tam manifesta veritas aliqua succedentium temporum vetustate vel mutaretur vel deperiret sigillo parvitatis nostre confirmare curavimus. — *Origin.* —*Cartul.* A, fol. 12 r°; B, fol. CVII r°.

38. — 18 mars 1144.

Lucius, episcopus, servus servorum Dei, dilectis filiis G[uidoni], abbati, et monachis Arremarensis Monasterii, salutem et Apostolicam benedictionem. Que a fratribus nostris episcopis et ecclesiarum Dei rectoribus religionis intuitu acta sunt, in sua volumus stabilitate firmari ne pravorum hominum valeant refragatione turbari : ideoque venerabilium fratrum nostrorum Hugonis, Altissiodorensis episcopi, et Bernardi, Clarevallensis abbatis, precibus inclinati, preces vestras paterna benignitate admittimus et ecclesiam de Follis, quemadmodum a venerabile fratre nostro Attone, Trecensi episcopo, vobis canonice concessa est, per presentis scripti paginam vobis et per vos Arremarensi Monasterio confirmavimus. Si quis autem hujus nostre confirmationis paginam sciens, contra eam temere venire temptaverit, indignationem Omnipotentis Dei et BB. Petri et Pauli, apostolorum ejus, se noverit incursum. Datum Laterani, XV kal. aprilis. — *Cartul.* B, fol. XLVI r°.

39. — 1144.

Ego Hato, Dei gratia Trecensis episcopus, omnibus Xpristi fidelibus notum fieri volumus tam presentibus quam futuris, quod uxor Ebrardi de Duisma, Agnes cognomento *Dameruns*, post decessum predicti mariti sui, ante presentiam nostram veniens, pro anima viri sui defuncti et pro animabus antecessorum suorum pro quodam etiam filio suo Clarembaudo, in Arremarensi Monasterio monacho facto, presente Guidone, venerabili abbate ejusdem loci, in manu nostra guerpivit ac reddidit quartam partem grosse decime quam habebat apud Clareium, laudantibus filiis suis Roscelino et Guilermo cum sorore sua; predictus autem abbas misericorditer dedit predicte mulieri C et X solidos et vaccam unam; Roscelino vero majori filio cappam unam V solidorum ; et Guilermo cum sorore sua XII denarios dedit. Reddidit etiam predicta mulier in manu nostra, predictis pueris laudantibus, totum quod habebat in censu atrii de Clareio, et medietatem terre illius apud Burias que vocatur Bovaria. Nos autem petitioni mulieris adquiescentes, secundum voluntatem ejus et puerorum suorum investivimus domnum abbatem Guidonem de omnibus his que hic denominavimus. Ne autem hujus rei actio succedentium temporum vetustate vel mutaretur vel deperiret, sigillo et litteris nostris confirmare curavimus. Hujus rei testes sunt : Petrus, decanus ; Iterius, presbiter de Clareio ; Guido, predictus abbas, et monachi sui ; Rainaldus de Capis ; et Arnulfus de Viliaco ; Nicholaus, monachus, capellanus episcopi ; Drogo et Andreas de Clareio ; Odo, burgesius ; Isaac, serviens ; Walterius Bechardus. Actum est hoc anno ab Incarnatione Domini M° C° XL° IIII°, regnante Ludovico, rege Francorum. — *Origin.* — *Cartul.* A, fol. 12 v°.

40. — 1152.

In nomine Domini ego Gaufridus, Lingonensis episcopus, notum fieri volo, quod ecclesias de Landrevilla et de Lochia dedi abbati Guidoni et ecclesie Monasterii Arremarensis libere in perpetuum possidendas, laudantibus Clarembaldo, decano, ad cujus ministerium pertinebant, et Radulfo, presbitero, qui eas tenebat : eo sane tenore ut electionem presbiteri deinceps habeant monachi, et dum iste Radulfus eas tenuerit quartam partem reddituum earum, exceptis baptisteriis, nuptiis, peris et confessionibus, ac denario panis benedicti, et reconciliationibus mulierum. Post mortem vero vel dimissionem ipsius Radulfi, medietatem reddituum aliorum habeant monachi, preter illa que nominavimus, que propria sunt sacerdotis. Testes sunt : dominus Alanus, episcopus Antisiodorensis ; domnus Bernardus, abbas Clarevallensis, cujus petitione dedimus eas ; Philippus quoque, prior ; et Fromundus et Gaufridus, monachi Clarevallenses. Laudavit hoc etiam Pontius, archidiaconus Lacesiensis, in presentia nostra et archidiaconorum aliorum Guarneri, Guidonis de Joinvilla, Hugonis de Riveria. Actum est et sigilli nostri impressione firmatum apud Claramvallem anno ab Incarnatione Domini M°C°L° II°. — *Origin.* — *Cartul.* B, fol. LXXXIII.

41. — 1153.

Notum sit posteritati nostre, quod Guirricus de Brierio, filius Dudonis, laudante patre suo, et sorore sua Damerone, et marito ejus Pontio de Racinis, laudante etiam Hulduino de Vendopera, de quo movebat, et filio ejus Laurentio et uxore sua Oda, et aliis pueris ejus, dedit predictus Guerricus Monasterio Arremarensi quicquid habebat in finagio

Alte Ripe, quod totum erat de capite matris sue. Habuit autem inde Hulduinus XL libras, et uxor sua XL solidos, et sororius prefati Guerrici Pontius de Racinis VI libras et X solidos, et uxor sua unam vaccam. Quod ego Henricus, Trecensis comes, ne aliqua temporum vetustate vel alicujus hominis perversitate aut deperiret aut mutaretur, litteris mandavi et confirmavi sigillo meo. Hujus rei testes sunt : Hulduinus ; Laurentius, filius ejus, qui inde habuit XL solidos ; et alius filius ejus Hulduinus ; Gunterius ; Wiardus de Clareio ; Galterius de *Frasnei ;* Arnulfus de *Vilers* ; Adam, vicecomes. Ex parte Pontii : Hugo de Brierio ; Wiardus ; Acelinus ; Durannus de Vendopera ; Engelbertus, nepos ejus ; Hilduinus, frater ejus ; Radulfus *Charduns* ; Hugo de *Torcei ;* Albricus de *Corbetun.* Ex parte Sancti Petri : Herbertus, major : Odo, major ; Girardus *Salneirs ;* Ansoldus *Forners* ; Odilo ; Gislebertus Sutor ; Ansoldus, major ; Petrus de Horto ; Mattheus ; Constantius, filius *Engerviz* ; Teodoricus, filius Mauritii ; *Gobaut* de Masnillo ; Balduinus, filius Hugonis Decani ; *Erbelins,* filius Balduini ; Petrus de Atrio ; Herbertus de Masnilo ; Petrus *li Cos* ; Ewrardus de *Frasnines ;* Galterus, major Villiaci ; Arnulfus ; Robertus Canis. Actum est autem hoc anno ab Incarnatione Domini M° C° L° III°. Tradita Trecis, per manum Guillermi, cancellarii. — *Origin.* — *Cartul.* B, fol. LV v°.

42. — 4 février 1156.

Adrianus, episcopus, servus servorum Dei, dilectis filiis G[uidoni], abbati, et universis monachis Arremarensis Monasterii, salutem et Apostolicam benedictionem. Quotiens a viris religiosis super hiis que juste ac legitime possident nostra confirmatio imploratur, animo nos decet libenti concedere, et petentium desideriis congruum suffragium impertiri, ut quanto a perturbatione virorum secularium securiores extiterint, et bona sua in majori pace possederint, tanto attentius professioni sue insistere ac divinis obsequiis valeant propensius imminere. Ea propter, dilecti in Domino filii, paci et quieti vestre in posterum providere volentes, petitioni vestre benignum impertimur assensum, et ecclesias de Lochis et de Landrevilla, quas venerabilis frater noster G[odefridus], Lingonensis episcopus, ecclesie vestre concessit, et scripti sui pagina confirmavit, juxta canonicam concessionem ipsius, vobis perpetuo et ecclesie vestre auctoritate Apostolica confirmamus, et presentis scripti patrocinio communimus. Nulli ergo omnino hominum... Si quis autem id attemptare... Datum Beneventi, secundo nonas februarii. — *Origin.* — *Cartul.* B, fol. LXXXII V°.

43. — 26 février 1157-1159.

Adrianus, episcopus, servus servorum Dei, dilectis filiis abbati et universo capitulo Arremarensi salutem et Apostolicam benedictionem. Rationabilis et antiqua consuetudo est, que a predecessoribus nostris instituta esse noscuntur nullius nunquam debent calliditate turbari, vel temeritate aliqua immutari. Relatum vero nobis est, quod ab antiquorum constitutione sancitum est et tenore privilegiorum Romane ecclesie roboratum ut alicui mulieri non liceat vestri monasterii ambitum introire. Quocirca, universitati vestre per Apostolica mandamus scripta precipiendo, quatinus universum mulierum genus ab ambitu ecclesie vestre penitus prohibeatis et nullam ratione aliqua ipsum ambitum permittatis introire. Si vero aliqua scripta contra tenorem harum litterarum forte sint et a Sede Apostolica impetrata, nullas vires decernimus optinere. Datum Laterani, IIII kalendas martii. — *Cartul.* B, fol. LIII r°.

44. — 1158.

Quoniam ea, que a predecessoribus nostris tam misericorditer quam rationabiliter acta sunt, approbare, confirmare et ampliare nos decet, idcirco ego Godefridus, Dei gratia Lingonensis episcopus, notum esse volo presentibus et futuris, quod ad petitionem karissimi filii nostri Petri, venerabilis abbatis, et monachorum S. Michaelis Tornodorensis litteras pontificalis confirmationis quas idem monasterium a predecessore nostro domino Rainardo, bone memorie, Lingonensi episcopo, dudum habuerat, diligenter inspicere curavi, cujus in hac parte vestigiis cupiens adherere, ecclesiam de Ciresio, et totum Barri super Sequanam parrochiatum, et ejusdem castri capellam predicte S. Michaelis ecclesie benigne dono atque concedo : ita duntaxat quod de omnibus beneficiis ad eandem capellam et ad predictum pertinentibus parrochiatum monachi Tornodorenses duas habeant partes et presbiter ad jus pertinet monachorum, quem investiendum decano presentabunt, sicut in aliis ecclesiis suis consueverunt. Preterea ecclesias de Lineriis et de Serrigniaco commemorato S. Michaelis cenobio pontificali largitione conferre decernimus, presentem confirmationis cartam cum nostri auctoritate sigilli fieri jussi, quatinus hec nostra donatio sepedictis monachis rata in posterum et inconvulsa debeat permanere. Igitur de cunctis beneficiis earumdem ecclesiarum de Lineriis scilicet et de Serrigniaco statuo atque concedo ut monachi Tornodorenses medietatem habeant et presbiteri alteram medietatem, excepto suo presbiteratu. Electioque presbiterorum monachorum sit, salvo tamen in omnibus jure pontificali. De his autem testes sunt : Nivardus, abbas Melondensis; Girardus, archidiaconus; Petrus de Chableia, decanus Tornodorensis; Milo de Lisinis, decanus; frater Engerbertus de Quinciaco ; et frater Gislebertus de Claravalle, monachi. Actum anno ab Incarnatione Domini M° C° L° octavo. — *Origin.*

45. — 1158,

Ego Henricus, Trecensium comes palatinus, notum facio presentibus et futuris, quod ego Odiernam et Odelaidam et Bancelinam sororem earum, que de terra Waisseii apud Monasterium Arremarense venerunt, cum filiis et filiabus eorum omnium, intuitu Dei et amore dilectorum fratrum Arremarensium, titulo perpetue elemosine sancto Petro Arremarensi donavi. Quod ut ratum et inconcussum mamaneat sigilli mei impressione roboravi. Affuerunt autem hujus rei testes : dominus Ansellus de Triangulo ; Garnerus, frater ejus ; Hugo de Planceio ; Willelmus, marescallus ; Deimbertus de Ternantis ; Artaudus, camerarius. Actum Trecis, anno Incarnati Verbi M° C° LVIII°. — *Origin.* — *Cartul.* B, fol. LIII v°.

46. — Février 1158 (*v. st.*).

In nomine Sancte et Individue Trinitatis. Ego Willelmus, abbas de Maceriis. Notum sit posteritati nostro quod discordia erat inter me et Guidonem, abbatem Arremarensem, pro eo quod ecclesia nostra habebat grangiam unam in parrochia de Saviniaco, de qua ecclesie Arremarensi decimas reddere nolebat, cum Saviniaci ecclesia cum decimis et pertinentiis suis propria sit ecclesie Arremarensis : tandem querela que inter utramque ecclesiam erat hoc fine perducta est ad pacem et concordiam. Statutum est ut ecclesia de Maseriis per singulos annos persolvat ecclesie Arremarensi in festivitate B. Michaelis VII sextarios annone, et medietas sit de frumento et alia medietas vel de ordeo vel de avena sicut nascetur in terra. Quod si ecclesia de Maseriis aliquas terras amplius adquirere poterit in omni decimatione ecclesie Saviniaci et ecclesie de *Bez* sub hoc pacto erit, ut nichil amplius quam quod predictum est persolvat; et si iterum aliquando alibi congruam commutationem ecclesie Arremarensi dare potuerit accipiet eam. Hoc etiam adjunctum est, ut si forte terre quas ecclesia de Maseriis vel adquisivit vel adquisierit in alienas manus redierint ecclesia Arremarensis decimas habebit. Et ne hoc aliqua temporum vetustate vel pravorum hominum perversitate vel mutaretur vel deperiret, utriusque abbatis sigillo, et assensu capituli utriusque munitum est et confirmatum. Huic concordie interfuerunt: Radulfus, archidiaconus Eduensis et Belnensis decanus; Gilo, archipresbiter; Rainaldus, de *Pomard* vicarius ; Constantinus, de Biliniaco, et Johannes, de Saviniaco, presbiteri. Magister Rainaldus; Robertus Senescalcus ; Galterius Gifardus, canonici. Ismereus de *Savini,* et Arnulfus, nepos ejus; Henricus *Amorous* ; Petrus, prior Buxerie. De Maseriis : Vicardus, prior ; Benedictus, cellerarius. Willelmus de Archis, monachus Arremarensis ; Burdinus, prepositus ; magister Nicolaus ; Jacobus, monachus ; Aldo, cellerarius Cistercii. Actum Belne in claustro canonicorum, anno Incarnationis Domini M° C° LVIII°, mense februarii. — *Origin. Cyrographe.* — *Cartul.* B, fol. XLIX r°.

47. — 16 avril 1161.

Ego Henricus, Trecensis comes palatinus, Guidoni, abbati Arremarensi, et Arremarensi Monasterio in perpetuum. Equitatis et benignitatis ratio postulat ea que a principibus hujus seculi ecclesiis et monasteriis conferuntur, fidei committere litterarum. Noverint igitur tam posteri quam presentes, quod ego Henricus, comes, dono et condono Arremarensi Monasterio in perpetuum mediam partem premii duarum domorum, quas habent Barri, quam accipere solebam. He sunt autem domus : domus videlicet Ludovici, quam eis liberam et absolutam concessi ab omni consuetudine et theloneo et justicia, ita ut domus Arremarensis habeat quicquid ego ibi habebam in perpetuum ; et medietas domus Gualonis, et alia medietas, quando eam adquirere poterit Arremarensis ecclesia, sit in eadem libertate ; terciam vero partem quam habet in domo Martini concedo ita liberam, sicut feci duas alias partes liberas monialibus de Valle One. Hoc autem facio pro amore karissimi mei magistri Nicolai, et ita ut quandiu predicto magistro placuerit predictos redditus habeat in manu sua ad facienda negocia sua. Ne autem hoc aliqua temporum vestustate, vel alicujus hominis perversitate aut depereat aut mutetur, presentibus litteris firmavi, et sigilli mei impressione signavi. Hujus rei testes sunt : Manasses, Trecensis archidiaconus et decanus Sancti Stephani; Guillelmus, cancellarius ; magister Stephanus de Aliorra ; Bonellus, cognomento *Plaiz*, canonici Sancti Stephani. De militibus comitis : Ansellus de Triangulo ; Guillelmus Rex, marescalcus ; Petrus Bursaudus ; Drogo Bristaudus ; Petrus, frater ejus. Actum est hoc Trecis, in Pascha, anno ab Incarnatione Domini M° C° LX° primo, regnante Ludovico, rege Francorum ; Hugone, Senonensi archiepiscopo ; Henrico, Trecensi episcopo. — *Origin.* — *Cartul.* A, fol. 17 v°.

48. — 16 avril 1161.

Notum sit et presentibus et futuris, quod ego Henricus, Trecensium palatinus comes, dedi Arremarensi ecclesie per manum magistri Nicholai, carissimi amici mei, domum Ludovici, apud Barrum, liberam ab omni consuetudine et justicia et theloneo et in nundinis Barri, et extra nundinas per totum annum et in sempiternum, ita ut Arremarensis ecclesia habeat quicquid ibi habebam. Donavi etiam et condonavi predicte ecclesie terciam partem premii, si unquam eam ecclesia adquirere potuerit : terciam etiam partem quam ecclesia habet in domo Martini concedo omnino liberam, sicut feci duas alias partes monialibus de Valle One. Hoc autem (*ut supra* n° 47). — *Origin.* — *Cartul.* A, fol. 15 r°.

49. — 21 décembre 1161.

Alexander, episcopus, servus servorum Dei, dilectis filiis Magistro Nicholao, priori, et universis fratribus Sancti Johannis Trecensis, salutem et Apostolicam benedictionem. Ultimam voluntatem defuncti debere servari et Ecclesie consuetudo obtinuit et canonum sanxit auctoritas. Ea propter, justis vestris precibus inclinati, sepulturam ejusdem loci liberam esse concedimus, statuentes ut eorum devotioni et extreme voluntati, qui se illic deliberaverint sepelliri, nisi forte excommunicati sint vel interdicti, nullus obsistat, salva tamen canonica justicia parochialium ecclesiarum de quibus mortuorum corpora assumentur. Nulli ergo.. Si quis autem.. Datum Terracine, XII kalendas januarii. — *Cartul.* B, fol. LXXXV v°.

50. — 1161.

Ego Henricus, Trecensium palatinus comes, notum fieri volo presentibus et futuris, quod Adam de Fossis, laudante filio suo Joffrido, dedit in elemosinam ecclesie Sancti Johannis de Castello totum alodium suum quod habebat apud *Mongue* ubi vinee nove plantantur, me concedente, et in presentia mea laudaverunt hoc etiam filie ipsius, licet foris familiate essent, cum maritis suis Josberto et Ingelberto, generis prefati Adam. Constantius autem cognomento Jobacius, qui terciam filiam habebat, cum hoc laudare noluisset, oblata est ei eadem terra ut post elemosinam quam Adam fecerat tantum daret ei Constantius quantum magister Nicholaus, prior ejusdem loci, etiam cum elemosina dabat et XX solidos minus, et noluit retinere. Deinde ex precepto meo prefatus prior terram retinuit ut sit prenominate ecclesie imperpetuum. Et ne hoc aliquis imposterum mutare auderet, litteris meis et sigillo meo confirmavi. Hujus rei testes sunt : Guillelmus Rex, marescalcus ; Drogo Bristaudus ; Petrus, frater ejus. Ex parte S. Johannis, de hominibus suis : Hato, major ; Jacobus de S. Martino ; Fulco ; Oliverus ; Bovo *Bruslez* ; Hugo Gerboudus ; Hugo, mesgicerius. Data Trecis, per manum Guillelmi, cancellarii. Anno ab Incarnatione Domini M° C° LX° I°. — *Origin.* — *Cartul.* A, fol. 21 r°, B, fol. CXIV r°.

51. — 24 juillet 1164.

Ego Henricus, Trecensium palatinus comes, notum fieri volo et presentibus et futuris, quod ego dedi magistro Nicolao, carissimo meo, priori S. Johannis, et per eum et propter eum Arremarensi ecclesie ut domus Masceline cum auvento quod ante est in foro Trecensi, et que propria est S. Johannis de Castello, libera sit ab omni consuetudine et teloneo et justitia ; et ecclesia S. Johannis, que cella est Monasterii Arremarensis, in perpetuum habeat quicquid ego ibi habebam in omni libertate et securitate : eo autem tenore, ut omnes mercatores de *Hedignh* et de Haugo in domo illa, in utrisque nundinis, videlicet S. Johannis et S. Remigii, pannos et alia que vendere voluerint sub banno in perpetuum vendant, et alibi vendere non possint ; ita ut neque ego neque heredes mei donum istud aliquo modo possimus immutare. Huic rei interfuerunt : Ansellus de Trianulo, buticularius ; Odo de Pugeio, conestabulus ; Hugo de Planceio ; Guillelmus Rex, marescalcus ; Drogo Bristaudus, et Petrus Bristaudus fratres. De clericis : Manasses Villemauri, Trecensis archidiaconus et decanus S. Stephani ; Manasses de Pogeio, prepositus S. Stephani ; Aicius de Planceio, subdecanus S. Stephani ; Johannes, cantor ; magister Girardus et Guirricus, Trecenses archidiaconi ; Ruricius Meldensis archidiaconus. Actum est hoc Trecis, in vigilia beati Jacobi, apostoli, in ecclesia beatissimi prothomartyris Stephani, adsistente capitulo ejusdem ecclesie. Data Trecis, per manum Guillelmi, cancellarii. Anno ab Incarnatione Domini M° C° LXIIII° regnante Ludovico, rege Francorum anno XXXI regni ejus. — *Origin.* — *Cartul.* A, fol. 18 r° ; B, fol. CXVI v°.

52. — 1164.

Ego Galterus, Dei gratia Lingonensis episcopus,

notum facio tam futuris quam presentibus, quod, rogatu et prece benigna donni Stephani, tunc temporis prioris S. Salvatoris, Deo et ecclesie Arremarensi necnon et ecclesie predicti S. Salvatoris ecclesiam de Chugiis cum appendiciis suis in elemosinam dedi, et libere possidendam imperpetuum concessi, eo tamen tenore, quod capellanum in predicta trahent ecclesia, et ipsum more solito archidiacono presentabunt et decano, salvo jure episcopali. Et ut hoc ratum et inconvulsum deinceps habeatur sigilli mei auctoritate munio et testium adnotatione confirmo. Testes : Guido, abbas Besue ; Guido de *Mimire*, Lingonensis canonicus; Brutinus, decanus Besue ; Belinus, capellanus meus. Actum ab Incarnatione Domini M° C° LX° quarto. — *Origin.*

53. — 1165, 1263 et 1412.

A tous ceux qui verront et orront ces présentes lettres Jehan le Prepointier, garde du séel de la prévosté de Chaourse, salut. Sachent tuit que Perrinos Thirel, tabellion, et Jehan Jossot, clerc juré et establi à ce faire audit Chaource et en la chastellorie de Monseigneur le conte de Nevers et de Rétel, ont veeu, tenu et diligemment pourveu de mot à mot unes lettres saines et entières en séel et scriptures, séellées, si commes il apparait de prime face, du séel de bonne mémoire très excellant prince Thiébaut, par la grace de Dieu, roy de Navarre, conte palatin de Champaingne et de Brie, de cire rouge et en soye pendant, desquels la teneur s'ensuit : — Nos Theobaldus, Dei gracia rex Navarre, Campanie et Brie comes palatinus, universis presentes litteras inspecturis notum facimus, quod venerabilis pater karissimus consanguineus noster Guido, Dei gracia Authissiodorensis episcopus, existens tunc temporis in terra nostra Campanie, pro nobis et loco nostri significavit nobis se vidisse litteras inclite recordationis Henrici, quondam comitis Campanie, in magna sui parte abolitas, et propter sui vetustatem et malam custodiam fractas, sigillo tamen integro remanente, in hec verba : — Ego Henricus, Trecensium comes palatinus, notum facio presentibus et futuris me cum hominibus apud Cadusiam et Mansum Roberti manentibus hanc habere conventionem, quod, quicumque ibi manserint minam unam avene et duodecim denarios michi et abbati Monasterii Arremarensis reddent annuatim in festo sancti Remigii. Hanc eciam prefatis hominibus contuli libertatem, quod a tallia et omni alia exactione liberi permanebunt, nec pedagium nec teloneum, quod meum sit, in terra mea donabunt ; sed nec in exercitum nec in expedicionem ibunt, nisi ego ipse presens affuero, vel aliquis de domo mea eos duxerit, nec ad submonitionem prepositorum meorum vie compellentur, nisi eadem die ad domos proprios reverti potuerint. Forefactum de LX solidis V solidis terminabitur ; et illud de V solidis XII denariis complebitur. Clamor planus factus ad prepositum quatuor denariis emendabitur.

Concessi eciam prefate ville hominibus, quod, si quis inde abire voluerit, venditis domibus et pennis ceterisque rebus propriis, quiete poterit abire. Preterea sciendum esse volo, quod si quis de hominibus militum de castellariis Trecarum, Insularum, Sancti Florentini, Herviaci, Chacenarum, et Caparum in predicta nova villa manserit, si dominus ejus eum suum esse de corpore juramento duorum militum et quatuor aliorum legitimorum hominum in villa ipsa probaverit, eum quiete absque placito vel duello rehabebit et de villa adducet. Has itaque convenciones omnibus qui in prefata villa manserint, a me et ab heredibus meis firmiter et perpetualiter observandas depactus sum. Et ut hec nota permaneant, et inconcusse teneantur, litteris annotata sigilli mei impressione firmavi. Affuerunt autem hujus rei testes : dominus Ansellus de Triagnello ; Guillelmus, marescallus ; Rembertus de Ternantis ; Artaudus ; Guibertus de Barro ; Johannes de Pruneco ; Philippus *Banceu* et Johannes de Crisco, tunc temporis prepositi Cadusie. Actum Trecis, anno Incarnati Verbi M° C° vicesimo (*lege* sexagesimo) quinto. Data per manum Stephani, cancellarii, nota Guillelmi. — Nos, vero Theobaldus, rex Navarre, Campanie et Brie comes palatinus predictus, et omnia et singula predicta, prout in dicta carta superius sunt expressa, hominibus predictis concedimus tenenda, utenda et possidenda modo superius nominato, approbamus et presentis carte patrocinio communimus, et ad majorem securitatem cartam predictam sibi duximus renovandam, salvo jure nostro et alieno. Et ut omnia predicta et singula firma et stabilia permaneant imperpetuum, in premissorum omnium et ipsorum singulorum testimonium et munimen perpetuum presentes litteras sigilli nostri munimine fecimus roborari. Datum per nos Pampilum, die lune prima ante festum beati Benedicti, anno Incarnati Verbi M° CC° LX° tercio, nota Ferduendi Petri, qui presentem cartam scripsit de mandato G. Sanctii, scriptoris nostri.

En tesmoin de ce, je, garde du séel dessusdit, par le rapport desdiz jurés avec leurs signes et saings manuels, ay séellées ces lettres du séel et contreséel de la dicte prévosté. Ce fut fait le dimanche jour de feste saint Vincent l'an mil quatre cens et douse. *Signé* : Tirel, Jossot. — Archiv. Communales de Chaource. — *Origin.*

54. — 30 juin 1167.

In nomine Sancte et Individue Trinitatis. Ego Henricus, Trecensis episcopus, notum fieri volo et presentibus et futuris, quod ego dedi magistro Nicholao, priori Sancti Johannis de Castello et per eum et propter eum Arremarensi ecclesie et prefate ecclesie Sancti Johannis, laudante capitulo nostro, medietatem omnium oblationum, tam in omnibus lassis mortuorum quam in omnibus oblationibus vivorum post decessum vel seculi mutationem hujus presbiteri qui vocatur Garnerius ; et similiter in capella *des Noes*, que capella est matricis ecclesie Sancti Martini. Hec sunt autem que presbiter seorsum habebit : nuptias, peras, reconciliationes mulierum, confessiones, baptisteria, et de reliquo per medietatem omnia dividentur. Ne autem hoc, vel temporum vetustate, vel alicujus temporis perversitate aut mutaretur, aut deperiret, sigillo nostro et et sigillo capituli nostri confirmare curavimus. Huic rei interfuerunt : Wilelmus, Trecensis prepositus et Carnotensis electus ; Manasses de Villamauro ; Odo, magister Bernardus, Virricus, et magister Girardus, Trecenses archidiaconi : Radulfus, Meldensis archidiaconus ; Aicius de Planceio ; Stephanus, filius Girulfi ; Petrus Bibitor ; Rainaldus de Pruvino ; Stephanus, frater mareschalci ; Hilduinus ; Herbertus de Sancto Quintino ; Rocelinus, canonici et alii multi de canonicis ejusdem ecclesie. De laicis vero : comes Henricus ; Guillermus, marescalcus ; Daimbertus de *Ternant* ; Drogo Bristaudus, Petrus Bristaudus, fratres ; Altaudus. Actum est hoc publice in capitulo Trecensi, in crastinum festivitatis apostolorum Petri et Pauli, anno ab Incarnatione Domini M° C° LX° VII°, regnante Ludovico, rege Francorum. — *Origin*. — *Cartul*. A, fol. 22 r°.

55. — 1169, au plus tard.

Ego Henricus, Trecensium palatinus comes, notum facio presentibus et futuris, et ex utraque parte in manum accipio pactionem et constitutionem que inter Galterum, Arremarensem abbatem, laudante capitulo suo, et Odonem, conestabulum meum, eodem Odone super hoc fidem suam dante uxore sua Helisabeth et filiis Rainaldo et Henrico laudantibus, de villa Manilli Letranni et de *Seloncort* et de hominibus Arremarensis ecclesie apud Aventum commorantibus provenit. Justiciam et talliam hominum de *Maisnil Letran* et de *Seloncort* et hominum ecclesie apud Aventum, quocumque modo proveniat, monachi et conestabulus communem habebunt, et communi consilio utrarumque partium fiet. Quod si homines Sancti Petri in prefatis locis morantes aliquid forisfecerint in tota terra Odonis, conestabuli, similiter cum monachis Arremarensis ecclesie justicia parcietur. Si vero quidpiam non partitum conestabulus fortuitu acceperit, infra XV dies postquam abbas Arremarensis illud predicto conestabulo notum fecerit, medietatem per omnia ecclesie restituet, quandiu ambo consenserint. Unus major erit amborum, qui fidelitatem faciet et conestabulo et abbati. Cum vero duos habere voluerint, non precedet unus alterum in submonitionibus et justiciis faciendis, sed communi consilio facient, et per medium parcientur. Omnes redditus de *Maisnil Letran* preter justiciam et talliam Arremarensis ecclesie erunt. Quicquid autem adquirere poterunt in hac pactione, per medium accipient et ement per medium. Uterque major erit liber quandiu major erit. Hoc autem ut ratum sit et inconcussum teneatur, sigilli mei impressione firmavi, sed et Henricus, venerabilis Trecensis episcopus, et Galterius, Arremarensis abbas, hoc pactum sigillorum suorum auctoritate confirmaverunt. Hujus autem rei testes sunt : Manasses, archidiaconus, de Villamauri ; Manasses, frater ejusdem Odonis, conestabuli ; Johannes Hurupellus ; Witterius, ejusdem Johannis frater; Burdinus et Aymo, monachi Arremarenses ; Hatto Trecensis ; Gislebertus de *Maisnil Lietran* et Johannes, villici monachorum ; Jacobus de Sancto Martino, Rainerius de Lantagio, Herbertus de Bussuis. — *Cartul*. B, fol. XXX r°.

56. — 1170.

Ego Henricus, Trecensium palatinus comes, notum fieri volo et presentibus et futuris, quia ego dedi dilecto meo magistro Nicholao, priori S. Johannis de Castello, C solidos in annuis redditibus in ecclesia B. Stephani, L solidos in nundinis Sancti Johannis, et L in nundinis S. Remigii. Dedi etiam post mortem ejus, propter amorem ejus, prefatum redditum ecclesie B. Johannis de Castello, ut illum imperpetuum habeat cum omni integritate, ita tamen quod monachi S. Johannis in obitu canonicorum S. Stephani ad sepulturam eorum venient et pro mortuis canonicis ejusdem ecclesie semel in anno generale anniversarium perpetuo facient. Ne autem hoc vel temporum vetustate vel alicujus hominis perversitate, aut mutaretur aut deperiret, litteris meis et sigillo meo confirmavi. Hujus rei testes sunt : Manasses de Villemauro, Trecensis archidiaconus et decanus S. Stephani ; Manasses de Pogeio, prepositus Sancti Stephani ; Haicius, subdecanus, ejusdem ecclesie. De laicis vero : Guillelmus, marescalcus ; Ataldus, camerarius ; Daimbertus de *Ternant*. Actum est hoc anno ab Incarnatione Domini M° C° LXX°. Data Trecis, per manum Guillermi, cancellarii. — *Cartul.* A, fol. 21 v° ; B, fol. CXIV r°.

57. — 1170.

Ego Henricus, Trecensium palatinus comes, notum fieri volo et presentibus et futuris, quia ego dedi Arremarensi ecclesie ut domus Masceline (*ut supra* n° 51) : eo autem tenore, ut mercatores, qui ibi fustanios, pannos et alias merces vendere voluerint, numquam alibi vendere cogantur propter donum quod ego alteri faciam, si ipsi mercatores noluerint. Homines autem qui in eadem domo habitabunt, et mercatores quamdiu ibi erunt, liberi erunt ab omni justicia et non respondebunt alicui nisi priori S. Johannis. Hoc autem donum proprie et specialiter feci predicte ecclesie pro amore carissimi mei magistri Nicolaï, prioris S. Johannis, ut ipse in vita sua vel quamdiu voluerit, ubicumque sit, redditus de domo illa habeat, quantum ad partem meam pertinebat cum omni integritate. Et ne hoc donum aliqua temporum vetustate, aut mutaretur aut deperiret, litteris meis firmavi, et sigilli mei impressione signavi. Hujus rei testes sunt : Manasses Villemauri, Trecensis archidiaconus et decanus S. Stephani ; Manasses de Pogeio, prepositus S. Stephani ; Rainerus de Brena ; Rainaldus de Pruvino. De Militibus : Guillelmus de Domnipetro ; Guillelmus Rex, marescalcus ; Hugo de Planceio ; Hugo Bristaudus. Data Trecis, per manum Guillelmi, cancellarii, anno ab Incarnatione Domini M° C° LXX°. — *Origin.* — *Vidimus* de 1331. — *Cartul.* B, fol. LXXXIV v°.

58. — 1170

Ego Henricus, Trecensium palatinus comes, notum fieri volo et presentibus et futuris, quod domum S. Johannis cum camerula in foro Trecensi, que est in vico qui dicitur Vicus Hardewini, liberam feci omni tempore ab omni consuetudine et theloneo et justicia pro XV solidis de censu, quos annuatim debebam ecclesie S. Johannis, et pro lampade una que semper ardeat ante reliquias beati Blasii, salva tamen justicia vicecomitum. Ne autem hoc vel mutaretur vel deperiret litteris meis sigilli mei impressione firmavi. Hujus rei testes sunt :  Guillelmus, marescalcus ; Petrus Bristaudus ; Ertaldus, camerarius ; Deimbertus de *Ternant* ; Joscelinus, filius ejus ; Hugo *Rage*. Data Trecis, per manum Guillelmi, cancellarii. Anno ab Incarnatione

Domini M° C° LXX°. — *Origin.* — *Cartul.* A, fol. 18 v° ; B, fol. XC r° et CXI r°.

59. — 28 juillet 1172.

Ego Henricus, Trecensium palatinus comes, notum fieri volo et presentibus et futuris, quod Odo de Vendopera, post donationem patris sui Hilduini quam fecerat Deo et ecclesie Arremarensi in elemosinam in terra et nemore quod vocatur Scambium, concessit prefate ecclesie quicquid pater suus ibidem unquam habuerat, et quicquid ipse Odo ibi clamabat, jure perpetuo possidendum. Laudavit etiam vadium quod Hugo de Trecis fecerat Arremarensi ecclesie super quadam decima que est apud magnum Masnilum. Clamavit etiam quietas omnes querelas quas habebat adversus abbatem et ecclesiam Arremarensem, die tertio post festivitatem beati Jacobi, que est in mense julio, et annus Dominice Incarnationis agebatur M° C° LXX° secundus. Ne autem hoc ab aliquo mutaretur, vel cursu temporis deperiret litteris meis et sigillo meo firmavi. Hujus rei testes sunt : Ansellus de Triangulo, Johannes *Avetot,* Theobaldus de Fismis, clerici. Guillelmus, marescalcus ; Ertaudus, camerarius ; Petrus Bristaudus de foro de *Corlavere.* — *Cartul.* B, fol. L v°.

60. — 1172. 24 mai

Ego Henricus, Trecensium palatinus comes, notum fieri volo presentibus et futuris, quod ego emi a magistro Petro, filio Thodorici Clamatii, canonico S. Lupi, totam terram et vineam et viridarium, que erant juxta ecclesiam Beate Marie Deaurate juxta officinas S. Johannis de Castello, que cum jure hereditario contingebant. Ego autem pro remedio anime mee et patrum meorum, et pro uxore mea et liberis meis, ut Deus eos in bonitate et felicitate conservet, dedi prefatam terram et vineam et viridarium beatissime Dei genitrici et beato Johanni Baptiste, precursori Domini, per manum carissimi mei magistri Nicholay, priori S. Johannis, jure perpetuo et in perpetuum possidenda, ita tamen quod ecclesia Beate Marie Deaurate amplius non cadet, et monachi de cetero non per communem plateam ad servicium ecclesie ibunt, sed infra clausuram suam servicium ecclesie, sicut solebant et melius quam solebant, facient Virgini gloriose. Ne autem hoc vel temporis vetustate vel alicujus hominis perversitate, aut mutaretur aut deperiret, litteris meis et sigillo meo studui confirmare. Hujus rei testes sunt: Bocardus, Dunelmensis archidiaconus ; Herbertus, cantor S. Stephani ; Johannes *Haveto ;* Symon de Anchora ; Clarembaudus de Brecis ; magister Philippus de Sezannia. De laicis vero : Guillelmus Rex, marescalus ; Ertaudus, camerarius ; Matheus de Jonvilla ; Deimbertus de Ternantis ; Jacobus *Barbete* ; Theobaldus Revelardus ; Lupus *Chautes* ; Robertus, Trecensis prepositus ; Jacobus *Rucevele,* major de Insulis. Actum est hoc Trecis, vigilia Ascensionis Domini, anno ab Incarnatione ejus Mº Cº LXXIIº. Data Trecis, per manum Guillermi, cancellarii ; nota Guillermi. — *Origin.*— *Cartul.* A, fol. 19 rº ; B, fol. CIX rº.

61. — 1172.

Ego Matheus, Dei gratia Trecensis episcopus, notum fieri volo et presentibus et futuris, quod Airardus, Brenensis comes, quietum clamavit in manu mea et per manum meam Arremarensi ecclesie et abbati Gualterio, quicquid clamabat in hominibus de magno Maisnillo, Garnerio scilicet et fratribus ejus, et in Martino de Merreolis et fratribus ejus, in perpetuum. Ne autem hoc processu temporis in oblivionem deveniret, rogavit nos ut inde faceremus ecclesie litteras nostras, et sigillum nostrum imponeremus, quod et fecimus. Hujus rei testes sunt, ex parte nostra : Rainaldus, archidiaconus ; Andreas, famulus noster. Ex parte ecclesie : ipse abbas Galterius ; magister Nicholaus ; Stephanus, ejusdem ecclesie prepositus ; Matheus, famulus prefati abbatis. Ex parte autem dicti comitis Brenensis : Vingerus, prepositus de *Pisni* ; Hato de *Lesmont*. Actum est hoc anno ab Incarnatione Domini Mº Cº LXXº IIº. — *Cartul.* B, fol. XIV rº, et LIV rº.

62. — 1172.

Ego Henricus, Trecensis palatinus comes, notum

facio presentibus et futuris, quia ego dedi ecclesie B. Johannis de Castello imperpetuum, pro amore Dei et ad preces carissimi mei magistri Nicholai, omnem justiciam et potestatem quam habebam in terra Communie que dicitur Sancti Johannis, a vinea defuncti Guidonis usque Puilliacum in longum, et a via publica que vadit Puilliacum usque ad viam Praerie in latum, cujuscunque sit terra que in communia est. Ita autem liberam eam feci ab omni parte, sicut libera est villa Sancti Martini per donationem predecessorum meorum, ut homines qui ibi domos edificare et habitare voluerint, in ea libertate sint in qua homines Sancti Martini. Quod si priori furnum edificare in eodem loco placuerit plenam habeat potestatem. Ut autem hoc donum ratum et inconcussum permaneret litteris meis et sigillo meo confirmavi. Hujus rei testes sunt : Daimbertus de *Ternant*; Milo, filius ejus ; Girardus de Braio; Hugo *Rage* ; Eltaldus, camerarius. Anno ab Incarnatione Domini L° C° LXX° II°, data Trecis, per manum Guillermi, cancellarii. — *Cartul.* B. fol. CXII v°.

63. — 1172.

Ego Henricus, Trecensium comes palatinus, notum facio presentibus et futuris, quia ego ad preces dilecti familiaris mei magistri Nicholai Deo et Monasterio Arremarensi gistium de Fredevalle quietum clamavi in perpetuum : ita quod neque ego neque heredes mei gistium in eadem villa accipiemus, vel pro gistio villam illam talliabimus. Ut autem hoc ratum et illibatum permaneat, litteris meis et sigillo meo confirmavi. Hujus rei testes sunt : Johannes *Havetot*, et Symon de Anchora, Clarembaudus de Brecis, clerici. De laicis vero : Guillelmus, marescalcus ; Daimbertus de Ternantis ; Ertaudus, camerarius. Actum est hoc Trecis, anno ab Incarnatione Domini M° C° LXX° II°. Data Trecis, per manum Guillermi, cancellarii ; nota Guillermi. — *Origin.* — *Cartul.* B, fol. XXI v°.

64. — 1173.

Ego Matheus, Dei gratia Trecensis episcopus, notum fieri volo et presentibus et futuris, quod querela que erat inter canonicos nostros B. Petri et Gualterum, Arremarensem abbatem, et monachos de quibusdam hominibus apud magnum Maisnillum commorantibus, hoc modo concorditer in presentia nostra terminata est : canonici nostri clamaverunt quietos omnes homines de prefata villa quos querelabantur Arremarensi ecclesie in perpetuum, et habuerunt inde L libras ab abbate Arremarensi et ecclesia ; concesserunt etiam predicti canonici quod garantiam inde per rectitudinem portarent. Ne autem hoc processu temporis in oblivionem deveniret litteris nostris et sigillo nostro firmavimus. Hujus rei testes sunt : Manasses Villemauri ; magister Girardus ; magister Bernardus, Trecenses archidiaconi. De monachis Arremarensis ecclesie : Nicholaus, prior S. Johannis ; Stephanus, prepositus ; Petrus Fornerius. De servientibus Arremarensis ecclesie : Robertus Magnus ; Ansoldus *Lamale* ; Matheus, serviens abbatis. Scriptum est hoc anno ab Incarnatione Domini M° C° LXX° III°, licet actio et pactio ista longe ante precesserint. — *Origin.* — *Cartul.* B, fol XXII r°.

65. — 1174.

Ego Matheus, Dei gratia Trecensis episcopus, notum fieri volo et presentibus et futuris, quod querela erat inter inter Johannem de *Argentole* et magistrum Nicholaum, priorem S. Johannis de Castello, de quadam femina nomine Maria, et duobus filiis ejus Galterio et Petro, commorantibus apud *Paennai*, quos prefatus Johannes clamavit quietos, in presentia nostra et clericorum nostrorum, ecclesie S. Johannis, in perpetuum. Habuit autem pro hoc de caritate ecclesie LXX solidos. Quod ne processu temporis vel mutaretur vel deperiret, litteris nostris et sigillo nostro firmavimus. Hujus rei testes sunt : Manasses Villemauri, archidiaconus ; magister Girardus et magister Bernardus, archidiaconi ; Girardus, Cellensis abbas. De servientibus vero ecclesie : Engelmarus, major ; Hato ; Oliverius ; Jacobus ; Petronellus. Et de burgensibus Trecarum : Garinus *Barbette*, Galterius de Susmuro. Actum est hoc Trecis in domo pontificali, anno ab Incarnatione Domini M° C° LXX° IV°. — *Origin.* — *Cartul.* fol. MCII v°, CIX r°.

66. — 1174.

Ego Matheus, Dei gratia Trecensis episcopus, notum fieri volo et presentibus et futuris, quod capella de villa que vocatur *Noes*, que erat capella matricis ecclesie S. Martini de Vineis (et utraque ecclesia et capella sunt Arremarensis Monasterii in potestate prioris S. Johannis de Castello) tempore nostro et magistri Nicholai, prioris ejusdem loci, in baptismalem ecclesiam, assensu abbatis et capituli Arremarensis et prefati magistri, nostro ministerio sublimata est. Ecclesia S. Johannis habebit in utraque ecclesia videlicet S. Martini et de *Noes* medietatem omnium oblationum, tam in omnibus lassis mortuorum quam in oblationibus vivorum. Hec sunt autem que presbiteri seorsum habebunt : nuptias, peras, reconciliationes mulierum, confessiones, baptisteria, et de reliquo per medietatem omnia dividentur. Electio et presentatio presbiterorum abbatis et capituli Arremarensis et prioris S. Johannis erit ; fidelitatem jurabunt abbati et capitulo et priori S. Johannis de redditibus suis in prefatis ecclesiis. Hec sunt autem que presbitero parrochiani de *Noes* adjecerunt, ut in eadem villa mansionarius esse possit: dimidium modium frumenti et dimidium modium tremesii convenientis. De quatuor autem denariis qui per singulos annos de unoquoque igne de *Noes* redduntur ecclesie, prior S. Johannis habebit medietatem sicut solet, et presbiter aliam. Ut autem hoc inconcussum et ratum permaneat litteris nostris et sigillo nostro confirmavimus. Hujus rei testes sunt : Girardus, Cellensis abbas ; Manasses de Villamauro, magister Bernardus, Rainaldus, Trecenses archidiaconi. De canonicis et presbiteris ejusdem ecclesie : Stephanus, filius Girulfi ; Alexander. De canonicis et diaconis : Manasses de Bucceio, Petrus *Bogre*, Johannes, clericus domini episcopi. De canonicis et subdiaconis : Herbertus, cantor ecclesie Beati Stephani ; Milo de Braio ; Philippus de Sezannia. Actum est hoc Trecis in capitulo nostro, anno ab Incarnatione Domini M° C° LXXIIII°. — *Origin.* — *Cartul.* B, fol. CXII v°.

67. — 1174.

In nomine Sancte et Individue Trinitatis. Ego Petrus, Trecensis decanus, totumque capitulum notum fieri volumus et presentibus et futuris, quod capella de villa que vocatur *Noes* (*ut supra* n. 66.) Actum est hoc Trecis in capitulo nostro, anno ab Incarnatione Domini M° C° LXXIIII°. — *Origin.*

68. — 1177.

Cognoscat generatio presens et populo qui nascetur ignotescat, quoniam ego Henricus, Trecensis comes palatinus, et abbas Monasterii Arremarensis,

assensu totius capituli, villam novam fecimus apud
Cadusiam et apud Mansum Roberti sub hiis conditionibus : in eisdem villis dictus abbas habebit omnes furnos et alias decimas et terram ad opus unius carruce liberam ab omni solutione terragii. Decimas et prata, que ibi prius abbas et monachi habebant, et terras et vineas et prata, que in posterum adquirere poterunt, libere et absque solutione terragii, census, decime possidebunt et pasnagium porcorum propriorum extra partem meam. Nec aliquis poterit habere furnum in eisdem villis nisi monachi. Et quoniam, quicquid ego apud Cadusiam et apud Mansum Roberti teneo, ab abbate et monachis Arremarensibus habeo, concessi ut omnes furni eorum et domus proprie, quas in prefatis villis habebunt, libere sint ab omni justicia et violentia prepositorum Cadusie ; et famuli et ancille in eorum domibus commorantes, sub nullius potestate vel justicia redigantur, nisi sub potestate abbatis et monachorum. Si autem fur vel quippiam, qui aliquam injuriam fecerit, in domum eorum confugerint, non ibi capientur ab aliquo, sed abbas et monachi de eis in curia sua justiciam facient, prout debuerint. Infra clausuras vero domorum eorum nemo aliquid per violentiam accipere presumat. In aliis autem exitibus sive redditibus Cadusie et Mansi Roberti et consuetudinibus et justiciis, ego unam medietatem habebo et abbas alteram. Concessi autem, quod hanc meam partem nulli dare potero nisi ecclesie Arremarensi. Propter hanc vero socie-

tatem et homines de *Pargues* liberos esse concessi a summonitionibus servientium meorum, sicut sunt illi de Monasterio Arremarensi. Et dicte ecclesie grueriam de Pargis remisi. In prefatis autem villis novis nulli de hominibus ipsius abbatis vel de hominibus Duranni de Insulis retinebuntur, nisi assensu ipsius abbatis sive Duranni. Preterea statutum est, quod prepositus meus et prepositus abbatis terras simul tradent et justicias et emendationes simul diffinient, nec alter sine altero id facere poterit. Sciendum etiam, quod, si quis de hominibus militum de potestatibus Trecarum, Insularum, Erviaci, Sancti Florentini, Caparum etiam et Villamauri apud Cadusiam mansuri venerint, similiter domini eorum, si tercia manu militum et per quatuor alios legitimos homines jurare poterint quod sui homines sint de corpore, in villa deinceps non retinebuntur. Hec autem omnia ut nota permaneant et rata teneantur, litteris annotata sigilli mei impressione firmavi. Fuerunt autem hujus rei testes : dominus Ancellus de Triangulo ; Garnerus, frater ejus ; Hugo de Planceio ; Willelmus, marescallus ; Dembertus de Ternantis ; et Artaudus, camerarius. Actum Trecis, anno Incarnati Verbi M° C° LXXVII°. Data per manum Stephani, cancellarii, nota Willelmi. — *Origin.* — *Cartul.* A, fol. 3 r° ; B, fol. LX r°.

69. — 1178.

Ego Henricus, Trecensis comes palatinus, notum facio presentibus et futuris, quod ecclesie B. Johannis de Castello, pro remedio anime mee et pro XV solidis de censu, quos eidem ecclesie debebam ad amministrationem luminaris antealtare beati Blasii, dedi in Ruella Harduini libertatem et quicquid habebam in consuetudine et theloneo et justitia et potestate in duabus camerulis et in una domo et in aliis duabus domibus que sunt elemosinarii monasterii Arremarensis, salva parte vicecomitatus de theloneo. Dedi etiam eidem ecclesie libertatem terre que dicitur Communia S. Johannis, et omnem justiciam et potestatem quam ibi habebam vel habere poteram, videlicet cujuscunque terre sit, a Cruce S. Martini usque ad viam de Praeria ex transverso, et in longitudine a vinea defuncti Guidonis usque ad rivulum de *Puilli*. Ita autem eandem Communiam liberam esse concessi, sicut libera est villa S. Martini per donationem predecessorum meorum, ut homines qui ibi domos edificare et habitare voluerint, in ea libertate sint in qua sunt homines S. Martini ; et si prior in ea furnum edificare voluerit licebit ei. Preterea prefate ecclesie dedi in excambium Engermerum de *Puilli* pro uxore Isombardi Pilati quam ego dedi Hugoni de *Planci*. Dedi etiam eidem ecclesie libertatem hominum Arremarensis ecclesie qui habitant infra portas Trecenses, quod ad submonitiones prepositi Trecensis non venient, nec justificabunt se pro aliquo forefacto nisi per priorem S. Johannis. Ad hec eidem ecclesie dedi virgultum magistri Petri de *Almaiz*, et furnum liberum in virgulto suo juxta molendinum meum, ita quod quicunque voluerit libere coquat in furno illo. Insuper memorate ecclesie dedi redditus de Barro quos habuit magister Nicholaus in diebus suis, et medietatem ville nove quam fecimus ego et prior ecclesie S. Johannis de Castello apud Cheminum juxta *Voenon*. Hec autem omnia ut nota permaneant et rata teneantur, litteris annotata sigilli mei impressione firmavi. Affuerunt hujus rei testes : dominus Ansellus de Triangulo ; Willelmus, marescallus ; Theobaldus de Fimiis ; Girardus Eventatus ; Artaudus, camerarius ; Matheus de Trecis et Herbertus *Putemonoie*, tunc temporis Trecensis prepositus. Actum Trecis, anno Incarnati Verbi M° C° LXXVIII°, data per manum Stephani, cancellarii, nota Willermi. — *Cartul.* B, fol. XC r° et CXI v°.

70. — 1178.

Alexander, episcopus, servus servorum Dei, dilectis filiis Nicholao, abbati monasterii Sancti Petri, siti in loco qui vulgo dicitur Mansus Corbonis, ejusque fratribus tam presentibus quam futuris regularem vitam professis, in perpetuum. Effectum postulantibus indulgere et vigor equitatis et ordo rationis exigit, presertim quando voluntas petentium et pietas adjuvat et veritas non relinquit. Ea propter, dilectissimi in Domino, vestris justis postulationibus clementer annuentes et felicis RR. PP. vestigiis inherentes, prefatum monasterium in quo divino mancipati estis obsequio sub beati Petri et nostra protectione suscipimus et presentis scripti privilegio communimus, imprimis siquidem statuentes ut ordo monasticus, qui secundum Deum et beati Benedicti regulam in vestro monasterio institutum esse dignoscitur, perpetuis ibidem temporibus inviolabiliter observetur ; pretera quascumque possessiones, quecumque bona idem monasterium impresentiarum juste et canonice possidet.. *Cfr bulla Innocenti II* p. 49. *In episcopatu Trecensi, post* capellam de Buris, *adde* : ecclesiam de Clareio; ecclesiam de Follis et capellam Sancte Marie de Fresneio ; ecclesiam Sancte Marie de Pulcro Visu ; ecclesiam de *Noies*, cum decimis et possessionibus earum. *In episcopatu Lingonensi, post* Longum Pratum, *adde :* ecclesiam S. Germani de Mareolis ; altare S. Hilarii juxta *Theffreim ;* ecclesiam de Lochis ; capellam Sancte Marie de Momuncione ; ecclesiam Sancte Marie de Cheugis. *In archiepiscopatu Bizuntino, adde :* ecclesiam S. Petri de *Broies ;* ecclesiam de Parregniaco. — Villam Arremarensem cum terris, pratis, aquis, molendinis, vineis, decimis, terragiis et ceteris justitiis ; magni Maisnilli et parvi Maisnilli villas cum decimis, terragiis et aliis justitiis earum ; usuarium nemorum Vendopere, et nemorum de *Briel* cum pascuis eorum ; villas Mosterelli et de Bureis cum decimis, terragiis et aliis justitiis earum ; villas de *Dedei* et Corterangiis cum decimis, terragiis, molendinis et aliis justitiis earum ; villas Maisnili Letranni, et de Nogento, et Fredivalle cum decimis, terragiis, vineis et aliis justitiis earum ; villas de Pargis, et de Cadusia, et de Manso Roberto cum decimis et terragiis, furnis, molendinis et aliis justiciis earum ; homines de Lusigneio ; partem ville de Villa Media ; partes villarum de Monte Arberto, de *Buires* et de Monte Susani cum terragiis et aliis justiciis earum ; super riveriam que dicitur Barbusia homines quoscumque habetis ibi ; villas de Rulliaco, et de Villeio, et de Villario *le Fol*, et Fragninis cum decimis et terragiis et aliis justiciis earum ; partem villarum de *Mainant* et de Marroliis cum decimis et terragiis, et aliis justitiis ; sylvam que ibi est proxima cum ejus justitiis ; terragia de Clarcio, de Vacheria, de *Reluntins*, de Media Villa ; homines, terras, prata que habetis apud *Confin* ; LX solidos apud Pruvinum oppidum per annum ; in pago Barrensi homines, domus, vineas ; in civitate Trecorum etiam homines et domos ; grangiam de Fresneio ; grangiam de *Villers* ; grangiam de *Dedei* cum possessionibus earum ; grangiam de Ponte Basse, de *Buires*, de Ruilliaco, de Rubea Valle, de Nogento cum possessionibus earum ; grangiam de *Villers*, de *Barresal*, de Manso Roberto, et de Elemosina cum possessionibus earum ; cellas S. Johannis Trecensis, de

Capis, de Pargis, de Angledura cum possessionibus earum ; cellas de Dervo, de Viveriis, de Insula cum eorum possessionibus ; cellas Sancti Salvatoris, Sancte Theodosie, de Lentilio, et de *Mostellet* cum possessionibus earum ; Saviniacum et locum qui dicitur Sanctus Hilarius cum possessionibus suis. Sane in parrochiis vestris et ecclesiis vacantibus, quas tenetis, liceat vobis sacerdotes eligere et episcopis presentare, quibus, si idonei inventi fuerint, episcopus animarum curam committat ut de plebis quidem cura episcopo, vobis autem de temporalibus debeant respondere. Porro, quoniam equum est ut religiosi viri qui de elemosina et aliorum beneficentia debent vivere aliquibus exactionibus non vexentur, constituimus ut nulli episcopo, nullique ministeriali publico vel officiali eorum, e quibuscumque prediis vestri monasterii decimas exigere, vel aliquem censum exposcere liceat, contra antiquam consuetudinem hactenus observatam, salvis XX denariis quos in festivitate sancti Petri ipsius territorii comiti dare debetis. Sepulturam quoque ipsius monasterii et harum trium ecclesiarum, videlicet, de Capis, de Angledura, de Maisnilo Letrani cimiteria, a prefato Hatone, episcopo, concessa et benedicta, libera esse decernimus, ut eorum devotioni et extreme voluntati qui se illis sepeliri deliberaverint, nisi forte excommunicati et interdicti sint, nullus obsistat ; salva tamen justitia illarum ecclesiarum a quibus mortuorum corpora assumentur. Liceat etiam vobis clericos vel laicos e seculo fugientes liberos et absolutos ad conversionem recipere, et eos sine contradictione aliqua retinere. Libertates preterea et immunitates a regibus et principibus rationabiliter vobis concessas et scripto authentico vobis roboratas auctoritate Apostolica confirmamus. Obeunte .. *Cfr bulla Innocentii* p. 52, *usque in finem.* — *Monogramme :* Bene valete. *Dans le cercle concentrique :* Scs Petrus. Scs Paulus. Alexander papa III. — *Légende :* Vias tuas Domine demonstra michi. Ego Alexander, catholice Ecclesie episcopus, suscripsi. † Ego Teodinus Portuensis ecclesie et Sancte Rufine episcopus, suscripsi. † Ego Henricus, Albanensis episcopus, suscripsi. † Ego Bernardus, Prenestinus episcopus, suscripsi. † Ego Philippus, presbiter cardinalis SS. Johannis et Pauli tituli Pamachii, suscripsi. † Ego Cinthius, tituli S. Cecilie presbiter cardinalis, suscripsi. † Ego Matheus, presbiter cardinalis tituli S. Marcelli, suscripsi. † Ego Ardicio, diaconus cardinalis S. Theodori, suscripsi. † Ego Gratianus, diaconus cardinalis SS. Cosme et Damiani, suscripsi. † Ego Johannes Borgii, diaconus cardinalis S. Angeli, suscripsi. † Ego Rainerius, diaconus cardinalis Sancti Adriani, suscripsi. † Ego Matheus, S. Marie Nove diaconus cardinalis, suscripsi. Datum Anagnie, per manum Alberti, sancte Romane ecclesie presbiter cardinalis et cancellarius, VIII idus novembris, indict. XIII, Incarnationis Dominice anno M° C° LXX° VIII°, pontificatus vero domini Alexandri pape III anno XXI — *Cartul.* A, fol. CXXII v°.

71. — 1182.

Petrus, Dei gratia Carnotensis episcopus, tam presentibus quam futuris, in perpetuum. Noverit universitas vestra, quod, cum ad partes Trecensis accessissemus dyocesis ad nostram prolatum est audientiam quod karissimi nostri in Xpisto abbas et fratres de monasterio Arremarensi et illi de Arripatorio inter se litigabant, super eo quod illi de monasterio Arremarensi asserebant quod memoratis de Arripatorio fratribus ultra quasdam que inter ecclesias sunt limites Morge videlicet et Melene possessiones suas minime licet extendere ; quod cum illi de Arripatorio e contrario constanter negarent, nostro, et dilectorum nostrorum Alani, quondam venerabilis Antissiodorensis episcopi, et Haycii de Planciaco, cancellarii, et Estaudi, domine comitisse camerarii, consilio, et utriusque partis assensu, res ita definita est : quod sepefati de Arripatorio fratres ultra jamdictos terminos nichil sibi penitus quod ad jurisdictionem de *Mostier Arremé* pertineat vendicabunt ; ita tamen quod si aliquid ipsis de Arripatorio fratribus, inter supradictos limites, seu in terris seu in pratis, pia fuerit decedentium devotione donatum, illud per annum et diem poterunt retinere, hoc autem elapso temporis spatio, nisi ab abbate de monasterio *Arremé* se impetrent in hac parte tolerari, ipsum cum monachis vel cum aliis qui onus terre vel prati persolvant, distrahere tenebuntur. Nichilominus notum facimus, quod ea que ad jurisdictionem fratrum de Arripatorio pertinent, monachi, nisi de assensu eorum, sibi minime poterunt vendicare. Hoc et volumus non latere, quod, cum fratres de Arripatorio in jurisdictione monachorum prata quedam haberent, et monachi ab ipsis exinde quasdam feni trossas annuatim exigerent, nostro consilio eos imperpetuum ab hac pensione statuerunt esse immunes. Quod ut perpetue robur stabilitatis obtineat et firmitatis, rei seriem scripto et sigilli nostri patrocinio duximus confirmanda. Actum est hoc anno Verbi Incarnati M° C° LXXX° secundo. — *Origin.* — *Cartul.* B, fol. LXXVII v°.

72. — 1183.

Ego Manasses, Dei gratia Trecensis episcopus, notum facio presentibus et futuris. quod Huo de Ponte dedit in elemosinam perpetuam ecclesie de Angleura quicquid habebat in molendino fullonario ejusdem ville, scilicet, duas partes tertie portionis quas hereditario jure in predicto molendino possidebat, et tertiam partem tertie portionis quam in eodem molendino sub titulo pignoris tenebat. Hoc autem predictus Huo in manu mea resignavit. Ego vero Alardum, ejusdem domus tunc temporis priorem, super hoc investivi. Hujus rei testes sunt : Galterius, Trecensis archidiaconus ; Hugo, prior Sancti Sepulcri ; Vilelmus, canonicus Sancti Lupi, capellanus meus ; Petrus de *Tast*, tunc decanus ;

magister Bernardus ; magister Petrus. Huic donationi primo facte apud Angleuram interfuerunt : Hugo, sacerdos de Angleura ; Aubertus Sapiens ; Humbertus, frater ejus ; Godinus ; Guido et Garnerius, fratres ; Rainaudus et Harduinus, fratres ; *Hermarz* et Petrus, fratres. Actum anno Incarnati Verbi M° C° LXXX° III°. — *Origin.*

73. — 1184.

Manasses, Dei gratia Trecensis episcopus, omnibus ad quos presentes littere pervenerint, in perpetuum. Noverit universitas vestra, quod controversia, que inter abbatem Arremarensem et Petrum, canonicum Ebronensem, super quadam capella, in fundo Arremarensis ecclesie et infra terminos parrochie Sancti Martini fundata, vertebatur, per manum nostram sopita est in hunc modum et pacificata : quicquid ad edificationem predicte capelle nominatim legabitur tertia pars monachorum et sacerdotis Sancti Martini erit, qui videlicet monachi et sacerdos per medium partientur ; due vero partes canonicorum. Omnium etiam oblationum et legatorum mobilium medietas in sortem monachorum et sacerdotis Sancti Martini cedet, que omnia monachi et presbiter inter se per medium divident. Legatorum vero immobilium que fient infra terminos parrochie des *Noes* et parrochie Sancti Martini et in aliis terris ipsorum monachorum, vel ab hominibus eorum, de possessionibus ipsorum hominum, medietas erit canonicorum et medietas monachorum et presbiteri per medium inter eos dividenda, salvo jure decimarum et censuum annuorum que ad monachos pertinent. Quod si aliqua ornamenta vel aliquod ad ornamentorum emptionem predicte capelle datum fuerit, capelle remanebit ; ita tamen quod non liceat canonicis ejusdem capelle ornamenta vendere, vel alio modo alienare, nisi ex assensu sepe dictorum monachorum et sacerdotis Sancti Martini. Quod si fiat, medietas monachorum et sacerdotis Sancti Martini erit inter se per medium dividenda. Canonicus autem cui predicte capelle cura commitetur monachis et sacerdoti Sancti Martini fidelitatem, sacramento prestito, exhibebit super portione ipsorum conservanda et tam monachis quam presbitero fideliter reddenda. Si quis hanc compositionem infringere vel aliquo modo immutare presumpserit auctoritate Apostolica, qua in hoc negotio fungimur, cum anathematis vinculo innodamus. Hujus compositionis testes sunt : Stephanus, abbas Arremarensis ; Wilelmus, capellanus noster ; Johannes, Sancti Lupi canonicus ; magister Aubertus, presbiter ; magister Bernardus ; Petrus, diaconus ; Actum anno Incarnati Verbi M° C° LXXX° IIII°. — *Origin.*

74. — 1185.

Ego E[rardus], comes Brene, notum facio presentibus et futuris, quod ego suscepi ab abbate monasterii Arremarensis, cum laude et assensu totius capituli sui, quicquid ipsa ecclesia habebat apud Crispeium, tam in nemore quam in terris cultis et incultis, seu etiam in hominibus et redditibus singulis annis, ipsi ecclesie pro re ista dedi III solidos censuales, quos prior Insule requiret a villico meo qui apud Crispeium erit. Quod si villicus eos non reddiderit, ego de meo reddam. Hujus rei testes sunt : R., abbas Bassi Fontis ; Hato, prior Arremarensis ; Gunterius, sacrista ; Tebaudus, grangiarius ; Guillermus, capellanus comitis ; Petrus de *Warberceis,* miles ; Acardus, burgensis Brene ; Ascelinus Venator. Actum est hoc anno ab Incarnatione Domini M° C° LXXX° quinto. — *Origin.* — *Cartul.* B, fol. XXXV r°.

75. — 1186.

Ego Petrus, decanus Barri, notum facio presentibus et futuris, quod monachi Arremarensis monasterii querellam habebant adversus Dominicum *Pastiz* de V solidis censualibus, quos ab eo annuatim requirebant de domo domine Candide ; sed ipse denegabat. Que res tandem sic terminata est : quod ipse Dominicus reddet ipsis monachis omni anno in octavis Pasche III solidos ; vineam vero que in *Olefein* sita est, quam adversus ipsos monachos calumpniabatur ipse Dominicus, dimisit eis in pace et quietam clamavit. Hujus rei testes sunt : ego Petrus, decanus ; *Marcheanz* ; Girardus, pelliparius ;

Martinus, major de Fredevalle ; Guillelmus, clericus, frater ipsius Dominici ; Xpistianus ; Bochardus ; Thomas ; *Rollanz* Truchardus. Actum est hoc anno Domini M° C° LXXXVI°. — *Origin.* — *Cartul.* B, fol. XXXV r°.

76. — 1186.

« Petrus, decanus Barri super Albam » il notifie que « Bonusamicus, cambitor, laude et assensu uxoris sue, que Nigra vocatur, et filiorum suorum » abandonne les prétentions qu'il élevait au sujet de « cloacam unam et IV denarios censuales in domo Girardi, fabri, que domui sue contigua est.. » Bonami « recepit de caritate monachorum pro cloaca VII libras et dimidiam : et pro IV denariis censualibus XXV solidos. Ut autem hec pactio in perpetuum inconcussa servetur presentem cartam sigillo meo et sigillo communie Barri roborari decrevi. Hujus rei testes sunt, ex parte monachorum : Galterus, prior Insule ; Petrus, camerarius ; *Marcheanz* ; Girardus, pelliparius ; Martinus de Fredivalle. Ex parte Boniamici : Rollandus Truchardus ; Robertus Curtumcollum ; Petrus *Gace* ; Odo Pinguis. Actum est hoc anno Incarnationis Dominice M° C° LXXX° sexto. — *Origin.*

77. — 1186.

« Ansericus, major communie de Barro super Albam » il notifie un accord entre les moines « mo-

nasterii Arremarensis, et Gilonem, pennellarium, in domo Vitalis.. predictus Gilo predicte domui in parte illa de longo cellarii camlatam in perpetuum providebit. Hujus rei testes sunt : Rollandus Truchardus, Guibertus, Guiardus *la Lavandere*, Martinus de Fredevalle, Guirardus pelliparius, *Marcheanz*. Actum est hoc anno Domini M° C° LXXXVI° »
— *Origin.*

78. — 1186

Guido, Dei gratia Senonensis archiepiscopus, et Radulfus S. Columbe abbas, omnibus ad quos littere iste pervenerint in Domino salutem. Noveritis quod cum causam, que vertebatur inter monachos Arremarenses et presbiterum de Chapis Hugonem, dominus Papa nobis delegasset, ipso presbitero a nobis sepius citato et ad dies sibi assignatas non veniente, nec sufficientem responsalem mittente, ipsos monachos auctoritate nobis commissa misimus in possessionem medietatis reddituum qui ad presbiterium ecclesie S. Lupi de Chapis pertinent, receptis prius et examinatis legitimis eorum testibus necnon et instrumentis bone memorie Philippi, quondam Trecensis episcopi, et domini Clarembaudi de Chapis, veritatem illorum confirmantibus. De sepultura autem, unde querela erat inter prefatos monachos et ipsum presbiterum, pro ipsius presbiteri contumacia eos similiter in possessionem misimus. In hujus itaque rei memoriam presentem cartam scribi et sigillorum nostrorum munimine fecimus roborari. Actum apud Villam Novam super Vennam, anno Incarnati Verbi M° C° LXXX° sexto. *Origin. — Cartul.* B, fol. CVII r°.

79. — 1187.

Ego Erardus, comes Brenensis, omnibus notum facio, quod Odo de Deloncurte, et uxor ejus, et Guiardus frater ejus, dimiserunt et quietum clamaverunt abbati et monachis Arremarensibus feodum quod Hugo de Torceio cum uxore sua Ascelina tenebat de eis in decimis apud Maisnilum Sancti Petri, laudante etiam Wiardo de *Estrichi,* sororgio eorum. Quod ut sic fieret et sic laudaretur de caritate predicte ecclesie habuerunt per manum meam C solidos, et uxor ipsius Odonis vaccam unam. Hujus rei testes sunt : abbas Belli Loci, frater meus ; Laurentius de Univilla ; Tebaudus de Fresneio ; Hugo de *Corjesenes.* De monachis : Tebaudus, prior S. Johannis ; Gunterius, sacrista ; Gaufredus, elemosinarius ; Tebaudus, grangiarius. De familiis monachorum : Xpistianus, villicus Maisnili ; Remigius, decanus ; Briccius, et famulus grangiarii Fornerius nomine. Actum est hoc anno Domini M° C° LXXX° septimo. — *Origin. — Cartul.* B, fol. LII v°.

80. — 1188.

Ego Maubertus, decanus Vendopere, notum facio omnibus, quod, cum quedam querela inter monachos Arremarenses et Radulfum, capellanum de *Maignant*, verteretur super decimatione quarumdam terrarum que continentur infra fines parrochie de *Maignant*, tandem per dominum Manassem, Lingonensem episcopum, sopita est in hunc modum : quod, assensu dicti capellani et meo, dictos monachos a persolutione illarum decimarum imperpetuum absolvit, et omnium terrarum quas nunc possident, et omnium quas acquirere poterunt. Actum est hoc anno ab Incarnatione Domini M° C° LXXX° octavo. — *Cartul*. B, fol. LXXXII r°.

81. — 1188.

In nomine Sancte Trinitatis. Ego frater Guiternus S. Lupi, et ego frater Odo S. Martini Trecensis, abbates, et ego Stephanus, B. Petri canonicus, notum facimus presentibus et futuris, quod querela quam Theobaldus, prior, et monachi S. Johannis adversus Eschibam, conjugem defuncti Garini *Barbete*, super hereditate quam defunctus Garinus tenebat juxta puteum Petri, diucius habuerant, quam dominus papa nobis judicio vel compositione terminandam commisit, tali modo terminata conquievit : predicta Eschiba et Garinus, filius ejus, et heredes II arpenta vinee in *Chavan* juxta vineam Johannis, presbiteri de S. Johanne de Foro, pro quibus Guitero, militi de Corcellis, VIII denarii census debentur, in elemosinam pro anniversario defuncti Garini et suo, singulis annis faciendo, S. Johanni donaverunt. Et exinde justam garantiam fide data promiserunt ; de qua juste ferenda plegios Milonem *Bechepes* et Robertum de Bonosacco posuerunt. Predictus autem Theobaldus, prior, et monachi sui, ne collato beneficio viderentur ingrati, IIII solidos de censu, quos tenebant apud *Creni*, quos ipsis eadem Eschiba debebat, ei perpetuo condonaverunt ; et querelam quam super hereditate prescripta contra predictam Eschibam habebant, deinceps in pace remiserunt. Abbas Arremarensis, assentiente capitulo suo, prescripte transactionis pacem laudavit, et sigillo suo confirmavit. Nos autem, partis utriusque rogatu, compositionis ordinem scribi fecimus, et ne super hoc dubium reverti vel variari possit sigillis nostris, sicut judices a domino Papa delegati, scriptum corroboravimus. Testes hujus compositionis sunt ex parte S. Johannis : Ugo Beraudus, monachus ; Lupus, miles ; Jacobus de S. Martino ; Galterus *Goions*, filius ejus ; Petrus de S. Martino et Arnulfus *Testons*, servientes S. Johannis ; Henricus et Milo, canonici S. Lupi. Ex parte Eschibe : Galterus, gener ejus ; Girardus Numerata ; Johannes *Bechepes*. Actum publice Trecis in ecclesia B. Petri, anno Incarnati Verbi M° C° LXXX° octavo. — *Origin*. — *Cartul.* B, fol. CXII r°.

82. — Avant 1189.

Ego Clarembaudus, dominus de Capis, notum facio presentibus et futuris, quod ego dedi monachis monasterii Arremarensis, pro anima patris mei, dimidium modium annone apud Maisnilulum et X solidos, si tamen ibidem invenientur in censis mei, quod si ad integrum non inveniantur, quantum poterit inveniri concessi eis ; dedi etiam eis quicquid habebam apud *Bosentum* in denariis et in terragio ; laudavi etiam feodum de Bellomonte ; dedi etiam eis uxorem Odonis Boderanni cum dimidia familia ; sed et familiam Raaudi quietam clamavi ; quicquid autem querele habebam in pratis de Melevia quietum clamavi ; dedi quoque X solidos annuatim reddendos propter lampadem sepulture patris mei ; insuper et Teobaudus de Fraisneio, miles, et homo meus, dedit pro ipsa patris mei anima X solidos annuatim reddendos. Hujus rei testes sunt : dominus Manasses de Baro, episcopus Lingonensis ; dominus *Haiz* de Planceio ; decanus de Vendopera nomine Nicholaus ; dominus Hugo, presbiter de Capis ; dominus Teobaudus de Fresneio ; dominus Guiardus de Clareio ; dominus Aubertus de *Corbetun* ; dominus Gaufredus Crassus ; dominus Guillelmus de *Duime*. — *Origin*. — *Cartul*. B, fol. XXIII v°.

83. — Avant 1189.

Ego Clarembaudus, dominus de Capis, notum facio presentibus et futuris, quod ego, Hierosolymitanum iter agressurus, dedi ecclesie Arremarensi in helemosynam XL arpenta terre in nemore de *Dosche*, quod habent in vadium pro C libris, ubi melius monachi Arremarenses accipere voluerint. Preterea hominem quemdam, qui in villa eorum erat, nomine Galterium Salinarium, eis dedi cum tota familia sua. Preterea helemosinam X solidorum, quam pater meus fecerat pro una lampade, eis concessi, quos accipiant in censu *dou Saucil* de Sancto Patroclo. Insuper et X solidos pro una lampade concessi ecclesie de Capis, quos accipiant *es foluns* de Capis. Preterea XX solidos quos Guido, frater meus, dedit ecclesie Arremarensi accipiendos in pedagio de Barro super Sequanam, concessi, laudante *Elizabet*, uxore mea, et filiis meis Clarembaudo et Garnerio, et filia mea *Helizabet*. Hujus rei testes sunt : Tibaudus de *Frasnoi* ; Hugo, gener ejus ; et Hugo, famulus noster cognomento *Darides* ; et Maceus, famulus noster ; et *Dominicais* de Pulcro Visu. — *Origin.* — *Cartul.* B, fol. XXIII v°.

84. — 1189.

Ego Erardus, comes Brenensis, notum facio presentibus et futuris, quod quidam miles Hebalo nomine, filius domini Simonis de Arceis, hominem quemdam quem habebat apud Muntem Susanum, Guiardum nomine, filium Drogonis de Munte Susano, ecclesie Arremarensi dedit in helemosinam, me laudante, de cujus feodo predictus homo movet. Et inde habuit predictus Ebalo C solidos de caritate ecclesie Arremarensis. Et ut hoc firmum et inconcussum maneat sigilli mei impressione munivi. Actum est hoc anno ab Incarnatione Domini M° C° LXXX° nono. — *Origin.*

85. — 1189.

Ego Manasses, Dei gratia Lingonensis episcopus, notum facio futuris et presentibus, quod dominus Godefridus, predecessor noster bone memorie, ad preces reverendissimi Bernardi, quondam Clarevallis abbatis et per manum ejus, dedit Guidoni abbati et ecclesie Arremarensi ecclesias de Landrivilla et de Lochis libere in perpetuum possidendas, laudante Pontio de Revellis, archidiacono Lingonensi, et Clarembaudo, archipresbytero, ad quorum officium ille ecclesie pertinebant, sicut in scripto prefati episcopi continetur ; verumtamen quia contentio emersit inter Xpistoforum, presbiterum earumdem ecclesiarum, et monachos Arremarenses, nos eam assensu utriusque partis hoc modo terminavimus : Xpistoforus in vita sua singulis annis dabit ecclesie Arremarensi XL solidos, X in Pascha, X in Nativitate sancti Johannis Baptiste, X in festo Omnium Sanctorum, X in Nativitate Domini. Post mortem vero dicti Xpistofori, vel seculi mutacionem, presentacio presbiteri deinceps monachorum erit, et ex tunc in ecclesiis illis monachi in omnibus et per omnia accipient medietatem, excepto quod presbiter habebit seorsum nuptias, peras, reconciliationes mulierum, confessiones, bacilleria, panem benedictum pro presbiterio suo. Quod ut posteris innotescat, litteris annotatum presentis sigilli munimine confirmamus. Testes : Houduinus, decanus Lingonensis ; P[etrus] decanus Barri [super Sequanam] ; Maubertus, de Vendopera decanus ; Atho, prior Arremarensis ; Petrus, prepositus ejusdem ecclesie ; Petrus de Confino. Actum Lingonis, anno Incarnati Verbi M° C° LXXX° VIIII°. — *Origin. scellé.* — *Cartul.* B, fol. LXXXII v°.

86. — 1189.

Ego Manasses, Dei gratia Lingonensis episcopus, notum facio omnibus, quod, cum quedam querela inter monachos Arremarenses et capellanum de *Maignant* verteretur super decimatione quarumdam rerum que continentur infra fines parrochie de *Maignant*, tandem per me sopita est in hunc modum : quod, assensu ejusdem capellani, dictos monachos a persolutione decimarum in perpetuum absolvimus, et omnium terrarum, quas nunc possident, et omnium quas acquirere poterunt. Testes : Petrus, decanus Barri ; Maubertus, decanus Vendopere ;

Xpistoforus, capellanus de Lochis ; Gaufridus, prior monasterii Arremarensis; Petrus, camerarius ; Petrus de *Cunfin*. Actum anno Incarnati Verbi M° C° LXXX° VIIII° — *Origin*. — *Cartul*. B, fol. LXXXVIII r°.

87. — 1190.

In nomine Domini, ego Odo, dominus de Vendopera, notum volo fieri omnibus tam presentibus quam futuris, quod partem meam in nummis sive in annona de exartis Communie, que facta sunt et que fient, non possunt fieri absque assensu meo et dominorum aliorum de Vendopera, concessi in helemosinam Deo et ecclesie B. Petri monasterii Arremarensis, laudante uxore mea Beatrice, et filia mea Oda. Statutum est autem a Stephano, abbate, et capitulo ejusdem loci, singulis diebus missam celebrari pro salute mea, et uxoris mee Beatricis, et filie mee Ode, pro animabus patris et matris mee, et omnium predecessorum meorum et omnium in Xpisto quiescentium. Preterea helemosinam quam Hugo *Curcbois*, et Petrus, frater suus, eidem ecclesie dederunt in censibus de *Maignant*, de feodo meo, quam laudavit Johannes *Goriarz*, ego laudo, et uxor mea *Biatriz*, et filia mea Oda. Hujus rei testes sunt : Maubertus, decanus Vendoperensis ; Ricardus, villicus de Villeiaco ; Johannes Rigidus ; Hugo *Darides* ; Sutor, prepositus predicti Odonis.

Datum est hoc anno ab Incarnatione Domini M° C° XC°. — *Copie*. — *Cartul*. B, fol. XXXIX r°.

88. — 1190.

Ego Garnerius Clarevallis, et ego Radulfus Longivadi, vocati abbates, notum fieri volumus et ratum haberi, quod, cum inter monachos Arremarenses et dominam Planceii de hominibus quibusdam ad predictos monachos spectantibus, quos ipsi propriis nominibus designabant, discordia verteretur, in qua dominus Papa nos judices constituit delegatos, in nostra audiencia cognitum fuit et per testes legitimos comprobatum : quod dominus Gilo, memorato domine maritus, Jerosolymam proficiscens, coram multis audientibus recognovit se memoratis monachis in multis injuriam intulissse, precepitque uxori sue ne homines ipsorum indebitis vexaret exactionibus et ne ipsis monachis in aliquo deinceps injurias irrogaret. Cumque.. domina Planceii in omnibus deficiens, nulli nostre citationi, et auctoritate Apostolica sibi facte, suam curasset presentiam exibere, nos jamdictis monachis jus possessionis, de qua discordia movebatur, adjudicavimus et Apostolica qua fungebamur auctoritate precepimus ut eis possessionem illam integram relinqueret et illesam. Ut autem hoc scriptum ratum et inviolabile perseveret, ipsum sigillis nostris duximus confirmandum, in eo modum attestationum quas monachorum testes protulerant adnotantes : Petrus, camerarius Arremarensis, juratus, dixit quod dominus Gilo Planceii recognovit se intulisse in multis injuriam monachis Arremarensibus, et quod uxori sue et ministerialibus suis precepit ne ipsis in aliquod deinceps injuriam irrogarent ; Petrus *Charnart*, juratus, idem dixit. Actum anno Domini M° C° nonagesimo. — *Origin*.

89. — 1190.

Ego Guido, decanus Bessue, notum facio presentibus et futuris, quod Paganus, miles de Asarthenis, posuit in vadio domui S. Salvatoris corvatam suam de *Pomoy*, et campum in quo domus predicti Pagani fuit, et pratum quod est sub eodem campo pro X libris, laudantibus filiis suis Guidone et Valone et Odino, et Petro, preposito, genere suo, usque ad quinque frumenta, et tali conditione quod redditus predicte vadimonie in elemosinam prefate domui donavit, donec redimerit; et garantiam se contra omnes calumpniantes laturum promisit, et post decessum prememorati Pagani, filii sui eamdem garanciam portabunt. Actum tempore Teobaldi, prioris, anno Incarnati Verbi M° C° LXXXX°. Testes hujus rei sunt : Teobaldus, prior ; et Stephanus, capellanus de *Balenam* ; et Hugo, et Petrus, nepos suus, presbiteri ; et Regnaudus Ruffus ; et Petrus, filius Constantini, de *Momunchon*. — *Origin*.

90. — Vers 1191.

Felix est litterarum custodia, emergentibus enim occurrit calumpniis et rerum seriem incommutabili loquitur veritate. Inde est quod ego Agnes, nobilis mulier, domina Cacenaii, viam universe carnis ingressura pro inminutione elemosinarum mearum timens anime periculum, coram venerabili abbate T. monasterii Arremarensis, et R. Sancte Marie Bassi Fontis, et aliorum proborum virorum, et filiarum mearum M[argareta], domina Chanlotis, et H., domina de *Durnai*, testamentum meum feci, et ne cujuslibet malignitatis incursu processu temporum valeat irritari, presentem paginam scribi et sigillorum predictorum abbatum patrocinio feci roborari. Ego igitur Agnes, flamma caritatis succensa, Deo et ecclesie B. Petri monasterii Arremari reddo et concedo totam wageriam quam habebam super domum Maceline, que pertinet ad prioratum S. Johannis Trecensis ; reddo etenim et concedo prefate ecclesie wageriam illam quam tenebam super vineas de Barrevilla, que vocantur Bertelina et *Rochefort*, ad anniversarium meum faciendum ; wageriam itaque illam quam habebam super domum Johannis, pelliparii, et ejus vineam thesaurario prenominate ecclesie reddo; gelinas illas quas elemosinarius habebat eidem elemosinario pro salute anime mee do et libere concedo ; quicquid etiam habebam super equos predicte ecclesie ad opus ecclesie S.

Marie Bassi Fontis do et libentissime concedo ; et quicquid ultra ecclesia B. Petri monasterii Arremarensis in omnibus commodis de meis rebus habet et tenet, libere et quiete eidem ecclesie do et absque ulla reclamatione concedo. Similiter quicquid habebam in domibus infra muros Barri, et in molendinis monachorum montis Barri et quicquid habebam super equos monasterii Arremarensis; vineas etiam Barri ; domum de Coigveium et torcular cum omnibus vasis ; vineam Rufe et quicquid pertinet ad ipsam vineam Deo et ecclesie S. Marie Bassi Fontis pro salute anime mee do et libere concedo ; quicquid etiam ultra jamdicta ecclesia in omnibus commodis de meis rebus habet et tenet libere et quieto eidem ecclesie do et absque ulla reclamatione concedo. Dimitto etiam in manu filie mee M[argarete], domine Chanlotis, quicquid habebam apud Lusigniacum et apud Montem Susanum, preter decimam ejusdem ville, quousque Jacobus, filius domini Erardi Cacenai terram suam possit tenere. Dedi etiam filie domini H[ugonis] Vendopere quicquid habebam apud *Taneileres;* et wageriam domini Buchardi ; et unam archam que erat in hospicio monasterii Arremarensis cum omnibus que intus erant. Testes sunt hii qui affuerunt : P[etrus], prepositus monasterii Arremarensis ; Guillelmus et Nocherus, canonici S. Marie Bassi Fontis. — *Origin.*

91. — 1191.

Bartholomeus, Dei gratia Trecensis episcopus, omnibus ad quos littere iste pervenerint in Domino salutem. Noverit universitas vestra, quod Ermengardis, uxor Arnulphi de *Vilers*, in presentia nostra recognovit quod Renaudus et Odo, filii ejus, ecclesie Beati Petri de monasterio Arremarensi in elemosinam dederunt quicquid habebant in decima de *Montablen*, sive ex jure hereditario quo tenent tertiam partem, sive ex vadii obligatione quo tenent duas partes, pro X libris, a Gaufrido de Turpivilla, de qua portione frater ipsorum A., monachus, debet habere quandiu vixerit sibi necessaria ; quicquid etiam annui census ibi possidebant similiter ad predictam pertinet elemosinam. Prenominata vero Ermengardis in propria persona dictam donationem concessit et approbavit. Hoc autem factum est presente G., abbate Sancti Lupi ; et Herberto, archidiacono ; Galtero, decano nostro. Quod ut ratum teneatur litteris annotatum sigilli nostri roboravimus munimento. Actum anno Incarnationis Dominice M° C° XC° primo. — *Origin.* — *Cartul.* fol. XCVI r°.

92. — 1191.

Bartholomeus, Dei gratia Trecensis episcopus, omnibus ad quos littere iste pervenerint in Domino salutem. Noverit universitas vestra, quod, cum ecclesia Beati Petri de monasterio Arremarensi sincero nos dilectionis affectu semper astrinxerit, et in argumentum dilectionis antique plurimum in nos confidens, vacante sede abbatis ad electionem pastoris sui nos vocaverit, unumque ex quatuor in quos discutiende et nominande persone compromissio facta est, esse decreverit : nolentes per bonam fratrum intentionem et mutuam inter nos et et ipsos dilectionem aliquid induci quod in posterum posset ad consequentiam trahi, volumus ut tam futuris quam presentibus ignotescat ipsos spontanea nos voluntate vocasse, nec per presens factum nos vel successores nostros aliquid in prejudicium Arremarensis ecclesie quod prius non haberemus in futurum exigere debere. In cujus rei testimonium presentem paginam sigillo nostro consignandam duximus et memorie commendavimus, anno Incarnationis Dominice M° C° XC° primo. — *Origin.* — *Cartul.* B, fol. XXI v°.

93. — 1191.

Ego Maubertus, decanus Vendopere, omnibus notum facio quod, *Dameruns*, domina de Brierio, laudantibus filiis suis Milone, milite, Guillermo, milite, Johanne, Dudone, Houduino, et filiabus suis Hermengarde, *Helizabet*, Maria et Bonelina, concessit in perpetuum ecclesie Arremarensi in elemosinam, pro anima Poncii, mariti sui, et omnium predecessorum suorum quicquid calumpniabantur in finagio Alte Ripe et in casamento de Purteriolis ; et IIII jugera terre in Manso Medio inter tramitem et fluvium Baudelonne ; et quicquid in predicto Manso inter tramitem et predictum fluvium Baudelonne reclamabant; et unum jugerem terre ad Molendinum Letaudi ; et quicquid calumpniabantur in Campo Antermi de quo vestiti erant. Et ut hoc tutum et inconcussum permaneat sigilli mei impressione firmavi. Hujus rei testes sunt : Guillermus, elemosinarius comitis Henrici ; dominus Bartholomeus de Fulcheriis ; dominus Rainaudus de Amancia ; Simon de Vendopera : Gaufredus, prior Arremarensis ecclesie ; Petrus, camerarius ; Alardus, prepositus; Augifridus, villicus ; Hugo *Darides*. Actum est hoc anno ab Incarnatione Domini M°C°XC°I°. — *Origin.* — *Cartul.* B, fol. V v°.

94. — 1192.

Bartholomeus, Dei gratia Trecensis episcopus, omnibus ad quos littere iste pervenerint in Domino salutem. Noverit universitas vestra, quod ad preces dilecti filii nostri Odonis, abbatis **Sancti Martini**, et Ellaii, presbiteri de Saceio, dedimus **Matheo**, ejusdem nepoti, curam ecclesie de Rullyaco, cujus presentatio abbatis et monachorum ecclesie Arremarensis esse dinoscitur, et quam dilectus filius noster Theobaldus, dicte ecclesie abbas, huic nostro facto benevolum prebuit assensum, ex concessu et voluntate prefati Mathei, concessimus et nos quod quicquid hereditatis idem Matheus in dicta parrochia poterit acquirere monachis Arremarensibus in perpetuum remanebit libere possidendum. Quod ut ratum permaneat sigilli nostri robore munivimus. Anno Incarnati Verbi M° C° XC° II°. — *Origin.* — *Cartul.* fol. 46, r°.

95. — 1192.

Bartholomeus, Dei gratia Trecensis episcopus, omnibus ad quos littere iste pervenerint salutem in Domino. Universitati vestre notum facimus, quod, cum R[adulfus] *Alliez* de Masniliaco et J[ohannes] *Alliez*, frater ejus, dominium et homagium abbatis et monachorum Arremarensium negantes defugerent, canonicos Beati Petri Trecensis sibi dominos cognoscentes se eorum esse homines affirmaverunt ; dicti vero canonici dum in eis se nichil juris habere perciperent, alienum sibi usurpare nolentes, eos amplius non requisierunt. Postmodum vero dicti homines se domini H[enrici], Trecensis comitis, protectioni confugerunt, se ejusdem homines esse cognoscentes ; domina vero M[aria], comitissa Trecensis, per Josbertum de *Vertu*, tunc Trecensem prepositum, et alios quosdam, nobis assistentibus, super hoc perfecta inquisitione habita, prefatos homines et eorum progenies ab antiquitate homines ecclesie Arromarensis esse didicit et cognovit. Unde et monachos dicte ecclesie frui eadem investitura in qua super dictis hominibus et eorum heredibus et possessionibus erant, antequam eos defugerent et negarent, libere voluit et concessit. Cum ergo in presentia domine M., comitisse Trecensis, nobis assistentibus, hujus rei facta est inquisitio, ut deinceps ratum habeatur hoc et firmum sigilli nostri munimine dignum duximus esse confirmandum. Actum est hoc anno Incarnati Verbi M° C° XC° II°. — *Origin.* — *Cartul.* B, fol. CVIII v°.

96. — 1192.

Bartholomeus, Dei gratia Trecensis episcopus, omnibus ad quos littere presentes pervenerint salutem in Domino. Noverit universitas vestra, quod cum inter monachos monasterii Arremarensis, ex una parte, et presbiterum de *Corsanz* et presbiterum de Montefolii, ex alia, coram judicibus a Papa delegatis super decima Villenove de Chemino querela diutius ageretur, facta tandem in nos compromissione, et commissa nobis auctoritate qua ipsi judices fungebantur, per assensum partium compositionem facientes, querelam hoc modo terminavimus : quod monachi monasterii Arremarensis quartam partem magne decime deinceps habebunt; dicti vero presbiteri cum participibus suis aliis tribus partibus contempti erunt. Hanc autem compositionem approbaverunt et concesserunt dominus G[uido], Senonensis archiepiscopus, et domina comitissa Trecensis. Quod ut ratum permaneat litteris annotatum sigilli nostri roboravimus munimento. Anno ab Incarnatione Domini M° C° XC° II° — *Cartul.* A, fol. 22 v° ; B, fol. CXIV v°.

97. — 1192.

Ego Guido, dominus de Juilleyo, omnibus notum facio quod Gilebertus, archiarius, et omnes filii ejus, dederunt in elemosinam in perpetuum et vendiderunt ecclesie S. Petri Arremarensis dimidium modium annone quod habebat predictus Gilebertus in terragio nemoris de Doschia, scilicet IIII sextaria siliginis, que ex me movebant, et ego ea de domino Clarembaudo de Capis, fratre meo, tenebam. Facta est autem hec donatio et venditio, me et domino Clarembaudo fratre meo laudantibus, hac conditione : quod si dominus de Capis vel ejus heredes nemus de Doschia, quod ecclesia Arremarensis habet in vadio ab eo, pro C libris redimerit, monachi predicte ecclesie predictum dimidium modium annone, quod fuit Gileberti, imperpetuum possidebunt. Actum est anno ab Incarnatione Domini M° C° XC° II° — *Cartul.* B, fol. XXXIII r°.

98. — 1193.

Notum sit omnibus tam futuris quam presentibus, quod Oda, uxor Adam Griverii, dedit Deo et ecclesie Arremarensi pro redentione anime sue et pro filio suo Garino, quem abbas monachum fecit, omne quod habebat in terragio et in decima de

Corceles, laudantibus filiis suis Adam et Henrico, et Maria, filia sua. Et ego Hugo, dominus Plaiostri, laudo et impressione sigilli mei confirmo. Hujus rei testes sunt : Petrus, prior Anglidure ; magister Symon ; Marcus, miles ; Remigius, prepositus Plaiostri ; Petrus, Niger. Actum est hoc [anno] M° C° nonagesimo tercio. — *Origin.*

99. — 1193.

Ego Odo, dominus Vendopere, omnibus notum facio, quod Hugo, nepos meus, dominus Vendopere, invadiavit ecclesie S. Petri Arremarensis, pro XXV libris, quicquid habebat in Communia que est inter Villiacum et Vendoperam in silvis et pratis et terris et terragiis, et quicquid habebat apud Villiacum in hominibus et mulieribus et terris et omnibus modis et quicunque fructus de his omnibus egredientur, donec dominus Hugo et omnia predicta redemerit, ecclesie Arremarensi in elemosinam dedit. Ipse vero dominus Hugo in manu Mauberti, decani Vendopere, fidem suam dedit quod horum omnium jure garantitor erit. Hujus rei testes sunt : Sutor, prepositus Vendopere ; Maubertus, decanus Vendopere ; Odo *Gaimarz* ; Hato, prior Arremarensis ; Petrus, prepositus ; Tebaudus, camerarius ; Rolandus, infirmarius. Actum est hoc tempore Tebaudi, abbatis, anno Domini M° C° XC° tercio. — *Origin.* — *Cartul.* B, fol. CIII r°.

100. — 1194.

Ego Maubertus, decanus Vendopere, omnibus notum facio, quod Hugo, dominus Vendopere, invadiavit ecclesie S. Petri Arremarensis, pro XXV libris, quicquid habebat in Communia que est inter Villiacum et Vendoperam in silvis et pratis et terris et terragiis ; et quicquid habebat apud Villiacum in hominibus et mulieribus et terris et omnibus modis, et quiconque fructus de hiis omnibus egredientur dedit predicte ecclesie in elemosinam. Sed sciendum est quod ante invadiationem istam habebat predicta ecclesia in predicta Communia I sextarium annone quod ei dederat predictus Hugo pro anima *Helviz*, uxoris sue defuncte. Ipse vero Hugo in manu mea fidem suam dedit quod horum omnium jure garantitor erit. Ut hoc ratum maneat sigilli mei impressione firmavi. Actum est hoc anno Domini M° C° XC° IIII°. — *Origin.* — *Cartul.* B, fol. XXXVIII r°.

101. — 1194.

Ego Odo, Dominus de Vendopera, et Maubertus, decanus Vendopere, notum facimus presentibus et futuris, quod dominus Godefredus de *Fulchar Mesnil*, filius domini Guidonis de Vitriaco, dedit in elemosinam ecclesie Arremarensi, tempore abbatis Tebaudi, ut possideret in perpetuum quicquid habebat apud Villiacum et in terra illa que Communia dicitur. Hoc laudaverunt uxor ejus Gila, et mater ejus Richaudis, et fratres ejus Guido et Rocelinus, et soror ejus Maria. Habuit quoque propter hoc de caritate prefate ecclesie C solidos. Fiduciavit autem in manu prepositi Sutoris, ex precepto decani, et in manu Teobaudi, camerarii, ex precepto abbatis, quod inde justam garantiam portaret ipsi ecclesie in omnibus curis adversus omnes homines. Hujus rei testes sunt : Hugo, dominus Vendopere ; Sutor, prepositus ; Odo *Gaymarz* ; Martinus, prepositus ; Guillelmus de Brierio, filius Estoudi ; item Guillelmus de Brierio, filius Poncii ; Laurentius de *Fulchar Mesnil*, serviens ipsius Godefridi. Ex parte monachorum : Hato, tunc prior ; Tebaudus, camerarius; Petrus, prepositus ; Gaufredus, prior de *Pargas* ; Matheus, famulus abbatis ; *Gillebuns*, famulus camerarii ; Hugo de Campania ; Hugo Daridellus. Actum est hoc anno Dominice Incarnationis M° C° XC° IIII°. — *Origin.* — *Cartul.* fol. XLIII v°.

102. — 1194.

Garnerus, Dei gratia Trecensis episcopus, omnibus presentes litteras inspecturis salutem in vero Salutari. Ad vestram volumus notitiam pervenire, quod Galterus, filius Garneri *Chièvredort*, in nostra presentia constitutus, titulo perpetue elemosine dedit et concessit ecclesie Arremarensi terragium et quicquid habebat tam in blado quam in denariis in communia apud villam que dicitur Mons *Susain*, de quibus particionem faciebat cum fratribus ecclesie Arremarensis in predicta villa. Ipse quoque, respectu illius elemosine, de beneficio et caritate predicte ecclesie XI libras percepit. Supradicta resignavit in manu nostra, et de his per manum nostram fecit ecclesiam investiri, data fide quod istam elemosinam fideliter observaret ; dedit et in hostagiis quicquid residuum habebat apud Montem *Susain* quod de elemosina illa debitam et justam ecclesie garantiam portaret adversus quoscunque in posterum (quod absit) niterentur elemosinam impedire ; siquidem concessum fuit quod si sepedictus Galterus vel in vita renunciaret seculo, dum tamen vel causa religionis ad Arremarensem ecclesiam se transferret, vel ibidem eligeret sepulturam, Arremarensis ecclesia haberet jure perpetuo medietatem illam quam idem Galterus habebat in furno apud Montem *Susain* ; quod si aliter de se disponeret de furno ad suam posset Galterus disponere voluntatem. Quod ne oblivioni in posterum traderetur, nos ad petitionem utriusque partis litteris annotari et sigilli nostri fecimus patrocinio confirmari. Actum anno Incarnationis Dominice M° C° XC° IIII°. — *Cartul.* B, fol. XXXIII v°.

103. — Juillet 1194.

Ego Maria, Trecensium comitissa, notum facio presentibus et futuris, quod cum, karissimus filius meus, comes Henricus, partem quamdam vinee, que Girardi, fratris Milonis de Braio, fuerat, de assensu ipsius Girardi, ecclesie Sancti Johannis in Castello contulisset, sitam ad caput ejusdem ecclesie, habentem in latitudine LXXX pedes, in longitudine vero a termino muri civitatis usque ad viam que de Sancto Quintino ducit in civitatem : vir venerabilis Theobaldus, monasterii Arremarensis abbas, partem illam vinee in planam terram redactam et aliam partiunculam terre, a cameris privatis usque ad Secanam durantem, a pueris predicti Girardi scilicet Garnero, Hugone, Milone, Emelina, laudante et concedente matre ipsorum, postmodum comparavit, et XXI libras de beneficio ecclesie Sancti Johannis eisdem pueris inde donavit. Vendagium autem istud dicti pueri laudaverunt, et iterum laudabunt quando ad annos discretionis pervenerint, et idipsum ab universis heredibus suis laudari facient; et inde constituerunt plegios Gaufridum de Maissiaco, Garnerum de Maissiaco, et Salonem de Corgeseniis, et Garnerum de Villa *Meruel*. Quod, in presentia mea ordinatum, ut ratum teneatur et notum permaneat, litteris annotatum sigilli mei testimonio confirmavi. Actum anno Verbi Incarnati M° C° XC° quarto, mense julio. Data per manum Galterii, cancellarii. — *Origin*. — *Cartul*. A, fol. 21 v°; B, fol. CXII r°.

104. — Mars 1194. (v. st.)

Garnerus, Dei gratia Trecensis episcopus, omnibus presentes litteras inspecturis in Domino salutem. Noverit universitas vestra, quod, cum Lora, uxor Herberti de Busseio, fratres Arremarenses super quadam elemosina quam Gaufridus Furnerius, avus ipsius Lore, quondam eis fecisse dicebatur, indebite molestaret, et iidem fratres jus suum nichilominus persequentes, auctoritate venerabilis patris nostri Mel.. cardinalis, qui in partibus Francie legationis officio fungebatur, eamdem Loram super hoc in causam traxissent ; tandem eadem Lora, bono ducta consilio, jus Arremarensis ecclesie recognovit, et si quid juris habebat in querela illa modis omnibus, mediante compositione, quitavit et elemosinam illam concessit ecclesie jure perpetuo possidendam, sicut a predicto G. Furnerio per manum Mathei bone memorie, predecessoris nostri, ecclesie fuerat assignate, et ipsius episcopi scripto autentico confirmate, videlicet, quicquid habebat in potestatibus de Clariaco, et de Dauda, et in nemore quod dicitur Foresta tam in hominibus quam in justiciis, proventibus et terris. Preterea concessit et approbavit quod predicti fratres sive elemosinam sive exemptionem seu aliquo alio justo acquisitionis titulo sibi possent in posterum vindicare quicquid in eisdem potestatibus ad suum feodum pertineret. Similiter concessit et approbavit elemosinam quam Guiardus de Moncellis, miles, eis fecerat tam in pratis quam in aliis rebus que ipsa ad suum spectare feodum asserebat. Siquidem cum eadem Lora in forestella de grangia de Ponte Basse jus suum reclamaret, amore Dei si quid juris habebat in eadem forestella predictis fratribus dedit in elemosinam et quitavit fide data in manu Josberti, prepositi Trecensis, quod super his omnibus, sicut prescripta sunt, garantiam debitam exhiberet adversus omnes quicunque eadem in prejudicium ecclesie attemptarent, in posterum impedire. In respectu autem hujus elemosine predicti fratres sepedictam Loram in fraterne societatis communionem et beneficium receperunt. Unde ne predicta ecclesia super his, quod absit, alicujus malignitate in posterum vexaretur, ad petitionem utriusque partis, presentem paginam scribi et sigilli nostri fecimus patrocinio confirmari. — *Origin.* — *Cartul.* A, fol. II v°.

105. — 17 avril 1195.

Notum sit presentibus et futuris, quod monachi Arremarensis ecclesie tenent pignori obligatam eam partem quam habet Odeardis, uxor Emaurici de Barro, in domo Pagani Lotoringi, videlicet terciam partem, pro XVII libris et XV solidos et VIII denariis, et eadem monachis super hoc garantiam de jure portare tenetur. Quod ut ratum et immobile conservetur, Erardus, tunc temporis major Barri et ipsi burgenses sigillo communie fecerunt confirmari. Actum est hoc XI kal. maii anno ab Incarnatione Domini M° C° XC° V°. — *Origin.*

106. — 1195.

Ego Milo, comes Barri super Secanam, notum facio presentibus et futuris, quod, cum inter ecclesiam Arremarensem, et Gaufridum militem, et Johannem, fratrem ejus, filios videlicet Laure de Buxolio, discordia verteretur super hoc quod dicta ecclesia de elemosina defuncti Gaufridi Fornerii, avi ipsius Laure, reclamabat nemus illud quod Foresta vocatur, quod est inter Desdam et Clariacum et totam teneuram quam predicti fratres se habere asserebant apud Clariacum et apud Desdam, tam in terra quam in nemore et in rebus aliis omnibus ; tandem in presentia mea inter ipsos ita compositum est : Gaufridus, miles, et Johannes, frater ejus, bono ducti consilio, jus Arremarensis ecclesie recognoverunt et quicquid se habere dicebant in potestatibus de Clariaco et de Desda et in nemore quod Foresta dicitur tam in hominibus quam in justiciis, in proventibus et in terris, et partem quamdam nemoris contiguam foreste de Ponte Basse quam reclamabant ; et elemosinam a Guiardo de Moncellis ecclesie Arremarensi factam de pratis de Wauda, quam mater eorum de suo asserebat esse casamento ; et omnes alias querelas quas adversus eamdem ecclesiam habebant, Arremarensi ecclesie in perpetuum quiete possidere concesserunt, et in elemosinam dederunt, et de beneficio ipsius ecclesie XXV libras pro hac quitatione perceperunt, fide data in manu mea quod super his omnibus, sicut scripta sunt, garantiam debitam exibebunt adversus omnes quicunque eadem in prejudicium ecclesie attemptarent in posterum impedire. Et ego hec omnia in manu mea accepi illibata conservari. Et sciendum quod prefati fratres, Gaufridus videlicet et Johannes, jamdicte ecclesie concesserunt omnia que in predictis rebus acquirere poterit. Quod ut ratum teneatur, sigillo meo confirmavi. Actum est hoc anno Domini M° C° XC° quinto. — *Origin.*

107. — 1195.

Garnerus, Dei gratia Trecensis episcopus, universis presentes litteras inspecturis in Domino salutem. Noverit universitas vestra, quod, cum *Elisabez* et Bertha, soror ejus, uxor militis de *Virelei*, nobiles mulieres, in molendino prioris Anglidure duos modios bladi jure hereditario annuatim perciperent, in remissione peccatorum suorum Deo et ecclesie Anglidure, laudantibus filiis et filiabus suis, in elemosinam quitaverunt; de beneficio vero ecclesie XX libras caritative receperunt. Cum autem predicte mulieres possessionem istam de feodo Hugonis, militis de Granchiis, tenerent, idem Hugo cum uxore et filiis donationem istam laudavit et feodum illud predicte ecclesie in perpetuum concessit, de beneficio similiter ecclesie IV libras, et dimidium modium bladi recipiens. In cujus rei testimonium presentem paginam scribi et sigilli nostri karactere fecimus roborari. Anno ab Incarnatione Domini M° C° XC° quinto. — *Origin.*

108. — 1195.

Mauricius, Dei gratia Parisiensis episcopus, et G., abbas S. Victoris, et P., cancellarius Parisiensis, omnibus ad quos presentes litteras pervenerint eternam in Domino salutem. Scire volumus universos qui hec legerint vel audierint, quod, cum a summo pontifice Celestino judices essemus delegati in cognitione cause illius que inter capitulum S. Petri Trecensis et monasterium Arremarense vertebatur super quibusdam hominibus et mulieribus apud Manillum commorantibus, post multas disceptationes coram nobis habitas, predicte partes per procuratores suos in nostra presentia constitute, ad admonitionem nostram amicabiliter composuerunt. Cujus compositionis forma, sicut coram nobis et per nos ordinata est, et postmodum ab eodem capitulo Trecensi in scriptum redacta, et sigillo eorum sicut vidimus et legimus roborata interserere presenti pagine curavimus. — Ego Johannes, decanus ecclesie B. Petri Trecensis, universumque capitulum nostrum, notum facimus presentibus et futuris, quod querela que erat inter nos et Teobaudum, Arremarensem abbatem et monachos super quibusdam hominibus et mulieribus apud magnum Maisnilum morantibus, quorum nomina subscripta sunt, scilicet : Dominicus et uxor ejus, et filia ipsius uxor Teodorici de Masnilulo, Radulfus *li Aillez*, Johannes frater ejus, *Damons*, Arnulfus filius Angeltrudis, Galterus frater ejus, Arnulfus filius Sorelli, Garnerus *Fichez*, Guerricus frater ejus, Teodericus filius Robelini, Herbertus filius *Nichoul*, Petrus *Furniers*, Radulfus filius ejus ; mediantibus personis : Mauricio episcopo Parisiensi, Petro cancellario, Garino abbate S. Victoris, Parisiensibus, quibus auctoritate Apostolica causa illa commissa erat terminanda, in hunc modum sopita est : nos clamavimus quietos Arremarensi ecclesie in perpetuum omnes prefatos homines et mulieres et eorum successiones, et omnes alios homines et mulieres, qui eo tempore quo concordia ista facta est, apud magnum Masnilum morabantur, preter Odonem cognomento *Divoir* qui noster est ; et nos inde habuimus XL libras ab ecclesia Arremarensi pro pace tenenda. Quod ut ratum et inconcussum maneat sigilli nostri impressione confirmavimus. Auctum est hoc mense novembri anno ab Incarnatione Domini M° C° XC° quinto. Transactionem autem istam auctoritate Apostolica fulti approbamus et ratam habemus et sigillorum nostrorum appositione et testimonio, ne quis dissolvere amodo presumat, confirmamus. Actum est hoc Parisius apud Sanctum Victorem, anno Verbi Incarnati M° C° XC° V° — *Origin*.

109. — 1195.

Ego Gaucherus de Joviniaco et dominus de Rameruco, notum facio tam presentibus quam futuris, quod Andreas dominus de Rameruco, cujus uxorem post ejus obitum desponsavi, in vadimonium acceperat, pro CCC libris usque ad septem annos, quod apud Nogentum habet Arremarensis ecclesia, ab abbate Stephano, ea siquidem conditione : quod post septem annos, redditis CCC libris, ad monachos predicte ecclesie possessio sua reverteretur ; diffinito vero predicto tempore et multo amplius, Theobaldus, Arremarensis ecclesie abbas, michi pro vadimonio Nogenti CCC libras reddidit, et XL libras similiter pro redditibus anni illius quo redemptio ista facta est, michi persolvit, ego autem quicquid de Nogento in vadimonio habebam predicte ecclesie quietum reddidi. Et sciendum quod predictus Andreas litteras siggillo abbatis Arremarensis siggillatas super vadimonio Nogenti habebat, que perdite fuerunt, et ego eas abbati Arremarensi reddere volens invenire non potui ; si autem processu temporis littere supradicte reperirentur et in medium proferrentur nullam haberent efficaciam, sed omnino quassarentur et irrite haberentur. Quod ut ratum et inconcussum maneat sigilli mei impressione confirmavi. Hujus rei testes sunt : Henricus de Castello Rainardi, seneschaldus Gaucherii de Joviniaco, et Galterus, marescaldus ejusdem Galcheri, qui apud Sanctum Johannem de Castello Trecensi predictam pecuniam pro domino suo receperunt. Similiter testes sunt : magister Odo de Sezennia, Guillelmus Saquerellus, Gaufredus *Challos* de Pruvino, Johannes de *Soderum*, Herbertus de Pruvino, Nicholaus *li cumcerges*. De monachis : Guiardus, prior S. Johannis ; Petrus, prepositus ; Johannes, *li grangiers* ; Rollandus, camerarius... De famulis nostris : Matheus, famulus abbatis ; Hugo *Darides* ; Petrus de Viveriis, et Rogerus. Actum est hoc anno ab Incarnatione Domini M° C° XC° V°. — *Origin.*

110. — 1195.

Notum sit tam presentibus quam futuris, quod ego Odo, dominus de Vendopera, laude et assensu uxoris mee Beatricis et filie mee Ode, dedi in elemosinam monachis S. Petri monasterii Arremarensis pro remedio anime mee unum sextarium frumenti quod ipsi in molendino quod Molendinum Ernaudi de Ferreio vulgo dicitur, annuatim in festivitate S. Remigii debent accipere. Hujus rei testes sunt : Hulduinus de Vendopera, decanus Lingonensis, et Clarembaudus, dominus de Capis. Quod ut ratum et inconcussum maneat, sigilli mei impressione roboravi. Actum est hoc anno ab Incarnatione Domini M° C° XC° V°. — *Origin.* — *Cartul.* B, fol. XLIII v°.

111. — 1195.

« Ego Maubertus, decanus Vendopere » il notifie l'acte précédent et dans les mêmes termes. « Actum est hoc anno ab Incarnatione Domini M° C° XC° V°. » — *Origin.* — *Cartul.* B, fol. XL v°.

112. — 1195.

Frater Petrus, Cellensis abbas, et frater Guiterius, B. Lupi Trecensis abbas, omnibus ad quos littere iste pervenerint in Domino salutem. Noverit universitas vestra quod Mauricius, sacerdos de Desda, in precinctu itineris sui apud S. Egidium tendentis, dedit in elemosinam ecclesie Arremarensi pro remedio anime sue quicquid per vadimonium et et per emptionem possidebat apud Desdam in terris et pratis et aliis rebus, et annonam quam habebat et que debebatur ei ab ecclesia predicta. Dedit etiam eidem ecclesie grangiam suam de Desda et fenum et annonam et omnia que in grangia invenientur. Dedit insuper predicte ecclesie duo prata que sunt apud *Montaublein*, quorum unum vulgo vocatur Pratum *Commune* et aliud Pratum *Dolens*, que ipse in vadimonio habebat pro VIII libris a Pagano, milite de *Montaublein* et ab uxore sua Emelina ; et super hoc responsores sunt Galterius, decanus Trecensis, et Hugo, miles de Rullorio, et uxor Colini *Dainere*, quod inde justam garantiam portabunt. Concessit etiam ecclesie Arremarensi duodecimam partem silve que Foresta dicitur, que ei invadiata fuit LX solidis a Gileberto, milite de Clarcio ; unde plegii sunt Josbertus de Insulis et Walencius, frater ejus, quod inde istam garantiam portabunt. Dedit etiam eidem ecclesie omnia utensilia que in domibus suis sunt et medietatem decime de Sancto Aventino, in tertio anno, que eum jure hereditario contingit, qua pater ipsius eandem ecclesiam prius investivit, et ipse postea. Hec omnia supradicta ecclesia Arremarensis post obitum Mauricii de Desda possidebit. Quod ut ratum et inconcussum maneat, nos, in cujus presentia ista donatio facta est, presentis pagine et sigillorum nostrorum confirmavimus patrocinio. Auctum est hoc anno ab Incarnatione Domini M° C° XC° V°. — *Origin.* — *Cartul.* B, fol. XCVI v°.

113. — Décembre 1196.

Garnerius, Dei gratia Trecensis episcopus, universis litteras istas inspecturis in Domino salutem. Noverit universitas vestra, quod Savericus in presentia nostra domum suam quam Trecis habebat juxta domum Sancti Johannis de Castello, que fuit defuncte Maceline, constitutam, dilectis filiis abbati et fratribus monasterii Arremarensis pro C libris titulo pignoris obligavit, sub hac videlicet pactione : quod cum eandem domum redimere voluerit propriis denariis et non alienis ipsum redimere oportebit, nec pro redemptione domus facienda eam aliis vendere vel pignori poterit obligare, redditus siquidem dicte domus qui medio tempore provenirent, dictis fratribus per manum nostram, in omnibus commodis, in elemosinam assignavit. Et sciendum quod si predicta domus igne combusta vel aliquo modo vastata fuerit, et predicti fratres eam iterum novam construxerint vel quolibet modo resarciendo melioraverint, omnia que ipsi in melioratione domus expendent supra vadium domus erunt et eisdem fratribus a prefato Saverico cum predictis C libris reddentur quando domum redimere voluerit. Preterea voluit et concessit sepedictus Savericus, quod si ante redemptionem supradicte domus ipsum decedere contingeret vel causa religionis ad aliquod monasterium se transferret, eadem domus ecclesie Arremarensi pro remedio anime ipsius jure perpetuo remaneret. Has siquidem conventiones memoratus Savericus fide interposita promisit firmiter observare, et super his debitam garentiam portare adversus eos qui de his vellent contra ecclesiam malignari ; fratres autem ejusdem ecclesie pro hac elemosina idem beneficium, quod uni ex ipsis debetur, prefato Saverico in vita et in morte concesserunt. Quod ut ratum et immutabile perseveret presentem paginam scribi et sigilli nostri fecimus patrocinio confirmari. Actum anno Incarnationis Dominice M° C° XC° sexto, mense decembris. — *Origin.* — *Cartul.* B, fol. LXXXVI r° et CIX v°.

114. — 1196 au plus tard.

« Domino suo reverendo et patri venerabili M[ichaeli], Dei gratia Senonensi archiepiscopo, frater G[uiterus] S. Lupi Trecensis et frater H[aimo] de Ripatorio, abbates, salutem et tam devotum quam debitum obedientie famulatum. Quoniam de audiendis testibus super querelis que vertuntur inter monachos Arremarenses et Wingerum sacerdotem de Clareio dignationi vestre placuit nobis scribere et mandatum delegare, nos, parati et alacres ad omne opus quod injungitis, secundam formam mandati vestri, partibus convocatis, ad diem et locum convenimus assignatum. Communi igitur assensu partium litis causam diremimus et pacis tenorem ordinavimus in hunc modum : Wingerus, sacerdos, observabit fideliter et firmiter tenebit quicquid in autentico per manum domini Bartholomei, quondam Trecensis episcopi, continetur. » Si le traité est enfreint soit par l'abbaye, soit par le curé, peine de vingt livres. « Plegii sunt, ex parte abbatis Arremarensis : Ansericus de Curterengia, plegius de C solidis ; Arfredus, filius Herberti *Hachet*, de C solidis ; Garnerius de C solidis ; Gobaudus, filius Berodi, de C solidis. Ex parte sacerdotis : Gaufridus de Pontevilla de C solidis ; Durannus de S. Aventino de C solidis ; Martinus de Curterengia de C solidis ; Sevinus de Curterengia de C solidis.. — *Cartul.* A, fol. 14 v°.

115. — 1197.

Garnerius, Dei gratia Trecensis episcopus, omnibus ad quos littere iste pervenerint in Domino salutem. Noverit universitas vestra, quod Odo, filius domini Milonis, militis de Sancto Quintino, titulo perpetue elemosine dedit ecclesie sanctorum Gervasii et Protasii de Angledura quicquid apud Angleduram et *Corceles* et apud *Cortiebout* in omnibus commodis ex parte uxoris sue, Comitisse nomine, possibebat. Siquidem elemosinam istam laudavit predicta Comitissa, uxor ipsius Odonis, et Hugo de Grangiis, miles, et uxor et filii ejus, ad quos predicta omnia feodaliter pertinebant. Laudavit etiam hoc Sarracenus, filius Odonis, de Sancto Victore. Respectu autem predicte elemosine predictus prior Odoni et uxori sue XLI libras, et Hugoni XL solidos pruvinensium numeravit. In cujus rei testimonium presentem cartam scribi et sigillo nostro fecimus confirmari. Actum anno Domini M° C° XC° septimo.
— *Origin*.

116. — 1197.

Garnerius, Dei gratia Trecensis episcopus, omnibus presentes litteras inspecturis salutem in salutis Actore. Sciat universitas vestra, quod, cum Petro, clerico, ad preces dilecti filii R[adulphi], decani Sancte Margarete, ad presentationem abbatis

Arremarensis, donavissemus ecclesiam de *Brandiviler* et de *Linon*, nos eidem Radulpho, pietatis intuitu, de voluntate predicti Petri, concessimus ut medietatem proventuum ecclesie quiete perciperet toto tempore vite sue. Condictum etiam fuit ante nos confirmatum quod idem Petrus de summa pensionis, que debetur matriculariis ecclesie Trecensis, teneretur solvere portionem juxta moderamen nostrum et ipsius decani. In cujus rei memoriam presens scriptum sigillo nostro fecimus confirmari. Actum anno Domini M° C° XC° septimo. — *Origin.* — *Cartul.* B, fol. CVIII r°.

117. — 1197.

Ego Clarembaudus, dominus de Capis, notum facio presentibus et futuris, quod Gaufredus Crassus, laude uxoris sue Marie, et filiorum suorum Bauduini et Herberti, dedit ecclesie Arremarensi, pro remedio anime sue, uxorem *Doet* de Masninulo cum infantibus suis et quicquid habebat in molendino de *Amancies*. Quod ut in eternum stet et permaneat, ego testis et fidejussor existo, et sigilli mei auctoritate confirmo. Actum est hoc anno Domini M° C° XC° VII°. — *Origin.*

118. — 1197.

Ego Clarembaudus de Capis presentibus notum facio, quod ego dedi in elemosinam ecclesie Arremarensi universam possessionem quam Petrus, miles de Fulcheriis, possidebat apud *Champigni*, scilicet, in hominibus, in terris, in censibus et consuetudinibus, quam possessionem ego emi a supradicto Petro, laudante uxore sua Haldvidi, de cujus patrimonio possessio ista fuit. Si quis autem memoratam ecclesiam super hoc vexare voluerit plenariam garantiam inde per omnia fideliter exibebo. Et ut hoc firmum permaneat sigilli mei impressione corroboravi. Hujus rei sunt testes : Gaufridus, marescalcus Campanie ; Savlo, miles de *Corjesenes* ; et Viardus *Jarruns*. Et iidem plegii sunt garantie portande usque ad XL libras. Auctum anno Verbi Incarnati M° C° XC° septimo. — *Origin.*

119. — 1197.

Ego Gaufredus, marescallus Campanie, omnibus notum facio, quod ego plegius sum garantie portande usque ad XL libras ecclesie Arremarensi super elemosina quam Clarembaudus de Capis fecit eidem ecclesie (*Cfr. supra* n. 118). — *Cartul.* B, fol. LXXVIII v°.

120. — 1197.

Ego Gaufredus, marescanllus Campanie, omnibus notum facio quod ego partem decime de Monte Ablano, quam Rainaudus, miles de V*iler*, titulo perpetue elemosine dedit ecclesie Arremarensi, que de meo casamento erat, laudo et concedo, eidem ecclesie esse in possessionem. Si quis autem prefatam ecclesiam super eodem casamento presumeret inquietare, ego inde justam garantiam portarem. Quod ut ratum permaneat, sigillo meo roboravi. Actum est hoc anno Domini M° C° XC° VII°. — *Origin.* — *Cartul.* B, fol. XCV v°.

121. — 1197.

Garnerius, Dei gratia Trecensis episcopus, omnibus ad quos littere iste pervenerint in Domino salutem. Noverit universitas vestra, quod, cum inter dilectum filium Petrum, priorem de Angledura, et presbiterum de *Taast*, questio verteretur super decimis terrarum quas idem prior propriis colebat sumptibus, coram dilectis filiis Sancti Petri de Cella et Sancti Lupi abbatibus Trecensibus, in qua causa judices erant a Sede Apostolica delegati, ipsi per diffinitivam sententiam procedentes ab impetitione predicti presbiteri super decimis memoratis ipsum priorem penitus absolverunt, decernentes ut idem presbiter in decimis terrarum que tunc prioris sumptibus colebantur, nichil habeat reclamandum, sicut in eorum rescripto perspeximus plenius contineri. Nos itaque adjudicationem decimarum ipsarum, sepedicto priori factam, ratam habentes, eam litterarum presentium testimonio confirmamus. Quod ne ulla possit oblivione perverti presentem cartam fieri et sigillo nostro fecimus roborari. Actum anno Domini M° C° XC° septimo. — *Origin.*

122. — (Sans date.)

« P., abbas Celle, D., abbas Sancti Lupi, auctoritate Apostolica judices delegati » ils jugent ainsi une contestation qui s'était élevée « inter priorem de Angledura et presbiterum de *Tast*... : presbiter de *Tast* in decima de omnibus terris quas prior in parrochia de *Tast* propriis sumptibus excolebat nichil juris se habere comperiens, predictam decimam in perpetuum priori dereliquit.. (*Cfr.* n. 121). — *Origin.*

123. — 1197.

Ego Hilduinus, Lingonensis decanus, notum volo fieri presentibus et futuris, quod dominus Hugo de Vendopera, frater meus, titulo perpetue elemosine dedit ecclesie Arremarensi, pro remedio anime sue, annuatim unum sextarium frumenti in parte sua terragii de *Billefarre*. Hanc elemosinam istarum testimonio litterarum ab omnibus prelatis ecclesie, quorum interest, defendi precor et confirmari. Quod ut ratum sit sigilli mei impressione roboravi. Actum est hoc anno Domini M° C° XC° VII°. — *Cartul.* B, fol. XXXVIII r°.

124. — 1197.

Ego Maubertus, decanus Vendopere, notum facio..
quod dominus Milo, et Guillelmus, frater ejus, milites
de Briero, et Hulduinus, frater eorum, et *Elisabez*
soror eorum pignori obligaverunt ecclesie S. Petri
Arremarensis totam terram suam quam tenebant in
Manso Medio, que est juxta terram Guillelmi Estoldi, militis de Brierio, cum terragio in partem decime terre ejusdem que eos contingit, pro XXX libris,
tali conditione : quod postquam monachi in predicta terra primum frumentum collegerint et in eadem
terra primum tremesium seminaverint et messuerint, prefati milites a die Pasche usque ad octavas
Pasche terram suam XXX libris redimere poterunt ;
si autem infra predictum terminum non redemerint, monachi terram colent et possidebunt donec
eam predicti milites infra supradictum terminum
redemerint ; quando vero redemerint, monachi
omnes segetes que tunc super terram illam erunt
sibi metent.. Hoc laudavit *Beatrys*, domina Vendopere, et Oda filia ejus, et dominus Buchardus de
Vendopera, de quorum feodo terra prefata est..
Actum est hoc anno Incarnationis Domini M° C° XC°
septimo. — *Origin.* — *Cartul.* B, fol. LVIII r°.

125. — 1197.

Ego Maubertus, decanus Vendopere, notum facio

presentibus et futuris, quod Girardus, maritus Juliane de *Maignant*, laudantibus filiabus ejusdem Juliane, et Johannes *Goriarz*, laude et assensu uxoris sue *Aaliz* et filii sui, titulo perpetue elemosine ecclesie Arremarensi concesserunt si quid juris et quicquid querele in decima grangie supradicte ecclesie, que est apud Villare, habebant, fide data quod donationem istam fideliter et firmiter observarent. Quod ut ratum et inconcussum maneat sigilli mei impressione firmavi. Actum est hoc anno Domini M° C° XC° septimo. — *Cartul*. B, fol. XXXVII v°.

126. — Décembre 1197.

Petrus, Dei gratia Cellensis, et Drogo S. Lupi Trecensis, dicti abbates, omnibus presentes litteras inspecturis in Domino salutem. Noverit universitas vestra, quod, cum querela que inter monachos Arremarenses et Haymonem furnarium de *Maignant* et totam cognationem furnariorum super usuario de Trohouda vertebatur, nobis esset a domino papa judicio vel concordia terminanda commissa, nos tali modo inter ipsos pacis concordiam reformavimus : siquidem prefatus Haymo et tota cognatio furnariorum ipsi querele in perpetuum abrenunciaverunt ; ita tamen quod unum solum de tota parentela furnariorum bis in die si voluerit, cum uno equo, ad nemus illud introire licebit et afferre duas per diem quadrigatas mortui nemoris ad usum furni de *Mai-*

gnant, set eundo vel redeundo nulli dampnum importabit, nec aliud aliquid a nemore poterit absportare. Hanc vero compositionem ipse H. et tota cognatio firmiter tenendam juraverunt. Ne autem quod pie factum est mutari posset in posterum, scribi fecimus scriptumque sigillis nostris roboravimus. Actum est hoc anno Incarnati Verbi M° C° XCVII° mense decembri. — *Origin.* — *Cartul.* B. fol. XLIII v° et XCIX v°.

127. — 1198.

« Ego Gaufredus, marescallus Campanie » il notifie l'accord précédent et dans les mêmes termes. « Ne autem quod pie factum est mutari posset in posterum sigilli mei impressione roboravi. Actum anno Incarnati Verbi M° C° XC° VIII°. » — *Origin.* — *Cartul.* B, fol. CIII r°.

128. — 1198.

« Ego Maubertus, decanus Vendopere » il notifie le même accord et dans les mêmes termes. « Actum anno Verbi Incarnati M° C° XC° VIII°. » — *Origin.* — *Cartul.* B, fol. XXXVIII v°.

129. — 1198.

Garnerius, Dei gratia Trecensis episcopus, omnibus ad quos littere presentes pervenerint in Domino salutem. Noverit universitas vestra, quod Mauricius, presbiter de Sancto Leone, quicquid habebat apud Desdam in pratis et terris ; et quamdam partem in nemore quod dicitur Foresta, que sibi a Gilberto milite pro LX solidis pignori erat obligata ; et medietatem decime de Sancto Aventino, que illi jure hereditario contingebat, titulo perpetuo elemosino, laudante patre suo Johanne, et fratribus suis Bartholomeo atque Thebaudo, ecclesie Arremarensi concessit. Quod ut ratum permaneat sigilli mei impressione roboravi. Actum est hoc anno Domini M° C° XC° VIII° — *Origin.* — *Cartul.* — fol. XLIV v°.

130. — 1198.

Johannes, humilis ecclesie B. Petri Trecensis decanus, universis presentes litteras inspecturis in Domino salutem. Universitati vestre notum fieri volumus dilectum fratrem et concanonicum nostrum H. in nostra presentia cognovisse quod venerabilis abbas et conventus Arremarensis quandam domum suam Trecis sitam ante monasterium S. Johannis de Castello ei liberaliter et benigne toto tempore vite sue concesserunt possidendam ; post decessum vero ipsius, eadem domus sicut emendata fuerit et ampliata ad ecclesiam Arremarensem libere et sine contradictione revertetur. In cujus rei memoriam presens scriptum sigilli nostri fecimus impressione muniri. Actum anno Incarnati verbi M° C° XC° octavo. — *Origin.*

131. — 1198.

« Erardus, major Barri » il notifie l'accord suivant : « Nicholaus, cum uxore sua Agnete, et Emengardis soror Agnetis, et Nicholaus frater earum, quiete concesserunt eccclesie Arremarensi omnem elemosinam quam Rolandus, monachus, a Rolando, sacerdote avunculo suo, ecclesie Arremarensi dederat, videlicet, apud Barrum super Albam cellarium lapideum cum omni platea que ante est ; duas vineas in valle quo dicitur *Houtesains* ; et quartam partem in decima Presbiteriville. Quod ut ratum sit, Erardus, tunc temporis major Barri, et ipsi burgenses Barri sigillo communie fecerunt confirmari. Auctum est hoc anno ab Incarnatione Domini M° C° XC° VIII. — *Origin.*

132. — 1198.

Ego Odo de Clareio, filius Hugonis cognomento *Joslain*, notum facio tam presentibus quam futuris quod ego, laudantibus uxore mea *Aaliz* et Guidone et Johanne, fratribus meis, concessi ecclesie Arremarensi in elemosinam, tempore Theobaudi abbatis, quamdam domum quam habebam apud Trecas in Ruella que dicitur Harduini, cum advento, liberam ab omni consuetudine et teloneo et vicecomitatu. Respectu autem hujus elemosine recepi de beneficio memorate ecclesie CC et LX libras pruviniensis monete. Theobaldus vero, Trecensis comes palatinus, in manu cepit quod ego hec omnia jure debito garantirem. Quod ut ratum sit sigilli mei impressione roboravi. Actum est hoc anno Incarnati Verbi M° C° XC° VIII°. — *Cartul.* B. fol. II v°.

133 — 1198.

« Ego Theobaldus, Trecensis comes palatinus.. notum facio.. concedo.. manu capio (*omnia ut supra* n. 132). Et hoc factum est tempore domini Theobaudi, tunc abbatis ecclesie Arremarensis. Quod ut notum permaneat et ratum habeatur, litteris annotatum sigilli mei impressione volui confirmari. Actum anno Incarnati Verbi M° C° XC° octavo. Data per manum Galteri, cancellarii, nota Petri. » — *Cartul.* B, fol. V v°.

134. — 1198.

Notum sit tam presentibus quam futuris, quod ego Theobaudus de Barro et uxor mea Margarita, domina de Chanlotis, Deo et ecclesie B. Petri monasterii Arremarensis quittavimus et libere et inconcusse concessimus illas querelas quas de elemosina Agnetis, quondam domine Cacennaii, erga jamdictam ecclesiam habebamus, absque illa querela quam habemus in vineis de Vivariis. Et ne amplius aliqua controversia inter nos et prefatam ecclesiam oriretur, coram testibus inscriptis P. abbate Bassi Fontis, et Petro decano Sancti Winemauri, et decano Vendopere, et magistro Guillelmo presentem paginam scribi et sigilli mei munimine fecimus roborari. Actum anno Incarnati Verbi M° C° XC° VIII°. — *Cartul.* B, fol. LXXI v°.

135. — 1198.

Ego Gaufredus, marescallus Campanie, notum facio presentibus et futuris, quod quidam miles Hugo nomine, cognomine *Curebois*, pro remedio anime sue et omnium predecessorum suorum concessit ecclesie S. Petri Arremarensis omnem partem quam habebat apud *Maignant* in hominibus et mulieribus, in terris et pratis, in justicia et commodis omnibus donec XL libras quas eidem ecclesie debet reddiderit, excepta parte quam habet in decima, et excepta parte sua de censibus quam ipse et frater ejus jampridem ecclesie prefato in elemosina dederant. Si vero idem Hugo suprascriptam partem de *Maignant* redimere voluerit propriis denariis, ut ipse prefatam possessionem in manu propria teneat, redimere poterit, nec aliter eamdem possessionem eum ab ecclesia Arremarensi alienare licebit. Si autem prefatus H. *Curebois* antequam memoratam pecuniam, scilicet XL libras, ecclesie Arremarensi reddiderit, obierit, vel ad aliquam religionem se transtulerit, omnis pars de *Maignant* que ad ipsum pertinebat, sicut supra scribitur, ecclesie Arremarensi titulo perpetue elemosine remanebit, hac siquidem conditione : quod in eadem ecclesia idem officium, quod pro monacho professo fit, in morte ejus pro ipso celebrabitur. Prefatus vero Hugo in manu mea fidem dedit quod super his omnibus debitam garantiam portaret. Ne autem quod pie factum est mutari posset in posterum, sigilli mei munimine roboravi. Actum anno Incarnati Verbi M° C° XC° VIII°. — *Origin.* — *Cartul.* B, fol. XLIV v°.

136. — 1198.

Ego Garnerius, Dei gratia Lingonensis episcopus, omnibus notum facio, quod inter monachos ecclesie Arremarensis et Odonem de Manso Roberti, laudantibus uxore cum filiis et filiabus ipsius, super molendino monachorum Arremarensium et super molendino ipsius Odonis apud Mansum Roberti existentibus, talis conditio facta est : in duobus prefatis molendinis equales partes accipient tam monachi Arremarenses quam Odo et ejus heredes et per medium equaliter, omnibus modis, accipient portiones suas, molas utriusque molendini ement pariter monachi et Odo ; cetera vero que necessaria erunt duobus molendinis solus Odo providebit.. Actum est hoc anno Incarnati Verbi M° C° XC° VIII° — *Cartul.* A, fol. 8 r° ; B, fol. LX v°.

137. — Novembre 1198.

Ego Bernardus, decanus Barri, notum facio presentibus et futuris, quod Girbertus, presbiter de Fredevallis, titulo perpetue elemosine concessit ecclesie Arremarensi domum suam Fredevallis sitam cum appendiciis suis, exceptis ejus rebus mobilibus post decessum possidendam, cum terris, pratis et usuris quas Fredevallis habet, et que adquirere poterit. Quod ut ratum permaneat sigilli mei impressione roboravi. Actum est hoc mense novembris anno Domini M° C° XC° VIII°. — *Origin.*

138. — (Sans date.)

« Ego Clarembaudus, dominus de Capis » il fait la notification suivante : « Ego invadiavi monachis monasterii Arremarensis pro C libris omnes homines consuetudinarios de Maisnilulo qui per consuetudinem suam currunt in nemore de Doschia et quidquid annone habebam in predicto Maisnilulo, exceptis sex quos Gillebertus, archiarius, capit ibi. Tali autem conventione hoc factum est : quod si alii consuetudinarii predicti nemoris currunt ad vivum nemus et isti similiter facient, et hanc etiam invadiationem homines de *Cantelou,* de Lusiniaco, de Curterangia, vel qui monachorum sunt, vel qui eorum feminas habent, current in predicto nemore ; per hanc etiam invadiationem possunt predicti monachi superaddere XXX consuetudinarios de homibus suis in predicto nemore... Nemus quoque de *Teberiun* de predicto vadio est. Hujus rei testes sunt : dominus Teobaudus de Fresneio, dominus Aubericus de *Corbetun,* dominus Gaufredus Crassus, dominus Guillelmus de *Duime.* » — *Origin.* — *Cartul.* B, fol. XXXV v°.

139. — Juin 1199.

Garnerus, Dei gratia Trecensis episcopus, omnibus ad quos littere iste pervenerint in Domino salutem. Noverit universitas vestra, quod Menardus *Chaalunz*, Bonellus et Nicholaus, fratres, Vaalinus *Gueneluns*, Petrus *Gueneluns, Letuiz* uxor Roberti *Gueneluns*, Tecelina, Suffisia, Jordana, cum alia Jordana, Salomon et omnes fratres ejus, homines Jacobi de Cacennaio (*al.* de Durniaco), militis, in nostra presentia constituti, dederunt ecclesie Arremarensi nomine elemosine perpetuo possidendam quartem partem quam habebant ni hasta Sancti Patrocli in nemore, in terris tam cultis quam incultis, quantum durat foresta grangie Pontis Basse versus villam Arbrisselli. Memoratus etiam Jacobus medietem quam habebat in reliquis tribus partibus supradicte haste in nemore, in terris tam cultis quam incultis, predicte ecclesie nomine elemosine dedit et contulit coram nobis. Fuit autem coram nobis ordinatum et per eumdem Jacobum fide interposita repromissum, quod si monachi de Arripatorio ali-

quid in supradictis partibus ipsius Jocobi, vel homi‑
num predictorum de hasta Sancti Patrocli, minus li‑
cite hactenus usurparunt, idem Jacobus ecclesie Ar‑
remarensi contra predictos monachos et quoslibet
alios super his omnibus bonam et fidelem garantiam
portabit. Siquidem respectu donationis istius sepe‑
dictus Jacobus XXX libras pruvinensium de bene‑
ficio ecclesie Arremarensis percepit. In cujus rei
testimonio presentes litteras fieri et sigillo nostro
fecimus confirmari. Actum anno Domini M° C° XC°
IX°, mense junio, tempore Thebaudi, ipsius ecclesie
abbatis. — *Origin.*

140. — Juillet 1199.

« Ego Jacobus de Durniaco (*al.* de Cacenniaco)
notum facio tam presentibus quam futuris, quod
homines mei de Arbruissello, videlicet, Mainardus
Chaalunz.. (*ut supra* n. 139 *mutatis mutandis*). In
cujus rei testimonium litteras presentes scribi et
sigilli mei munimine precepi roborari. Actum est
hoc tempore Theobaudi, Arremarensis abbatis, an‑
no Incarnati Verbi M° C° XC° nono, mense julio. »
— *Origin.*

141. — 1199.

Ego Milo, comes Barri, presentibus et futuris no‑
tum facio, quod ego in hominibus Sancti Petri apud
Essoyam duas rogationes habebam, scilicet, in fes‑

to sancti Remigii et in nundinis Barri, ob remedium anime mee et predecessorum meorum, ecclesie Arremarensi in perpetuum condonavi ; unam tantum rogationem, scilicet in festo sancti Remigii, michi et heredibus meis retineo, salvis tamen justiciis meis justis. Ut autem hoc ratum et firmum teneatur sigilli mei impressionem subterposui. Hujus rei testes sunt : Hugo, miles de Essoya ; Girardus, villicus ; Stephanus de *Chasnoi* ; Hugo, capellanus comitis. Actum est hoc anno Incarnati Verbi M° C° XC° nono. — *Origin.* — *Cartul.* B, LXXII r°.

142. — 1199.

Ego Odo de Clareio, filius Hugonis cognomento *Joollain*, notum facio tam presentibus quam futuris, quod ego, laudantibus uxore mea *Aaliz*, et Johanne, clerico, et Guidone, milite, fratribus meis, concessi ecclesie Arremarensi in elemosinam quamdam plateam quam habebam apud Trecas in Ruella que dicitur Harduini, juxta domum S. Johannis de Castello, liberam ab omni consuetudine et theloneo et vicecomitatu. Pro hac autem donatione recepi de beneficio ecclesie XX libras pruvinensis monete. Si quis autem prefatam ecclesiam super hoc vexare voluerit, ego Odo fide data integram garantiam inde per omnia exibere promitto. Et hoc factum est tempore Theobaudi, abbatis ecclesie Arremarensis. Quod ut ratum habeatur et notum permaneat, sigilli mei impressione volui confirmari. Actum anno Incarnati Verbi M° C° XC° nono. — *Origin.* — *Cartul.* B, fol. LIII r°

143. — 1199.

Ego Garnerius, Dei gratia Trecensis episcopus, notum facio tam presentibus quam futuris, quod Hugo, miles de Fresneio, quartam partem quam in decima terrarum quas monachi ecclesie Arremarensis in decimatione de Clareio propriis charrucis excolebant, sive juste sive injuste reclamabat, bono ductus consilio, titulo perpetue elemosine concessit eidem ecclesie. Idem vero miles decimam carruce sue sive charrucarum suarum, quam prius reddere nolebat, tam ipse quam ejus heredes in perpetuum legitime reddent. Si quis autem ecclesiam Arremarensem super hoc vexare presumeret, prefatus Hugo fide data promisit quod inde debitam garantiam portaret. Quod ut ratum permaneat, sigilli mei impressione roboravi. Actum est hoc laude et assensu *Agacel,* uxoris ejusdem militis, tempore domini Theobaudi, abbatis, anno Verbi Incarnati M° C° nonagesimo nono. — *Origin.* A, fol. II v°.

144. — 1199.

Ego Clarembaudus, dominus de Capis, notum facio presentibus et futuris discordiam, que erat inter monachos Arremarenses et Hugonem de Fresneio, ad concordiam in presentia mea pervenisse. Hugo requirebat a monachis quartam partem decime eorum quo ipsi lucrabantur in decimatione de Clareio; requirebant monachi decimam charruce sue. Hugo quicquid juris habebat in querela illa, dedit in elemosinam Deo et ecclesie Arremarensi, absolvens ecclesiam a decima charruce vel charrucarum si plures habuerit apud Clareium.. laudante uxore sua *Agacel*... Item Hugo, miles, decimam charruce sue vel charrucarum suarum et heredes sui decimam legitimam monachis dabunt. Et ne hoc tractu temporis oblivioni tradatur, presentem paginam sigilli mei impressione munivi. Actum est hoc anno M° C° XC° VIIII. — *Origin.*

145. — 1199.

Garnerus, Dei gratia Trecensis episcopus, omnibus ad quos littere iste pervenerint in Domino salutem. Noveritis quod Godefridus de Fouschardi Maisnilio, miles, in nostra presentia constitutus, donavit ecclesie Arremarensi, de assensu uxoris sue Gile et fratrum suorum, videlicet, Guidonis, Rocelini, et sororis sue Marie, quicquid in excambio monachorum Arremarensium habebat, quod est inter rivum qui a vulgo dicitur *Telous* (a!. *Treloux*), et Maisnillium Sancti Petri ; et quicquid habebat in Communia Villiaci ; et in omni terra que contra fossata grangie ecclesie Arremarensis que dicitur Logia (*al.* Loia), tam in nemoribus quam in terris et pratis et omnibus commodis ab ipsa ecclesia jure perpetuo possidenda. In cujus rei testimonium litteras fieri et sigillo nostro fecimus confirmari. Actum anno Domini M° C° XC° nono, tempore Theobaudi, abbatis. — *Origin.* — *Cartul.* B, fol. LII v°.

146. — 1199.

« Ego Theobaudus, Trecensis comes palatinus, notum facio tam presentibus quam futuris, quod Godefridus de Mesnillo Fulchardi, miles, laude et assensu Gille, uxoris sue.. (*omnia ut supra* n° 145). In cujus rei testimonium presentem paginam volui fieri et sigilli mei munimine roborari. Actum anno ab Incarnatione Domini M° C° XC° nono. » — *Cartul.* B. fol. XXXVII v°.

147. — 1199.

Ego Odo *Joslains* de Clareio notum facio tam presentibus quam futuris, quod, cum inter me et Guiardum *Jarruns* et ceteros dominos de Clareio, et monachos ecclesie Arremarensis orta esset discordia super justicia et dominio de Clareio, ego et prefati domini, bono ducti consilio, jus ecclesie Arremarensis hoc modo recognovimus : monachi Arremarenses in dominio et communi justicia de Clareio terciam partem habent ; reliqui vero domini duas partes, exceptis partibus illis, quas unusquisque dominorum sibi proprie habet divisas. Decimam etiam quam in partibus nostris de Foresta reclamabamus ecclesie Arremarensi in elemosinam concessimus. Certum vero sit quod broscie que sunt inter Burias et rivum qui dicitur *Noue Doucein*, a nemore de Chasneio usque ad nemus de Villa Media proprie sunt ecclesie Arremarensis; et bestie de Buriis libere ibunt et pascentur usque ad fluvium Secane, nemini dampnum facientes. Si vero bestie monachorum Arremarensium apud Clareium manentes alicui dampnum fecerint, dampnum tantummodo restituetur, absque exactione justicie. Prefatus vero Guiardus *Jarruns*, laude et assensu Marie, uxoris sue, et filiorum suorum decimam quam reclamabat in grangia de Villari pro decimatione de *Maignant*, monachis ecclesie Arremarensis in elemosinam concessit et quicquid idem monachi in decimatione adquirere poterunt. Preterea Guiardus *Jarruns* dimidium modium annone quod accipere solebat in decima de Burriis, laude et assensu meo, de cujus feodo annona illa est, titulo perpetue elemosine ecclesie Arremarensi concessit. Quod ut ratum maneat sigilli mei impressione roboravi. Actum est hoc tempore domini Theobaudi, abbatis, anno ab Incarnatione Domini M° C° XC° nono. — *Origin. scellé.*

148. — 1199.

Ego Garnerius, Dei gratia Trecensis episcopus, notum facio tam presentibus quam futuris, quod, cum inter monachos ecclesie Arremarensis et Odonem cognomento *Joslain*, et Guiardum *Jarrun* et ceteros dominos de Clareio.., idem domini bono ducti consilio, jus ecclesie Arremarensis hoc modo recognoverunt : (*omnia ut supra n. 147 mutatis mutandis*). Quod ut ratum et inconcussum maneat, sigilli mei impressione roboravi. Actum est hoc tempore domini Theobaudi, abbatis, anno ab Incarnatione Domini M° C° XC° nono. — *Origin.*

149. — 1199.

Frater B[artholomeus], abbas de Moris, et M[aubertus], decanus Vendopere, omnibus presentes litteras inspecturis salutem. Noverit universitas vestra quod Stephanus et Evrardus, frater ejus, furnarii de *Maignant* dimidiam septimanam de quarta parte furni ; similiter Stephanus, Evrardus et Clemens duas quadrigatas mortui nemoris, quas unaquaque hebdomada feria secunda ; Hugo, Morellus et Vivianus duas quadrigatas quas feria tercia ; similiter Milo et Petrus, furnarii, duas quadrigatas mortui nemoris, quas feria quarta in nemore de Trouhada accipere solebant, laude et assensu Haymonis et aliorum furnariorum de *Maignant*, ecclesie Arremarensi in elemosinam concesserunt. Et pro predictis quadrigatis IX libras, et pro dictis partibus furni C solidos de beneficio ejusdem ecclesie perceperunt. Ita tamen quod nulli ex furnariis in eodem nemore feria secunda, tercia, vel quarta liceat aliquid accipere ; ipsi vero furnarii, fide data, promiserunt quod has pactiones firmiter tenerent, et super his omnibus debitam garantiam portarent. Quod ut ratum et inconcussum permaneat sigillorum nostrorum munimine firmavimus. Actum est hoc post primam concordiam per abbates de Cella et S. Lupi Trecensis inter monachos Arremarenses et furnarios de *Maignant* factam, anno Incarnati Verbi M° C° XC° VIIII°. — *Origin.* — *Cartul.* B, fol. CV v°.

150. — 1199.

Ego Hulduinus, Lingonensis decanus, ego Maubertus, decanus Vendopere, notum facimus tam presentibus quam futuris, quod Hugo cognomento *Curebois* in presentia nostra constitutus omnes querelas, quas adversus ecclesiam Arremarensem habebat, quitavit; et quicquid habebat in territorio de Villamedia et de *Corbetuns* in terris, aquis, pratis, nemoribus et redditibus, et quicquid tam ipse quam frater ejus Petrus *Curebois* in censibus de *Maignant* habebant, quos videlicet census ecclesia Arremarensis jam per XX annos antequam hoc scriptum fieret tanquam suos receperat, eidem ecclesie titulo perpetue elemosine concessit; quartam vero partem quam in villa de *Maignant* habebat, que pro XL libris eidem ecclesie pignori erat obligata, ea conditione quod nisi propriis denariis et proprio tenenda, dominio redimere non posset, si ante obitum suum eam hoc modo non redimerit, perpetua elemosina eam possidendam ecclesie Arremarensi concessit. Quicquid vero monachi ecclesie Arremarensis in furno de *Maignant* jam adquisierant vel adhuc adquirere poterunt, salvo jure suo de redditu censuali de furno, laudavit. Quod ut ratum et inconcussum maneat sigillorum nostrorum munimine roboravimus. Actum est hoc anno Incarnati Verbi M° C° XC° VIIII. — *Origin.* — *Cartul.* B, fol. XCIX r°.

151. — Vers 1199.

Ego Maubertus, decanus Vendopere, notum facio presentibus et futuris, quod Hugo cognomine *Curebos* partem quam Petrus, frater ipsius, habebat in censibus de *Maynant*, ipse Hugo *Curebos* concessit ecclesie Arremarensi in elemosinam pro remedio anime predicti fratris sui Petri, et ipse Hugo partem quam habebat in predictis censibus posuit in vadimonium ecclesie Arremarensi pro XIII libris, Johanne, filio Hugonis *Goriart*, de cujus feodo census movent, laudante, et matre sua et sororibus suis. Unde et predictus Johannes habuit XL solidos de caritate ecclesie Arremarensis. Ubi Hugo dedit census ecclesie Arremarensi fuerunt : Bartholomeus, miles de Fulcheriis ; Theobaudus de *Frasnoi* ; Raynaldus, miles ; Oliverus, presbiter. Ubi Laudavit Johannes *Goriart* fuerunt : Sutor, prepositus ; Petrus, camerarius ; Guillelmus *Putepome* ; Johannes *li Roides* ; Hugo *Canart.* — *Cartul.* B, fol. CII v°.

152. — 1172.

Ego Matheus, Dei gratia Trecensis episcopus, notum fieri volo et presentibus et futuris, quod Gaufridus Furnerius dedit in manu mea et per manum meam Arremarensi ecclesie omnia que habebat in potestate Clareii et Dasde... Sibi in vita sua, ita ut post mortem suam Arremarensi ecclesie revertatur. Hoc quoque donum cognovit se fecisse, laudantibus filiis suis... et Gaufredo, priusquam iret in Iherosolimis in illa magna expeditione... Hujus rei testes sunt ex parte nostra : Rainaldus, archidiaconus ; Alexander, canonicus ; ... Andreas, famulus noster. Ex parte ecclesie : ipse abbas Galterius ; magister Nicholaus.. Stephanus ejusdem ecclesie prepositus ; Petrus Furnerius, filius supradicti Gaufridi ; Mattheus, famulus prefati abbatis ; Manasses ; Andreas ; magister Nicholaus. Ex parte domini Gaufredi Furnerii : Guiardus de Clareio, Hugo de *Corgeseines*. Actum est hoc anno ab Incarnatione Domini M° C° LXXII. — *Cartul.* A, fol. 14 r°. — *Les points dans cette charte indiquent les mots illisibles dans le cartulaire.*

* Suivent quatre chartes oubliées à leur date, et treize sans date qui se placent vers la fin du XII° ou vers le commencement du XIII° siècle.

153. — 1178 au plus tard.

Notum sit omnibus quod Hilduinus de Anguleio, laudante Amica, uxore sua, et Johanne, filiastro suo, dedit in elemosinam Deo et ecclesie Arremarensi prata de Melanis, et pratum quod debebat IIII denarios de Mairoliis, et terram in finagio de Pargis que debebat VIII denarios de censu. Testes sunt : Airardus, dominus Cacennaii ; Lambertus, sacerdos ; Petrus de Fontetis ; Michael de Anguleio ; Paganus de Univilla ; Hugo D.. ; Robertus Magnus ; Remigius Major ; Hunaudus ; Thomas ; Galterus, sacerdos ; Theobardus de Plaiotro, prepositus monasterii predicti. Hoc manu cepit dominus Cacennaii. Sigillatum tempore Nicholai, abbatis. — *Cartul.* B, fol. LXXI v°.

154. — 1178 ?

« Ego S[tephanus], abbas Arremarensis » il notifie un acte (illisible au cartulaire) concernant « domum S. Johannis de Castello dictam Masceline ... Hujus rei testes sunt : Iterius, abbas S. Lupi, et Johannes, cellerarius ; Vitalis, abbas S. Martini ; Tebaudus, prior S. Johannis, et Gunterius, sacrista ; Aubertus, presbiter ... Actum est hoc anno Incarnati Verbi M° C° LXXV ...

155. — 1189.

Ego Henricus, Trecensis comes palatinus, notum facio presentibus et futuris, quod intuitu Dei et interveniente gratia Theobaldi, dilecti hospitis mei, prioris Sancti Johannis in Castello, dedi ecclesie Sancti Johannis partem quamdam vinee Girardi, fratris Milonis de Braio, que erat ad caput dicte ecclesie, de assensu et voluntate dicti Girardi, videlicet, octoginta pedes in latitudine, et longitudinem vero a termino muri civitatis usque ad viam que de Sancto Quintino ducit in civitatem. Quod ut notum permaneat et ratum teneatur, litteris annotatum sigillo meo confirmavi. Actum Trecis, anno Verbi incarnati M°C° LXXXIX°. Data per manum Haicii, cancellarii, nota Petri. — *Origin.* — *Cartul.* A, fol, 19 r°; B, fol. LXXXVI v° et CIX r°.

156. — Sans date (1180-1191).

Notum esse volumus modernis et futuris, quod Guido, decanus de *Gray*, pacem et concordiam composuit inter ecclesiam S. Salvatoris et Petrum, clericum de *Perygné*, super tali parte sui juris quod possidebat in ecclesia de *Perygné* et de *Broes*, excepta capellania quam in prefatis ecclesiis obtinebat, hanc scilicet, quod sextam portionem beneficiorum et proventuum ecclesiarum prefati S. Salvatoris ecclesie concessit. Actum sub tempore Terryci, archiepiscopi Bisuntini, in ecclesia B. Mauricii de *Pontelier*, ita quod palam omnibus laudatum fuit et assertum a priore S. Salvatoris, et a Petro, clerico de *Perygné*. Testes : Aymo, sacerdos, filius Villici ; Ugo, sacerdos S. Salvatoris ; Richardus, sacerdos *d'Echos*. Hoc autem tenendum est tantummodo in vita prefati clerici de *Perygné*, — *Origin*.

157. — Sans date (vers 1200).

Noverit universitas fidelium tam presentium quam futurorum, quod Humbertus, canonicus S. Stephani Divionensis, terras quasdam et prata, que ab antecessoribus suis ecclesie S. Salvatoris olim in elemosina collata fuerunt, aliquanto temporis spatio sue subegit dominationi ; postmodum vero, divina inspirante Clementia, ea que aliquandiu male, ut videbatur, habuerat, Deo et ecclesie S. Salvatoris reddidit, et si quid in eisdem juris habebat totum eidem ecclesie contulit, et oblationem super altare propria manu fecit, promisit et quod si quis in jamdictis terris aliquo tempore aliquid calumpniaretur ipse contra omnes homines et testem et protectorem pro ecclesia jamdicta se objiceret. Sunt autem terre talibus in locis site : in Chalmis mansum unum cum terris et prato ad ipsum pertinentibus ; in territorio S. Salvatoris terre et prata. Hujus rei testes sunt : Hugo, capellanus ejusdem loci ; Henricus, miles de *Joges* ; Brutinus de Massel[is] ; Rainaldus Besue ; Milo Rufus ; Petrus, filius Constantini. Ego

Milo, abbas S. Stephani, assensu et laude totius nostri capituli hanc elemosinam concedo et sigilli nostri impressione munio. — *Origin.*

158. — Sans date (1200-1202).

Ego Dei gratia H[ulduinus] Vendoperensis, decanus Lingonensis, notum fieri volo tam presentibus quam futuris, quod Engerbertus Niger de Vendopera et filii sui Milo, Hugo de Parisius, Leodegarius et Legardis querelam de bosco de *l'Escange*, quam erga ecclesiam Arremarensem habebant, Deo et prefate ecclesie in elemosinam concesserunt; istud sigilli mei impressione confirmo. Hujus rei testes sunt : Xpistoforus, sacerdos de *Luces*; et magister Malbertus; et Bernardus; et Sutor, prepositus; et Martinus, prepositus; et *Manasses*, miles de *Aamance*. — *Origin.* — *Cartul.* B, fol. LIII r°.

159. — Sans date.

Reverendo patri et domino O[doni], Dei gratia Parisiensi episcopo, et venerabilibus viris J[ohanni], abbati Sancte Genovefe, et magistro P[etro], cancellario Parisiensi M[ilo], archidiaconus, et magister O., curie Trecensis officiales, salutem in Domino. Notum fecimus discretioni vestre, quod querela, que inter monachos ecclesie Arremarensis, ex una parte, et Nicholaus, rectorem ecclesie de Capis, ex altera, in presentia vestra auctoritate Apostolica vertebatur super proventibus ecclesie B. Lupi de Capis et capelle de Bellovisu, prudentum virorum consilio, utriusque partis assensu, coram nobis terminata est in hunc modum : presbiter de Capis accipiet separatim in ecclesia prefata baptisteria, procurationes nuptiarum in hospicio sponsi vel sponse vel denarios pro ipsis procurationibus, confessiones, oblationes que manui ejus offerentur in visitationibus infirmorum. In his vero que subsecuntur accipient monachi Arremarenses per medietatem, videlicet, in reconciliationibus mulierum, in benedictionibus super peras, in universis oblationibus sponsalium et nuptiarum, in omnibus legatis et oblationibus et beneficiis quoquomodo altari vel presbitero offerantur et maxime in nummis panis benedicti, et in candelis que ibi offerentur per totum annum. In capella vero de Bellovisu, ubi cimeterium est de Capis, cum corpus defunctum de parrochianis ejusdem presbiteri in presentia fuerit, accipiet presbiter de Capis terciam partem oblationum que in nummis vel in moneta altari offerentur. Et sciendum est quod per totum tempus reliquum presbiter in eadem capella nullum accipiet beneficium, excepto quod in festo beate Marie Magdalene accipiet ad missas terciam partem oblationum que ibi in nummis vel in moneta offerentur ; monachi vero in supradicta festivitate et in presentia corporis defuncti quicquid oblationum sive beneficiorum ibi superfuerit, scilicet, de blado, de pane, de vino.

de candelis et cereis, et de pannis, ac de universis elemosinis que eidem capelle conferentur, totum habebunt. Nos vero, ad preces abbatis et monachorum Arremarensium et memorati Nicholai, scriptum istud sigilli curie impressione signavimus, rogantes quatinus compositionem istam ratam habeatis et sigillorum vestrorum munimine roboretis. — *Origin.*

160. — Sans date (1189-1214).

Domino et patri in Xpisto venerabili G[altero II], Dei gratia episcopo Eduensi, G., suus humilis abbas de Maceriis, salutem et debite subjectionis obsequium. Paternitate vestre, cui debemus quicquid possumus, notificare curavimus, quod Petrus, olim sacerdos de Savineio, in virtute obedientie de parte nostra adjuratus, testificatus est coram nobis et quibusdam fratribus nostris, scilicet, priore et Artaudo, monachis, insuper et coram Bernense archidiacono, quod ecclesiam de Savineio ab abbate et conventu de *Mostier Arramé* accepit, et eam sub eorum nomine nunc usque possedit, Stephano, tunc Eduensi episcopo, donum hoc collaudante, visis litteris quas idem Petrus de collata sibi ecclesia eidem presentavit episcopo de parte abbatis et conventus de *Mostier Arramé*. Nos itaque paci intendentes vobis quod audivimus per litteras nostras nunciare curavimus. — *Origin.*

161. — Sans date, avant 1200.

Ego H[ulduinus], decanus Lingonensis, et M[aubertus], decanus Vendopere, notum fieri volumus tam presentibus quam futuris, quod domini de Vendopera : dominus Odo et Hugo et Androinus et *Taillefers*, uxoribus suis laudantibus, scilicet domina B. de Cereis et filia sua Oda, et *Clémence la russe*, dederunt in elemosinam Deo et ecclesie B. Petri Arremarensis monasterii terram que est *à la Loie, sur le tiélus*, infra fossata ejusdem loci, libere et absolute in perpetuum possidendam. Et ne donatio ista irrita possit haberi, sigillorum nostrorum impresione candem firmamus. — *Origin*. — *Cartul.* B, fol. L r°.

162. — Sans date.

Notum sit tam presentibus quum futuris, quod ego Odo de Vendopera vadimonio alligavi monachis Arremarensis ecclesie omnia que possidebam apud Villiacum et apud *Vilers*, scilicet, in hominibus et in terris ceterisque rebus, pro XXX libris, et laude et assensu uxoris mee Beatricis, generique mei Hugonis, et filie mee Ode ; et quicquid de fructibus pretaxate possessionis provenerit memorate ecclesie in elemosinam contuli. Si quis autem prefatam ecclesiam super hoc vexare presumpserit, plenariam garantiam me per omnia exhibiturum et ita fideliter tenendum in manu Tebaudi, ejusdem ecclesie abbatis, fiduciavi. Super hoc autem sunt plegii et responsales : Sutor, prepositus meus ; Odo *Gaimarz;* Engelbertus, filius Morberti ; qui etiam fiduciaverunt in manu decani de Vendopera, quod si ego de his que supra dixi in aliquo deficerem in voluntate abbatis et predictorum monachorum seipsos exiberent. — *Origin.* — *Cartul.* B, fol. XCIX v°.

« Ego Maubertus, decanus de Vendopera » il notifie l'acte précédent, et dans les mêmes termes.— *Origin.* — *Cartul.* B, fol. XLIV r°.

163. — Sans date.

Ego Odo de Vendopera notum facio presentibus et futuris, quod Andreas de Vendopera, laude et assensu uxoris sue, ac fratum suorum abbati et fratribus Arremarensis ecclesie invadiavit quicquid possidebat in Communia et apud Villiacum, tali autem conditione : quod ipse Andreas, acceptis X libris monete pruviniensis pro supradicto vadimonio, in elemosinam contulit prefate ecclesie quicquid de ipsius vadimonii fructibus proveniret. Jamvero dictus Andreas data fide promisit plenariam garantiam se portaturum adversus omnes qui memoratam ecclesiam super hoc vexare presumerent. Et inde sunt fidejussores : Sutor et Bernardus, tunc prepositi de Vendopera. — *Origin.* — *Cartul.* B, fol. CIII v°.

« Ego Maubertus, decanus de Vendopera » il notifie l'acte précédent, et dans les mêmes termes.— *Origin.*

164. — Sans date.

Quoniam eorum que in presentia aguntur famam perhennem esse volumus, idcirco scripto memoriali mandare disposuimus, quod Petrus de *Moncignum* terram de Cooperta Funtana, quam calumpniabatur monachis monasterii quod situm est juxta Fagetum, liberam et quietam habendam prefati monachis monasterii concessit, eamque pro remedio animarum antecessorum suorum guerpivit in manu fratris Alardi, tunc prioris ejusdem monasterii, laudante hoc uxore sua Bella nomine. Actum est hoc ante portam Petrefite. Quo facto, frater Alardus predicti monasterii prior, recepit eum uxoremque ejus in orationibus et beneficiis que in omnibus locis nostris fiunt et fient. De paupertate etiam loci illius dedit eidem Petro de Moncigno prenominatus prior Alardus X solidos in caritate ; sed et idem sepedictus Petrus in manu Girardi, domini Fontisvenne, fidem dedit quod nec per se nec per suspectam personam de cetero unquam inferret calumpniam. Hujus rei testes sunt : Terricus, decanus ; Henricus, presbiter de *Pressigni* ; donnus Girardus, dominus Fontisvenne, per cujus manum hoc totum factum est ; Guido, prepositus Fageti ; Rainardus cognomento *Horrace*; Dominicus, frater Petri ejusdem terre calumpniatoris ; Guillermus filius Vivencii ; et Fulcaudus, frater ejus. Alio quoque tempore idem predictus Petrus in dominico die in presentia multitudinis parrochianorum monasterii hoc totum recognovit et de eadem terra fratrem Alardum coram cunctis qui ad missam dominico die convenerant, ad ostium cancelli monasterii, quod est constructum in honore B. Marie, matris Domini nostri Jhesu Xpisti, per quemdam librum investivit. — *Origin.*

165. — Sans date.

Notum sit presentibus et futuris quod G[uillelmus], dominus de Marchia, dedit pro remedio anime sue et decessorum suorum, in elemosinam ecclesie S. Salvatoris quicquid Viardus de Unneio tenebat in feodo a predicto G., videlicet, quartam partem portus de Aculeio, et mansus omnes de Auleio ad partem suam pertinentes ; et quicquid habebat in Asseleio predictus V., insuper piscaturas quas prodictus Viardus possidebat, et quartam partem salvantie. Et ut hoc inconcussum et ratum habeatur, sigilli nostri munimine, et sigilli fratris nostri O. Campaniensis impressione roboravimus. — *Origin.*

166. — Sans date.

« Hugo de Rubeomonte et Beatrix, uxor sua » ils notifient qu'ils ont donné en aumône « domui S. Salvatoris, in portu d(e) Aculeio XV solidos in Ramis Palmarum a Roberto et Alardo, pontaneis. persolvendos.. constituetur lampas ardens tam in die quam in nocte, verum debet cereum de libra cere et

XII nummos cum cereo oblatos die festo S. Salvatoris.. Hanc elemosinam Deo et altari per librum obtulit. Hujus rei testes sunt : Girardus de *Saunet* ; Petrus, prepositus ; Guido, sacerdos de *Masselei* ; Petrus, sacerdos S. Salvatoris ; Guido de *Faverné*, tunc prior S. Leodegarii ; Iterius, tunc prior ; Petrus ; Johannes de *Masselé* ; Valo de Assartenis. »—*Origin.*

167. — 16 février 1199 (*v. st.*).

Frater Drogo, B. Lupi dictus abbas, et Johannes, S. Petri decanus Trecensis, omnibus qui presentes litteras viderint in Domino salutem. Noverit universitas vestra, quod causa vertebatur inter abbatem et monachos Arremenses, ex una parte, et Jacobum Seemeri, militem, ex altera, et ea nobis commissa fuit auctoritate Apostolica, remota appellatione, fine canonico terminanda. Cum igitur nos partes sepius, et eis coram nobis statutis multa essent ab una partium opposita et multa a reliqua parte responsa, nos ordine congruo procedere cupientes testes eis adjudicavimus. Adduxerunt itaque monachi ad prefixum diem testes suos cumque nos eos recipere et audire vellemus, idem Jacobus, miles, eadem hora causa subterfugii in appellationem prorupit, occasione sumpta a suspecto judice, me scilicet abbate. Requisitus ipse ut suspicionis causas ostenderet et exspectatis super hoc diu, nunquam potuit suspicionem aliquam per vicinos abbates vel alios discretos viros probare. Nos vero in receptione testium monachorum processimus et eorum testimonia diligenti scrutinio recepta annotavimus. Post hec autem, cum de judicio nostro proferendo et publicatione testium requisiti essemus, ad hoc tempore congruo eundem militem sepissime vocandum duximus, qui semper contumax venire noluit. Nos tamen, adhibito nobis bonorum ac discretorum virorum consilio, publicatis predictorum attestationibus monachorum, judicium nostrum protulimus in hunc modum : adjudicavimus ergo monachis, secundum attestationes quas a testibus suis omni exceptione majoribus recipimus, omnes decimas terrarum et vinearum quas infra parrochiam B. Martini qui dicitur de Vineis idem miles possidet, VII sextaria frumenti et III bichetos de terris tam de Communia quam aliis quas ipsum militem tenere probatum est. Preterea de aliis terris sive de vineis quas ipse cum premissis tenet, sicut probatum est, legitime ipsis monachis adjudicavimus XIV sextaria avene et XVII solidos censuales, per annos singulos persolvendos quandiu idem miles predictas terras vel vineas, quas modo possidet, possidebit. Denique de omnibus ipsos monachos in possessionem misimus, que omnia tam scilicet frumentum quam cetera et prescripta et subscripta singulis annis eisdem sunt monachis persolvenda. Actum Trecis, anno Domini M° C° XC° nono, mense februario XIIII kalendas marcii. — *Origin.* — *Cartul.* B, fol. CXV v°.

168. — 1200.

Ego Clarembaudus, dominus de Capis, notum facio tam presentibus quam futuris, quod ego pro anima patris mei et pro remissione peccatorum meorum concess monachis ecclesie Arremarensis, ut quicunque ventam mercati de Capis recipiet, pro emendo oleo unius lampadis, que in claustro vel in capitulo Arremarensi omnibus noctibus ardebit, X solidos pruvinensium eisdem monachis singulis annis in festivitate Omnium Sanctorum persolvat. Quod ut ratum et inconcussum maneat sigilli mei impressione roboravi. Actum est hoc anno ab Incarnatione Domini M° CC°. — *Origin.* — *Cartul.* B, fol. LXXX r°.

169. — 1200.

« Erardus, prepositus Barri » Il notifie un accord « inter abbatem Arremarensem et Guibertum de Barro de domo que fuit *Loys*, ex una parte, et de domo ipsius Guiberti, ex altera.. Abbas Arremarensis vestiet integre sullum de quo erat controversia ea conditione : quod Guibertus suum habebit aaisamentum in pariete illo quod dictum sullum sustinet sicut primo habebat, ea autem conditione : quod quum abbas Arremarensis et ipse Guibertus in eisdem domibus volent operari unusquisque ipsorum ponet medietatem terre et medietatem expense.. Actum est hoc anno Domini M° CC°. » — *Origin.*

170. — 1200.

« Clarembaudus, dominus de Capis » il notifie que « quicquid Gaufridus, miles, de *Putemire*, in nemore quod dictur Nemus S. Petri, quod nemus ecclesia Arremarensis a filiis Goubaudi de Desda et heredibus ejus adquisierat, sive casamento sive alio modo reclamabat, laudantibus filiis suis Arnulfo et Odone, titulo perpetue elemosine ecclesie Arremarensi quitavit et concessit.. Actum est hoc anno gratie M° CC°. — *Cartul.* B, fol. L r°.

171. — 1200.

Garnerius, Dei gratia Trecensis episcopus, omnibus presentes litteras inspecturis in Domino salutem. Noveritis quod Joannes de Colaverdeio, miles, in nostra presentia constitutus, tempore Theobaldi, abbatis Arremarensis, benigne concessit quod ecclesia Arremarensis habet plenum et integrum usuarium in sua portione nemoris de *Rosson,* ad opus grangie de Ruiliaco, que ad dictam attinet abbatiam, tam ad comburendum quam ad edificandum, et pro paxillis vinearum, et clausuris vinearum et segetium, et aliis ejusdem grangie necessitatibus. Idem Joannes, fide interposita, in manu nostra constanter asseruit quod super hoc eidem ecclesie portaret legitimam contra quoslibet garantiam Hoc autem predicto modo fideliter est ordinatum de assensu et laudatione Beliardis, uxoris sue, et liberorum ejusdem. In cujus rei testimonium presentes litteras scribi, et sigilli nostri munimine fecimus roborari. Actum anno Domini M° CC°. — *Origin.* — *Cartul.* B, fol. XXV v°.

172. — 1200.

Garnerius, Dei gratia Trecensis episcopus, omnibus presentes litteras inspecturis in Domino salutem. Noveritis quod Odo Jollani, miles de Clareio, in nostra presentia constitutus, benigne dedit ecclesie Arremarensi, tempore Theobaldi abbatis, in perpetuam elemosinam domum suam Trecis sitam in vico qui dicitur Ruella Harduini juxta domum Sancti Johannis de Castello, liberam ab omni consuetudine et theloneo et vicecomitatu, quam libertatem eadem domus habere dinoscitur ex antiquo. Hec autem elemosina, fide ipsius Odonis interposita, pie collata est ecclesie memorate, ipsius uxore *Aaliz*, et fratribus Johanne clerico, et Guidone milite, benigne ad hoc prestantibus laudationis assensum ; prefata autem ecclesia in hujus pie largitionis recompensationem XX libras de caritate sua liberaliter contulit militi memorato. In cujus rei testimonium presentes litteras scribi et sigillo nostro fecimus roborari. Actum anno Verbi Incarnati M° CC°. — *Origin.* — *Cartul.* B, fol. 6 r°.

173. — 1200.

Ego Bernardus, decanus Barri, notum facio tam presentibus quam futuris, quod Gilo de porta Barri que vocatur Porta Brene, laudante uxore sua Aranburge, dedit ecclesie Arremarensi in excambio et titulo elemosine pro duabus vineis quas ecclesia Arremarensis habebat unam videlicet sub monte Sancte Germane, que fuit Girardi fabri, alteram vero in valle *Fontenoys* ; quatuor partes vinearum quas idem Gilo habebat apud Fredevallem, scilicet, dimidiam vineam Legeri, dimidiam cumbam, quartam partem de vinea que fuit Petri *des Estaus* et vineam que fuit Rainieri Anglici. Mercator siquidem de Barro plegius est, et prefatus Gilo fidem dedit quod super hoc ecclesie Arremarensi debitam garantiam portabit; et abbas Arremarensis eidem Giloni se debitam garantiam portaturum super excambitione ista promisit. Quod ut ratum sit ego, ad preces abbatis Arremarensis et jamdicti Gilonis, sigilli mei munimine roboravi. Actum est anno Domini M° CC°. — *Origin*.

174. — Septembre 1200.

« Bernardus, abbas de *Burlancourt*, totumque nostrum capitulum » ils font la notification suivante : « Nos in bona pace habebimus nemus et essartum, quicquid continetur infra metas scriptas in litteris Henrici, condam Trecensis episcopi,.. a grangia nostra que fuit condam contigua ville de Dervo usque cristam de Monte *Lesum*. De terris vero que sunt extra predictum terminum reddemus terragia et census debitos.. pro bono pacis et decimam reddemus ecclesie Arremarensi singulis annis VII sextarios et III quarterios de frumento ad mensuram Brene » et autant d'avoine à la Toussaint ; « et pro prato de *la Torneille* VII denarios censuales.. Actum anno ab Incarnatione Domini M° CC°, mense septembri. » — *Cartul.* B, fol. XLIX v°.

175. — 28 mars 1200 (*v. st.*).

Ego Hato, Trecensis canonicus, notum facio tam presentibus quam futuris, quod querela quo erat inter me et monachos ecclesie Arremarensis super virgulto, quod est Trecis ante murum S. Johannis de Castello, amicabiliter pacificata est in hunc modum : quamdiu virgultum erit in manu monachorum Arremarensium ipsi in eo habebunt aaisamentum suum et ego similiter meum ; et jamdicti monachi medietatem virgulti et tocius fructus possidebunt et ego in vita mea aliam medietatem possidebo; medietatem vero expensarum pro virgulto claudendo monachi solvent et ego aliam partem solvam. Post obitum vero meum vel seculi mutationem jamdictum virgultum ad monachos Arremarenses libere revertetur. Quod ut ratum permaneat, sigilli mei munimine roboravi. Auctum est hoc anno Domini

M° CC°, mense novembri. — *Origin.* — *Cartul.* B, fol. LXXXVI v°.

176. — Novembre 1200.

G[arnerus], Dei gratia Trecensis epicopus, omnibus presentes litteras inspecturis in Domino salutem. Noverit universitas vestra, quod Hugo, miles, cognomento *Curebois* in presentia nostra constitutus, quartam partem de villa que dicitur *Maignant*, quam jure hereditario a patre suo possidebat, omnibus modis titulo perpetue elemosine ecclesie Arremarensi concessit. Respectu autem hujus elemosine idem miles de beneficio prefate ecclesie C et XX libras pruvinensis monete percepit, fide interposita quod in omnibus et per omnia super hoc ecclesie Arremarensi debitam garantiam portabit. Quod ut ratum et inconcussum maneat sigilli mei impressione roboravi. Actum est hoc V Kalendas aprilis anno Incarnati Verbi M° CC°. — *Cartul.* B, fol. XLIV r°.

1200 (*v. st.*). — « Bartholomeus, abbas de Moris, et Maubertus, decanus Vendopere, et Milo, capellanus de Barro super Secanam » ils notifient la même vente, et dans les mêmes termes. — *Cartul.* B, fol. CIV r°.

177. — Avril 1200 (Pâques 9).

Ego Theobaldus, Trecensium comes palatinus, notum facio presentibus et futuris, quod Willelmus

Bischoz de Lescheriis, me assentiente et volente, vendidit, pro XXX libris, dilecto camerario meo Lamberto de Barro C solidos annui redditus quos in feodis nundinarum mearum Trecensium habebat, videlicet L solidos in nundinis S. Johannis et L solidos in nundinis S. Remigii. Idem autem Lambertus predictos C solidos annui redditus pro remedio anime sue in perpetuam elemosinam dedit et concessit prioratui abbatie Arremarensis, qui prioratus dicitur Monasterii Insule juxta Barrum super Albam, ita tamen : quod monachi Arremarenses in abbatia sua dicti Lamberti anniversarium perpetuo celebrari facient annuatim. Idem autem monachi eidem Lamberto XIIII jugera terre juxta *Jaucourt*, pertinentia ad prioratum Monasterii in Insula, dederunt et ipsi et heredibus ejus habenda perpetuo concesserunt ; memoratus siquidem Lambertus dictos monachos, me volente et laudente, de predicta elemosina investivit. Ego vero, ad petitionem predictorum Willelmi *Bischot* et Lamberti de Barro et monachorum Arremarensium, in hujus rei testimonium presentem cartam fieri volui et sigilli mei munimine roborari. Actum Trecis, teste me ipso, anno Incarnati Verbi M° CC°, mense aprili. Datam per manum Galteri, cancellarii, nota Alermi. — *Cartul.* B, fol. XXXV r°.

178. — 1ᵉʳ mai 1201.

Ego Garnerius, Dei gratia Trecensis episcopus,

omnibus presentes has litteras inspecturis in Domino salutem. Noverit universitas vestra quod Menardus, miles, de Maceriis, in nostra presentia constitutus, *Aaliz* uxore sua, et liberis suis Guidone et Wilelmo, et Adelina filia sua, coram nobis laudantibus, dedit in perpetuam elemosinam ecclesie Arremarensi quicquid ipse habebat apud Masnillum tam in feodo quam in dominio, quod feodum etiam ab eadem ecclesia tenebat; fidemque interposuit quod elemosinam illam jure garantiret. Dictus autem Menardus de beneficio ejusdem ecclesie habuit XC libras pruvinensium. Quia vero hec coram nobis fuerunt recognita presentem cartam in testimonium fieri volumus et sigilli munimine roborari. Actum anno Domini M° CC° primo, kalendis maii.—*Cartul.* B, fol. XXIX r°.

1ᵉʳ Mai 1201. — « Drogo, Beati Lupi Trecensis diocesis abbas » il fait la même notification, et dans les mêmes termes. « Actum Trecis, anno Domini M° CC° primo, kalendis maii. »—*Cartul.* B, fol. XXX r°.

1ᵉʳ Mai 1201. — « Theobaldus, Trecensis comes palatinus » il fait la même notification, et dans les mêmes termes. « Actum Trecis, anno Domini M° CC° I°, kalendis maii. Datum per manum Galteri, cancellarii, nota Milonis. » — *Cartul.* B, fol. XXIX v°.

179. — 1201.

Ego Clarembaudus, dominus de Capis, notum facio tam presentibus quam futuris, quod, cum querela verteretur inter monachos ecclesie Arremarensis, ex una parte, et Guiardum *Jarruns* de Clareio et Bauduinum Crassum, ex altera, super quadam parte terrarum de Foresta quam monachi Arremarenses per longum tempus possederant ; pars eadem de qua controversia erat, per inquisitionem virorum circummanentium Guiardo *Jarruns* et Bauduino Crasso remansit. Postea vero, jam dictus Guiardus, laude et assensu Marie uxoris sue, et liberorum suorum, et Bauduinus Crassus, laude et assensu Herberti, fratris sui, bono ducti consilio, in presentia mea constituti jus ecclesie Arremarensis recognoscentes, totam suprascriptam partem terrarum de Foresta, quam per inquisitionem virorum circum manentium sive juste sive injuste sibi adquisierant, et quam antea ecclesia Arremarensis per longum tempus possederat, jamdicte ecclesie titulo perpetue elemosine benigne concesserunt et omnino quitaverunt, fidemque interposuerunt quod hanc elemosinam jure per omnia garentirent. Quod ut ratum permaneat sigilli mei munimine roboravi. Actum est hoc tempore domini Theobaudi, Arremarensis abbatis, anno ab Incarnatione Domini M° CC° primo. — *Origin*.

180. — 1201.

Ego Theobaldus, Dei gratia dictus abbas, totusque conventus monasterii Arremarensis, omnibus in perpetuum. Quia tutius est in ecclesia non preesse quam non prodesse qui presunt, et ad hoc sumus in castris dominicis constituti ut spiritualia decenter amministrare et temporalia pro nostri officii debito propagare nichilominus debeamus, ad universitatis vestre noticiam volumus pervenire, quod, cum possessiones quasdam et terras a monasterio nostro valde remotas et tam ex se quam ex loci incommoditate satis infructuosas et inutiles, prope castrum Waissiacum apud villam que Florneium dicitur, haberemus, domui Hospitalis castri ejusdem, ut ex pretio inde percepto monasterio nostro utiliora providere possemus, consilio maturiore vendidimus, ut eadem domus possessiones et terras ipsas cum appendiciis suis omnibus et quicquid habebamus in predicta villa Florneii et territorio ejus pacifice et quiete perpetua stabilitate possideat, et nullam super hoc nostris vel successorum nostrorum temporiribus molestiam jacturamve sustineat decernentes pariter et volentes. Nos quoque predicte domui legitimam garandiam portaturos promisimus contra omnes qui juri stare vellent et parere, et in capitulo nostro sollempniter excommunicari fecimus ab omnibus monasterii nostri presbiteris omnes illos qui predictam domum Hospitalis super hoc in posterum presumerent aliquatenus molestare. Quod ne possit oblivione deleri vel cujuspiam malignitate mutari cartam presentem in perenne testimonium fieri et sigillorum nostrorum mandavimus impressione vallari. Actum anno gratie M° CC° primo. — *Origin.*

181. — 1201.

Ego Theobaldus, Dei gratia dictus abbas, totusque conventus monasterii Arremarensis omnibus imperpetuum. Universitati vestre notum facimus quod maturiore et necessario usi consilio, ut domui nostre meliora provideremus et utiliora, vendidimus domui Hospitalis Wassiaci possessiones et terras a monasterio remotas et tam ex se quam ex loci incommoditate satis infructuosas et inutiles, quas prope predictum Wassiacum apud villam que Florneium dicitur habebamus in eadem villa Florneii et territoro ejus et domino Matheo, Remensi thesaurario et ejusdem loci archidiacono, procurante venditionem et approbante, cui predictas possessiones et terras concesseramus quamdiu viveret possidendas, post ejus decessum ad monasterium nostrum reversuras. Et super hoc patentes habuimus litteras testimonium continentes, quod predicte possessiones et terre post ejus obitum ad monasterium nostrum libere revertentur. Venditione vero facta et approbata, predictus archidiaconus a nobis predictas litteras requisivit, cui responsum est quod erant perdite nec poterant reperiri. Nos autem attendentes monasterii nostri necessitatem et utilitatem voluimus et volumus quod predicta venditio rata et stabilis permaneret, nec per predictas litteras, si forte reperirentur, posset impediri ; nullam enim de cetero debent aut possunt auctoritatem habere. Nos igitur super hoc et super predicta venditione promisimus predicte domui Hospitalis legitimam portaturos garandiam contra omnes (*ut supra* n. 180). Actum anno gratie M° CC° primo. — *Origin.*

182. — 1201.

Ego Lambertus, ecclesie B. Martini Trecensis humilis abbas, totusque conventus noster, notum facimus tam presentibus quam futuris, quod, cum questio verteretur inter nos et ecclesiam Arremarensem super omnibus que ad minutam decimam Sancte Maure pertinent, tali modo, Domino inspirante, pax est inter nos et dictam ecclesiam terminata : in omnibus que, sicut dictum est, ad minutam decimam Sancte Maure pertinent, nos et ecclesia Arremarensis.. et participes communiter erimus, nec altera ecclesiarum in tota minuta decima plus accipere poterit quam alia ; verum nobis partem nostram colligere licebit vel admodiare alicui pro voluntate nostra, et ecclesie Arremarensi similiter sine prejudicio alterius partis. In cujus rei testimonuim presentem paginam scribi et sigilli nostri munimine fecimus roborari. Actum est hoc anno ab Incarnatione Domini M° CC° primo. — *Origin.* — *Cartul.* B, fol. CXIV v°.

183. — 1201.

In nomine Sancte et Individue Trinitatis. Notum

sit tam presentibus quam futuris, quod ego Galterus, comes Brene, ad promerendam et obtinendam indulgentiam omnium offensarum et dampnorum que ego et antecessores mei ecclesie monasterii Arremarensis irrogavimus, verum etiam ob remedium anime mee et patris mei et matris mee et antecessorum meorum prefate ecclesie in elemosinam dedi XX solidos annuatim in mercato Brene, de redditibus quos in eo habeo in media Quadragesima, in perpetuum recipiendos. Verum, quia tempore quo hanc elemosinam feci, mater mea, comitissa Brene, mercato jam dicto singulis annis XL libras ex debito habebat, decrevi et statui ut quamdiu mater mea predictas XL libras in mercato recipiet, ecclesia memorata predictos XX solidos in aqua de Brena Vetula singulis annis recipiet. Si vero quoquo casu contingerit quod aqua illa non vendatur, dominus Brene, si aquam illam in manu sua habuerit vel quicumque illam tenebit, supradicte ecclesie prenominatos XX solidos ad prefatum terminum annuatim persolvet. Porro cum mater mea quocunque modo in mercato Brene pretaxatas XL libras recipere desierit sepedicta ecclesia in eodem mercato prenominatos XX solidos, sicut premissum est recipiet. Fratres vero ejusdem ecclesie anniversarium meum et patris mei et matris mee et antecessorum meorum perpetuo celebrare tenebuntur ex debito, et omnia mala que tam ego quam antecessores mei eis et ad eos pertinentibus intulimus diligenter indulserunt. Ut igitur hujus elemosine donatio rata perduret et inconcussa, litterarum id apicibus commendari sigillique mei impressione corroborari dignum duxi. Actum anno ab Incarnatione Domini M° CC° I°. — *Cartul.* B, fol. LVII v°.

184. — 1201.

Ego Hilduinus, Dei gratia Lingonensis episcopus, notum fieri volo tam presentibus quam futuris, quod ego, laude et assensu Andree, tunc capellani de *Bussuil*, ecclesie Arremarensi de adquisitis et de adquirendis quicquid ad decimam vini pertinet in territoriis de *Bussuil* quiete concessi possidendum. Et ne quis super hoc dictam ecclesiam de cetero presumat molestare, presentem paginam sigilli mei munimine roboravi. Actum est hoc anno ab Incarnatione Domini M° CC° primo. — *Origin.*

185. — 1201.

Maubertus, decanus Vendopere, notum volo fieri tam presentibus quam futuris, quod vir venerabilis dominus meus Hilduinus, Lingonensis episcopus, laude et assensu Andree *(ut supra* n. 184), Ego qui huic concessioni presentialiter interfui presentem paginam sigilli mei munimine roboravi. Actum est hoc anno ab Incarnatione Domini M° CC° primo. — *Origin.*

186. — 1201 (Novembre).

Garnerius, Dei gratia Trecensis episcopus, omnibus presentes litteras inspecturis in Domino salutem. Noverit universitas vestra, quod, cum per consecrationem et benedictionem altaris et cimeterii capelle que apud Vacheriam facta fuit, quedam assignatio redditus bladi facta fuisset presbytero Clareii, et eadem capella membrum esset ecclesie de Clareio, nos indempnitati ecclesie Arremarensis providere volentes, eo quod ecclesia de Clareio ad ecclesiam Arremarensem ratione patronatus pertineat, de assensu Hungerii, tunc presbyteri ejusdem loci, ordinavimus ut de assignatione dicti redditus presbiter ille et successores ipsius ecclesie Arremarensis dimidium modium bladi, videlicet II sextarios siliginis, II sextarios ordei, II sextarios avene, ad mensuram Trecensem, in festo Omnium Sanctorum annuatim persolvant. Nichilominus tamen ecclesia Arremarensis in dicta capella de Vacheria de beneficiis et oblationibus ibidem factis eamdem sine diminutione percipiat portionem quam in ecclesia de Clareio percipere consuevit. Quod ut ratum et inconcussum permaneat, presentem cartam notari fecimus et sigilli nostri impressione muniri. Actum anno Incarnati Verbi M° CC° primo, mense novembri. — *Origin.*

187. — 1201.

Ego M[aubertus], decanus Vendopere, notum volo fieri tam presentibus quam futuris, Guidonem, canonicum Cathalaunensem, filium domini Guidonis de Victreyo dedisse Deo et ecclesie B. Petri Arremarensis in elemosinam quicquid habebat in decima Longi Prati, scilicet, terciam partem, et hoc laudantibus matre sua *Rihais* et fratribus suis Godefrido, milite, et Rocelino, armigero, et sorore sua Maria, et uxore domini Godefridi Gila cum pueris suis. Hoc actum est anno ab Incarnatione Domini M° CC° I°. — *Cartul.* B, fol, XXXIV v°.

188. — 1201.

Ego Willelmus, dictus abbas S. Petri de Montibus, notum fieri tam presentibus quam futuris, Hugonem de Victreyo, canonicum Cathalaunensis ecclesie, et Guidonem, ejusdem ecclesie canonicum, filium domini Guidonis de Victreyo, dedisse Deo et ecclesie B. Petri Arremarensis in elemosinam quicquid habebant in decima Longi Prati, scilicet terciam partem. Hoc actum est anno ab Incarnatione Domini M° CC° I°. — *Cartul.* B. fol. XXXIV v°.

189. — Juin 1202.

Garnerius, Dei gratia Trecensis episcopus, omnibus ad quos littere iste pervenerint in Domino salutem. Noverit universitas vestra, quod karissimi consanguinei nostri Guido de Vendopera, Cathalaunensis canonicus, Godefridus, miles, et Rocelinus fratres ipsius Guidonis, in nostra presentia constituti, donaverunt quicquid habebant in decima Longi Patri ecclesie et dilectis filiis monachis Arremarensibus nomine elemosine possidendum. Nos autem, ad petitionem donatorum ipsorum, litteras presentes factum ipsum plenarie continentes scribi fecimus et sigilli nostri appensione muniri. Actum anno Domini M° CC° secundo, mense Junio. — *Origin.* — *Cartul.* B, fol. XCIV r°.

190. — 1202.

Hilduinus, Dei gratia Lingonensis episcopus, notum facio.. quod Guido de Mancio (*al.* Vendopera), Cathalaunensis canonicus, Godefridus, miles, et Rocelinus, armiger, fratres, dederunt Deo et ecclesie Arremarensi imperpetuum possidendum quicquid habebant in decima Longi Prati, scilicet tertiam partem. Et super eadem decima prenominati fratres prefate ecclesie legitimam garantiam fide interposita firmaverunt. Laudaverunt hec Hugo de Vitreio, canonicus Cathalaunensis, patruus eorum, et uxor prefati Godefridi, militis, nomine Gila cum pueris suis, et Raudis mater predictorum fratrum, et Maria, filia ejus. Actum est hoc anno Incarnati Verbi M° CC° II° — *Cartul.* B, fol. XCIV v°.

191. — Juin 1202,

Ego Gaucherus, dominus de Joviniaco, notum facio presentibus et futuris, quod ego fide interposita Theobaudo abbati Arremarensi, intuitu Dei et ardore caritatis, fideliter creantavi quod ego quicquid juris ecclesia Arremarensis in Nogento villa, prope Ramerucum, in justicia et hominibus et aliis modis omnibus accipere solebat vel consueverat vel habere debebat, ubicumque monachis Arremarensibus placuerit vel necesse fuerit, notum faciam et benigne recognoscam et pro posse meo, salvo honore meo, jam dictis monachis consilium et auxilium meum omnibus modis impendam. Respectu autem hujus consilii et auxilii memoratus abbas Arremarensis et conventus omnium bonorum que in ecclesia eorum fient me participem fecerunt et orationum suffragia concesserunt. Quod ut ratum sit et firmum presens scriptum sigilli mei munimine roboravi. Actum anno Incarnati Verbi M° CC° secundo, mense junio. — *Origin.*

192. — 1202.

Galterius, Sezannensis archidiaconus et cancellarius Campanie, omnibus presentes litteras inspecturis salutem. Noverit universitas vestra, quod ego, amore Dei et ad preces proborum virorum, laudavi donationem quam venerabilis pater Garnerius,

Trecensis episcopus, donavit Petro, priori de Angleura, in perpetuum possidendum, scilicet, presentationem presbiteri in ecclesiis de Novis Villis et cetera que continentur in autentico ejusdem episcopi, de eadem donatione confecto. Quod ut ratum maneat presentem paginam sigilli mei munimine roboravi. Actum est hoc anno Incarnati Verbi M° CC° II°. — *Origin.* — *Cartul.* B, fol. XLVI r°,

193. — 25 Septembre 1202.

Innocentius, episcopus, servus servorum Dei, dilecto filio Petro, priori Angleure, salutem et Apostolicam benedictionem. Justis petentium desideriis dignum est nos facilem prebere consensum, et ea, que a rationis tramite non discordant, effectu prosequente, complere. Ea propter, dilecte in Domino fili, tuis justis postulationibus grato concurrentes assensu jus et presentationem presbiteri de Novis Villis quod venerabilis frater noster Garnerus, episcopus Trecensis, ecclesie tue contulit, sicut enim juste et pacifice possides et in ejus autentico continetur, tibi et omnibus successoribus tuis auctoritate Apostolica confirmamus et presentis scripti patrocinio communimus. Nulli ergo omnino hominum liceat hanc paginam nostre confirmationis infringere vel ei ausu temerario contra ire. Si quis autem hoc attemptare presumpserit indignationem omnipotentis Dei et beatorum Petri et Pauli, apostolorum ejus, se noverit incursurum. Datum Velletri, VII kalendas octobris pontificatus nostri anno quinto. — *Origin.*

194. — Novembre 1202.

Ego Hulduinus, Dei gratia Lingonensis episcopus, notum facio presentibus et futuris, quod Gaufridus, domicellus, filius defuncti Gaufredi de Vendopera, titulo perpetue elemosine dedit ecclesie Arremarensi quicquid habebat in Communia Villiaci. Hanc itaque elemosinam laudaverunt Hauvidis, soror ejusdem Gaufredi, et neptis ejus Margareta, dominus *Taillefers*, et uxor ejus Clementia cognomine Rufa. Quod ut ratum permaneat, ad preces jam dicti Gaufredi et abbatis Arremarensis, presens scriptum feci sigilli mei munimine roborari. Auctum est hoc anno Domini M° CC° II°, mense novembri. — *Origin.* — *Cartul.* B, fol. XCVX r°.

Novembre 1202. — « Ego Maubertus, decanus Vendopere » il notifie la donation précédente, et dans les mêmes termes. « Auctum est hoc anno Domini M° CC° II°, mense novembri. » — *Origin.*

195. — 1202.

Garnerius, Dei gratia Trecensis episcopus, notum facio presentibus et futuris abbatem Arremarensem et priorem Sancti Johannis de Castello, et totum conventum Arremarensem tenendam concessisse domum suam que fuit Petri *Paris*, sitam post domos

Beate Marie, Simoni, dilecto suo, B. Stephani canonico, quamdiu vixerit in habitu seculari; que domus extenditur a pavimento vici Beate Marie usque ad domum defuncti *Liebaut*, et habet latitudinis XXI pedes in fronte et XIIII pedes juxta domum defuncti *Liebaut*; pro qua magister Odo dimisit ecclesie Arremarensi X libras pro concessione quam fecerunt Simoni. Ea tamen conditione ei concesserunt : quod quicquid superedificaret post decessum ejus vel mutationem seculi ad eos libere reverteretur. Et ne oblivioni tradatur, et ne ecclesia Arremarensis inde dampnum post decessum prenominati Simonis incurrat, sigilli mei impressione corroboravi. Actum anno Incarnati Verbi M° CC° II°.—*Cartul.* B, fol. LXXXV r°.

196. — 1202.

Garnerius, Dei gratia Trecensis episcopus, omnibus presentes litteras inspecturis in Domino salutem. Noverit universitas vestra, quod Stephanus, filius Stephani, militis de *Roissun*, in nostra presentia constitutus laudavit et benigne recognovit quod Stephanus, pater ejus, adhuc vivens, coram nobis concessit, quod grangia de Rulliaco habuerat et deinceps haberet in perpetuam elemosinam plenum et integrum usuarium ad comburendum et edificandum et clausuras segetum et opera vinearum et alias necessitates in tota portione nemoris de *Roissun*, que predictos patrem et filium contingebat, sicut idem nemus protenditur in longum et latum a predicta grangia de Rulliaco usque ad villam que dicitur *Aillefou* et ultra, quotiens ipsum nemus quod est ultra *Aillefou* vendetur. Hoc fide coram nobis interposita se tenere inconcussum promisit ac fideliter affirmavit contra omnes legitimam portare garantiam. Proinde venerabilis Theobaldus, ecclesie Arremarensis abbas, et ejusdem ecclesie conventus ad quos predicta grangia pertinebat, supradictos patrem et filium orationum suarum participes fecerunt et etiam ex condicto post eorum obitum anniversarium ipsorum tempore congruo facere tenebuntur. Actum anno Verbi Incarnati M° CC° II°.—*Origin.*

197. — 1200 *.

Ego Bartholomeus, abbas de Moris, et ego Maubertus, decanus Vendopere, et ego Milo, capellanus Barri super Sequanam, notum volumus fieri presentibus et futuris, Hugonem *Curebois*, militem, dedisse in elemosinam Deo et ecclesie B. Petri Arremarensis quicquid habebat apud *Maignant* in omnibus emolumentis et absque ulla retentione, scilicet in hominibus, in omni justicia, in corveiis, in decimis, in pasturis, in nemoribus et pratis, et in omnibus aliis. Sciant autem omnes presentem paginam inspecturi, quod pro hiis omnibus, sicut ab eo audivimus, de bonis ecclesie Arremarensis recepit VII XX" libras pruviniensium. Concessit autem

* Interversion de l'ordre chronologique.

dictus H., per manum nostram, quod si forte, quod non credat, dicta elemosina de jure stare non posset, dicta pecunia predicte ecclesie, antequam ab elemosina destituatur, ab hiis qui possint et debeant in integrum restituatur ; et sortes perceptas et percipiendas usque ad predicte summe perceptionem ecclesie Arremarensi in elemosinam dedit. Per nos autem omnes ad hoc valituros ad confirmationem dictorum sigilla sua rogat apponi. Et ne tractu temporis res ista oblivioni daretur, sigillorum nostrorum munimine presens scriptum roboravimus. Actum est hoc anno Incarnati Verbi M° CC°. — *Origin.*

198. — 1202.

Frater L., Sancti Martini, et frater D., Sancti Lupi Trecensis, abbates, universis presentes litteras inspecturis in Domino salutem. Noverit universitas vestra, quod quidam laicus de Clareio Robertus nomine, cum Acelina, uxore sua, et filii eorum Robertus, Stephanus, Milo in presentia nostra constituti, titulo perpetue elemosine concesserunt ecclesie Arremarensi terram suam juxta Vincheriam de Prato Felicis, terram juxta Pirum Truncatam, terram juxta viam *Isabelen*, terram *des Forestieres*, terram *des Isles*, terram de Corveiis ultra Secanam, oschiam de Vacheria, terram de Vinea ; reliquam vero terram, quam idem Robertus tenet, non poterit ipse, vel ejus heredes, alicui vendere vel pignori obligare, nisi per assensum monachorum Arremarensium... Respectu autem hujus elemosine ipse Robertus et uxor ejus, quandiu ambo vixerint, annuatim percipient III sextarios annone, scilicet, I sextarium frumenti et II sextarios tremesii, et unum par sotularium et caligas unas, et unam tunicam vel unam capam. Si vero Robertus vel ejus uxor obierit, uno mortuo ex duobus, qui vivet medietatem supramemorati beneficii ab ecclesia Arremarensi recipiet. Predictus vero Robertus et uxor ejus cum filiis suis fidem dederunt quod suprascriptas pactiones tenebunt, et super hoc integram garantiam portabunt. Quod ut ratum maneat sigillorum nostrorum impressione roboravimus. Actum est hoc anno Incarnati Verbi M° CC° secundo, — *Origin.* — *Cartul.* A, fol, 13 r°.

199. — 1202.

Frater Oliverus, Quinciacensis ecclesie humilis abbas, et ejusdem loci conventus, omnibus presentibus litteris inspecturis salutem. Noverit universitas vestra, quod controversia que inter nos et ecclesiam Arremarensem vertebatur super viis, et terris, et decimis, et pratis, et pastione nemoris de *Baleno*, prudentum virorum mediante consilio, hoc modo sopita est : vias unde querimonia agitabatur prepositus Arremarensis et cellararius noster terminarunt ; nos vero terragium et dimidiam decimam in grangia de Chelma super terris quas ab ecclesia Arremarensi tenemus ministeriali de Pargis solvemus; prata vero, que nos sub annuo censu ab ecclesia Arremarensi tenemus, pacifice, solventes eidem ecclesie annuos census, possidebimus; si vero pastio in nemore de *Baleno* fuerit a festo sancti Remigii usque in octavas Purificationis B. Marie, porci de Pargis ab ingressu nemoris de *Baleno* abstinebunt, animalia et pecora secundum consuetudinem villarum que communem usum habent in pasturis a pastione similiter abstinebunt. Nos vero de possessionibus ecclesie Arremarensis de cetero aliquid acquirere non poterimus, nisi de assensu abbatis et capituli. Quod ut ratum maneat presentem paginam sigilli nostri munimine roboravimus. Actum est hoc anno Incarnati Verbi M° CC° secundo. — *Cyrographe origin.* — *Cartul.* B, fol. LXIV v°.

200. — 1202.

Ego Maubertus, decanus Vendopere, omnibus notum facio, quod Joffridus, frater defuncti Androini de Vendopera dedit in elemosinam Deo et ecclesie B. Petri Arremarensis monasterii partem que eum contingebat de terra que est *a la Loie, sur le tielus*, infra fossata grangie in eodem loco site, libere et absolute in perpetuum possidendam. Quod ut ratum sit, ad preces jamdicti Joffridi presentem paginam sigilli mei munimine roboravi. Actum est hoc anno Domini M° CC° II°. — *Cartul.* B, fol. II v°.

201. — 1202.

Ego Clarembaudus, dominus de Capis, presentibus et futuris notum facio, quod domina Lora de *Bussul*, in presentia mea constituta, ob remedium anime sue et antecessorum suorum concessit ecclesie Arremarensi XL solidos annuatim in elemosinam : de quibus XXX solventur apud Waudam, V solidi apud Villare secus Verrerias, V solidi apud *Viletart* reddentur. Si autem aliquando evenerit quod predicti XXX solidi apud Waudam non possint persolvi, apud *Villetart* persolventur ex integro. Nichilominus vero jamdicta Lora memorate ecclesie titulo elemosine unum modium annona ad mensuram Trecensem contulit annuatim, que annond persolvetur in molendino suo apud *Veletart*. Quod si molendinum illud ad solvendam predictam annonam sufficere non poterit, de costumis perficietur quas domina Lora habet in eadem villa. Si autem aliquis supradictam ecclesiam super hoc vexare presumpserit supradicta Lora, prout jus dictaverit, integram garantiam exhibebit. Ut ratum et firmum permaneat sigilli mei munimine roboravi. Actum est hoc anno ab Incarnatione Domini M° CC° secundo. — *Origin.*

202. — 1203.

Ego Hulduinus, Lingonensis episcopus, presentibus et futuris notum facio, quod Boso, miles de Ulmeio, in presentia mea constitutus, dedit titulo perpetue elemosine ecclesie Arremarensi omne hoc quod habebat in domo Pagani Lothoringensis que est apud Barrum super Albam, tam in libertate quam in aliis rebus. Hanc vero donationem laudavit et concessit *Elisabeth*, uxor ejusdem Bosonis. Pro recompensatione hujus elemosine habuit predictus Boso de beneficiis ecclesie Arremarensis XX libras pruviniensium. Predictus autem Boso fide interposita compromisit, quod si aliquis ecclesiam Arremarensem super hac elemosina vexare voluerit, ipse integram garentiam portabit. Abbas vero Arremarensis et conventus concesserunt eidem Bosoni et *Elisabeth*, uxori ejus, consortes et participes eos esse omnium beneficiorum et orationum que fient in ecclesia Arremarensi. Ego vero, ad petitionem ipsius Bosonis, presentem paginam fieri volui et sigilli mei munimine roboravi in testimonio veritatis. Actum est hoc anno ab Incarnatione Domini M° CC° tercio. — *Origin*. — *Cartul.* A, fol. 15 v°.

203. — 1203.

Frater D., Sancti Lupi Trecensis abbas, omnibus presentes litteras inspecturis salutem. Noverit universitas vestra, quod Garinus de *Sumsois* et Berta, uxor ejus, vendiderunt abbati et monachis Arremarensis ecclesie universa que possidebant apud *Sumsoys* et apud villam que dicitur *Linum* et in aliis locis.

Ipse vero Garinus Iherosolymam pergens recepit pro hac venditione a supradictis monachis C libras pruviniensis monete. Si autem illa possessio pluris pretii C librarum estimetur aut comparetur, quicquid ultra C libras potest adpreciari illud totum dedit prefatus Garinus et uxor Berta ejus in elemosinam ecclesie Arremarensi. Nichilominus vero pro eadem venditione assignaverunt jamdictus abbas et monachi eidem Garino et uxori ejus B. sex modios annone ad mensuram S. Margarite, medietatem scilicet frumenti et medietatem avene, in qualibet grangiarum suarum et XX solidos annuatim, quandiu vixerint ab ipsis monachis percipiendos. Porro in episcopatu Trecensi medietatem supradicte annone et nummorum, videlicet III modios et X solidos, reservabunt monachi eidem Garino crucesignato, donec a peregrinatione Iherosolimitana revertatur, et si in via obierit pars ejus ecclesie Arremarensi in pace remanebit; uxori autem ejus, ut dictum est, III modios annone ad predictam mensuram et X solidos annuatim reddent monachi, si autem ipsa obierit vel seculum mutaverit a solutione partis sue, scilicet annone et nummorum, remanebunt monachi liberi et quieti. Hec omnia recognoverunt et concesserunt sepedictus Garinus et uxor ejus Berta in presentia nostra. Quod ut ratum permaneat sigilli nostri munimine roboravimus. Actum est hoc anno Incarnati Verbi M° CC° tercio. — *Origin.* — *Cartul.* B, fol. XCIII v°.

204. — 1203.

Frater Drogo, S. Lupi Trecensis abbas, omnibus presentes litteras inspecturis salutem. Noverit universitas vestra, quod Radulfus, presbiter de *Sonsois*, ad lectum extreme egritudinis sue constitutus, convocatis pluribus discretis viris tam clericis quam laicis, viva voce, sano intellectu, dedit atque legavit ecclesie S. Petri Arremarensis in elemosinam perpetuam vineam suam de *Sonsois* et domos omnes atque grangiam cum omni investitura earum, et quicquid possidebat et habebat cum fratre suo G[arino] apud dictam villam, et apud villam *Linum*, sive alibi, in decimis, terragiis, censibus, consuetudinibus, terris et pratis, seu in aliis omnibus bonis. Sciendumque quod prefatus frater ipsius G., presentialiter assistens cum uxore sua Berta, hanc elemosinam consenserunt et laudaverunt; insuper quod ipsi propria manu investierunt ecclesiam predictam de de omnibus que habebant vel tenebant apud predictas villas de *Sonsois* et de *Linun*, seu in aliis locis, tam in vineis quam domibus, grangiis, censibus, terris, pratis, decimis atque consuetudinibus, et nomine perpetue elemosine concesserunt. Testes autem sunt : Simon, prior ecclesie nostre; P., prepositus ; R., camerarius et grangiarius, monachi Arremarenses ; Ecelinus, presbiter de Maso Tecelini ; Adam, presbiter S. Augustini ; Gaufridus, presbiter; Matheus, Constantius et Petrus, famuli prefate ecclesie Arremarensis ; et multi alii. Actum est hoc anno Incarnati Verbi M° CC° tercio. — *Origin.* — *Cartul.* B, fol. XCIII r°.

205. — 1203.

Ego Clarembaudus, dominus de Capis, presentibus et futuris notum facio, quod abbas et monachi Arremarensis ecclesie reddunt michi singulis annis X solidos in festo S. Remigii pro commendatione grangie sue de Buriis, tali conditione : quod ego garantizabo universa que ad eandem grangiam pertinent contra omnes illos qui eam vexaverint. Cum autem jamdictus abbas et monachi a predictis X solidis solvendis se subtrahere voluerint, eis licebit, nec de eadem commendatione solvenda ullam vim eis faciam, et ipsam grangiam deinceps non garantizabo. Actum est hoc anno Incarnati Verbi M° CC° tertio. — *Origin.*

206. — Avril 1203.

Ego Blancha, comitissa Trecensis palatina, notum facio presentibus et futuris, quod, cum ecclesia monasterii Arremarensis haberet apud Barrum super Albam duas domos, videlicet, domum Loysii, et domum Girardi, pelliparii, quarum domus Loysii francha erat, et domus Girardi non. Ad requestam Theobaldi. venerabilis hujus ecclesie abbatis, franchivi domum Girardi, que non erat francha, et abbas associavit me ad terciam partem reddituum qui exeunt in nundinis Barri de utraque domo; ita quod abbas et ecclesia Arremarensis habebunt duas partes reddituum, et ego terciam. Ego vero in nundinis semper ponam in domibus predictis custodiam meam et abbas ibidem habebit servientem suum qui recipiet redditus, et partem terciam michi reddet. Quod ut ratum permaneat et firmum presentem paginam fieri volui et sigilli mei testimonio roboravi. Actum apud Barrum, anno Verbi Incarnati M° CC° tercio, mense aprili. Datum per manum Galteri, cancellarii mei, nota Johannis. — *Origin.*

207. — Mai 1203.

Ego Erardus, dominus de Rameruco, notum facio presentibus et futuris, quod, cum inter me et abbatem Arremarensem Theobaudum super justicia et exitibus de Nogento prope Ramerucum discordia esset, tandem inter nos talis pax fuit facta : quod abbas Arremarensis habebit furnum et molendinum suum et prata sua et terras arabiles, et ea omnia libere et integre sine parte alterius possidebit ; domum vero suam cum omni porprisio ad eam pertinente ita libere possidebit abbas Arremarensis : quod si aliquis de familia abbatis, qui maneat in domo vel in porprisio domus, intra porprisium domus fecerit aliquid forisfactum, per nullum in mundo se justiciabit nisi solummodo par abbatem Arremarensem vel per mandatum suum. De domo sic fuit factum : quod abbas poterit habere in predicta domo XX boves et X vaccas cum nutrimentis earum, que ibunt per omnes pasturas de finagio Nogenti, et si dampnum faciunt illud reddetur sine emenda secundum estimationem proborum hominum, ad usus et consuetudines patrie. Preterea sicut divisum est de abbate divisum fuit de me : quod ego in predicta villa Nogenti habebo furnum et molendinum meum et prata mea et terras arabiles, et ea omnia sine parte alterius libere et integre possidebo. Domum vero meam cum omni porprisio ad eam pertinente ita libere possidebo : quod si aliquis de familia mea qui maneat in domo vel in porprisio domus, intra porprisium domus fecerit aliquod forisfactum (*omnia ut supra.*) Homines ville, sicut placuerit illis, ibunt molere ad molendina et coquere ad furna abbatis et mea non coacti. Abbas Arremarensis et ego ponemus majores nostros in villa Nogenti, et majores illi ambo facient unicuique nostrum, abbati videlicet et michi, simul fidelitatem per juramentum, et majores illi non habebunt libertatem plus quam alii homines ville, imo erunt in justicia et tallia et aliis serviciis et consuetudinibus sicut et alii homines ejusdem ville. Nullus major ville poterit facere sine alio talliam vel justiciam, vel emendam levare, vel placitum tenere, vel aliquid jus, undecunque exeat, recipere ; sed in omnibus erunt equales. Sciendum est preterea, quod tam abbas quam ego inter nos per medium parciemus in omnibus modis et commodis, et quicquid veniet vel exibit de terragiis et de decimis, de tallia, de justicia hominum vel feminarum, de roua hominum, de prece vel de mutuo, et de omni finagio Nogenti, excepto hoc quod de oblationibus ecclesie de Nogento venit et hoc quod venit de legatis sive hereditagio quod proprium erit abbatis monasterii Arremarensis, et in his omnibus non habebit abbas dominium plusquam ego, nec ego plusquam abbas. Aqua que vocatur Ausona remansit michi, tali pacto : quod quotiescumque abbas Arremarensis erit apud Rubeamvallem vel apud Nogentum ipse cum voluerit faciet piscari per totam aquam Ausone ad opus suum et sociorum suorum pro comedere apud Rubeamvallem vel apud Nogentum. Preterea nec abbas sine me nec ego sine abbate potero aliquid adquirere vel emere in toto finagio Nogenti, quod si fiat, ille nostrum qui adquireret vel emeret sine altero illud quod adquisitum vel emptum fuerit tenebit, donec medietatem pretii ab altero receperit. Et abbas Arremarensis creantavit quod nec ipse nec illi qui venient post ipsum tollent de manu ecclesie Arremarensis illud quod ecclesia Arremarensis habet in villa Nogenti. Quicquid ecclesia Arremarensis habet in presenti die quando carta hec fuit facta in hominibus et feminabus de Cocleya habebit illud idem in perpetuum. Et si homines vel femine de Nogento alicubi venerint permansuri sub abbate Arremarensi, vel sub me, vel alibi, inter nos erunt communes sicut sunt homines vel femine de Nogento. Si homo ligius abbatis Arremarensis ceperit uxorem feminam que sit de Nogento et duxerit eam extra Nogentum, vel homo meus in eumdem modum, ille dominus cujus homo non erit capiet ad Nogentum unam feminam ad valentiam illius que ducta est extra Nogentum et ducet eam ubi voluerit ; et hoc ex utraque parte servabitur fideliter tam in hominibus quam in feminabus. Quod si excambium factum non fuerit sicut dictum est uterque nostrum feminam suam prosequetur vel hominem suum super alium ubique. Quamdiu filia Bernardi Aleri apud Nogentum moram fecerit, abbati et michi erit, et si morari voluerit apud Ramerucum abbas nichil capiet in illa. Abbas Arremarensis hominem vel feminam de Nogento et ego similiter non poterimus trahere extra Nogentum pro aliqua justicia vel aliquo recto faciendo ; sed omnes justicie et de furto et de multro et de duello et de aliis omnibus fieri in corpore ville Nogenti ; et si duo majores non sunt convenientes ad hec facienda, abbas et ego mittemus de consilio nostro ad hoc faciendum quoscumque voluerimus. Si aliquod molendinum deterioratur per alterum, reemendabitur per arbitrium proborum hominum patrie, sicut justum fuerit. Undecumque homines vel femine veniant mansuri apud Nogentum communes erunt inter me et abbatem. Duo majores, vel abbas et ego, vel mandatum nostrum equaliter faciemus talliam in hominibus et feminabus de Nogento, ita quod in tallia facienda non habebit abbas dominium plusquam ego, nec ego plusquam abbas. Has omnes conventiones juravi ego me observaturum bona fide sine malo ingenio erga ecclesiam Arremarensem ; et abbas Arremarensis hoc ipsum creentavit in verbo sacerdotis se observaturum erga me. Quod ut ratum et firmum in perpetuum maneat presentem paginam fieri volui et sigillo meo communivi. Actum est hoc anno Domini M° CC° tercio, mense mayo. — *Origin.*

Mai 1203. — « Blancha, comitissa Trecensis palatina » elle notifie l'accord précédent (*omnia ut supra, mutatis mutandis*). « Actum apud Sezauniam anno Incarnationis Domini M° CC° tercio, mense mayo. Data per manum Galteri, cancellarii, nota Johannis. — *Origin.*

Juin 1203. — « Odo, Parisiensis episcopus, et Johannes abbas S. Genovefe, et magister Petrus, cancellarius Parisiensis » ils notifient le même accord, résultant d'un jugement qu'ils ont rendu. « Nos vero ad petitionem utriusque partis compositionem istam ratam habuimus et sigillis nostris communivimus. Actum est hoc anno Incarnationis Domini M° CC° tercio, mense junio. » — *Origin.*

Juillet 1203. — « Ego Galcherus de Joviniaco notum facio presentibus et futuris, quod, cum inter me et Erardum de Rameruco, ex una parte, et venerabilem virum Theobaldum, abbatem Arremarensem, ex altera parte, super justicia et exitibus de Nogento prope Ramerucum discordia esset.. (*omnia ut supra, excepto quod nomen Galcheri semper nomini Erardi jungatur*). Actum est hoc anno Incarnationis Domini M° CC° tercio, mense julio. — *Origin.*

208. — Juin 1203.

« Blancha, comitissa Trecensis palatina » elle fait la notification suivante : « Theobaldus de Molendinis quictavit in presentia mea abbati et ecclesie Arremarensi omne jus, si quid habebat, in molendinis Sancte Theusie, et creentavit quod quictationem istam garantisabit integre erga fratrem et sorores suas et erga omnes alios per rectum. Pro hac vero quictatione facienda donaverunt eidem Theobaldus, abbas, et ecclesia de bonis suis X libras.. Actum apud Trecas, anno Incarnationis Dominice M° CC° III°, mense junio. Datum per manum Galteri, cancellarii mei, nota Johannis. » *Cartul.* B, fol. XXXI v°.

209. — 1204.

Frater Joldoinus, Melundensis, et frater Radulfus, de Ripatorio, abbates, omnibus presentes litteras inspecturis salutem et omne bonum. Noverit universitas vestra, quod, cum inter venerabilem Theobaldum, abbatem, et monachos Arremarenses, ex una parte, et Milonem de *Sormeri* et dominam Lucam de *Novi*, ex altera, super corveis et excasuris et libertate majorum de Rulliaco et custodia vince, quam monachi Arremarenses apud Rulliacum habent, controversia verteretur, tandem tam abbas et monachi quam Milo et Luca predicti in nos tanquam in arbitros compromiserunt. Nos vero per testes idoneos hinc inde productos, rei veritate diligenter inquisita et cognita, de consilio prudentum virorum utrique parti jus suum in hunc modum adjudicavimus : Milo de *Sormeri* et Luca predicti corveias carrucarum hominum albanorum apud Rulliacum in terra justicie ipsorum manentium ponere poterunt in terra nuda monachorum Arremarensium ; terram autem non sumbratam et in qua nullus est recursus secundum usum agricolarum nudam vocamus, et sciendum est quod de corveis illis monachi Arremarenses terragium habebunt. De excasuris vero dicimus : si vir sive mulier apud Rulliacum infra justiciam vel extra justiciam predictam manentes sine herede decesserint tota excasura monachorum erit, excepto quod ipsi monachi de terris oschiarum de justicia nomine excasure nichil habebunt. Diximus etiam : quod ex omnibus hominibus apud Rulliacum manentibus tam monachi quam Milo et Luca pro voluntate sua majores sibi facere poterunt, qui majores omnimodis liberi erunt, excepto quod major Milonis et Luce terragium monachis solvere tenebitur. Diximus preterea : quod monachi Arremarenses in vinea sua apud Rulliacum custodem pro voluntate sua ponere poterunt, qui custos Miloni vel Luce sepedictis fidelitatem faciet ; si vero in vinea illa aliquis malefactor dampnum fecerit, dominus justicie dampnum monachis integre restitui faciet et emenda domini justicie erit. Sane predicta omnia Agnes, uxor jamdicti Milonis, in presentia nostra constituta laudavit et benigne concessit. In cujus rei testimonium, ad petitionem utriusque partis, presentem paginam fieri fecimus et sigillorum nostrorum appositione roboravimus. Actum est hoc anno Domini M° CC° quarto. — *Origin.*

210. — 1204.

« Bochardus de Vendopera » il fait la notification suivante : « ego, assensu Mahaldis, uxoris mee, laudavi et concessi elemosinam quam Renaudus, miles, de *Vilers*, dedit ecclesie Arremarensi, scilicet hoc quod ipse habebat in decima de *Mautauvlein*, quam decimam ego dicebam de feodo meo esse.. pro concessione ista VII libras et X solidos et unam vaccam habui.. Actum est hoc anno Domini M° CC° quarto. » — *Cartul.* B, fol. XCVI r°.

211. — Mai 1204.

Ego Blancha, comitissa Trecensis palatina, notum esse volo tam presentibus quam futuris, quod illustris quondam comes Henricus, pater karissimi domini et viri mei quondam comitis Theobaldi, concessit per cartam suam ecclesie monasterii Arremarensis medietatem domus Galonis, que est apud Barrum super Albam, totam liberam. Concessit etiam quod si eadem ecclesia aliquo modo posset aliam medietatem adquirere, que erat ecclesie Belli Loci, illam medietatem liberam haberent. Cum igitur ecclesia Arremarensis eamdem medietatem adquisierit, volo et laudo et concedo quod eam liberam habeant omnino. Actum Trecis, anno Domini M° CC° quarto, mense maio. Datum per manum Galteri, cancellarii, nota Johannis. — *Origin.* — *Cartul.* A, fol. 17 v°.

212. — Octobre 1204.

« Milo, Trecensis archidiaconus, episcopalium procurator » il notifie que « Savericus, civis Trecensis, laude et assensu *Helisabez*, uxoris sue, quicquid habebat apud Rulleium in terris et pratis ecclesie Arremarensi pro VI libris pruvinensium pignori obligavit, et omnes fructus exinde proventuros eidem ecclesie in elemosinam concessit.. quod si idem Savericus antequam predictam gageriam redimat forte decesserit, ecclesia Arremarensis post decessum ejus memoratas terras titulo perpetue elemosine possidebit.. Actum est hoc Trecis, mense octobri, anno ab Incarnatione Domini M° CC° IIII°. » — *Origin.*

213. — Décembre 1204.

« Milo, Trecensis archidiaconus, episcopalium procurator » il fait la notification suivante : « ad preces dilecti nostri Theobaudi, venerabilis abbas ecclesie Arremarensis, et karissimi nostri Henrici, Trecensis archidiaconi, et aliorum plurimorum concanonicorum nostrorum dedimus Oberto, presbitero, curam ecclesie de Clareio, cujus presentatio abbatis et monachorum ecclesie Arremarensis esse dinoscitur. Theobaudus, Arremarensis abbas, huic facto prebuit assensum.. Ex concessu Oberti concessimus et nos quod quicquid hereditatis idem Obertus in dicta parrochia poterit acquirere monachis Arremarensibus in perpetuum remanebit libere possidendum.. Actum anno Domini M° CC° quarto, mense decembri. » — *Cartul.* B, fol. CVII r°.

214. — Juillet 1205.

« Erardus, dominus Chacenaii » il fait cette notification :« super omnibus querelis quas T[eobaldus], abbas, et conventus Arremarensis habebant adversum me apud Vivarias et Anguleium et *Noiers* et *Chierrevei*.. compromisimus in arbitros, videlicet : Milonem, militem de *Cherrevi*, et Lambertum *le Bouchu* de Barro. » Si ces arbitres sont empêchés, Milon sera remplacé par « Ogerum, militem de Anguleio » pour Erard ; et Lambert sera remplacé par « Gilotum, fratrem Lamberti, vel Hugonem, militem de Fraineio » pour Montiéramey.. « Anno Domini M° CC° V°, mense julio. » — *Cartul.* B, fol. LXXII v°.

215. — Août 1205.

Ego Blancha, comitissa Trecensis palatina, omnibus presentibus et futuris notum fieri volo, quod pro salute mea et domini mei karissimi Theobaldi, quondam illustris Trecensium comitis palatini, necnon et antecessorum nostrorum nobilium Campanie dominorum in perpetuam elemosinam donavi misericorditer et concessi Deo et ecclesie Arremarensi pueros Adam, claudi, de Masnillo S. Petri, una cum tota familia sua. Quod ut ratum esset et firmum presentem cartam fieri volui et sigilli mei testimonio confirmavi. Actum apud Barrum super Albam, anno Domini M° CC° V°, mense augusto. Datum per manum Gauterii, cancellarii mei, nota Johannis. — *Cartul.* B, fol. LI v°.

216. — Août 1205.

Ego Blancha, comitissa Trecensis palatina, notum facio omnibus tam presentibus quam futuris, quod, cum abbas et monachi monasterii Arremarensis in mea presentia constituti fuissent, et de faciendis apud Caorsiam molendinis loquuta essem, tandem in hoc simul ex utraque parte convenimus in hunc modum : quod in cursu aque faciendo per fossata, que sunt circa Caorsiam, et in molendinis ibidem faciendis tantum mittent quantum et ego. Et hoc non facient per consuetudinem vel occasione alicujus fortericie, quia monachi in fortericia ville aliquid mittere non tenentur, nisi voluerint. Hac siquidem causa ipsi monachi memoratas solvent expensas : quia et in aqua circa fossata, et in molendinis, et in piscaria totius aque, in omnibus et per omnia tantum habebunt et accipient quantum ego accipiam et habebo. Quod ut ratum permaneat in futurum, in hujus rei testimonium presentes litteras fieri volui et sigilli mei munimine roborari. Actum Trecis, anno Incarnati Verbi M°CC° V°, mense augusto. Data per manum Galteri, cancellarii, nota Johannis. — *Cartul.* A, fol. VI v°; B, fol. LXV, r°.

217. — 1205.

B. decanus, R. magister domus Dei, G. prior de monte Barri super Albam, omnibus presentes litteras inspecturis in Domino salutem. Noverit universitas vestra quod, cum inter abbatem et monachos Arremarenses, ex una parte, et Henricum presbiterum de Gigneio et de Busseio, ex altera, super oblationibus, et minutis decimis de alodio, et censu de cimiterio, coram nobis auctoritate Apostolica controversia verteretur, tandem inter eos pax reformata est in hunc modum : jamdictus H., presbiter, in presentia nostra constitutus, asseruit quod patronatus ecclesiarum de Gigneio et de Busseio ad ecclesiam Arremarensem spectare dinoscitur, et quod ipse ad presentationem abbatis Arremarensis a domino G[arnero], Trecensi episcopo, de ipsis ecclesiis investitus fuit, et in capitulo Arremarensi, sacramento prestito, jamdictis monachis fidelitatem fecit de portionibus oblationum, et minutarum decimarum de alodio, et censu de cimiterio, et portiones eorum tales esse recognovit : de omnibus que offeruntur in ecclesiis de Gigneio et Busseio monachi quartam partem accipiunt, et de minutis decimis de alodio similiter quartam partem accipiunt, et totum censum de cimiterio; si vero portiones ille ultra V solidos valuerint, respectu admodiationis, inter eos et presbiterum usque ad XX annos facte, monachi quod summam V solidorum excesserit presbitero in nummis restituent; quando vero ipsi memoratas portiones presbitero recipiendas committent ipse V solidos annuatim monachis reddere tenebitur; viginti vero annis transactis, sive presbitero defuncto, vel de ipsis ecclesiis ablato, monachi memoratas portiones sine diminutione ex integro recipient; de omnibus vero circadis et paratis et aliis consuetudinibus, que ad Trecensis ecclesie jura spectare dinoscuntur, monachi liberi et emancipati semper erunt. Nos vero ad petitionem utriusque partis presentem paginam fieri voluimus et sigillorum nostrorum impressionem in testimonium veritatis apposuimus. Actum est hoc anno Domini M° CC° quinto. — *Origin.* — *Cartul.* B, fol. XLVIII r°.

218. — 1205.

Ego Bartholomeus, abbas de Moris, notum facio omnibus has litteras inspecturis, quod ego et omne capitulum meum dedimus et laudavimus fratribus Arremarensis ecclesie quicquid habuimus apud Vivarias et in finagio ejusdem ville in hominibus, feminis, censubus, terris, terragiis, et in omnibus proventibus; et terram de *Val*; et terram quam tenebat Teobauaus *Gichart* in Valle Erardi; et vallem de

Curbevia. Et pro omnibus his monachi Arremarenses dederunt nobis Landam Sancti Victoris ; et terram de Cumunellis ; et duo jugera terre que tenebat Stephanus, cementor ; et terram quam Hugo *li metcers* tenebat in valle de Vannis ; et terram quam tenebat Galterius *li Jais* super semitam de Vannis. Et de omnibus his monachi Arremarenses legitimam garantiam omnibus diebus nobis portabunt, et nos eis. Actum anno Verbi Incarnati M° CC° quinto. — *Origin.* — *Cartul.* B, fol. LXXII r°.

219. — 1205.

Milo, Trecensis decanus et major archidiaconus, omnibus presentes litteras inspecturis, salutem et omne bonum. Noverit universitas vestra, quod Theobaldus, miles de Chalvomasnilo, et Ida, uxor ejus, titulo perpetue elemosine concesserunt ecclesie Arremarensi quicquid habebant sive reclamabant in Communia de Villiaco et in nemore quod vocatur Escambium, juxta rivulum qui vocatur *Telous*, in boscho et plano et redditibus, laude et assensu Petri de *Blaci*, fratris ejusdem Ide, de cujus feodo memorata elemosina movebat. Sciendum est preterea, quod predictus Theobaldus, et uxor ejus Ida, XXI libras et Petrus de *Blaci* XX solidos pruviniensis monete pro recompensatione ejusdem elemosine de beneficio ecclesie Arremarensis receperunt et fide data promiserunt quod super hiis omnibus debitam garantiam portabunt adversus omnes qui super hoc eandem ecclesiam vexare contenderint. Ut autem forma istius facti ratam habeat in posterum firmitatem, ad petitionem utriusque partis res ista redacta est in scripturam et sigillo meo roborata in testimonium veritatis. Actum est hoc anno ab Incarnatione Domini M° CC° V°. — *Origin.* — *Cartul.* B, fol. XCVIII v°.

1205. — « Ego Maubertus, decanus de Vendopera » il notifie l'accord précédent, et dans les mêmes termes. « Actum est hoc anno ab Incarnatione Domini M° CC° V°. *Origin.* — *Cartul.* B, fol. CIII v°.

1205. — « Ego Galterius, cancellarius Campanie » il notifie le même accord, et dans les mêmes termes. « Actum est hoc anno ab Incarnatione Domini M° CC° V°. — *Origin.* — *Cartul.* B, fol. CIV r°.

220. — 1205.

B. decanus, R. magister domus Dei, G. prior Montis Barri super Albam, omnibus presentes litteras inspecturis in Domino salutem. Noverit universitas vestra, quod, cum inter abbatem et monachos Arremarenses, ex una parte, et Girardum, presbiterum de Hauncurte et de Chapleniis, ex altera, super oblationibus et minutis decimis dictarum ecclesiarum coram nobis auctoritate Apostolica controversia verteretur, tandem inter ipsos pax reformata est in hunc modum : jamdictus G., presbiter, in nostra presentia constitutus, constanter asseruit quod patronatus dictarum ecclesiarum ad ecclesiam Arremarensem spectare dinoscitur, et quod ipse in capitulo Arremarensi, sacramento prestito, dictis monachis fidelitatem fecit de portionibus oblationum et minutarum decimarum de Hauncurte et de Chapleniis, que est capella ejusdem ecclesie, et portiones monachorum tales esse recognovit : in ecclesia de Hauncurte et in capella de Chapleniis in tribus festis annualibus accipit presbiter terciam partem, reliquis vero duabus in tres partes divisis unam earum monachi accipiunt; de minutis decimis eodem modo fit. Statutum est preterea quod monachi Arremarenses dictas oblationum portiones de Hauncurte et de Chapleniis in tribus anni festivitatibus, quando eis placuerit, per se vel per proprium nuntium sine difficultate aliqua recipient ; de minutis decimis de Hauncurte tempore quo decime colliguntur similiter facient; si vero portiones ille ultra XII denarios valuerint, respectu admodiationis inter monachos et presbiterum usque ad XXV annos facte, monachi quod summam XII nummorum excesserit presbitero in nummis restituent ; quando vero monachi memoratas portiones presbitero recipiendas committent, ipse XII nummos tantum per annum monachis reddere tenebitur ; XXV vero annis transactis, monachi memoratas portiones ex integro et sine diminutione percipient. Nos vero ad petitionem utriusque partis presentem paginam in testimonium fieri voluimus, et sigillorum nostrorum impressionibus communivimus. Actum est hoc anno ab Incarnatione

Domini M° CC° V°. — *Origin*. — *Cartul*. B, fol. XLVIII v°.

221. — 1205.

« Erardus, dominus de *Chacenai*.. cum ego adversus Theobaldum, abbatem, et monachos ecclesie Arremarensis reclamarem quasdam consuetudines super domum que fuit Masceline et domum Saverici, eidem domui contignam... mediantibus Milone de *Cherrevei*, milite, tunc senescallo meo, Guerrico *Buci* et Gilone de *Dilon* Trecensibus civibus, et Guichardo de Porta Barri super Albam pacem reformavimus.. monachi pro domo Masceline singulis annis in crastino Nativitatis Domini V solidos pruvinensium pro censu et nichil amplius, et totidem pro domo Saverici, quamdiu eam tenebunt, Trecis in domo mea de *Dovion* michi solvere tenebuntur.. Si monachi domum Saverici quoquo modo ex toto acquirerent, nichil omnino pro acquisitione illa seu pro laudatione venditionis requiram.. pro hac quitatione et compositione XV libras de beneficio Arremarensis ecclesie percepi.. Anno Domini M° CC° V°. » — *Cartul*. B, fol. LXXXV r°.

222. — 1205.

Ego Helisendis, domina de Capis, notum facio presentibus et futuris, quod vir meus carrissimus Clarembaudus, dominus de Capis, pro remedio anime sue titulo perpetue elemosine concessit ecclesie

Arremarensi quicquid habebat in Adelina de Morgia et pueris ejus, et XL solidos pruvinensium, singulis annis accipiendos Trecis in nundinis S. Remigii in parte vicecomitatus domini de Capis ; et quoniam memorata elemosina ad dotem meam pertinebat, ego elemosinam supradictam benigne laudavi et concessi. Pro hac siquidem elemosina Theobaudus, venerabilis abbas ecclesie Arremarensis, totusque conventus, me et Clarembaudum, filium meum, et pueros meos, omnium beneficiorum suorum et orationum participes effecerunt. Statutum est preterea, quod monachi jamdicte ecclesie anniversarium memorati domini et viri mei Clarembaudi, et meum similiter singulis annis solempniter in conventu celebrabunt. Quod ut ratum et stabile permaneat sigilli mei munimine roboravi. Actum est hoc anno ab Incarnatione Domini M° CC° quinto. — *Origin.* — *Cartul.* B, fol. II v°.

223. — 1206.

Ego Clarembaudus, dominus de Capis, notum facio omnibus presentibus et futuris, quod karissimus pater meus Clarembaudus (*omnia ut supra n.* 222 *mutatis mutandis*), Actum est anno ab Incarnatione Domini M° CC° VI°. — *Origin.* — *Cartul.* B, fol. XXIII v°.

224. — 1206.

« Bernardus, Dei patientia de Fonteneto dictus abbas » il fait la notification suivante : « Hugo, miles, cognomento *Curebois*, in lecto egritudinis sue, et in domo nostra et in presentia nostra constitutus, titulo perpetue elemosine concessit ecclesie B. Petri Arremarensis quicquid habebat in villa de *Maignant* et in omni finagio ejusdem ville in hominibus, terris, justitiis, decimis, proventibus.. quicquid habebat apud Villam Mediam et in omni finagio.. quicquid habebat in finagiis de *Corbetuns*, de Villa Nova, de Chasneto.. Actum est hoc anno ab Incarnatione Domini M° CC° VI°. » — *Cartul.* B, fol XLIII r°.

225. — 1206.

Ego Maubertus, decanus Vendopere, tam presentibus quam futuris notum facio, quod Rohaldis, uxor Johannis de Crista, et Petrus, clericus, filius ejus, dederunt in elemosinam ecclesie Arremarensi quicquid habebant in villa Arremarensi et in finagio tam in terris quam in pratis et domibus. Pro recompensatione vero hujus elemosine perceperunt predicta Rohaldis et Petrus, filius ejus, de beneficio ecclesie Arremarensis XII libras pruvinensium, ita quod si jamdicta Rohaldis processu temporis ecclesie Arremarensi reddere voluerit XII libras pruvinensium predictas possessiones integre rehabebit ; ita tamen quod eas vendere, vel invadiare, sive aliquo modo de manu sua foras mittere non poterit. Cum autem predictus Petrus, clericus, a peregrinatione Iberosolimitana, Deo permittente, redierit, si matrem suam de supradictis possessionibus vestitam invenerit, succedet ei ; si autem eam vestitam non invenerit, quando voluerit, absque ulla difficultate reddet jamdicte ecclesie XII libras pruvinensium et dictas possessiones in pace habebit, ita tamen quod eas non poterit de manu sua foras mittere, nisi ecclesie Arremarensi vel hominibus S. Petri ; monachis vero Arremarensibus vel hominibus eorum eas vendere vel invadiare pro voluntate sua poterit. Quod ut ratum sit, ad petitionem utriusque partis presentem cartam sigilli mei munimine roboravi. Actum est hoc anno Domini M° CC° VI°. — *Origin.*

226. — 1206.

Ego Clarembaldus, dominus de Capis, notum facio tam presentibus quam futuris, quod karissimus pater meus Clarembaldus titulo perpetue elemosine concessit prioratui B. Marie de Capis quicquid habebat in grossa decima de Capis omnibus modis, hoc videlicet tenore : quod pro hac elemosina prior de Capis singulis diebus in perpetuum in ecclesia B. Marie Magdalene apud Bellum Visum missam unam pro defunctis et pro anima ejusdem patris mei et parentum meorum faciet celebrare. Concessit etiam dicte ecclesie de Pulcro Visu annuatim XV solidos pro una lampade que in eadem ecclesia ardebit. Sciendum est preterea, quod quicunque fuerit capellanus domini de Capis ipse percipiet de eodem redditu singulis annis LX solidos, et prior de Capis similiter LX solidos, quam scilicet pecuniam tam capellanus domini de Capis quam dictus prior accipient singulis annis in redditu fullonum de Capis, videlicet : LX solidos in primo termino solutionis nummorum illius redditus, et reliquos LX solidos in termino secundo. Prior vero de Capis similiter XV solidos supradictos pro lampade de Bello Visu singulis annis in redditu dictorum fullonum accipiet, scilicet : medietatem in primo termino solutionis, et aliam medietatem in termino secundo. Et sciendum quod in emendatione seu reparatione dictorum fullonum capellanus domini de Capis vel prior de Capis nichil nunquam ponere tenebuntur; sed quicunque fullones tenebit ipse capellano domini de Capis LX solidos, et priori de Capis LX solidos, et XV solidos pro lampade de Bello Visu, sine exactione et difficultate aliqua, singulis annis, ut prediximus, persolvet. Sane si processu temporis fullones in tantum deteriorati fuerint ita quod capellanus et prior memoratam pecuniam in eisdem fullonibus accipere non valeant, dominus de Capis pecuniam illam in alio redditu eis fideliter et integro restituet. Pro memorata siquidem elemosina VI librarum tam a priore de Capis quam a capellano domini de Capis singulis diebus in perpetuum pro anima patris mei missa pro Defunctis celebrabitur, eo videlicet tenore : quod prior de Capis per ebdomadam integram in capella B. Marie de Capis dictam missam faciet celebrare, et capellanus domini de Capis per subsequentem integram ebdomadam in eadem capella missam similiter celebrabit; et sic vicissim tam a capellano domini de Capis quam a dictis monachis equaliter singulis diebus in perpetuum memorata missa integro celebrabitur. Quoniam vero capellanus domini de Capis in omnibus que in capella B. Marie offerebantur, preter in candelis, terciam partem accipere consueverat, et quia de memorata elemosina patris mei amodo percipiet prior de Capis LX solidos annuatim, quos hactenus nunquam habuerat, statutum est de assensu venerabilis Theobaldi, abbatis, et conventus Arremarensis, quod quicunque fuerit capellanus domini de Capis amodo percipiet medietatem in omnibus que offerentur in capella B. Marie ad missas et ad officia, et in oblationibus peregrinorum et in eis que offerentur reliquiis ejusdem capelle terciam partem ; in candelis vero sive cereis qui offeruntur in eodem capella capellanus nichil accipiet, sed prioris omnino erit, qui in eadem capella luminare semper providebit. Ego autem ob remedium anime karissimi patris mei et animarum predecessorum meorum omnem suprascriptam elemosinam benigne laudavi et concessi. Quod ut ratum et firmum permaneat sigilli mei impressione roborari feci. Actum est hoc anno ab Incarnatione Domini M° CC° sexto. — *Origin.* — *Cartul.* B, fol. XXIV v°.

227. — Sans date.

« Ego Clarembaudus de Capis » il fait la notification suivante : « Ego pro salute mea, uxoris mee et filiorum meorum dedi ecclesie B. Marie de Capis I, solidos pruviniensium apud Gieium in redditu Hugonis de Clareio, pro quibus ego, uxor mea, et antecessores mei singulis dominicis diebus in prefata ecclesia absolvemur. Hos autem L solidos recipiet prior ejusdem ecclesie singulis annis in panibus, vino, humeris pecorum, anseribus, gallinis, ovis et nummis, salva avena jamdicti redditus domino de Capis.. Ex hiis autem L solidis administrabit prior in die Nativitatis Domini, Circumcisionis, Apparitionis, Purificationis, Annunciationis, Pasche, Ascensionis, Pentecosten, Assumptionis B. Marie, Nativitatis ejusdem, Omnium Sanctorum, Conceptionis S. Marie, et Sancte Trinitatis V cereos ardentes ante altare B. Marie; preterea in horis diurnis per omnes octo dies dictarum festivitatum, que de B. Maria regulariter celebrabuntur, et ad vesperos et matutinos ipsius et omnibus VII diebus Nativitatem Domini, et III diebus Pascha et Pentecosten subsequentibus, in octavo die Apparitionis, omnibus dominicis diebus, omnibus festivitatibus Apostolorum et Evangelistarum, in die S. Agnetis quatuor. » — *Cartul.* B, fol. LXXX v°.

228. — Juillet 1206.

Ego Erardus, dominus de *Chacenai*, notum facio presentibus et futuris, quod inter me, ex una parte, et Theobaldum, venerabilem abbatem, et monachos Arremarenses, ex altera, et homines ejusdem ecclesie de Mosterello et de Buriis querela verteretur super usuario et pasturis de boscho et de finagio de *Polenni* et de *Chaufor,* quod etiam usuarium dictus abbas et monachi ad opus grangiarum suarum de *Mesteiart* et de Buriis se habere de jure asserebant, tandem de consilio prudentum virorum pacificatum est in hunc modum : homines et femine de Mosterello et Buriis et de grangiis de *Mesteiart* et de Buriis habebunt in perpetuum in boscho qui dicitur *Dervet* integrum usuarium ad edificandum et comburendum et ad omnia que eis fuerint necessaria, excepto jarrone et piro et fago et pomerio et arlosserio. Homines et mulieres de supradictis villis et grangiis accipient in memorato boscho jarronem et fagum pro roortis faciendis; quod si forte dicti homines fagum vel jarronem succiderint talis grossitudinis ut tarabrum quod vulgo dicitur *locerez,* de quo factores rotarum perforant rotas suas ad inserendum goiones, fagum vel jaronem per medium perforaverunt et findant nullum forisfactum ibi erit, si autem non finderint ibi forisfactum erit; cum autem de supradictis arboribus jarrone videlicet et fago et piro et pomerio et arloxerio forisfactum probatum fuerit, ille qui super hoc convictum fuerit pro emenda reddet V solidos. Sciendum est preterea, quod animalia et pecora de Mosterello et de Buriis et de grangiis de *Mesteiart* et de Buriis plenariam pasturam habebunt in toto finagio de *Polenni* et de *Chaufor* tam in boscho quam in plano. Animalia et pecora de grangiis de *Mesteiart* et Buriis si in dampno capta fuerint, dampnum illud restituetur sine alia emenda ad probationem illius cui dampnum illatum fuerit; si vero animalia vel pecora de villa Mosterelli et de Buriis in dampno capta fuerint et probatum fuerit, de equo reddentur pro percheia VI denarii, de bestia almelina IIII denarii, de porco II denarii, de ove II denarii, de ansere I obolum. Sane respectu conventionum istarum homines et femine mansionem habentes apud Mosterellum et apud Burias reddent singulis annis in perpetuum domino de *Chacenai*, a festo S. Remigii usque ad octavas Natalis Domini, IIII modios avene laudabilis ad mensuram Trecensem; quam scilicet avenam major de Mosterello reddet servientibus domini de *Chacenai* in villa de Mosterello et II solidos servientibus, et non amplius. Si autem homines vel femine et animalia vel pecora de Mosterello et de Buriis et de supradictis grangiis de *Mesteiart* et de Buriis in finagio vel in boscho de *Polenni* et de *Chaufor* pro aliquo forisfacto capiantur, ea que capta fuerint duci non poterunt extra *Polenni* vel extra *Chaufor*, sed ibi reddentur sive recredentur donec forisfactum probatum sit et justicia exequatur. Sciendum est siquidem quod dominus de *Chacenai*, vel ejus heredes, vel aliquis ex parte ejus boscum supradictum essartare vel eumdem boscum aliquo modo de manu sua alienare nullatenus poterunt, nisi de assensu et voluntate abbatis et conventus Arremarensis. Adjunctum est insuper, quod si axis de quadriga quorumlibet hominum supradictarum villarum et grangiarum in eodem boscho vel finagio fractus fuerit, homo ille poterit in boscho accipere axem de fago, si ibi inveniatur, et veterem ibi dimittere. Et etiam universa ligna succisa de boscho que vulgo vocantur *remanson* supradicti homines libere accipient. Pro his siquidem suprascriptis conventionibus ego C libras pruviniensium de beneficio Arremarensis ecclesie percepi, et uxor mea pro laude C solidos. Ut autem hec omnia rata et inconcussa permaneant, laude et assensu Emeline, uxoris mee, presentem cartam feci et sigilli mei munimine roboravi. Actum est anno ab Incarnatione Domini M° CC° VI°, mense julio. — *Origin.* — *Cartul.* B, fol. IV v°.

229. — 1206.

Ego Erardus, dominus de Chacenaio, presentibus et futuris notum facio et testificor, quod Milo de *Chirrivi*, miles, titulo perpetue elemosine contulit ecclesie Arremarensi III sextarios bladi ad mensuram Trecensem singulis annis in quadam parte terragiorum que ipse possidet apud Vacheriam, ita quod monachi Arremarenses accipient annuatim, priusquam aliquis in eisdem terragiis aliquid accipiat, duos sextarios ordei et unum ivernagii. Sciendum est itaque quod Emelina, uxor dicti Milonis, benigne laudavit et concessit elemosinam istam, quia de suo capite erat. Milo vero de Clareio, miles, frater ejusdem Emeline, de cujus casamento hec elemosina erat, id ipsum laudavit. Et sciendum est quod dicti milites, scilicet Milo de *Cherrevi* et Milo de Clareio, fide data compromiserunt quod si aliquis memoratam ecclesiam super eadem elemosina vexare voluerit debitam garantiam inde per omnia portabunt. Quod ut ratum maneat sigillum meum apposui in testimonium veritatis. Actum est hoc anno Domini M° CC° VI°. — *Origin.*

230. — Décembre 1206.

« R[adulfus], abbas de Ripatorio » il notifie un accord entre Montiéramey et « *Huidelete*, uxorem Hugonis *Canart*, et pueros ejus, homines Arremarensis ecclesie. » Accord : « Guiardus, qui separatus est a matre et fratribus suis, in festo S. Remigii monachis III solidos annuatim persolvet ; ceteri vero fratres Robertus, Alardus, Audelinus » tant qu'ils seront ensemble « III solidos annuatim persolvent » en commun ; lorsqu'ils seront séparés « unusquisque eorum monachis III solidos persolvet.. Dicti fratres de vineis et pratis ac terris census, terragia, decimas.. persolvent sicut ceteri homines de Villiaco. Quamdiu *Huidelete* vixerit unam quadrigam, quam solus equus trahet, in nemore de Trohouda de salice vel de tramblo sive de lignis jacentibus in hebdomada accipiet feria VI vel sabbato.. Anno ab Incarnatione Domini M° CC° VI°, mense decembri. » — *Cartul.* B, fol. XLIV v°.

231. — 1206.

Notum sit omnibus quod capitulum Cabilonense, ex una parte, abbas et conventus Arremarensis, ex altera, super terra S. Salvatoris apud Rochetam sita, convenerunt in hunc modum : prefati abbas et conventus et etiam prior S. Salvatoris concesserunt in perpetuum predictam terram cum omni jure suo sub annua pensione V solidorum Stephaniensium capitulo Cabilonensi, tum propter familiaritatem quam cum eis habebant tum propter bona que ab ipsis propter hoc receperunt. Prefatum autem capitulum Cabilonense assederunt Arremarensi ecclesie predictam pensionem in ecclesia de Arconceio tali modo : quod capellanus ipsius ecclesie tenebitur solvere predictos V solidos in octabis sancti Martini hyemalis priori S. Salvatoris ; et si per capellanum staret quod pensio non solveretur termino constituto, si nuncius a priore fuerit missus, quamdiu moram faceret, propter ejus defectum capellanus ei teneretur in expensis. Quod, ut ratum et inconcussum permaneat, sigillo capituli Cabilonensis munitum est et signatum. Actum est hoc anno ab Incarnatione Domini M° CC° VI°, Philippo rege Francorum regnante, Roberto Cabilonensi episcopo existente. — *Origin.*

Vidimus de cet acte par « Haymo, decanus Besuensis ; Jachobus, curatus de Mercureyo ; et Guillelmus, curatus de *Broies*. » — *Origin.*

232. — 11 janvier 1206 (*v. st.*).

« Milo, comes Barri super Secanam » il fait la notification suivante : « Johannem, militem de *Bussuyl*, laudasse pacem quam alias, antequam esset miles, laudavit, prout continetur in carta mea quam monachi Arremarenses habent, et acquitasse omnes querelas quas adversus ecclesiam Arremarensem habebat.. et ego, ad preces ipsius in manu mea accepi istud firmiter observari.. Anno Incarnati Verbi M° CC° VI°, mense januario, feria V ͏ª post Epiphaniam Domini. » — *Cartul.* B, fol. LIV v°.

233. — Mars 1206 (*v. st.*).

Ego Jacobus de Durniaco omnibus presentes litteras inspecturis notum facio et testificor, quod Girardus, filius meus, in presentia mea constitutus, de assensu Margarite, uxoris sue, laudavit et benigne concessit in perpetuum ecclesie Arremarensi elemosinam illam quam Gaufredus, filius defuncti Gaufredi de Vendopera, eidem ecclesie fecerat de omnibus que ipse habebat infra fossata que sunt prope grangiam dicte ecclesie, que Loya dicitur, ex parte nemoris de Vendopera, et de omnibus que habebat in tota Communia Villiaci in aquis, in nemoribus, et omnibus aliis modis et emolumentis. Memoratus siquidem Girardus, filius meus, fide interposita creentavit quod super eadem elemosina adversus omnes pro ecclesia Arremarensi integram garantiam portabit. Ego vero hec omnia in manu mea accepi fideliter conservanda ; et ad petitionem memorati filii mei Girardi, sigilli mei appositione confirmavi in testimonium veritatis. Actum est hoc anno ab Incarnatione Domini M° CC° VI°, mense martio. — *Copie*. — *Cartul.* B, fol. CII r°.

234. — Juin 1207.

Herveyus, divina permissione Trecensis episcopus, omnibus presentes litteras inspecturis salutem in Domino. Noverit universitas vestra, quod Hugo, miles, cognomento *Curebois*, in presentia mea constitutus recognovit quod in alodio de Villa Media et de *Corbetons* in boscho et plano et justicia et modis aliis omnibus tantum habebat et ad se jure hereditario pertinere quantum Hugo *à la Boche*, miles de Villa Media, ejus consanguineus, ibidem habere dinoscitur, excepto quod in predicta parte Hugonis *Curebois* Iterius, miles de *Chasnoi*, tertiam partem habebat. Preterea Hugo *Curebois* in finagio de Villanova et de *Corbetons* recognovit se habere absque partitione alterius persone et ad se jure hereditario pertinere quasdam partes terrarum, videlicet : apud Crucem Ville Medie hostisiam unam : subtus vineam Hugonis *à la Bouche* duo jugera terre ; subtus vineam monialium de Osa duo jugera terre.. Sciendum est quod Hugo *Curebois* quicquid habebat apud *Mainant* in omnibus absque ulla retentione scilicet in hominibus, in omni justicia, in corveis, in decimis, in pasturis, in nemoribus, in pratis ecclesie Arremarensi in perpetuam elemosinam concessit. Actum est hoc anno Incarnati Verbi M° CC° VII°, mense junio. — *Cartul.* A, fol. 9 r°.

235. — Juillet 1207.

Herveyus, divina permissione Trecensis episcopus, omnibus presentes litteras inspecturis salutem in Domino. Noverit universitas vestra, quod querela que inter abbatem et monachos Arremarenses, ex una parte, et Hugonem, militem de Villa Media, ex altera, vertebatur super tenemento Hugonis, militis, cognomento *Curebois*, tandem sopita est in hunc modum : prefatus Hugo, miles de Villa Media in presentia mea constitutus benigne recognovit omnia que suscribuntur propria esse Hugonis *Curebois* et ad ipsum jure hereditario pertinere in alodio de Villa Media et de *Corbetons* (*ut supra* n. 234).. Actum est hoc anno Verbi Incarnati M° CC° VII, mense julio. — *Cartul.* A, fol. 8 v°.

236. — 13 août 1207.

Herveus, Dei gratia Trecensis episcopus, omnibus presentes litteras inspecturis in Domino salutem. Noverit universitas vestra, quod querela que inter Rolandum, abbatem, et monachos ecclesie Arremarensis, ex una parte, et Guidonem, militem, cognomento *Boquerel*, ex altera, vertebatur super decima terrarum quas dicti monachi colebant in parrochia de Clareio, quam videlicet decimam idem G., miles, ab ipsis monachis requirebat, tandem sopita est in hunc modum : suprascriptus G., miles, in presentia nostra constitutus benigne absolvit et quitavit monachos ecclesie Arremarensis ab omni persolutione decime de omnibus terris quas ipsi monachi tenebant in parrochia Clareii ea die qua carta ista facta fuit, et omnia alia que pro causa ejusdem decimationis idem miles adversus dictos monachos requirebat, in perpetuum quitavit. Pro hac siquidem quitatione memoratus G. *Bouquerel*, et uxor ejus Parisia nomine, que hec omnia benigne laudavit et concessit, de beneficio ecclesie Arremarensis XVII libras et X solidos pruviniensium perceperunt. Actum est hoc laude et assensu Poncii, militis de *Toiri*, de cujus feodo movebat pars illa decime quam habebat sepedictus G., miles, apud Clareium. In cujus rei testimonium, ad peticionem utriusque partis, cartam sigilli nostri munimine fecimus roborari. Anno ab Incarnatione Domini M° CC° septimo, idus augusti. — *Origin*.

237. — 1207.

« Robertus, Dei gratia Lingonensis episcopus, Evrardus totumque capitulum Lingonense » ils font la notification suivante : « Nos laudamus et approbamus donationem quam bone memorie dominus Manasses, Lingonensis episcopus, fecit ecclesie monasterii Arremarensis de acquitatione decime terrarum quas fratres Arremarenses colunt propriis carrucis suis in grangia de *Vilers le Fol..* Actum anno gratie M° CC° VII°. » — *Cartul.* B, fol. XLIII v°.

238. — Mars 1207 (*v. st.*).

Herveus, divina permissione Trecensis ecclesie minister humilis, omnibus ad quos littere presentes pervenerint salutem in Domino. Noverit universitas vestra, quod, cum Hugo de Frasneio, miles, adversus R., abbatem, et monachos ecclesie Arremarensis reclamaret quartam partem decime ville et grangie de Burriis, eo quod villa illa esset de finagio Clareii, et quarta pars decime de Clareio ad ipsum pertineret, et etiam adversus dictos monachos repeteret filium *Aaliz* de Buriis, et dimidium modium bladi, quod videlicet Gilebertus, archiarius, ecclesie Arremarensi jamdudum titulo elemosine contulerat, que omnia ipsi monachi penitus inficiabantur, tandem discordia illa sopita est in hunc modum : jamdictus H. in presentia nostra constitutus, bono ductus consilio, omnia supradicta, fide interposita, ecclesie Arremarensi integre, benigne, et devote quitavit et in pace dimisit. De pasturis siquidem sic statutum est inter jamdictos monachos et sepe dictum H., quod omnes bestie de Buriis libere et secure ibunt in pasturas totius finagii de Frasneio usque ad flumen Secane sine dampno faciendo, et bestie de Frasneio similiter ibunt in pasturas de Buriis usque ad fluvium Barse sine dampno faciendo ; si vero homines de Buriis vel de Frasneio bestias alienas de aliis villis in domibus propriis ad tempus retinuerint et eas infra annum in villas unde venerunt remiserint vel ad alia loca, predictus H. in pasturis de Frasneio eas capere poterit et redimere, et similiter monachi in pasturis de Buriis eas poterunt capere et redimere. Quod ut ratum et inconcussum maneat, ad petitionem utriusque partis presentes litteras notari fecimus et sigillo nostro muniri. Actum anno gratie M° CC° VII°, mense martio. — *Origin.* — *Cartul.* A, fol. IX v°; B, fol. LVI r°.

239. — 1208.

Ego Clarembaudus, dominus de Capis, notum facio.. quod Hugo *Curebois*, miles, in mea presentia constitutus, recognovit quod ipse dedit in perpetuam elemosinam ecclesie B. Petri Arremarensis quicquid habebat in toto alodio de Villa Media et de *Corbetuns* in modis omnibus (*ut supra* n. 234).. Hanc autem donationem laudo et approbo et si quid in eadem donatione juris habeo eidem quitto ecclesie et concedo. Actum est hoc anno Incarnati Verbi M° CC° VIII°. Quod ut ratum permaneat presentem cartam notari feci et sigillo meo muniri. — *Cartul.* A, fol. 9 r°.

240. — 28 mars 1208.

Innocentius, episcopus, servus servorum Dei, dilectis filiis abbati et conventui Arremarensi salutem et Apostolicam benedictionem. Cum a nobis petitur quod justum est et honestum, tam vigor equitatis quam ordo exigit rationis ut id per sollicitudinem officii nostri ad debitum perducatur effectum. Ea propter, dilecti in Domino filii, justis vestris postulationibus grato concurrentes assensu, compositionem, que inter ecclesiam vestram, ex una parte, et priorem et conventum Gaie, ex altera, dilecto filio nostro Cluniacensi abbate prebente assensum, facta fuit, per quam omnia que in villa de *Vaissi,* tam in terragio quam in censu, et in hominibus Bovonis, et terram etiam Hecelini, presbiteri, que omnia vestra noscebatur ecclesia optinere, dictis priori et conventui Gaie imperpetuum concessistis possidenda, sicut sine pravitate proinde facta est, et ab utraque parte sponte recepta, et in autentico confecto continetur, auctoritate Apostolica confirmamus et presentis scripti patrocinio communimus. Nulli ergo omnino hominum.. Si quis autem hoc attemptare.. Datum Laterani, V kal. aprilis pontificatus nostri anno XI°. — *Cartul.* B, fol, XCIII r°.

241. — Mai 1208.

« Manasses, Dei pacientia B. Lupi Trecensis dictus abbas » il notifie que « Costelinum, Martinum et Theobaudum, filios Bernardi *dou Ru,* et Adam, filium Tecelini *dou Ru,* et Martinum, cordarium, fideliter creantasse omnia que in carta ista continentur vera esse : quod Milo *Petaz*, qui monachus fuit Arremarensis, eidem ecclesie dedit in elemosina quamdam teneuram in finagio de *Mautaublen* pro qua videlicet teneura debentur ecclesie Arremarensi annuatim in festo sancti Johannis Baptiste III solidos et VI denarios censuales, et in festo sancti Remigii similiter III solidos » une seule des personnes qui apporteront « censum predictum, unoquoque termino, semel in die procurabitur in hospicio Arremarensi talibus dapibus quales habebunt monachi in refectorio. Omnes suprascripti homines et Willelmus Colini tenent teneuram suprascriptam. Talis est itaque teneura alia : olchia in qua manet *Oudearz la Lavourée*, a via usque ad collem ; duo jugera terre que sunt supra viam de *Orgeval* ; et in *Orgeval* VIII jugera ab una via usque ad alteram ; ab oschia defuncte *Aaliz* usque ad viam II jugera ; in prato *Egun* unum arpentum prati, et dimidium prati *Derbuset* ; et in prato *Cuminel* unum arpentum et V *andaigs* ; et *ou Carron* III jugera terre.. Anno Domini M° CC° VIII°, mense maio. » — *Origin.* — *Cartul.* B, fol. XXXVI r°.

242. — Mai 1208.

« Ego Blancha, comitissa Trecensis palatina » elle notifie que « Henricus de Sancto Mauricio uxorem Auberti de Pratis de Tenelleriis cum liberis suis abbati monasterii Arremarensis quittavit.. Actum Trecis, anno gratie M° CC° VIII°, mense maio. » — *Cartul.* B, fol. CXI r°.

243 — 4 juin 1208.

Ego Hugo, dominus de Brecis, notum facio omnibus presentes litteras inspecturis, quod de assensu et voluntate Ode, uxoris mee, ob remedium animarum nostrarum et antecessorum nostrorum, dedi et concessi in elemosinam ecclesie Arremarensi II sextarios bladi in decima de Buriis, quam emi a domino Johanne d(e) *Aguilli* quam a me tenebat, scilicet unum sextarium frumenti et unum sextarium avene. In cujus rei testimonium presentes litteras notari feci et sigillo mei muniri. Datum anno Incarnati Verbi M° CC° octavo, pridie nonas junii apud Arremarense monasterium. — *Origin.* — *Cartul.* B, fol. XXXVIII r°.

Juin 1208. — « Maubertus, decanus Vendopere » il notifie la même donation. — *Cartul.* B, fol. CIII v°.

244. — 22 juillet 1208.

Herveus, divina permissione Trecensis ecclesie minister humilis, omnibus presentes litteras inspecturis salutem in Domino. Noverit universitas vestra, quod in nostra presentia constitutus Baucendus, miles Trecensis, vendidit LXXX libris pruvinensium Rolando, abbati, et ecclesie Arremarensi omnes homines suos quos habebat apud *Montablain*, cum familiis eorum, quos etiam tenebat de alodio sine particione alicujus, scilicet : Reginaudum, Simonem cum familia sua, *Isabel* cum filiis et filia et familiis suis, et Petrum de Burriis cum familia sua. Et si quid predicti homines ultra pretaxatum pretium valerent ipse idem B. illud benigne ac devote in elemosinam contulit ecclesie prelibate. Preterea dedit in elemosinam predictis R., abbati, et ecclesie Arremarensi XIIII denarios de censu in vinea sua que est inter aquas, quam similiter alodio se tenere asserebat. Condictum etiam fuit inter ipsum et predictum R., abbatem, quod si contingeret ipsum B. vel heredes suos vineam istam vendere, predicta ecclesia in venditoribus illius vinee nichil amplius poterit capere nisi V solidos ; sed ille ad quem vinea ista per emptionem deveniet integre persolvet laudationes predicte ecclesie. et reddetur census ille in festo beati Remigii. Omnia vero supradicta memoratus B. affiduciavit bona fine tenenda et firmam garentiam se portaturum. Hoc autem laudaverunt *Aaliz*, uxor sua ; Emelina, neptis sua ; Johannes, nepos suus ; et Marchus, miles, frater suus, fide mediante. Memoratus autem R., abbas, intuitu illius elemosine recepit illum et uxorem suam et successores suos in omnibus bonis que fient in ipsa ecclesia. Ut ergo hoc ratum et inconcussum permaneat et in futuris temporibus robur obtineat firmitatis, presentem cartam notari fecimus et sigillo nostro muniri. Actum anno Incarnati Verbi M° CC° VIII°, XI° kalendas augusti. — *Cartul.* B, fol. XCVII r°.

245. — Juillet 1208.

« Maubertus, decanus Vendopere, et Milo, presbiter Barri super Secanam » ils notifient que « Jacobus, filius Petri *Le bègue* de *Maignant*.. recognovit quod ipse, sacramento prestito, fecerat fidelitatem Theobaudo, abbati ecclesie Arremarensis, in presentia Joffredi, marescalli Campanie; tanquam homo proprius ecclesie Arremarensis ; et quod ipse postea fecit similiter fidelitatem Rollando, abbati Arremarensi.. Actum est hoc anno Domini M° CC° VIII°, mense julio. » — *Origin*. — *Cartul* B, fol XCIX v°.

246. — Octobre 1208.

Magister H., Trecensis curie officialis, omnibus presentes litteras inspecturis salutem in Domino. Noverit universitas vestra, quod, cum Rolandus, abbas, et monachi ecclesie Arremarensis adversus Stephanum *Bochart* de Villamedia reclamarent quamdam terram in qua domus ejus sita erat, et juxta eandem domum terram vacuam in Villamedia, tandem dictus Stephanus in presentia mea constitutus, bono ductus consilio, jus ecclesie Arremarensis recognovit et totam terram illam eidem ecclesie quittavit et quod usque ad Ramos Palmarum domum suam a terra illa penitus amoveret, fide data, in manu mea creantavit. Quod ut ratum sit sigilli curie Trecensis munimine roboravi. Anno Domini M° CC° VIII°, mense octobri. — *Origin*.

247. — Novembre 1208.

Ego Blancha, Trecensis comitissa palatina, notum facio tam presentibus quam futuris, quod Baucendus, Trecensis miles, dedit ecclesie Arremarensi in perpetuam elemosiam quicquid habebat apud *Montablain* tam in hominibus quam in feminis; ecclesia vero in recompensatione hujus beneficii dedit ei de bonis et elemosinis suis LXXX libras. In hujus autem rei testimonium presentes litteras fieri volui sigilli mei munimine roboratas. Actum anno gratie M° CC° octavo, mense novembri. — *Origin*. — *Cartul*. B, fol. XCVI r°.

248. — 1208.

Ego Bochardus de Vendopera, omnibus notum facio talem pactionem intercessisse inter me, ex una parte, et Rollandum, abbatem, et conventum ecclesie Arremarensis, ex altera, super hominibus meis et feminabus et super hominibus et feminabus ejusdem ecclesie manentibus in parrochiis de Culterongia, *Mautaublein* et de Desda : quod si forte contigerit hominem meum ducere in uxorem feminam ecclesie Arremarensis, femina illa cum heredibus suis michi in perpetuum remanebit; similiter si homo ejusdem ecclesie feminam meam in uxorem duxerit, femina illa ecclesie Arremarensis propria erit et cum heredibus suis ejusdem ecclesie in perpetuum remanebit; et hoc modo sine contradictione mei vel abbatis Arremarensis licebit suprascriptos homines et feminas inter se vicissim matrimonia celebrare. In cujus rei testimonium presentem cartam sigilli mei munimine roboravi. Actum anno ab Incarnatione Domini M° CC° octavo. — *Origin.* — *Cartul.* B, fol. XXXVI v°.

1208. — « Rolandus, abbas, totusque Arremarensis conventus » cette charte répète *mutatis mutandis* la charte précédente, dont elle est la contrepartie. « Actum est hoc anno ab Incarnatione Domini M° CC° octavo. » — *Origin.*

249. — 1208.

Ego Maubertus, decanus Vendopere, et ego Milo, presbiter Barri super Sequanam, notum volumus fieri omnibus presentem paginam inspecturis, quod Albricus, miles de Essoya, in presentia venerabilis patris Rollanni, abbatis Arremarensis, et nostra constitutus, multis audientibus et videntibus, recognovit et per fidei interpositionem nos certificavit quod habitantes grangiam de *Vilers*, prope Manantum situm, plenarium habent usuarium in finagio de Mananto ad usus omnium animalium, nec ipse nec alius dominus de Mananto potest habitantes in dicta grangia super hoc vexare nisi injuste. Propter autem injustam vexationem, quam aliquando dictus Albricus fecerat, in manu dicti abbatis fecit emendam et eam solvit et capitalia reddidit. Et habitantes grangiam super hoc de cetero non vexare fidei interpositione firmavit ; quod si forte contingeret, et requisitus nollet desistere, personam suam excommunicationi et terram ejus interdicto, usque ad condignam satisfactionem, ex concessione ipsius, poneremus. Ne autem tractu temporis res ista oblivionem accipiat, ad preces dicti militis presentem paginam sigillorum nostrorum munimine roboravimus et confirmari fecimus in testimonium veritatis. Actum est hoc anno ab Incarnatione Domini M° CC° VIII°. — *Origin.* — *Cartul.* B, fol. CII v°.

250. — 1208.

« Maubertus, decanus Vendopere » il notifie que « Stephanus cognomento *Poilesez*.. recognovit quod ipse debebat singulis annis V solidos censuales, reddendos ecclesie Arremarensi.. pro campo de *Vauborot*, pro valle Ferrici, pro terra *au Ber*, pro prato de Vendopera.. Abbas vero et conventus Arremarensis in omnibus bonis que fient in ecclesia Arremarensi dictum Stephanum consortem et confratrem receperunt.. Anno Domini M° CC° VIII°. — *Origin.*

251. — 1208.

Ego Clarembaudus, dominus de Capis, notum facio et testificor omnibus presentes litteras inspecturis quod Ermengardis, relicta Arnulfi, militis de *Vilers*, in presentia mea recognovit se dedisse in perpetuam elemosynam coram patre meo bone memorie Clarembaudo, quondam domino de Capis, ecclesie B. Marie de Capis, in qua monachi Arremarenses Deo serviunt, omne illud quod ipsa habebat in villa que vocatur *Frisons* tam in terris quam in censibus et hominibus et feminabus ; totam autem partem quam ipsa habebat in nemore quod vocatur *Poy* dedit jamdicta Ermengardis prefate ecclesie. Ego autem ad petitionem ejusdem Ermengardis presentem paginam fieri volui et sigillo meo communivi in testimonio veritatis. Actum est hoc anno Incarnati Verbi M° CC° octavo. — *Origin.*

252. — 5 mars 1208 (*v. st.*).

« Magister Nicholaus, archidiaconus, et Henricus, officialis Trecensis » ils notifient un accord « inter ecclesiam Arremarensem, ex una parte, et capitulum Plaiotrense, ex altera, super terragio de Frasneio, in quo memoratum capitulum exigebat LXXX sextaria bladi.. tandem partes composuerunt sub hac forma : ecclesia Arremarensis integre habebit medietatem predicti terragii in omnibus proventibus. Et de compositione ista observanda utraque pars dedit securitatem de XL libris pruvinensium : abbas Arremarensis pro ecclesia sua Rolandum, Trecensem canonicum, et Gilebertum, servientem S. Johannis de Castello, utrumque in solidum; capitulum vero Plaiotrense dominum Renerum de S. Quintino, canonicum Trecensem, et dominum Aubertum, eo-

rum concanonicum, similiter utrumque in solidum..
Actum anno ab Incarnatione Domini M° CC° octavo,
Vᵃ feria intrante marcio. » — *Origin.*

253. — Mars 1208 (*v. st.*).

Ego Gaudefredus, prepositus ecclesie Sancti Remigii de Plaiotro, universumque ejusdem ecclesie capitulum omnibus notum facimus, quod de causa que inter nos, ex una parte, et ecclesiam Arremarensem, ex altera, super terragio de Frasneio vertebatur, in quo nos exigebamus LXXX sextaria bladi, obtentu cujusdam privilegii Hugonis, quondam domini Plaiotri, coram viris venerabilibus magistris Nicholao, archidiacono, et Henrico, officiali Trecensi, tam a nobis quam ab ecclesia Aremarensi arbitris electis, bonis mediantibus viris, composuimus in hunc modum : nos habebimus medietatem predicti terragii cum omnibus proventibus suis, et ecclesia Arremarensis similiter aliam medietatem. Quod ut ratum sit et firmum, presentes litteras notari fecimus et sigillo nostro muniri. Actum est hoc anno ab Incarnatione Domini M° CC° octavo, mense marcio. — *Origin.*

254. — Mai 1209.

« Ego Manasses, Beati Lupi Trecensis abbas.. testificor quod Rollandus, abbas Arremarensis, plateam suam, que est Trecis ante domum defuncti Mathei Rufi, locavit Aubrico, carpentario, usque ad

X annos pro XV solidis pruviniensium reddendis abbati jamdicto, singulis annis, in festo S. Remigii.. Anno ab Incarnatione Domini M° CC° nono, mense maio. » — *Cartul.* B, fol. CXIV v°.

255. — Mai 1209.

Ego Guido, Dei patientia Reomensis abbas, omnibus presentes litteras inspecturis salutem in Domino. Noverit universitas vestra, quod, cum inter Guidonem, dominum de Melligniaco, ex una parte, et Rollandum, abbatem monasterii Arremarensis, ex altera, discordia verteretur, eo quod idem Guido reclamabat adversus homines de Pargis avenam et nummos nomine salvamenti, tandem G. de Melligniaco in Matheum, militem de Chableis, et abbas Arremarensis in Petrum, prepositum Arremarensem, super eadem causa compromiserunt hoc modo : quod illi duo arbitri diligenter et fideliter inquirerent in qua investitura fuit defunctus Galterius de Montigniaco in XX annis ante decessum suum de salvamento supradicto, et causam illam si pariter concordare valerent compositione vel judicio terminaretur ; tandem vero memoratis arbitris super eadem causa non valentibus pariter concordare, tota causa illa a Guidone de Melligniaco et abbate Arremarensi in arbitrio meo portata fuit diffinitive sentencie cartulario terminanda. Ego siquidem per attestationes a sepedictis arbitris hinc inde super memorata causa receptas, quas diligenter inspexi et diligenti scrutinio nichilominus indagavi, nullatenus cognoscere potui quod defunctus Galterius de Montigniaco in XX annis ante decessum suum nunquam investitus fuerit nisi de salvamento IX oschiarum, quod reddebant eidem Galterio IX homines qui eas tenebant, quorum nomina in hac pagina plenius denotantur, videlicet *Galanz*, Guido, Gilbertus, Petrus de *Poileset*, Constancius, Herbertus *Charmuchonz*, Gilbertus, Teobaudus et Beroldus. Tale erat salvamentum quod homines isti solvebant in festo sancti Remigii defuncto Galterio de *Montenni,* sicut per testes abbatis Arremarensis, quorum depositionibus innuens arbitrium istud protuli, satis inveni siquidem declaratum : unusquisque ex supradictis IX hominibus solvebat defuncto Galterio de Montigniaco in festo sancti Remigii annuatim unam minam avene, ad mensuram Tornodorensem, et II denarios. Sed si forte aliqua oschia, pro qua quilibet predictorum hominum solvebat salvamentum illud, vacaret, scilicet quod ille qui eam tenebat eam dimitteret, prior de Pargis accipiebat eam et colebat eam cum carruca sua liberam a persolutione salvamenti supradicti ; sed si postea aliquis homo in villa de Pargis manens eam a priore requireret, prior requisitum retinere non valeret. Habito siquidem mecum prudentium virorum consilio, super memorata causa arbitrium meum protuli sub hoc forma : dominus Guido de Melligniaco investitutus erit de salvamento avene et denariorum eo modo quod supra scriptum est, pro illis IX oschiis quas solebant tenere IX homines quorum nomina superius annotantur, ita tamen, quod, sicut supradictum est, oschias vacantes prior de Pargis accipiet et colet eas liberas a persolutione salvamenti sepedicti, sed requisitas non poterit requirere. Pro capitalibus vero et aliis que reclamabat G. de Melligniaco adversus abbatem Arremarensem nomine sepedicti salvamenti, precepi per arbitrium meum ut homines de Pargis qui supradictas IX oschias tenent, infra septem dies post prolationem arbitrii mei persolverent dicto Guidoni medietatem avene et nummorum qui pertinere potuerunt ad salvamentum illud, ab illo die quo defunctus Galterius de Montigniaco a seculo migravit. Quia vero compromissio ista non fuit facta, nec sententia dicta, nisi de investitura salvamenti sepedicti, abbas Arremarensis, si ei placuerit, de proprietate ejusdem querele trahere poterit in causam dominum Guidonem de Melligniaco; fide interposita, et per penam L librarum pruvinensium ab ipso statutam, et Rollandus, abbas Arremarensis, per similem penam L librarum ab ipso statutam, firmiter promiserunt quod arbitrium istud firmiter tenerent, et ab illo nullatenus resilirent. Quod ut ratum sit, presentes litteras sigilli mei munimine roboravi. Actum est hoc anno ab Incarnatione Domini M° CC° nono, mense maio. — *Origin.* — *Cartul.* A fol. 7 r°; B, fol. LXV r°.

256. — Mai 1209.

« Guido, Laticensis archidiaconus, et Maubertus, decanus Vendopere » ils notifient que « Guillermum, militem de Brierio, laude et assensu fratrum suorum, scilicet, Milonis, de cujus feodo totum movebat, et Dudonis, armigeri, et uxorum suarum in perpetuam elemosinam dedisse ecclesie Arremarensi totam terram quam ecclesia Arremarensis tenebat de dictis fratribus nomine pignoris apud Mansum Medium.. concesserunt etiam duo sextaria annone quorum medietas est frumenti et medietas avene, que ecclesia Arremarensis debebat domino Guillermo, militi, percipienda apud Villeium in Orreo.. Anno Domini M° CC° nono, mense maio. » — *Origin.*

257. — Juillet 1209.

Magister Maubertus, decanus Vendopere, et Milo, presbiter de Barro super Secanam, omnibus presentes litteras inspecturis in Domino salutem. Noverit universitas vestra, quod controversia illa que erat inter Rollandum, abbatem, et conventum Arremarensem, ex una parte, et Gilonem de *Briers* et homines suos, ex altera, sopita est in hunc modum : predictus autem Gilo et Ermentrudis, uxor sua, laudante Estoldo, filio suo. Willelmus Major, Robertus *Gubien*, Galterus filius Hugonis *Poucart*, Juvenellus, Rossellus, Xpistianus, Herbertus, Grimbertus, Marchus recognoverunt quod nullum jus unquam habuerunt nec habent in nemore B. Petri Arremarensis quod vocatur Escambium, continuum nemoribus de Vendopera. Ipse etiam Gilo, tam pro se quam pro hominibus suis fecit emendam abbati Arremarensi pro injuriis quas fecerat ecclesie Arremarensi de dicto nemore ; et preterea idem Gilo et homines sui nemus illud abjuraverunt quod de cetero nichil in eodem nemore reclamabunt. Adjectum etiam fuit quod si predicti Gilo et uxor sua, vel eorum heredes, vel homines sui excolent vel excoli facient terram Communie Villiaci, ipsi reddent terragium et medietatem decime de terra illa apud Villiacum servientibus ecclesie Arremarensi. Sane condictum est inter eos : quod si monachi Arremarenses extirpare voluerint dumenta que sunt in Manso Medio, inter terras quas ecclesia Arremarensis ibidem ab antiquis temporibus tenebat et terras quas Milo et Willelmus de Brierio, fratres, et milites, prenominate ecclesie Arremarensi elemosinam contulerant, eis sine contradictione aliqua extirpare licebit. Ne igitur futuris temporibus compositio ista oblivioni tradatur, litteras presentes, de communi assensu utriusque partis, notari fecimus, et sigillorum nostrorum munimine roborari. Actum anno gratie M° CC° nono, mense julio. — *Origin.* — *Cartul.* B, fol. LI v°.

258. — Décembre 1209.

Ego Clarembaudus, dominus de Capis, omnibus

presentibus et futuris notum facio et testificor, quod Guillelmus, miles de *Corroy*, in presentia mea constitutus, quicquid habebat omnibus modis in Petro, filio defuncti Emaurici de Desda, et in pueris ejus, et in tenementis suis, que omnia de feodo ejusdem Guillelmi movebant, ecclesie Arremarensi in perpetuam elemosinam contulit et quietavit, fide interposita quod quantum ad feodum suum pertinet super hiis omnibus adversus omnes memorate ecclesie debitam garantiam portabit. In cujus rei testimonium, ad petitionem Rollandi, abbatis Arremarensis, et jamdicti Guillermi presentem paginam sigilli mei munimine roboravi. Actum est hoc anno ab Incarnatione Domini M° CC° nono, mense decembri. — *Origin.* — *Cartul.* B, fol. XCVI r°.

« Ego Blancha, comitissa Trecensis palatina » elle fait la même notification, et dans les mêmes termes. « Actum est hoc anno ab Incarnatione Domini M° CC° nono, mense decembri. » — *Cartul.* B, fol. XCV v°.

259. — Février 1209 (*v. st.*).

Ego Maubertus, decanus Vendopere, omnibus notum facio, quod Haymo, furnarius de *Maignant*, in presentia mea constitutus, laude et assensu Hugonis, fratris sui, titulo pignoris obligavit abbati Rolando et monachis ecclesie Arremarensis de V forneiis II forneias in furno de *Maignant*, et II quadrigatas mortui nemoris de Trooda, quas die jovis et die sabbati unaquaque ebdomada in eodem nemore accipiebat, pro IIII libris monete pruviniensis usque ad predicte gagerie redemptionem, ecclesie Arremarensi in elemosinam concessit. Quod, ut ratum sit, sigilli mei munimine roboravi. Anno Domini M° CC° VIIII°, mense februario. — *Origin.* — *Cartul.* B, fol. XCVIII v°.

260. — Mars 1209 (*v. st.*). Carta pariagii.

Ego Blancha, comitissa Trecensis palatina, omnibus notum facio, quod, cum villa de Pargis proprie esset abbatis et monachorum Arremarensium absque participatione alicujus, vir venerabilis Rolandus, abbas Arremarensis, totusque ejusdem ecclesie conventus operantes et fiduciam habentes quod si comes Campanie aliquam partem haberet in eadem villa hac occasione posset plurimum emendari et magis solito meliorari, villam francam ibidem fieri concesserunt, et in portionibus ejusdem ville, que suscribuntur, me et successores meos comites Campanie benigne et amicabiliter associaverunt. Statutum est igitur inter me et abbatem Arremarensem, quod in costumis nummorum et avene que in festo sancti Remigii solventur annuatim ab hominibus de Pargis, in omnibus justiciis ejusdem ville, laudacionibus et vendicionibus, in theloneo, in minagio et in roua hominum, si aliquando facta fuerit, habebo medietatem et abbas Arremarensis alteram medietatem; nec ego nec comites Campanie ullo modo aliquid poterimus habere de hominibus vel feminabus de Pargis quin abbas Arremarensis medictatem habeat et recipiat ; nec in hiis habebo potestatem vel dominium plus quam abbas, nec abbas plus quam ego ; omnia vero terragia ejusdem ville et tocius finagii, ecclesiam et decimas tam grossas quam minutas et omnes furnos abbas Arremarensis extra partem meam integre habebit et possidebit, gastellos eciam in eadem villa nullus facere poterit, nisi per abbatem Arremarensem. Decime et terragia abbati Arremarensi in hunc modum solventur : omnes de Pargis vel de aliis villis qui terras de Pargis coluerint, omnes jarbas suas ad villam de Pargis adducent nec eas de vehiculis suis deponent priusquam servientes abbatis Arremarensis presentes fuerint, qui de XII jarbis duas jarbas accipient, unam videlicet pro terragio et alteram pro decima. Firmatum est preterea et concessum, quod ego et successores mei comites Campanie et abbas Arremarensis ponemus prepositos nostros in villa de Pargis, et prepositus meus de Pargis quotiescunque statuetur et mutabitur, prestito sacramento fidelitatem faciet preposito predicti abbatis, et similiter prepositus abbatis preposito meo faciet fidelitatem, et si contigerit quod prepositus meus non possit interesse ad negocia ville diffinienda, ille quem in loco suo constituet fidelitatem faciet preposito abbatis vel illi qui locum suum tenebit et similiter faciet ille preposito meo qui in loco prepositi ejusdem abbatis remanebit. Nullus eciam prepositorum de Pargis poterit sine altero placitum tenere vel diffinire vel emendam levare, nec precedet alter alterum in submonicionibus et in justiciis faciendis; sed communi consilio ambo simul terras tradent, et justicias et emendaciones diffinient et recipient pecuniam pro emendis, nec alter eorum sine altero id facere poterit nisi de consensu alterius et voluntate, et si illi duo prepositi ad hec facienda non convenientes fuerint ego vel dominus Campanie et abbas Arremarensis de consilio nostro quoscunque voluerimus mittemus. Quando autem preco de Pargis bannum clamabit, ex parte mea vel successorum meorum comitum Campanie et ex parte abbatis Arremarensis et prepositorum nostrorum clamabit et edictum nunciabit. Prior vero de Pargis domum suam et grangiam cum curia et cum porprisiis, tam ad domum quam ad grangiam pertinentibus, extra partem meam et successorum meorum comitum Campanie libere possidebit, et si aliquis de familia prioris, qui maneat in domo vel in grangia vel in porprisiis domus vel grangie sue, infra porprisia predicta fecerit aliquod forefactum per nullum se justiciabit nisi per abbatem Arremarensem vel per ejus mandatum, et eadem porprisia libera erunt ab omni justicia et violentia prepositorum de Pargis seu quorumlibet aliorum, et infra clausuras predictorum porprisiorum non poterit aliquis violentiam inferre, vel ibi aliquid accipere vel extrahere quin ad clamorem abbatis vel prioris de Pargis pro posse meo eis faciam emendari ; qui vero extra predicta porprisia prioris fecerit aliquid forefactum et intra eadem porprisia confugerit, per prepositos de Pargis sicut ceteri homines ejusdem ville se justiciabit. Si vero animalia et pecora abbatis Arremarensis et prioris de Pargis in aliquo forefacto inventa fuerint et probatum fuerit, sine emenda ad estimacionem proborum virorum restituetur et cui dampnum illatum fuerit. Forestella illa que Garanna vocatur abbati Arremarensi et priori de Pargis extra partem meam et successorum meorum comitum Campanie libera remanebit. Preterea, licet supra dictum sit quod ego in justicia de Pargis medietatem habeam ex collatione abbatis et monachorum Arremarensium, tamen cum constet grangiam de *Barresel* esse in finagio de *Parges*, que propria est abbatis Arremarensis, ipsa grangia cum toto porprisio et cum omnibus possessionibus suis libera erit abbatis Arremarensis, et grangiam illam cum appendiciis suis et possessionibus, tanquam res meas proprias, tenebor fideliter custodire et a malefactoribus deffendere et liberare. In fortericiis autem de Pargis faciendis et in aliis que necessaria erunt pro villa, pro hominibus et aliis rebus ville custodiendis et deffendendis abbas Arremarensis nullas expensas ministrabit vel faciet ministrari; sed hec omnia ego vel dominus Campanie de nostris propriis expensis tenebimur ministrare cum auxilio hominum ejusdem ville, occasione illius partis quam michi abbas et monachi Arremarenses in predicta villa contulerunt. Sane statutum est et firmiter concessum, quod nec ego nec comites Campanie villam de Pargis ullo modo poterimus extra manum nostram mittere vel a manu nostra removere, nec partem illam vel aliquid de parte illa, quam michi abbas et monachi Arremarenses in predicta villa contulerunt alicui persone vel ecclesie conferre ; sed si, quod absit, id facere presumeremus, partem illam vel quod de parte illa de manu mea vel de manu comitum Campanie exiret statim abbas vel conventus Arremarensis sine contradictione aliqua haberent et possiderent, sub custodia comitis Campanie ; nec etiam aliqui viri religiosi in eadem villa vel in finagio ejusdem ville habere poterunt domum vel grangiam vel aliquam mansionem nisi monachi Arremarenses. Sane homines de Pargis usuarium suum habebunt in omnibus nemoribus in quibus homines de Chaorsia usuarium habent. Concessi siquidem et creantavi quod omnes conventiones et pactiones in presenti carta insertas et notatas quandiu vixero fideliter tenebo et inviolabiliter observabo ; si vero ego vel aliquis comitum Campanie has conventiones et pactiones non tenuerit, tam villa quam fundus ad ecclesiam Arremarensem libere revertetur, sub custodia comitum Campanie. Et si comes Campanie partem illam quam habeo in villa de Pargis post decessum meum habere voluerit et possidere, antequam eam habeat et possideat tantum tenorem hujus carte sigillo suo tenebitur sigillare et sine aliqua difficultate et occasione ecclesie Arremarensi cartam tradere sigillatam ; si autem forte aliqua temeritate vel aliquo pravo consilio comes Campanie id facere recusaverit, pars illa memorata integre et libere ad ecclesiam Arremarensem revertetur sub ipsius comitis custodia, et comes Campanie in parte illa et in villa de Pargis nichil deinceps habebit nisi custodiam ; si vero contigerit, quod absit, ut villa destruatur vel aliquo modo deficiat, totus fundus ejusdem ville et finagii de Pargis ecclesie Arremarensi integre remanebit. Sciendum est preterea, quod nullus hominum meorum, vel aliqui homines quos domini eorum de me tenent in capite in feodo nullo alio mediante, nec eciam homines abbatis Arremarensis recipientur in eadem villa pro remanancia facienda. Item statutum est, quod si quis de hominibus militum de castellariis Trecarum, Insularum, Erviaci, Sancti Florentini, Caparum et Villemauri, vel de dominio Juliaci, vel aliquis qui sit de feodo meo in capite nullo mediante, venerit in eadem villam, qui sit homo de capite et de corpore alicujus nobilis viri, vel ecclesie, vel alterius cujuslibet persone, et dominus hominis illius septima manu, scilicet propria manu et manu trium militum et trium proborum hominum probaverit, interposito sacramento, quod ille sit homo suus de capite et de corpore et quod ipse eum ad voluntatem suam talliabat sicut hominem suum de capite et de corpore, homo ille, hoc probato, in eadem villa non poterit remanere, et ego per XV dies ei salvum prebebo conductum. Quicunque eciam in eadem villa per annum et diem manserit, nisi dominus suus eum infra annum et diem coram prepositis de Pargis reclamaverit, si facultatem habuerit reclamandi, in eadem villa sicut alius burgensis sine contradictione remanebit. Prepositi etiam de Pargis aliquem forensem in commandisia retinere non poterunt, nisi in eadem villa fecerit mansionem. Sciendum est preterea, quod scriba in eadem villa de consilio meo et abbatis Arremarensis constituetur, qui michi et abbati Arremarensi et successoribus meis comitibus Campanie faciet fidelitatem, quotiescunque eciam mutabitur. Mercatum vero in eadem villa in die lune statuetur, et ego ad mercatum venientibus eundo et redeundo prebebo mercati conductum. Quod ut ratum et inconcussum permaneat, presentem cartam fieri volui et sigilli mei impressione roboravi. Actum est hoc anno ab Incarnatione Domini M° CC° nono, mense marcio, nota Alermi. — *Transcrit sous le séel de la prévosté de Paris l'an de grâce M CCC XXX et un, le venredi vint et sis jours ou mois d'avril.* — Origin. — Cartul. A, fol. 3 v°; B. fol. LXI v°.

Mars 1209 (v. st.). Carta pariagii. — « Ego Rolandus, abbas Arremarensis. » C'est la contre-partie de la charte précédente (*omnia ut supra n. 260 mutatis mutandis*). « Actum est hoc anno ab Incarnatione Domini M° CC° nono, mense martio. » — Origin.

261. — 1210.

« Guillelmus, Dei patientia abbas Cluniacensis, totusque conventus » ils notifient que « olim Johannes, prior de Gaya, laude et assensu Hugonis, quondam abbatis Cluniacensis » avait fait un échange avec « Stephanus, abbas monasterii Arremarensis; » mais « Nicholaus, nunc prior Gaye » trouvant cet échange onéreux » Rollandus, abbas monasterii Arremarensis, » consent, « mediante G[iroldo], abbate Molismensi, » à modérer les conventions primitives de la manière suivante : « quicquid monachi Arremarenses habebant in villa de *Bessi*, scilicet in terragio, in censu, et in hominibus *Bovonis*, et etiam terram Hecelini, sacerdotis, monachi de Gaya imperpetuum possidebunt, tali siquidem pacto, quod apud villam que dicitur Regias reddent dicti monachi de Gaya monachis Arremarensibus » tous les ans à la Saint-Michel « IV solidos pruviniensium ; et VI sextarios, ad mensuram Trecensem, de quibus quarta pars erit frumenti, quarta siliginis, quarta ordei, quarta avene ; et nuncios monachorum Arremarensium, scilicet tres famulos cum equis duarum quadrigarum, ibidem monachi de Gaya procurabunt.. Actum est hoc anno Domini M° CC° decimo. » — *Cartul.* B, fol. XXXIII r°.

1210. — « Nicholaus, prior Gaie » il notifie le même acte et dans les mêmes termes. « Actum est hoc anno Domini M° CC° X°. » — *Cartul.* B, fol. XCIII v°.

262. — Juin 1210.

« Willelmus, episcopus Lingonensis » il notifie que le procès mû « inter Rollandum, abbatem, et monachos Arremarenses, ex una parte, et Johannem, presbiterum de Chaorsia, ex altera », en présence de « J., Sancti Germani, J., Sancte Genovefe, abbatum Parisiensium, et A., prioris S. Germani de Pratis, a Sede Apostolica judicum delegatorum » s'est ainsi terminé : « abbas et monachi ecclesie Arremarensis medietatem omnium legatorum et oblationum capelle de Manso Roberti, quoquo modo proveniant, sicut usque ad presens tempus in ecclesia de Pargis et de *Chaorse* accipere consueverunt, imperpetuum libere accipient, salvis tamen portionibus presbiterii, quas presbiter de *Chaorse* in capella de Manso Roberti accipiet, sicut in ecclesia de Pargis et de *Chaorse* capere consuevit ; in grossa decima bladi et in minuta decima chanabi et lini » à Metz-Robert « presbiter terciam partem accipiet.. Sane de omnibus decimis tam grossis quam minutis de Pargis de *Chaorse* et de Manso Roberti » l'abbaye de Montiéramey aura « duas partes, presbiter vero de Chaorsa terciam partem.. Actum anno gratie Mº CCº Xº, mense junio. » — *Cartul.* B, fol. LXXXIII rº.

263. — Juin 1210.

Ego Johannes, comes Brenensis, notum facio presentibus et futuris, quod donationem illam, quam dilectus quondam frater meus vir nobilis Galterus, comes Brene, fecit ecclesie monasterii Arremarensis, XX scilicet solidorum in mercato Brenensi, annuatim sumendorum, laudavi et ob anime mee remedium confirmavi, sub tali tamen conditione : quod ecclesie memorate monachi tenentur meum aniversarium celebrare. Quod ut firmiter observetur, presentem cartam sigilli mei munimine roboravi. Actum Brevone, anno Dominice Incarnationis M°CC°X°, mense junio. — *Copie.* — *Cartul.* B, fol. XLIX v°.

264. — Mai 1211.

« Nicholaus, humilis prior Gaye, et totus ejusdem ecclesie conventus » ils notifient qu'ils ont cédé à Montiéramey « Helisabeth, filiam David de Fera, que erat femina Gayensis, pro Johanne, filio Hugonis de *Marsengi*, et pro Richildi, filia *Heloiz* de Capella, qui homines erant Arremarenses.. Actum anno gratie M° CC° undecimo, mense maio. » — *Origin.*

265. — Juin 1211.

Ego Erardus, dominus Chacenaii, notum facio tam presentibus quam futuris, quod ego, pro salvatione anime mee et uxoris mee Emeline et liberorum nostrorum et patris et matris mee et antecessorum meorum, laudo et assensu memorate uxoris mee, titulo perpetue elemosine, donavi et concessi monachis monasterii Arremarensis, Deo et beato Victori martiri apud Viverias servientibus, duas partes decime vini tocius finagii Ville super Arciam, post decessum meum in perpetuum possidendas ; et, quoniam elemosina illa in custodia mea est et tam ego quam heredes mei eam adversus omnes gentes garantire tenemur et ipsam suprascriptis monachis illibatam conservare, ego et heredes mei de memorata decima V modios melioris vini singulis annis in perpetuum percipiemus. Quod ut ratum sit sigilli mei munimine roboravi. Actum est hoc tempore Rollandi, abbatis Arremarensis, anno ab Incarnatione Domini M° CC° XI°, mense junio. — *Origin.* — *Cartul.* B, fol. LXXIII r°.

266. — 1211.

« Erardus, dominus de Chacenaio » il fait la notification suivante : « Quod cum apud Anguleium usus et consuetudo fuisset quod prior de Viveriis in eadem villa majorem suum ponebat, qui videlicet tam meus quam prioris erat major.. tamen, quia homo sum et falli possum et fallere, contra jus hominem Martinum nomine michi majorem institui ; tamen vero, per Dei providentiam qui neminem vult perire, sed omnes vult salvos fieri.. » et à la prière « Rollandi, abbatis Arremarensis.., majorem deposui. Anno Verbi Incarnati M° CC° XI°. » — *Cartul.* B, fol. LXXIV r°.

267. — 1211.

« Hugo, decanus Vendopere » il notifie un accord entre « Rallandum, abbatem, et conventum Arremarensem, ex una parte, et Gaufridum filium Estoldi de Brieriis et homines ipsius, ex altera,..

1° Gaufridus et homines ipsius recognoverunt quod nullum jus unquam habuerunt in nemore B. Petri, quod vocatur Escambium, contiguum nemoribus de Vendopera.. 2° nemus illud abjuraverunt quod nichil in eodem de cetero reclamabunt.. 3° si excolunt terram Communie Villiaci, integre reddent terragium.. Actum anno gratie M° CC° XI°. » — *Cartul.* B, fol. L v°.

268. — Avril 1212.

Herveus, divina permissione Trecensis ecclesie minister, omnibus presentes litteras inspecturis in Domino salutem. Noverit universitas vestra, quod nos Rolando, abbati, et conventui ecclesie Arremarensis concessimus quicquid habebant in ecclesia Sancti Lupi de Capis, tam in possessione quam in proprietate antequam vacaret tempore nostro. Quod ut ratum sit et firmum presentes litteras notari fecimus et sigillo nostro muniri. Actum anno gratie M° CC° XII°, mense aprili. — *Origin.* — *Cartul.* B, fol. CIV r°.

269. — 1213.

Ego G[alterus], Dei gratia Eduensis episcopus, universis presentem paginam inspecturis salutem in Domino. Universitati vestre notum facimus, quod ad presentationem R[oilandi], abbatis, et conventus Arremarensis ad titulum ecclesie Savigniaci juxta Belnam, specialem amicum nostrum et clericum R.,

Avalonensem thesaurarium, recepimus, et regendarum curam contulimus animarum. Ad hujus rei confirmationem presentem paginam sigillo proprio roboravimus. Actum anno gratie M° CC° XIII°. — *Origin.*

270. — 1213.

« Ego Guido, dominus Julleii,.. cum prioratus S. Johannis de Castello Trecensi haberet apud *Fraiterine* locum in quo licebat ei molendinum construere, si vellet, nec alius id facere poterat, nisi de assensu et voluntate abbatis et conventus monasterii Arremarensis, abbas Rollandus et conventus locum illum michi admodiaverunt, in quo construxi molendinum ; pro qua admodiatione quicunque tenebit molendinum ipse reddet annuatim in festivitate S. Remigii priori S. Johannis de Castello Trecensi I sextarium bladi, ad mensuram Trecensem, medietatem ivernagii et medietatem molture.. Actum anno gratie M° CC° XIII°. » — *Cartul.* B. fol. CXV r°.

271. — Juillet 1213.

« Milo, presbiter Barri super Secanam, de mandato domini episcopi Lingonensis vicedecanus » il notifie « quod Milo, molinarius, de Villa super Arciam, et Alvidis, uxor ejus, assensu puerorum suorum Johannis et Helisabeth, donaverunt in elemosinam.. prioratui de Vivariis quicquid in molendino de Vivariis [habebant].. in recumpensatione XL solidos pruviniensium receperunt. Anno Domini M° CC° XIII°. » — *Cartul.* B, fol. LXXII r°.

272. — Décembre 1213.

« Hugo, decanus de Vendopera » il notifie un accord entre « Rollandum, abbatem, et conventum Arremarensem, ex una parte, et Adam, militem de *Servini*, et homines suos de Brierio, ex altera.. Adam et Adelina, uxor sua, et homines ipsorum de Brierio recognoverunt quod nullum jus unquam habuerunt nec habent in nemore B. Petri Arremarensis quod vocatur Escambium, contiguum nemoribus de Vendopera.. fecerunt emendam abbati Arremarensi pro injuriis quas fecerant de dicto nemore; preterea nemus illud abjuraverunt.. Actum anno gratie M° CC° XIII°, mense decembri. » — *Cartul.* B, fol. VII r°.

273. — Janvier 1213 (*v. st.*).

Ego Blancha, comitissa Trecensis palatina, notum facio universis tam presentibus quam futuris, quod de CCCC libris, quas homines de Chaorsia michi dederunt pro deliberatione Theobaldi, filii mei, de custodia domini regis, dedit michi abbas monasterii Arremarensis, Rolandus, medietatem, quam de jure debebat habere juxta testimonium carte comitis Henrici. Et, ne huic carte super hoc prejudicium fieret in futurum, ad petitionem dicti abbatis presentes litteras fieri volui in testimonium hujus rei, videlicet quod partem suam, scilicet medietatem, quam in predictis CCCC libris de jure debebat habere, liberaliter michi dedit. Quod ut notum permaneat, litteris annotatum sigilli mei munimine roboravi. Actum anno gratie M° CC° XIII°, mense januario. — *Cartul.* A, fol. VI v°; B, fol. LX, r°.

274. — Avril 1214.

« Frater Robertus, celerarius Clarevallis, et Petrus Guinus de Barro » ils notifient l'accord suivant entre les abbayes de Montiéramey et de Larrivour : « 1° grangia monachorum de Ripatorio, que Logia vocatur, que est in nemore de Vandopera, cum usuario ejusdem nemoris predictis monachis quieta.. remanebit »; 2° les religieux de Larrivour renoncent au droit d'usage qu'ils avaient « in clausura quam monachi Arremarenses fecerant in nemore de Vendopera juxta grangiam Arremarensem, que Logia vocatur ; 3° hominibus monachorum Arremarensium apud parvum Masnillum commorantibus concedit monasterium de Ripatorio pasturagium in duabus partibus nemoris de Doschia. a parte illa que tendit versus *Le Mœiat* (al. *Moriat*) in usus animalium propriorum..; 4° XL arpenta nemoris Doschie, que felicis memorie dominus Clarembaudus de Capis contulit in elemosinam ecclesie Arremarensi, eidem monasterio in pace remanebunt; 5° de pasturis ita constitutum est, quod si in eis dampnum intervenerit, illud dampnum sine emenda restituetur..; 6° statutum est insuper, ut terra ad faciendos lateres vel tegulas libere et sine conditione accipiat monasterium de Ripatorio de terris monasterii Arremarensis ; et similiter monachi Arremarenses accipient de terris monasterii de Ripatorio ; 7° de via que, ut dicebant Arremarenses, ante portam Ripatorii olim fuerat versus Trechas, ubi vinea est modo plantata, statutum est ut vinea illa illesa maneat et via non restituatur..; 8° monachi de Ripatorio quitaverunt monasterio Arremarensi partem quam habebant in hasta Sancti Patrocli.. Actum anno gratie M° CC° XIIII°, mense aprili. » — *Origin.* — *Cartul.* B, fol. I r° et XXII v°.

Avril 1214. — « Conradus, abbas Clarevallis, et Simon, abbas Ripatori » ils font la même notification et dans les mêmes termes. « Actum anno gratie M° CC° XIIII°, mense aprili. » — *Origin.* — *Cartul.* B, fol. LXXVII v°.

275. — Août 1214.

« Frater Philippus, S. Lupi, et Petrus, S. Martini, abbates, et Nicholaus, decanus Trecensis » ils notifient un accord qu'ils ont fait conclure « auctoritate Apostolica inter venerabilem Rollandum, abbatem, et conventum Arremarensem, ex una parte, et priorem et conventum de Rameruco, ex altera, super tercia parte grosse decime de Magnicurte. » L'abbaye de Montieramey « terciam partem decime de

Maignicurt quitavit priori de Rameruco et successoribus suis in perpetuum, hac siquidem conditione : quod predictus prior et sui successores in perpetuum pro hac tercia parte decime reddent ecclesie Arremarensi singulis annis in festo S. Michaelis, apud villam que dicitur Mesnillum Comitisse, de decima quam ibi habent prior et conventus de Rameruco, dimidium modium bladi laudabilis, ad mensuram Trecensem, scilicet, III minas frumenti, III minas siliginis, III minas ordei, et III minas avene.. Actum anno gratie M° CC° XIIII°, mense augusto. » — *Origin.*

Août 1214. — « Fratres capituli Majoris Monasterii, et Frater Hugo, eorum humilis minister. » C'est le *vidimus* de la charte précédente avec la ratification de l'accord qu'elle contient. « Cum igitur assensus noster exhigeretur, eo quod prioratus de Rameruco nullo mediante ad nos pertinere dinoscitur, dictam compositionem ratam et gratam habemus et eandem sigillorum nostrorum munimine duximus roborandum. Actum anno gratie M° CC° XIIII°, mense augusto. » — *Origin.*

276. — Novembre 1214.

« Hugo, decanus Vendopere » il notifie que « Hugo, miles de Brierio benigne cognovit, quod nullum jus unquam habuit nec habet in nemore B. Petri Arremarensis, quod vocatur Escambium, continuum nemoribus de Vendopera, et si quod habuit quitavit..

et nemus illud abjuravit. Pro hac quictacione et abjuratione Hugo XVI libras et XVI solidos pruvinensium percepit.. Actum anno gratie M° CC° XIV°, mense novembri. » — *Cartul.* B, fol. LVII r°.

277. — Mars 1214 (*v. st.*).

« Hugo, decanus Vendopere » il notifie que « Gilo, miles de Brierio, benigne cognovit, quod nullum jus unquam habuit nec habet in nemore B. Petri Arremarensis, quod vocatur Escambium, continuum nemoribus de Vendopera, et si quod habuit quitavit. Ipse etiam Gilo fecit emendam abbati Arremarensi pro injuriis quas fecerat ecclesie Arremarensi de nemore memorato, et nemus abjuravit illud, quod pro se vel pro defuncto Guillelmo, vel pro Renaudo, militibus, fratribus suis, vel pro aliqua parte hereditagii de Brierio, que per excasuram fratrum vel parentum vel alio quolibet modo ei evenire possit, de cetero in eodem nemore nichil accipiet..; omnes homines sui de Brierio, et omnes homines Renaudi, sui fratris, nemus predictum abjuraverunt.. Actum anno gratie M° CC° XIV°, mense marcio. » — *Origin.* — *Cartul* B, fol. VI v°.

278. — Mai 1215.

Ego Herveus, Dei patientia Trecensis episcopus, omnibus presentes litteras inspecturis in Domino salutem. Noverit universitas vestra, quod Renaudus, clericus de Coereio, in nostra presentia constitutus, laude et assensu Fromundi et Guillelmi, militum, fratrum suorum, titulo perpetue elemosine, contulit ecclesie Arremarensi Bricium et sororem ejus de Monsterello, qui sui esse dignoscebantur. In cujus rei testimonium presentes litteras sigilli nostri munimine fecimus roborari. Actum anno Domini M° CC° XV°, mense maio. — *Cartul.* B, fol. LIV r°.

279. — Mai 1215.

« Hugo, comes Waudimontis » il fait la notification suivante : « Querela que inter Rollandum, abbatem, et conventum monasterii Arremarensis, ex una parte, et Urricum, fratrem meum, de Mainillo Fulchardi, ex altera, super hiis que ecclesia Arremarensis habebat in villa de *Sephons*, que etiam idem Urricus nomine pignoris se tenere asserebat.. » Accord : « infra quatuor cruces ville de *Sephons* habet ecclesia Arremarensis in omni justitia tam magna quam parva, excepta quadam consuetudine que boschadum vocatur, que in villa de *Sephons* colligitur, et corvagio, per omnia medietatem, hoc excepto quod dictus H., frater meus, est magnus dominus in villa et magnam justitiam debet habere.. Separatim habet ecclesia Arremarensis in eadem villa grangiam suam, gaannagium suum, medietatem furni, II partes grosse decime et minute decime, de quibus Urricus ecclesiam Arremarensem investivit, cetera vero superscripta ad dictam ecclesiam pertinentia

detinuit idem Urricus in manu sua » sa vie durant.
« Hanc compositionem ego et dominus Gaufridus de
Daulli, frater meus, ratam habemus.. Anno ab Incarnatione Domini M° CC° XV°. » — *Cartul.* B, fol.
XXXV v°.

280. — Août 1215.

Herveus, Dei gracia Trecensis episcopus, omnibus ad quos littere presentes pervenerint in Domino salutem. Notum vobis facimus, quod, cum fratres Domus Dei B. Stephani Trecensis emissent ab Hugone, milite de Fraineio, quartam partem decime de parrochiagio Clareii, nos volentes esse participes bonorum que fiunt in dicta Domo Dei, que quidem liberaliter indigentibus est exposita et operibus misericordie studiose dedicata, dictis fratribus in hac re consensum nostrum prebuimus, emptionem illam laudantes, approbantes et pagina hujus scripti et sigilli nostri testimonio confirmantes. Actum anno Domini M° CC° quintodecimo, mense augusto. — *Origin.*

281. — Août 1215.

Ego Blancha, comitissa Trecensis palatina, notum facio tam presentibus quam futuris, quod, cum Hugo, miles de Fraineto, vendidisset Domui Dei Comitis quartem partem decime de Claretho, quam partem ipse tenebat de feodo *Aaliz*, nobilis mulieris de *Meissi*, ipsa constituta in presentia mea Trecis laudavit, approbavit et confirmavit venditionem illam,

Quod ut ratum et notum omnibus habeatur presens scriptum sigillo meo feci confirmari. Actum anno Domini M° CC° quintodecimo, mense augusto. — *Origin.*

282. — Août 1215.

Omnibus presentes litteras inspecturis magister J., Trecensis curie officialis in Domino salutem. Noverit universitas vestra, quod, cum causa verteretur coram nobis inter priorem de Angleura, ex una parte, et homines et feminas ecclesie B. Petri Arremarensis manentes apud Allebauderias, qui debent eidem priori capitagia, ex altera, super quodam prandio quod predictus prior a dictis hominibus et feminabus de jure petebat, tandem mediantibus bonis viris, scilicet, Johanne, preposito Arremarensi, et Henrico, presbitero de Allebauderiis, inter ipsos fuit compositum in hunc modum : videlicet, quod quilibet supradictorum hominum et feminarum predicto priori de Angleura vel mandato ipsius reddet singulis annis, in crastino festivitatis Omnium Sanctorum, VI denarios. In cujus rei testimonium presentes litteras ad petitionem utriusque partis sigillo curie Trecensis confirmavimus anno Domini M° CC° XV°, mense augusto. — *Origin.*

283. — Mars 1215 (*v. st.*).

« Guiardus, archidiaconus Trecensis ecclesie et officialis curie Trecensis » il notifie que « cum causa vorteretur coram judicibus Parisiensibus a domino Papa delegatis » entre l'abbaye de Montiéramey « et Herbertum Gallum super tercia parte communis justicie de Clareio » qui était réclamée par l'abbaye, « tandem Herbertus illam terciam partem communis justicie de Clareio quitavit.. Actum anno Domini M° CC° quintodecimo, mense marcio. » — *Origin.*

284. — Avril 1216.

« Magister Herbertus, provisor pauperum Domus Dei B. Stephani Trecensis » il notifie que « cum abbas et conventus monasterii Arremarensis traxissent in causam Parisiis Amarricum de Verreriis, hominem dicte domus, coram judicibus delegatis, super duobus peciis terre de tenura Guiardi de *Daude*, quarum una est in *Veugi* et altera in *Juncherele*.. » Accord : « Amarricus singulis annis in festo S. Johannis Baptiste pro predictis terris IV denarios censuales conventui Arremarensi et IV denarios censuales fratribus predicte Domus Dei persolvet ; et ita jus et justicia illarum terrarum pertinent communiter ad monachos Arremarenses et ad fratres Domus Dei.. Actum anno gratie M° CC° XVI°, mense aprili. » — *Origin.*

285. — 1216.

« Rollandus, monasterii Arremarensis abbas, totusque conventus » ils notifient un accord, à titre d'échange, conclu entre Montiéramey « et dominum Petrum de Janicuria, filium domini Lamberti de Barro.. super quibusdam hominibus et feminis de Fredevalle et de Janicuria et de Arcunvalle, et rebus aliis. Petrus quicquid habebat in Henrico, filio defuncti Radulphi Viridis de Insula, et in omnibus hominibus suis et feminis apud Fredevallem manentibus, et costumas quas ipse in hominibus et feminis qui de Fredevalle ibant apud Janicuriam reclamabat, nobis in escambio donavit ; et quod de cetero in villa de Janicuria, vel de Arcunvalle aliquem de hominibus vel feminis manentibus in villa Fredevalle retinere non poterit benigne concessit. » A cause de ces concessions Montiéramey donne « eidem Petro omnia chevagia hominum et feminarum nostrarum et heredum suorum apud Janicuriam et apud Arcunvallem manentium.. Respectu predictorum chevagiorum concessit P. nobis in elemosinam V solidos censuales cum omni justicia in domo Galteri, filii defuncte Agnetis, ante domum Julleii apud Barrum sita ; et V solidos in domo Thelonei eidem domui contigua, singulis annis in Pascha Florido percipiendos ; preterea memoratus Petrus, dominus Janicurie, et heredes ejus reddent nobis singulis annis in festo S. Remigii II solidos censuales apud Fredevallem pro terra sua quam ipse colit in capite suo in linagio de Fredevalle.. Actum anno Domini M° CC° XVI°. » — *Origin.*

286. — Août 1216.

Herveus, divina permissionne Trecensis ecclesie minister, omnibus presentes litteras inspecturis in vero Salutari salutem. Noverit universitas vestra, quod super querela que inter nos, ex una parte, et Rolandum, abbatem Arremarensem, et conventum ejusdem loci, ex altera, vertebatur super jure patronatus ecclesie de Capis compromisimus in dilectos et fideles nostros Nicholaum, decanum, et Henricum, cantorem Trecensem, firmiter promittentes quod, quicquid super hoc per judicium fecerint, ratum habebimus. Quod ut ratum permaneat, presentes litteras sigilli nostri munimine fecimus roborari. Anno Domini M° CC° XVI°, mense augusto. — *Cartul.* B, fol. CVI v°.

287. — Avant septembre 1216.

Nos fratres capituli Majoris Monasterii et ego Huetus, ejusdem ecclesie humilis minister, notum fieri volumus omnibus ad quos presentes littere pervenerint, quod Lambertus, qui curam in ecclesia de Nogento suscepit, per abbatem et monachos Arremarensis ecclesie ibidem presentatus et constitutus est, nos vero dicentes eis presentationem illam communem esse inter nos et ipsos, hoc illis non licere objecimus. Tandem itaque in hunc modum, lite decisa, pax inter nos et ipsos facta est : statutum est enim, quod post decessum Lamberti, qui per prescriptum abbatem in eadem ecclesia presentatus et constitutus est, licebit nobis in predicta ecclesia presbiterum presentare ; si vero Trecensis episcopus in hoc nobis noluerit consentire, nos totum posse nostrum super hoc faciemus, quod si nequiverimus, ab utraque ecclesia communiter pretentabitur ; verumtamen quoquo modo post decessum Lamberti presbiter in jamdicta ecclesia constituatur, nobis deinceps ibidem vicissim statuere licebit. Et ne hoc mutetur vel depereat sigilli nostri impressione firmamus. — *Origin.*

288. — 30 septembre 1216.

« Guiardus, archidiaconus Trecensis ecclesie et officialis curie Trecensis » il notifie un accord entre « vir venerabilis Rollandus, abbas monasterii Arremarensis, et Lambertus, presbiter de Nogento super *Auson*, qui petebat totam decimam gaide in parrochia de Nogento.. Nos habito bonorum virorum consilio diximus : quod abbas in decima gaide partem suam habere debebat sicut et in rebus aliis tam grosse decime quam minuto.. Actum anno Domini M° CC° XVI°, mense septembri, vigilia S. Remigii. » — *Origin.*— *Cartul.* B, fol. XLV v°.

289. — Novembre 1216.

« Johannes officialis Trecensis » il notifie que

« Guido, armiger, dictus *Jarrons* de Clareio laudat legatum quod Johannes de *Charruel*, armiger, defunctus, fecit in elemosinam ecclesie Arremarensi, videlicet, super toto terragio quod idem Johannes habebat in finagio de Clareio in Essartis Furnerariorium.. Actum anno Domini M° CC° XVI°, mense novembri. » — *Origin.*

290. — Janvier 1216 (*v. st.*).

« Blancha, comitissa Trecensis palatina » elle fait la notification suivante : « quod homines dilecti mei abbatis monasterii Arremarensis de Daudis qui operantur ad follata mea de Insulis, in eisdem follatis operantur sine consuetudine ponenda vel tollenda. Concessi etiam predicto abbati, quod bona fide faciam inquiri utrum predicti homines debeant operari apud supradictum castrum meum.. Si non debent.. concessi eidem abbati quod ego nec heres meus propter hoc trahemus in consuetudinem quod ipsi homines ad follata mea debeant operari.. Actum anno Domini M° CC° XVI°, mense januario. » — *Cartul.* B, fol. XCVI v°.

291. — Septembre 1217.

« Guiardus, archidiaconus Trecensis ecclesie et officialis Trecensis » il notifie que « Seerius, Terricus, Effredus, et Guido de Fontanis Gaucherio, quondam presbitero de Culterengia, et successoribus ejus in elemosinam contulisse medietatem decime terrarum quas colebant in parrochia Culterengie, quam videlicet medietatem ipsi reportabant ad domos suas, eo quod manebant in parrochia de *Montablain*; et postea inter Petrum, presbiterum de Culterengia successorem dicti Gaucherii, ex una parte, et Rollandum, abbatem, et conventum Arremarense, ex altera » il y eut discord « super tractu ejusdem decime.. tandem discordia sopita est in hunc modum : ille qui ex parte monasterii Arremarensis tempore messis colliget decimam de Culterengia, fidelitatem faciet, prestito sacramento Petro, presbitero, et successoribus ejus, quod ipse medietatem decime terrarum, quas dicti homines de Fontanis vel eorum heredes colent in parrochia de Culterengia, fideliter colliget et separatim ponet ex una parte agrorum, ut presente presbitero duodecimam partem illius decime accipiat nomine monasterii Arremarensis, eo quod decima illa solebat pertinere ad parrochiam de *Montablain*, in cujus parrochie decimatione monasterium Arremarense duodecimam partem habere dicitur » le reste appartiendra au curé. Si plus tard les terres, qui sont cultivées maintenant par les hommes de Fontaine, sont cultivées par les paroissiens de Courteranges « tunc tota decima recipietur et dividetur inter monasterium Arremarense et presbiterum de Culterengia, sicut decima communis ejusdem parrochie dividi consuevit. Actum anno gratie M° CC° XVII°, mense septembri. » — *Origin.*

292. — Octobre 1217.

« Hermanus, abbas de Ripatorio, et totus ejusdem loci conventus » ils font la notification suivante : par des chartes antérieures Larrivour a accordé, en faveur de « Rollandus, abbas, totusque conventus monasterii Arremarensis.. hominibus monachorum monasterii Arremarensis apud Parvum Maisnillum commorantibus pasnagium in duabus partibus nemoris de Doschia, a parte illa que tendit versus *Le Moriat*.. » Ensuite les moines de Montiéramey « concesserunt nobis partem totius nemoris de Doschia, que est citra viam que tendit a Bellomonte usque ad *Aillefou* a parte Magni Maisnilli, que tantummodo sufficeret dictis hominibus de Parvo Maisnillo in usus animalium propriorum.. Nos vero a via quam debebant nobis facere (Arremarenses) per prata de *Noe Merdeuse* usque ad domum leprosorum de Magno Maisnillo eos benigne quittavimus.. Actum est anno gratie M° CC° XVII°, mense octobri. » — *Cartul.* B, fol. LXXVII r°.

293. — Décembre 1217.

Omnibus presentes litteras inspecturis Philippus, abbas S. Lupi, et magister Guiardus, archidiaconus Trecensis ecclesie, salutem in omnium Salvatore. Noverit universitas vestra, quod, cum venerabilis pater Herveus, Trecensis episcopus, et Rollandus, abbas Arremarensis, et ejusdem loci conventus de querela que vertebatur inter eos super jure patronatus ecclesiarum de *Sonsois* et de Cappis in nos compromisissent, ratum arbitraturi quicquid super hiis, quantum ad proprietatem et possessionem, per judicium diceremus. Nos tandem, partibus convocatis, testibus hinc inde receptis et diligenter examinatis, attestationibus publicatis et attentius consideratis, rationibus et allegationibus partium auditis et plenius intellectis, communicato prius bonorum ac prudentium virorum consilio, arbitrando diximus: jus patronatus ecclesie de *Sonsois* ad dictos abbatem et conventum, ecclesiam vero de Cappis ad prefatum episcopum plenarie pertinere. In cujus rei memoriam et testimonium presentes fecimus litteras annotari, et sigillorum nostrorum munimine roborari. Actum anno gratie M° CC° XVII°, mense decembri. — *Origin.* — *Cartul.* B, fol. CV v°.

294. — 1218.

« Erardus, dominus Chacenaii » il fait la notification suivante : « Ego Jerosolymam profecturus.. didici quod apud *Chierreve* rogatum non habeo in hominibus vel feminis qui pertinent ad prioratum de Vivariis..; in nemore de *Cochet* quod est in finagio de Cherreveyo nichil habeo, preterquam justiciam..; forestam vero *Wiler* que est in finagio de Vivariis reddidi priori de Vivariis et communitati ejusdem ville..; generalem etiam talliam in hominibus vel feminis S. Petri Arremarensis in chastellaria mea manentibus facere non debeo ; sed ad meam vel filii mei novam militiam, et pro filia mea maritanda, et pro corporis mei captione de guerra, et pro peregrinatione mea Jerosolimitana auxilium meum debent ad Vivarias, ad Noerium, ad Anguleium ; annuatim duo tantum rogata habeo, pro quibus ultra V solidos non poterit exigi.. Anno gratie M° CC° XVIII°. » — *Cartul.* B, fol. LXXII v°.

295. — Sans date.

Notum sit tam presentibus quam futuris, quod ego Milo, comes Barri super Secanam, concessi ecclesie Arremarensi petrosam Acrimontis et omnes alias que sub dominio et potestate mea consistunt, curribus et equitibus eorum salvis euntibus et salvis redeuntibus ; et si forte aliqui aliquid commiserint, reddent dampnum, justitia condonata. Et hoc donum feci pro anima patris et matris mee. — *Cartul.* B, fol. LIV v°.

296. — Juin 1218.

« Guiardus, archidiaconus Trecensis ecclesie et officialis » il notifie que « Rollandus, abbas monasterii Arremarensis, recognovit se concessisse Roberto et Guiburgi, uxori sue, domum quam eadem ecclesia habet Trecis ante domum Mathei Ruffi, tenendam, ab ipsis vel ab altero eorum quandiu vixerint, pro XX solidis, annuatim reddendis in festo S. Remigii.. in primo anno Robertus et Guiburgis ponent in emendatione illius domus X libras ; post decessum amborum dicta domus cum omni melioratione ad ecclesiam Arremarensem libere revertetur.. Actum anno gratie M°CC°XVIII°, mense junio. » — *Origin*. — *Cartul*. B, fol. VI r°,

297. — Juin 1218.

« Guiardus, archidiaconus Trecensis ecclesie et officialis Trecensis » il notifie que « cum vir venerabilis Rollandus, abbas monasterii Arremarensis, traxisset in causam auctoritate Apostolica coram abbate S. Germani in Pratis Parisiensis, et cancellario Campanie, Martinum Minerium et Mariam uxorem ejus, Fromundum piscatorem et Giletam uxorem suam, Fauquinum et Claritiam uxorem ejus, et Perrinum filium ejusdem Claritie, Fauconinum et Richeldim uxorem suam, de Rameruco, super quod eidem abbati dampnum et violentiam intulerant et inferebant in pratis sitis in praeria de Nogento inter Albam et Ausonam, tandem predicti adversarii.. quicquid reclamabant penitus quitaverunt.. in recompensationem abbas predictis adversariis concedit II falcatas prati sitas inter pratum S. Marie et pratum domini Erardi de Rameruco et VII quarterios prati ad Fossatam de Spineto.. Actum anno gratie M°CC°XVIII°, mense junio. » — *Origin*.

298. — 7 Juillet 1218.

In nomine Patris et Filii et Spiritus Sancti. Nos Philippus, abbas S. Lupi, et Henricus, cantor Trecensis, auctoritate Apostolica cognoscentes de causa que vertebatur inter venerabiles viros abbatem et conventum Arremarensem, ex una parte, et dominum Guidonem Jollanum necnon dominum Guillermum *Jarrun* milites, ex altera, super tercia parte dominii et communis justicie de Clareio, que predicti abbas et conventus ad se nomine elemosine pertinere dicebant. Lite tandem coram nobis legitime contestata, inspectis etiam instrumentis, et receptis testibus a dictis abbate et conventu productis, die assignata ad diffinitivam sentenciam audiendam, prefatis militibus per contumaciam absentibus, de bonorum virorum consilio, terciam partem predictorum dominii et communis justicie de Clareio sepe dictis abbati et conventui per sentenciam diffinitivam adjudicavimus, tercio collega nostro, videlicet Nicholao, decano Trecensi, absentiam suam per suas litteras excusante. Datum Trecis, anno gratie M° CC° XVIII°, mense julio in crastino octabarum Petri et Pauli. — *Origin.*

299. — 29 août 1218.

Honorius, episcopus, servus servorum Dei, dilecto filio priori monasterii ad Insulam salutem et Apostolicam benedictionem. Solet annuere Sedes Apostolica piis votis, et honestis petencium precibus favorem benivolum impertiri. Ea propter, dilecte in Domino fili, tuis justis postulationibus grato concurrentes assensu compositionem inter te et decanum xpistianitatis de Barro, mediante venerabili fratre nostro Remensi archiepiscopo tunc Lingonensi episcopo, super quibusdam decimis amicabiliter initam, sicut sine pravitate provide facta est, et ab utraque parte sponte recepta, et in ipsius episcopi autentico super hoc confecto dicitur contineri, auctoritate Apostolica confirmamus et presentis scripti patrocinio communimus. Nulli ergo omnino hominum.. si quis autem hoc attemptare.. Datum Reati, IIII kal, septembris, pontificatus nostri anno IIII°. — *Cartul.* B, fol. XXXV r°.

300. — Octobre 1218.

Ego Willelmus, Dei gratia Lingonensis episcopus, universis presentes litteras inspecturis, notum facio quod ego laudo et approbo elemosinam quam nobilis vir E[rardus], dominus de *Chacegnai*, fecit Deo et ecclesie Arremarensi et prioratui de Viveriis de duabus partibus decime vini tocius finagii Ville super Arciam, sicut in litteris ejusdem Erardi plenius continetur (n. 265). In cujus rei testimonium presentes litteras sigilli mei munimine roboravi. Actum anno gratie M° CC° XVIII°, mense octobri. — *Origin. Cartul.* B, fol. LXXI v°.

301. — 12 novembre 1218.

Honorius, episcopus, servus servorum Dei, dilecfis filiis.. abbati, et conventui Arremarensi salutem et Apostolicam benedictionem. Vestra nobis devotio humiliter supplicavit, ut cum dilectus filius noster R., tituli Sancti Stephani in Celio Monte presbiter cardinalis, inhibuerit, dum in partibus Gallicanis legationis officio fungeretur, ne aliquibus infra decem et octo annos existentibus in monasteriis nigri ordinis, infra legationis sue termino constitutis, monachalis habitus traderetur, paterna super hoc providere sollicitudine dignaremur, cum ex hoc divinis officiis non modicum sit detractum, eo quod pueri educati sub virga discipline regulariter et edocti habiliores esse soleant ad eadem. Nos igitur, precibus vestris benignum impercientes assensum, presentium vobis auctoritate concedimus, ut quoslibet, absque delectu etatis juxta beati Benedicti regulam, in monasterio vestro, non obstante prohibitione hujusmodi, recipere valeatis. Nulli ergo omnino hominum liceat hanc paginam nostre concessionis infringere vel ei ausu temerario contraire. Si quis autem hoc attemptare presumpserit indignationem omnipotentis Dei et beatorum Petri et Pauli, apostolorum ejus, se noverit incursurum. Datum Laterani, II id. novembris, pontificatus nostri anno tercio.— *Origin.*

302. — 1218.

« B., decanus Barri » il notifie que « Aubricus de *Vilers*, et Xpistoforus, capellanus decani Vendopere, et Johannes de Frayninis capellanus, et Jacobus de Vendopera, canonicus Barrensis, tanquam sacerdotes testificati sunt, quod quondam Nicholaus de Fredivalle » a donné « Odoni de *Vilers*, avunculo suo, plantam suam in finagio de *Cepoy*.. » Nicolas étant mort, Eudes donne « ipsam plantam ecclesie Arremarensi.. Actum anno gratie M° CC° XVIII°. — *Origin*.

303. — 1218.

« Bernardus, decanus Barri » il notifie que « R., abbas Arremarensis, totusque ejusdem ecclesie conventus concesserunt domino Jacobo, capellano Fredivallis, canonico Barrensi, domum suam de Fredivalle cum porprisio et torculari et terras suas arabiles et corveias et terragia et prata ejusdem ville, et terragia et prata de Murevilla, toto tempore vite sue pacifice possidenda : ita quod post decessum ejus vel seculi mutationem omnia supradicta, sicut ampliorata fuerint et meliorata tam in mobilibus quam immobilibus, exceptis libris suis quos legaverit, et quecumque in finagio Fridevallis acquisierit, ecclesie Arremarensi perpetuo in elemosinam remanebunt, ita videlicet, quod debitum suum persolvent, si aliquid debuerit quod de rebus suis quas alias habuerit non possit persolvi. Tali etiam conditione ejus acquisitio ecclesie prefate perpetuo remanebit : quod secundum valorem ejus mediocriter fiet conventui pitancia singulis annis in die anniversarii sui, quod pro ejus anima et patris et matris sue faciendum concesserunt annuatim ; ipse vero Jacobus pro rebus ecclesie sibi concessis tenetur eis singulis annis reddere XL solidos pruviniensium in nundinis Barri, et usque ad festivitatem Omnium Sanctorum X sextarios bladi, quartam partem frumenti, quartam siliginis, quartam ordei, et quartam avene, ad mensuram Barri super Albam. Statutum est etiam, quod ipso equos eclesie Arremarensis.. vel in domo de Fredivalle vel in villa fuerint, de feno in omnibus procurabit ; torcular parabit ad opus ejusdem ecclesie, ita quod ipsa ecclesia damnum inde non incurrat ; conversam unam secum ibidem in omnibus procurabit, excepto quod ecclesia Arremarensis tenetur eidem converse singulis annis in tunica, et singulis annis duobus pellicio providere.. Dominus abbas et mandatum ejus quocienscumque voluerint in illa domo hospitabuntur et ibidem aysiamentum suum habebunt ; sed dictus Jacobus eos minime procurabit. Preter anniversarium autem suum, tenentur eidem Jacobo tam in temporibus quam in spiritualibus sicut uni monachorum suorum.. Que omnia habeantur et firma, presentes litteras ad preces utriusque partis fecimus sigilli nostri munimine communiri. Actum anno gratie M° CC° XVIII°. — *Origin.*

304. — Janvier 1218 (*v. st.*).

« Hugo, decanus de Vendopera » il notifie que « Hugo *Chatuns*, furnerius de *Magnant*, laude et assensu Haimonis, fratris sui, in perpetuam elemosinam concessit ecclesie Arremarensi unam quadrigam mortui nemoris quam habebat in nemore de Trooda, pro furno de *Magnant* calefaciendo, unaqueque septimana die jovis accipiendam.. Actum anno Domini M° CC° XVIII°, mense januario. » — *Cartul.* B, fol. XXXVIII r°.

305. — Juin 1219.

« Blancha, comitissa Trecensis palatina « elle notifie « quod Henricus Grivellus, laude et assensu Margarete, uxoris sue, ecclesie monasterii Arremarensis et prioratui Angleure dedit in perpetuum elemosinam et concessit tertiam partem terragii de *Charni* cum omni consuetudine, et justitiam ad illam terciam partem pertinentem. Ecclesia vero predicta de bonis et elemosinis sibi a Deo collatis dederunt prefato Henrico, et Margarete, uxori sue, in recompensationem hujus beneficii LIII libras. Actum apud monasterium Arremarense anno Incarnati Verbi M° CC° X° nono, mense junio. » — *Origin.*

306. — 20 août 1219.

« Guiardus, archidiaconus et officialis Trecensis »

il notifie « quod cum R[ollandus], abbas Arremarensis traxisset in causam Perinum de Moncellis, domicellum, qui escasuram defuncte Lore de Longavilla injuste saisierat, cum esset de jure ecclesie S. Johannis in Castro Trecensi.. » le prieuré reçoit par arrangement « totam terram et tertiam partem domus ad dictam escasuram pertinentes.. die martis post Assumptionem B. Marie anno gratie M° CC° X° nono. » — *Cartul.* fol. CXV r°.

307. — Octobre 1219.

« B., decanus Barri » il notifie que « ad instanciam domini Jacobi de Vendopera, canonici Barri, dominus R[ollandus], abbas Arremarensis, totusque ejusdem ecclesie conventus concesserunt magistro Lamberto, presbitero de Fridevalle, domum suam de Fridevalle, quam habet ipse Jacobus in manu sua quamdiu vixerit, cum maso, sicut directe retro protenditur a grangia et domo petrina, item torculari, et cum pratis ad ipsam domum pertinentibus et cum redditibus suis de Murrevilla toto tempore vite possidenda.. Actum anno gratie M° CC° X° nono, mense octobri. » — *Origin.*

308. — 1219.

« Rollandus, Arremarensis abbas, totusque conventus » ils font la notification suivante : « Michael de *Chierreve* et dominus Johannes, nepos ejus, presbiteri, dederunt nobis in perpetuam elemosinam duas vineas in territorio de Vivariis » l'une lieu dit « *Frangenoil* » et l'autre lieu dit « *Champalmain* »; les mêmes donnent « prioratui de Vivariis » une maison avec son cellier à Chervey; ils en conservent la jouissance ainsi que des deux vignes leur vie durant, en payant à Montiéramey chaque année pour les deux vignes 1 muid de vin de rente, et au prieuré de Viviers pour la maison 2 sous de rente à Pâques. « Actum anno gratie M° CC° X° nono. » — *Origin.*

« Hugo, decanus Vendopere » il fait la même notification dans les mêmes termes (*mutatis mutandis*) « Actum anno gratie M° CC° XIX°. » — *Cartul.* B, fol. LXXIV r°.

309. — Mai 1220.

Herveus, divina permissione Trecensis ecclesie minister humilis, omnibus presentes litteras inspecturis salutem in Domino. Noverit universitas vestra, quod cum dominus Papa nobis specialiter indulsisset quod nos servitoribus ecclesiarum diocesis Trecensis de bonis ipsarum ecclesiarum competentem assignaremus portionem, juxta statuta concilii generalis; Matheo, presbitero de Ruilliaco, ejusque successoribus in perpetuum substituendis, pro supplemento redditus presbiterii sui assignavimus V sextarios frumenti et V sextarios tremesii, ad mensuram Trecensem, in decima ejusdem ville, ex parte monachorum Arremarensium reddendos eidem presbitero, de voluntate et assensu Rollandi, abbatis Arremarensis. In cujus rei memoriam, ad instantiam predictorum abbatis Arremarensis et Mathei, presbiteri de Ruilliaco, presentes litteras scribi fecimus et sigilli nostri munimine roborari. Actum anno Domini M° CC° XX°, mense maio. — *Origin.* — *Cartul.* B, fol. XLV v° et CVIII r°.

Mai 1220. — « Herveus, divina permissione Trecensis ecclesie minister humilis (*ut supra*) Petro, presbitero de Culterengia, ejusque successoribus in perpetuum substituendis, pro supplemento redditus presbiterii sui assignavimus VII sextarios frumenti et IV sextarios ordei et IV sextarios avene, ad mensuram Trecensem (*ut supra mutatis mutandis*). Actum anno Domini M° CC° XX°, mense maio. » — *Cartul.* B, fol. XLV v°.

Mai 1220. — « Herveus, divina permissione Trecensis ecclesie minister humilis (*ut supra*) Guidoni, presbitero de Capis, ejusque successoribus in perpetuum substituendis, pro supplemento redditus presbiterii sui assignavimus I sextarium frumenti et I sextarium ordei, ad mensuram de Capis (*ut supra mutatis mutandis*). Actum anno Domini M° CC° XX°, mense maio. » — *Cartul.* B, fol. XLVI v°.

Mai 1220. — Herveus, divina permissione Trecensis ecclesie minister humilis (*ut supra*) Durando, presbytero de Sancto Aventino, ejusque successoribus in perpetuum substituendis, pro supplemento redditus presbiterii sui assignavimus IIII sextarios frumenti et V sextarios tremesii, ad mensuram Treconsem (*ut supra mutatis mutandis*). Actum anno Domini M° CC° XX°, mense maio. » — *Cartul.* B, fol. XLVI v°.

310. — 28 juillet 1220.

« Bernardus, decanus Barri » il fait la notification suivante : « cum dominus R., abbas monasterii Arremarensis, totusque ejusdem ecclesie conventus, concessissent domino Jacobo de Vendopera, tunc capellano Fredivallis, canonico Barrensi, domum suam de Fridevalle cum terris, pratis, terragiis, corveiis, torculari et omnibus aliis appendiciis toto tempore vite sue possidendam, tandem cum idem J. Remis ivisset moraturus, omnes pactiones habitas de premissis prefatus J. tali conditione quitavit : quod singulis annis in crastino Omnium Sanctorum ei vel ejus mandato reddi facient IIII sextaria bladi, medietatem frumenti, medietatem avene, ad mensuram Barri, toto tempore vite sue possidenda.. et vinea que est in valle *Arant*, que exciderat domino abbati de *Richon* et de *Elluiz*, uxore sua, erit dicto J. Actum anno gratie M° CC° XX°, mense julio, die martis post festum Jacobi et Xpistofori. — *Origin.*

311. — Octobre 1220.

« Guiardus, archidiaconus et officialis Trecensis » il notifie que « Galterus, filius Remberti de *Sonsois*, quitavit in perpetuum ecclesie Arremarensi terciam partem tocius hereditatis quam defunctus Radulfus, quondam presbiter de *Sonsois*, in eadem habuit parrochia et quicquid juris in eadem hereditate habebat. Actum anno gratie M° CC° XX°, mense octobri. » — *Origin.*

Octobre 1220. — Guiardus, archidiaconus et officialis Trecensis » il notifie le jugement suivant qu'il a rendu contre « Robertum, curatum de *Sonsois*, super duabus partibus totius hereditatis quam defunctus Radulfus, quondam presbiter de *Sonsois*, in eadem habuit parrochia..: abbati et conventui Arremarensi per definitivam sententiam adjudicavimus possessionnem duarum partium totius hereditatis predicte. Actum anno gratie M°CC°XX°, mense octobri. » — *Origin.*

Le 19 du même mois « Guiardus, archidiaconus et officialis Trecensis » il notifie le jugement précédent « decano S. Margarete » et lui donne ce mandat : « vobis mandamus quatinus eosdem abbatem et conventum faciatis gaudere pacifica possessione duarum partium hereditatis predicte, contradicturos et rebelles, si qui se opposuerint, per excommunationis sententiam compescentes. Datum in crastino S. Luce, evangeliste, anno gratie M° CC° XX°. » — *Origin.*

312. — 4 février 1220 (*v. st.*).

« Galterus, Dei gratia Eduensis episcopus » il no-

tifie « quod ad presentationem Rolandi, abbatis, et conventus Aremarensis ad tytulum ecclesie Savigniaci juxta Belnam dilectum clericum nostrum Renaudum de Grignaio recepimus et regendarum curam contulimus animarum ; cujus ecclesie patronatum ad monasterium Aremarense pleno jure recognoscimus pertinere. Datum apud Sedelocum, anno gratie M° CC° XX° in vigilia sancte Agathes, virginis. »
— *Origin.*

313. — Mai 1221.

« Hugo, decanus Vendopere » il notifie « quod Haimo, furnerius de *Maignant*, omnes quadrigatas mortui nemoris, quas solebat accipere in foresta de Trohouda, et quicquid in eadem foresta habebat, benigne quietavit ecclesie monasterii Arremarensis.. Actum anno gratie M° CC° XX° I°, mense maii. » — *Cartul.* B, fol. XXXVII v°.

314. — Janvier 1221 (*v. st.*)

« Thomas, dictus abbas Bullencurie, et ejusdem loci conventus » ils notifient l'accord suivant avec le prieur de Montier-en-l'Isle : « quando aliquis ex hominibus prioris [de Insula] vendiderit vel emerit vineam, terram, pratum, seu aliquid quod pertineat ad censum *de la Chape ;* vel aliquid fecerit unde debeat laudationes et ventas ad predictum censum pertinentes, nos habebimus medietatem dictarum laudationum et ventarum sexte partis *de la Chape..*

Actum anno Domini M° CC° XX° I°, mense januario. » — *Cartul.* B, fol. XXVI r°.

315. — 29 janvier 1221 (*v. st.*).

« Guiardus, archidiaconus et officialis Trecensis » il notifie que « Suinus, filius Letranni de Maisnillo Letranni recognovit se esse hominem de capite et de corpore ecclesie monasterii Arremarensis et quod omnes terras, quas tenet in finagio dicti Maisnilli Letranni, tenet a dicta ecclesia Arremarensi ad terragium secundum usus et consuetudines dicte ville. Datum dominica ante Purificationem B. Marie, anno Domini M° CC° XX° primo, mense januario. » — *Cartul.* B, fol. XXIX r°.

316. — Avril 1222.

« Theobaldus, comes Campanie et Brie palatinus » il notifie et confirme la charte de pariage relative à Pargues, donnée par la comtesse Blanche (n. 260) « omnes itaque suprascriptas pactiones.. ego laudo approbo et confirmo.. Actum anno Domini M° CC° XX° II°, mense aprili. » — *Cartul.* B, fol. LXIII r°.

317. — Mai 1222.

« G[uiardus], archidiaconus et officialis Trecensis » il notifie « quod Isacardus, carpentarius de Molendinis diceret se jure hereditario habere duodecimam partem in molendinis monasterii Arremarensis que sunt apud S. Theodosiam.. » Enfin Isachar reconnait que son père et sa mère « tempore Theobaudi, quondam abbatis Arremarensis, in elemosinam contulisse ecclesie Arremarensi quicquid juris habebant in predictis molendinis. » Isachar renouvelle cette même renonciation « in manu Rollandi, abbatis monasterii Arremarensis.. Anno Domini M° CC° XX° II°, mense mayo. » — *Cartul.* B, fol. XXXIII v°.

318. — Juin 1222.

« Rollandus, abbas Arremarensis, totusque conventus. Notum sit, quod Saymerius, clericus, de assensu nostro quamdam domum edificavit in terra que est de prioratu S. Johannis in Castello Trecensi et ante muros ejusdem prioratus sita.. Saymerius » jouira de cette maison sa vie durant, et après sa mort la maison appartiendra « cum omni amelioratione » au prieuré de Saint-Jean-en-Châtel. « Anno gratie M° CC° XXII°, mense junio. » — *Cartul.* B, fol. CXVI r°.

319. — Novembre 1222.

Ego Herveus, Dei gratia Trecensis episcopus, notum facimus omnibus presentes litteras inspecturis, quod nos, ad presentationem monasterii Arremarensis, investivimus magistrum Henricum de cura ecclesie de Clareio, et Petrum de Remis de cura ecclesie de Follis juxta Plaiotrum. Probavit enim sufficienter coram nobis ecclesia Arremarensis possessionem juris patronatus dictarum ecclesiarum, salva tamen episcopo Trecensi questione proprietatis. Actum anno gratie M° CC° XX° secundo, mense novembris. — *Cartul.* A, fol. 13 v°; B, fol. CVI v°.

320. — Décembre 1222 — Juin 1223.

Herveus, divina permissione Trecensis ecclesie humilis minister, omnibus presentes litteras inspecturis in Domino salutem. Noverit universitas vestra, quod vir nobilis Erardus de Brena et vir venerabilis Rollandus, abbas monasterii Arremarensis, in presentia nostra constituti, recognoverunt quod de societate et pactionibus ville de Nogento prope Ramerucum inter ipsos adinvicem vertebatur, pacificatum est sub hac forma :

Ego Erardus, dominus de Rameruco, notum facio presentibus et futuris, quod nec ego nec successores mei qui partem meam vel aliquid de parte mea quam ego habeo in villa de Nogento juxta Ramerucum tenebunt, cogere poterimus abbatem vel conventum monasterii Arremarensis, nec abbas nec conventus me vel successores meos ad faciendum vel recipiendum partitionem rerum quas ego et ecclesia Arremarensis in villa et in finagio de Nogento pro indiviso pariter possidemus. Quicumque autem post me a successore in sucessorem tenebunt partem meam vel aliquid de parte mea quam ego habeo in villa et finagio de Nogento infra XL dies, postquam ab abbate et conventu Arremarensi vel certo mandato eorum super hoc requisiti fuerint, tenebuntur in monasterio de Nogento juxta Ramerucum, presente abbate Arremarense vel certo mandato ejus aut mandato ipsius conventus si forte ecclesia vacaverit, jurare quod quicquid in alia carta de societate et pactionibus ville de Nogento confecta et in ipsa carta presenti continetur, in perpetuum bona fide et sine malo ingenio fideliter et firmiter observabunt. Si vero per ipsos steterit quod minus infra XL dies, postquam ab abbate vel conventu Arremarensi vel certo mandato eorum fuerint requisiti, supradictum faciant juramentum, ex tunc ipsi de parte sua quam habere debent pariter pro indiviso cum ecclesia Arremarensi in villa et finagio de Nogento nihil omnino percipient vel per se vel per interpositam personam, donec ea que supra scripta sunt juraverint se observaturos, sed partem eorum interim duo majores de Nogento recipient et servabunt, neutri dominorum ville eam reddentes donec predictum factum fuerit juramentum. Postquam vero predicti successores mei, secundum quod superius dictum est, fecerint juramentum, ipsi partem suam quam duo majores de Nogento custodiebant penes se et alias portiones ejusdem ville que ipsos contingent ex tunc pacifice percipient et habebunt. E converso autem quotiens abbas in ecclesia Arremarensi mutabitur, abbas qui succedet, infra XL dies, postquam requisitus fuerit ab ipsis qui partem meam vel aliquid de parte mea quam ego habeo in villa de Nogento tenebunt, eisdem presentibus vel certo mandato eorum, tenebitur in monasterio de Nogento jurare per se et per conventum, quod quicquid quod in alia carta de societate et pactionibus ville de Nogento confecta et in ista presenti carta continetur bona fide et sine malo ingenio in perpetuum fideliter et firmiter observabunt. Si vero per ipsum steterit quod minus infra XL dies, postquam super hoc a me vel successoribus meis vel certo mandato nostro fuerit requisitus, prescriptum faciat juramentum, ex tunc de parte quam ecclesia Arremarensis habere debet mecum et cum successore meo in villa et in finagio de Nogento nichil omino percipiet per se vel per interpositam personam donec predictum factum fuerit juramentum; sed partem abbatis et conventus Arremarensis interim duo majores de Nogento accipient et conservabunt, neutri dominorum ejusdem ville eam reddentes donec predictum factum fuerit juramentum. Postquam vero abbas Arremarensis pro se et pro conventu, secundum quod superius dictum est, fecerit juramentum, ipsi partem suam quam duo majores de Nogento custodiebant penes se et alias porciones ejusdem ville que eos contingerent ex tunc pacifice recipient et habebunt. Quod ut ratum et firmum in perpetuum permaneat, presentem paginam fieri volui et sigillo meo communiri. Actum anno gratie M° CC° XX° secundo, mense decembri. — *Origin.*

In cujus rei testimonium ad peticionem utriusque partis presentem cartam sigilli nostri munimine fecimus roborari. Datum anno Domini M° CC° XX° tercio, mense junio. — *Origin.*

321. — Janvier 1222 (*v. st.*).

« Guiardus, archidiaconus Trecensis et officialis » il notifie que « dominus Odo de Pogeyo. canonicus Aurelianensis, Helluidim, filiam Bonardi, hominis sui, de Aventis, que erat femina sua de capite et de corpore, dedit in excambium ecclesie Arremarensi pro Jaqueta, filia Virrici *Verreglas* de Mainillo Letranni.. Actum anno gratie M° CC° XX° secundo, mense januario. » — *Cartul.* B, fol. XXVIII v°.

322. — Février 1222 (*v. st.*).

« Bernardus, decanus Xpistianitatis de Barro super Albam » notifie que « magister Gilo, phisicus, de Barro super Albam.. concessit quod in vita sua reddet annuatim ecclesie Arremarensi XX solidos pruviniensium in festivitate S. Remigii pro domo dicte ecclesie cum cellario apud Barrum sita, que fuit Girardi, fabri.. concessit etiam eidem ecclesie dictus Gilo duas vineas quarum unam sita est in petrosa Presbiteriville, altera vero in Charma Robelini post decessum ejus vel seculi mutationem titulo perpetue elemosine possidendas. Actum anno Domini M° CC° XX° secundo, mense februario. » — *Origin.*

323. — Mai 1223.

Ego Philippus, dominus de Planceio, notum facio presentibus et futuris, quod cum inter me, ex una parte, et venerabilem Rollandum, abbatem, et conventum monasterii Arremarensis, ex altera, discordia verteretur, eo quod dicebant se debere facere mecum particionem et habere medietatem omnium hominum et feminarum qui nati sunt vel nascerentur de homnibus ecclesie Arremarensis et feminabus meis, et de hominibus meis et feminabus ejusdem ecclesie matrimonio pariter copulatis in omnibus villis de riveria Barbusie ; et quod jamdicti abbas et conventus Arremarensis dicebant se debere habere omnes eschetas hominum et feminarum suorum, absque herede secum in pane et sale associato ex hoc seculo migrantium, in omnibus villis de riveria Barbusie, tandem discordia illa pacificata est in hunc modum : quod abbas et conventus monasterii Arremarensis infra duos menses mecum facient particionem et habebunt medietatem omnium hominum et feminarum qui jam nati sunt, et infra quatuor menses mecum vel cum successoribus meis facient particionem et habebunt medietatem omnium hominum et feminarum qui amodo nascentur, ut dictum est, in villis de riveria Berbusie. De escheetis siquidem ita constitutum est: quod ab hodierna die et deinceps abbas et conventus Arremarensis duas partes rerum mobilium omnium escheetarum hominum et feminarum suorum, absque herede secum in pane et sale associato ex hoc seculo migrantium, in omnibus villis de riveria Barbusie habebunt; ego vero et successores mei de supradictis escheetis habebimus terciam partem. Preterea sciendum est, quod in singulis masnagiis omnium hominum et feminarum ecclesie Arremarensis manentium in omnibus villis de riveria Barbusie ecclesia Arremarensis pro chevagio habebit IIII denarios annuatim, etsi etiam in aliquo masnagio vel maritus esset homo meus vel uxor esset femina mea ; in eisdem autem hominibus et feminabus habet ecclesia Arremarensis sanguinem, allegia, et asolamenta. Et si aliqui de dictis hominibus et feminabus se mesmaritaverint cum aliquibus qui non sint homines mei vel femine, vel non sint homines vel femine ecclesie Arremarensis, ecclesia Arremarensis habebit in mesmaritagio duas partes, et ego et successores mei terciam partem. Certum est autem quod homines et femine ecclesie Arremarensis manentes in istis quatuor villis, videlicet apud Sanctum Stephanum, Sanctum Martinum, Sanctum Remigium et apud *Noeroi* debent singulis annis abbati Arremarensi gistum unius diei et noctis. Sciendum est itaque quod ego dico me habere et successores meos a supradictis hominibus ecclesie Arremarensis omnium villarum de riveria Barbusie talliam, justiciam et submonicionem, charreium et chevaucheium ; dicti autem abbas et conventus contra hoc non poterunt venire. Quod ut ratum et inconcussum in perpetuum maneat, presentem cartam sigilli mei feci munimine roborari. Actum anno Domini Mº CCº XXIIIº, mense maio. — *Origin.*

324. — Septembre 1223.

« Stephanus, decanus xpistianitatis Trecensis.. cum abbas Arremarensis peterat a me oblationes quas perciperem in ecclesia de Clareio in festo Omnium Sanctorum, vacante eadem ecclesia, ego nolens ipsum super hoc molestare, cum valde sit amicus meus, predictas oblationes reddidi ei.. Actum anno gratie Mº CCº XXº IIIº, mense septembri. » — *Cartul.* B, fol. CVI vº.

325. — Janvier 1223 (*v. st.*).

« Stephanus, abbas Sancti Michaelis de Tornodoro, et Theobaudus, abbas Melundensis » ils notifient que « Durannus, de Chaorsia sacerdos, recognovit quod tenebat ab ecclesia Arremarensi omni tempore vite suo possidenda » cinq maisons à Chaource. « Idem vero Durannus in prato *Tyois* VI arpenta prati acquisivit, que ecclesie Arremarensi in elemosinam concessit post decessum ejus vel seculi mutationem possidenda. Et de pratis illis tenetur abbas Arremarensis singulis annis dare conventui XX solidos pruvinensium pro pitancia jamdicto conventui facienda in die anniversarii Duranni memorati. Anno ab Incarnatione Domini Mº CCº XXº ter cio, mense januario. — *Origin*. — *Cartul*. A, fol. 8 r°; B, fol. CXV v°.

326. — Février 1223 (*v. st.*).

« Hugo, officialis Trecensis » il notifie que « Rollandus, abbas monasterii Arremarensis, de consensu tocius capituli sui, omnes portiones quas ecclesia Arremarensis habet in ecclesia de Follis et de Frasneio, sicut continetur in antentico Garnerii bone memorie, quondam Trecensis episcopi, omnes terras, omnes redditus, que tenere solebat Hugo, quondam presbiter de Follis, in tota parrochia de Follis et de Frasneio, que amodo ecclesie de Follis legabantur domino Richardo, presbitero de Follis, admodiavit, omni tempore vite sue possidenda.. Richardus tenetur ecclesie Arremarensi reddere annuatim in Natali Domini XXX solidos, et in festo Pentecostes XXX solidos pruvinensium, in festivitate S. Remigii II sextarios siliginis et VI sextarios avene, ad mensuram Plaiotri.. Actum anno Domini M° CC° XX° tercio, mense februario. » — *Origin*.

327. — Mars 1223 (*v. st.*).

Ego Theobaldus, Campanie et Brie comes palatinus, omnibus notum facio, quod, cum abbas et conventus monasterii Arremarensis haberent in tota villa de Chimino juxta *Voonon* medietatem et totam decimam, et ego aliam medietatem in eadem villa, preterquam in decima, et ego rogassem abbatem et conventum supradictos quatinus ipsi darent michi quicquid habebant in eadem villa, preterquam in decima, in escambium alterius redditus, ut ego eam traderem dilecto et fideli meo Erardo de Brena pro terra quam ei assignare volebam : tandem post multarum precum instantiam predicti abbas et conventus michi concesserunt quicquid habebant in predicta villa de Chimino preterquam in decima, quam sibi separatim retinuerunt. Ego vero de hoc escambio ecclesiam Arremarensem reddere desiderans indempnem, dedi predicte ecclesie in escambio pro predicta villa de Chimino totam partem meam de toto minagio de Chaorsia, et de Manso Roberti, ita quod totum minagium dictarum villarum erit ecclesie Arremarensis et ego in minagio nichil omnino habebo. Preter hoc etiam dicti abbas et conventus accipient IV modios avene in redditus bladorum meorum de Chaorsia et de Manso Roberti, videlicet, in terragiis meis de Chaorsia et de Manso Roberti vel si eis melius placuerit predictos IV modios avene accipient in costumiis meis que reddentur in festivitate sancti Remigii in villa de Chaorsia et de Manso Roberti, ita quod antequam aliquis accipiat aliquid in terragiis et costumiis predictis sepedicti abbas et conventus accipient in eisdem IV modios avene supradictos. Si vero contingeret quod ego non admodiarem blados meos de Chaorsia et de Manso Roberti totum pro avena, sicut fieri consuevit, vel eos admodiarem pro denariis, predicti abbas et conventus tantum accipient de bladis illis vel de denariis quod ipsi inde possent habere IV modios avene sufficienter. Quod ut ratum et inconcussum permaneat sigilli mei munimine roboravi. Actum est hoc anno Incarnati Verbi M° CC° XX° tercio, mense marcio.— *Copie*. — *Cartul*. B, fol. LXXXV v°.

328. — Juin 1224.

« Ego Guido, Laticensis archidiaconus, et ego frater Wiardus, monachus de Moris » ils font la notification suivante : « cum auctoritate domini Conrardi episcopi Portuensis, Apostolice Sedis legati, querela verteretur inter priorem de Vivariis, ex una parte, et dominum Andream de Pascuis, ex altera, coram preposito de Beligniaco et M., canonicum Eduensem, super redditibus ecclesie de Lochis et de Landrevilla, tandem.. Andreas remisit et quitavit in perpetuum priori de Vivariis totam supradictam querelam ; similiter et illos XL solidos quos dominus Hugo, presbiter Barri super Secanam, solebat annuatim percipere in dicta ecclesia ; nullam omnino portionnem vel agmentationem de cetero postulabit.. pro domino Andrea datus est plegius Theobaldus, clericus de Villa super Archiam, et Hugo. clericus de *Fraval*, de XX libris; et pro priore Johannes de Aguilleio, miles, de XX libris. Actum anno gratie M° CC° XX° quarto, mense junio. » — *Origin*. — *Cartul*. B, fol. LXXXI r°.

329. — Juillet 1224.

« H., Trecensis curie officialis » il notifie que « homines de *Bousantun*, scilicet, Odo Englicus, Simon *Punneis*, Hugo *dou Ru*, domicellus, filius domini Theobaudi, Jacquinus Sultus, Emengardis, majorissa, uxor Aubrissi de *Bosantun*.. benigne recognoverunt quod medietas terre illius que est apud *Bosantun* que vocatur Hasta de *Chiereval* movet de ecclesia Arremarensi, et quod ipsi tenent medietatem illam ab ecclesia eadem ad terragium, ita quod tempore messis non debent gerbas suas a terra illa removere donec vocaverint terragiarium ecclesie Arremarensis.. Actum est hoc anno Domini M° CC° XX° quarto, mense julio. » — *Cartul.* B, fol. VI v°.

330. — Juillet 1224.

« H[ugo], Trecensis curie officialis » il notifie que « dominus Guido de Univilla et dominus Gaufredus de *Lesmons*, milites, constituerunt se plegios de XX libris unusquisque in solidum erga Rollandum, abbatem monasterii Arremarensis, pro domino Guidone de Pogiaco, canonico Aurelianensi, super hoc quod infra mensem, quo dominus episcopus Trecensis erit apud Trecas vel prope » Gui obtiendra de l'évêque « ut sigillet sigillo suo pacem de discordia » entre Gui et l'abbé de Montiéramey « super hiis que dictus abbas emerat ab Emengardi, sorore dicti Guidonis, que sunt apud Mesnillum Letranni.. Anno Domini M° CC° XXIIII°, mense julio. » — *Cartul.* B, fol. XXIX v°.

331. — Novembre 1224.

« Theobaldus, Campanie et Brie comes palatinus » il fait la notification suivante : « Ego Odiardim, filiam Ameline de *Loncsout*, feminam meam de corpore, dedi et concessi habendam in perpetuum ecclesie monasterii Arremarensis in excambium pro Amelina, filia Petri de Curia de *Avanz*.. Actum anno ab Incarnatione Domini M° CC° XX° quarto, mense novembri. — *Origin.* — *Cartul.* B, fol. XXIX v°.

332. — 12 février 1199 (*v. st.*).

« S. Petri et S. Germano priores, et decanus Barri, judices a domino papa delegati » ils notifient un jugement qu'ils ont rendu en faveur de Montiéramey contre « Avupotem, et Willermum filium ejus, et Ayam, et Robinum filium ejus.. cum essent in eadem investitura domus defuncti Roberti, quondam presbiteri de *Sonsois*, quam domum suam apud *Sonsois* sitam, predictus R., ecclesie Arremarensi legaverat cum omni porprisio. » Après toutes les formalités voulues « possessionem domus et porprisii.. per sententiam diffinitivam Arremarensibus adjudicamus, jure proprietatis utrique parti reservato. Nos autem attendentes *Avupz* et alios probabilem causam habuisse litigandi, ipsos in expensis in lite factis minime condempnamus. Actum anno gratie M° CC° XX° quarto. Datum apud Barrum, feria IIII post dominicam qua cantatur *Esto michi.* » — *Origin.* — *Cartul.* B, fol. XXXII v°.

333. — Mars 1224 (*v. st.*).

« Ego Philippus, dominus de Planceio » il prend l'engagement suivant : « partitionem hominum et feminarum de riveria Barbuise inter me et abbatem Arremarensem, quam dominus Odo, miles de *Boleges*, faciet, ratam et firmam habebo. Illa partitio debet terminari infra octavas Pasche. Actum anno Domini M° CC° XX° quarto, mense martii. » — *Origin.*

334. — Mai 1225.

« H[ugo], officialis Trecensis » il notifie que « Aia, mulier, benigne quitavit abbati et conventui Arremarensi quicquid juris habebat vel habere poterat in molendino novo sito inter Fagos et *Corcemain* in perpetuum pacifice possidendum.. Actum anno gratie M° CC° XX° quinto, mense maio. » — *Origin.*

335. — Mai 1225.

« Guiardus, archidiaconus Trecensis » il notifie que « Bartholomeus, curatus de Nogento, dedit in pepetuam elemosinam ecclesie Arremarensi de assensu et voluntate Seseye, matris sue, domum suam sitam in vico Clericorum apud portam de *Comporté* cum appendiciis suis, liberam ab omni censu et terram sitam apud banleiam juxta Puteum Leprosorum.. Postmodum abbas concessit eidem B., quandiu vixerit in habitu seculari, quicquid ecclesia Arremarensis habet in grossa et minuta decima de Nogento et oblationibbs ejusdem ville.. Actum anno Domini M° CC° XX° quinto, mense maio. » — *Origin. Cartul.* B, fol. LIV v°.

336. — Mai 1225.

Robertus, divina permissione Trecensis ecclesie minister humilis, omnibus presentes litteras inspecturis salutem in Domino. Noverit universitas vestra, quod Clarellus Alemannus, in presentia nostra constitutus, benigne recognovit se esse hominem ecclesie Arremarensis, sicut sunt ceteri homines monasterii Arremarensis. Insuper idem C. creantavit et in manu nostra fidem dedit, quod ipse infra octabas sancti Johannis Baptiste cum familia sua erit mansionarius apud Trecas, vel apud monasterium Arremarense sub potestate, dominio, justitia et jurisdictione ecclesie Arremarensis, et quod ipse solvet singulis annis in festivitate sancti Remigii XXX solidos pruviniensium nomine aboonationis, nec abbas ab eodem Clarino plus petere poterit, nisi pro delicto suo mediante justitia fuerit puniendus. Quod ut ratum sit ad petitionem utriusque partis presentes litteras sigilli nostri munimine fecimus roborari. Actum anno Domini M° CC° vicesimo quinto, mense maio. — *Origin.*

337. — Mai 1225.

Robertus, divina permissione Trecensis ecclesie minister humilis, in Domino salutem. Noverit universitas vestra, quod in nostra presentia constitutus Hugo *li Chaz* de *Bolviges* recognovit se in perpetuam elemosinam contulisse ob remedium anime sue et animarum antecessorum suorum ecclesie monachorum de Angleurella V arpenta prati sita in praeria de *Boloiges* in loco qui dicitur *és Arpanz*, et istam donationem laudavit et concessit dominus Odo de *Boloiges*, miles, de cujus feodo dictum pratum movet, sicut idem Odo asseruit coram nobis. Idem etiam Odo, coram nobis constitutus, similiter dedit prefate ecclesie in perpetuam elemosinam duo arpenta prati in predicto loco sita. In cujus rei testimonium, ad petitionem predictorum Odonis et Hugonis presentes litteras sigilli nostri munimine fecimus roborari. Actum anno gratie M° CC° vicesimo quinto, mense maio. — *Origin.*

338. — Juillet 1225.

Robertus, divina miseratione Trecensis ecclesie, minister humilis, omnibus presentes litteras inspecturis salutem in Domino. Noverit universitas vestra, quod Jacobus, scutifer de Grangia, et Ida, uxor ejusdem Jacobi, in presentia nostra constituti, titulo perpetue elemosine concesserunt ecclesie Arremarensi tres minas yvernagii et tres minas avene de decima Magni Mesnili, quem bladum accipiebant in grangia de Festro, et VI denarios, et unum obolum censuale, et unam minam frumenti et unam minam avene de decima Villiaci, quem bladum accipiebant in grangia de Villari, laude et assensu Petri, militis de Blaceio, fratris ejusdem Ide, de cujus feodo movebat elemosina memorata. Dederunt autem fidem in manu nostra Jacobus et Ida, uxor ejus, et Petrus, miles de Blaceio, supradicti, quod super hiis debitam garantiam portarent erga omnes qui ecclesiam Arremarensem super hoc presumerent molestare. Predicti vero Jacobus et Ida XXVIII libras pruvinensium pro recompensatione elemosine memorate receperunt de beneficio ecclesie Arremarensis. In cujus rei testimonium presentes litteras ad peticionem utriusque partis sigilli nostri munimine fecimus roborari. Actum anno Domini M° CC° XX° quinto, mense julio. — *Cartul.* B. fol. LII r°.

339. — Juillet 1225.

« Hugo, decanus de Vendopera » il notifie que « Hugo, scutifier de *Meignant*.. laudavit et concessit quicquid Rollandus, abbas, et conventus Arremarensis adquisierunt elemosina vel emptione in furno de *Meignant* ab hominibus qui tenebant furnum illum a dicto Hugone et dictis Arremarensibus.. Arremarenses reddent annuatim dicto Hugoni, in crastino Natalis Domini, III panes, I sextarium vini et II espaulas porcinas.. Actum anno Domini M° CC° XXV°, mense julio. » — *Origin.* — *Cartul.* B, fol. XXXVIII v°.

340. — 18 août 1225.

Ego R[obertus], Dei gracia Trecensis episcopus, notum facimus omnibus presentes litteras inspecturis, quod dominus Erardus de Alneto et Ermeniardis, uxor sua, vendiderunt pro CCC libris abbati et conventui monasterii Arremarensis quicquid habebant in Mesnillo Letranni, sito juxta *Avenz*, videlicet, medietatem justitie, medietatem tallie, medietatem corvagii, medietatem lignarii et tertiam partem salvamenti, et si quid aliud habebant in dicta villa. Juraverunt etiam prefati Erardus et Ermeniardis, uxor ejus, quod de venditione hac bona fide portabunt garanteiam sicut de jure debebant, dominus etiam Manasses de Pogiaco laudavit hanc venditionem, que movebat de feodo ejus. In cujus rei testimonium ad petitionem partium fecimus presentem paginam sigillo nostro roborari, anno gratie M° CC° XX° quinto, XV° kalendas septembris. — *Cartul.* B, fol. XXIX r°.

341. — 7 août 1225.

« Hugo, officialis Trecensis » il notifie un accord

« inter monachos Arremarenses, et Guillelmum, rectorem ecclesie de Capis super quibusdam proventibus ecclesie B. Lupi de Capis : monachi Arremarenses accipient in capella S. Johannis medietatem omnium oblationum, et in V solidis census et dimidio in capitagiis S. Lupi et in censu atrii B. Lupi per omnia medietatem ; alia autem medietas in partem presbiteri erit sicut antea erat. Actum anno gratie M° CC° XXV°, die jovis ante festum beati Laurentii. » — *Origin.* — *Cartul.* B, fol. CVI r°.

342. — Septembre 1225.

« Hermannus, abbas de Ripatorio » il fait la notification suivante : « nos dedimus » à Montieramey « unum arpentum prati siti in Insula *Bullaim* super Bassam juxta *Courterenges* » Montiéramey quitte à Larrivour « duas partes decime vini vinee site juxta vadum de Waleuria.. Anno Domini M° CC° XXV°, mense septembri. » — *Cartul.* B, fol. LXXV v°.

343. — Octobre 1225.

« Hugo, officialis Trecensis » il notifie un discord « inter Emangardim, relictam defuncti Milonis, domini de Colaverzeio, Henricum et Bovonem, clericum, ejus filios, ex una parte, et Rolandum, abbatem monasterii Arremarensis, et conventum, ex altera.. super escheetis hominum et feminarum Arremarensis ecclesie de Colaverzeio absque herede decedentium. » Les seigneurs de Colaverdey (Charmont) abandonnent à Montiéramey « omnes escheetas de mobilibus, ita quod de immobilibus occasione escheetarum dictarum ecclesie Arremarensi reddere nichil tenebuntur.. Actum anno gratie M° CC° XX° quinto, mense octobri. » — *Origin.* — *Cartul.* B, fol. XXXII v°.

344. — Février 1225 (*v. st.*).

« Frater J., monasterii Arremarensis abbas, totusque conventus » ils notifient « quod C., dominus Capparum, dedit monachis monasterii Arremarensis apud Cappas mansitantibus licentiam perforandi murum ejusdem castri, contiguum porprisio eorum, et facere plancham sive pontem per fossatum quod est inter dictum murum et grangiam eorum, ut in eundo ad grangiam suam et inde redeundo iter liberum habeant. Hec autem omnia tali conditione concessit eis, quod cum voluerit et necesse fuerit possit dictum murum, qui perforatus fuerit, obturare.. Anno Domini M° CC° XX° quinto, mense februario. » — *Origin.* — *Cartul.* B, fol. LXXIX r°.

345. — Juin 1226.

« Ego Agnes, comitissa Campanie et Brie palatina, notum facio tam presentibus quam futuris, quod vir venerabilis Jacobus, abbas monasterii Arremarensis, totusque ejusdem loci conventus ad preces meas dederunt et concesserunt domine Aelidi, magistre mee, tres partes pratorum suorum quas habent subtus Poleniacum, que vocantur Haste S. Petri, unam scilicet partem subtus domum ecclesie Molismensis, alteras vero duas partes juxta molendinum de *Noisement* quandiu Ayledis vixerit possidendas.. Actum anno gratie M° CC° XXVI°, mense junio. » — *Cartul.* B, fol. LIII v°.

346. — Octobre 1226.

« H., cantor S. Lupi, et S. Quintini prior Trecenses » ils rendent « auctoritate Apostolica » le jugement suivant « inter Jacobum, abbatem monasterii Arremarensis et ejusdem loci conventum, ex una parte, et Guillelmum, presbiterum de Capis, ex altera : medietatem omnium legatorum que fient in parrochia de Capis predictis abbati et conventui per diffinitivam sententiam adjudicavimus. Actum anno M° CC° XX° VI°, mense octobri. » — *Cartul.* B, fol. CVI v°.

347. — Avril (Pâques le 19) 1226.

Ego Theobaldus Campanie et Brye comes palatinus, notum facio universis presentes litteras inspecturis, quod, cum esset contentio inter me, ex una parte, et ecclesiam de Lentischo, que cella est monasterii Arremarensis, ex altera, super hoc quod prior ejusdem ecclesie de Lentischo petebat usuarium in foresta juxta Lentischum, quod eidem non cognoscebam, tandem inspecta quadam carta quam dictus prior habebat a dono inclite recordationis Henrici, avi mei, quondam comitis Trecensis, remisi eidem ecclesie contentionem illam necnon pro salute mea et antecessorum meorum donavi in perpetuam elemosinam eidem ecclesie usuarium in dicta foresta.. Actum Trecis, anno Domini M° CC° XX° sexto, mense aprili. — *Origin.*

348. — 7 novembre 1228.

« Oda, domina Pogeaci » elle fait la notification suivante : « Guido, filius meus, de *Pogi*, clericus, canonicus Belvacensis, in presentia mea constitutus donavit et concessit abbati et conventui Arremarensi Amelinam in feminam suam, filiam Bonardi, *du Tron*, in escambium pro Hermeniarde, filia Beliarde de Magneyo Letranni, femina [Arremarensium]. Ego vero et filius meus Manasserus, miles, istud concedimus et probavimus. In cujus rei testimonium presentes litteras sigilli mei testimonio roboravi, quia predictus Manasserus non habet sigillum. Actum anno Domini M° CC° XX° octavo, mense novembris, die martis ante festum B. Martini. » — *Cartul.* B, fol. XXIX r°.

349. — Janvier 1228 (*v. st.*).

« Clarembaudus, dominus de Cappis » il fait la

notification suivante : « Guido, filius Salonis, militis de *Corjusaines*, recognovit se vendidisse » à l'abbaye de Montiéramey « pro XXV libris pruvinensium quicquid habebat in villa et finagio de Desda, videlicet, XIII jugera terre ; et terragium VII jugerum terre ; et XII denarios censuales. Et quia supradicta omnia de feodo meo movebant ad petitionem dicti Guidonis monasterio Arremarensi supradicta benigne laudavi.. Actum anno Domini M° CC° XX° octavo, mense januario. » — *Origin.* — *Cartul.* B, fol. XCVII r°.

350. — Février 1228 (*v. st.*).

« Clarembaudus, dominus de Capis » il fait la notification suivante : « Guillelmus *Jarrons*, miles de Clareio, pro anima defuncti Gilcheri, filii sui, et pro anima matris sue domine Marie, et pro animabus antecessorum suorum dedit ecclesie Arremarensi, titulo perpetue elemosine, III sextarios bladi ad mensuram Trecensem, medietatem ivernagii et medietatem ordei annuatim in terragio de Vacheria accipiendos.. et quia dictum bladum de feodo meo movebat, hoc concessi et laudavi. Anno Domini M° CC° XX° octavo, mense februario. » — *Origin.*

351. — 13 avril 1228 (*v. st.*).

« H., cantor, et prior S. Quintini Trecensis » délégués apostoliques, notifient que l'abbaye de Montiéramey réclamait « a Bernardo de *Thefrein* quartam partem cujusdam molendini, siti juxta Fontem S. Hylarii, quam eisdem abstulerat et tenuerat a XII annis.. tandem dictus B. quartam partem tocius molendini abbati et conventui Arremarensi pro XXII libris titulo venditionis tradidit et concessit in perpetuum possidendam.. Actum Trecis, anno Domini M° CC° XX° VIII°, die veneris proxima post Ramos Palmarum. » — *Origin.* — *Cartul.* B, fol CIII r°.

352. — Mai 1229.

« Erardus de Brena, dominus Rameruci » il fait la notification suivante : « quod de duabus falcatis prati, et de duabus petiis terre sitis apud Nogentum prope Ramerucum, quas petias Margareta, quondam domina de Ortilione, dederat in elemosinam ecclesie Arremarensi pro Guillelmo, filio ejus, quondam monacho ejusdem ecclesie, super quibus petiis contentio erat inter ecclesiam Arremarensem, ex una parte, et *Dameron*, relictam Guidonis de Ortilione, et heredes suos, ex altera; quia hec *Dameron* in feodo de me tenebat, laudo et concedo ecclesie Arremarensi in perpetuum possidenda.. salva tamen michi et meis successoribus in supradictis per medium justicia.. Actum anno Domini M° CC° XX° nono, mense maio. » — *Origin.*

353. — Mai 1230.

Ego Theobaldus, Campanie et Brie comes palatinus, omnibus notum facio quod in mea presentia constituti Robertus de *Creaudon* et Aalidis, uxor ejus, de cujus capite et hereditate res subscripte movebant, recognoverunt se vendidisse abbati et conventui monasterii Arremarensi pro CCCC et L libris pruvinensium, jam plenarie persolutis, quicquid habebant in villa et finagio Sancti Saturnini, videlicet, in hominibus, feminis, justicia, oschiis, costumis oschiarum, censibus, gallinis, costumis terrarum, commandisia, terragio, gaaignagio ; et etiam molendinum ejusdem ville et fossam que est subtus molendinum usque ad aquam communem ; et stagnum quod est desuper molendinum usque ad partem quam habent dominus Clarembaudus dictus *li Borgnes* et heredes defuncti Garini *Bordel* in eadem aqua, et baeias que sunt in chauceia ejusdem molendini, et ripam baeie que est a parte *Corcemain* in longitudine stagni liberam cum omni dominio et justicia ; marremium autem quod erat juxta dictum molendinum dictus Robertus et uxor ejus dictis abbati et conventui monasterii Arremarensis in elemosinam contulerant. Quicquid etiam in predicta villa Sancti Saturnini et in finagio ejusdem ville dictus Robertus et Aalidis, uxor ejus, habebant vel habere debebant vel poterant modis omnibus et commodis, ecclesie monasterii Arremarensis vendiderunt in perpetuum possidendum. Et garantiam legitimam contra omnes bona fide super hiis omnibus portare tenentur. Aquam vero que est subtus monasterium usque ad aquam de *Warce* dictus Robertus et Aalidis, uxor ejus, cum omni dominio et justitia sibi retinuerunt. Hanc autem venditionem, quia dicte res de meo feodo movebant, laudo et approbo, videlicet, ut jamdicta ecclesia monasterii Arremarensis omnia supradicta quiete et pacifice jure hereditario in perpetuum possideat. Quod ut ratum et firmum in perpetuum habeatur presentem cartam, ad petitionem dicti Roberti et Aalidis, uxoris ejus, de cujus capite supradicta movebant, sigilli mei munimine feci roborari. Actum anno gratie M°CC°XXX°, mense maio. — *Origin.*

354. — Janvier 1230 (*v. st.*).

« Clarembaudus, dominus de Capis » il notifie que « Herbertus Crassus et Emelina, soror ejus, de Clareio, vendidisse » à l'abbaye de Montiéramey « II arpenta prati sita in parte finagii de Clareio que dicitur Foresta, inter Desdam et Clareium, pro C solidis pruviniensium » payés comptant. « Et quia dictum pratum ad feodum meum pertinebat dictam venditionem laudavi et approbavi.. Actum anno Domini M° CC° tricesimo, mense januario. » — *Origin.*

355. — Février 1231 (v. st.).

« Abbas S. Evodii de Branna, et S. Evodii et S. Remigii priores de Branna Suessionnensis diocesis, a domino papa judices delegati » ils notifient un accord entre « priorissam et conventum Andeceiarum, et priorem et monachos de Angleura ad monasterium Arremarense pertinentes, super II sextariis bladi ad mensuram Planceii, quos moniales petebant in terragio de Charneio, quod fuit defuncte Ode de *Coherart*, eidem ecclesie Andeceiarum ab ipsa Oda legatos, tandem inter se composuerunt sub hac forma : videlicet, quod (moniales) illos II sextarios quos petebant et alios II sextarios quos quiete possidebant in quadam parte illius terragii, quod Margarita, relicta Henrici *Grivel*, et alii heredes dicte Ode tenent, concesserunt et quitaverunt monachis de Angleura in perpetuum quiete et pacifice possidendos, receptis ab eisdem monachis XII libris Pruvinensis monete.. Actum anno Domini M° CC° XXX° primo, mense februario. » — *Origin*.

Mars 1231 (v. st.). — « T., priorissa, totusque conventus ecclesie Andeceiarum » elle ratifient l'accord précédent.. « Actum anno Demini M° CC° XXX° primo, mense marcio. » — *Origin*.

356. — Avril 1231.

Robertus, Dei gratia Trecensis episcopus, omnibus presentes litteras inspecturis in Domino salutem. Noverit universitas vestra, quod in nostra presentia constitutus Johannes, armiger, recognovit se in perpetuam elemosinam contulisse abbati et conventui Arremarensi, octavam partem tocius decime de Clareio, de qua etiam parte decime idem armiger se in manu nostra personaliter devestivit, et nos ad petitionem ejusdem fratrem Jacobum, abbatem dicti monasterii, nomine ipsius monasterii investivimus, laudantibus Burone, milite de *Estorvi*, et Adelina de *Thori*, uxore ejusdem militis, et etiam Milone de *Thori*, scutifero, et Balduino, fratre ejusdem Milonis, de quorum feodo dicta decima dicebatur movere. Et de hujus rei garentia portanda se constituit plegium in nostra presentia Miletus de *Montmeien*, frater predicti Johannis, armigeri, et dictam collationem laudavit. Aliam et octavam partem dicte decime, que ad dictum Miletum dicitur petinere, posuit in responso in manu prefati abbatis, laudantibus predictis Burone, milite, Adelina, uxore ejus, Milone de *Thori*, scutifero, et Balduino, fratre ejusdem Milonis, de quorum feodo dicta octava pars dicitur movere, ad quam partem abbas dicti monasterii se assignaret sine aliqua injuria si aliquis prefatum monasterium super jamdicta decima molestaret. Et omnes predicti fidem corporaliter prestiterant quod contra collationem predictam non venient, nec per se nec per alios in dicta decima que fuit dicti Johannis de cetero reclamabunt. In cujus rei testimonium presentes litteras ad peticionem dicti

Johannis sigillo nostro fecimus sigillari, salvo in omnibus jure nostro et sine juris prejudicio alieni. Actum anno Domini M° CC° XXX° primo, mense aprili. — *Origin.*

357. — Août 1232.

« B., decanus, et totum capitulum B. Stephani Trecensis » ils notifient le concordat suivant signé avec Montiéramey : « Statuimus tam nos quam ipsi ut de cetero in comitatibus Trecarum et Brene homines nostri cum feminis eorum et femine nostre cum hominibus eorum libere et sine contradictione copulentur, ita quod quandiu vixerint homines vel femine supradicti tam nos quam ipsi talias per medium partiemur ; liberi autem qui talibus matrimoniis nati sunt vel nascentur inter nos et ipsos equaliter dividentur. In hereditatibus autem paternis et maternis liberi supradicti succedent, ita quod quilibet eorum in heredidate paterna et materna pro numero liberorum justam habebit et legitimam portionem, salva consuetudine in comitatu Barri super Albam hactenus observata.. Actum anno Domini M° CC° XXX° secundo, mense augusto. » — *Cartul.* B, fol. XX v°.

558. — Octobre 1232.

« R[enaudus], B. Lupi Trecensis dictus abbas, totusque ejusdem loci conventus » ils notifient un

accord entre l'abbaye de Saint-Loup et l'abbaye de
Montiéramey « coram decano S. Germani Antissiodorensis Parisiensis, et magistro Petro de Papa, domini pape subdiacono, canonico Parisiensi, et magistro Philippo de Lupicenis, canonico Pontisarensi,
auctoritate Apostolica, super VI feminis Sophia de
Manillo, *Helisabet* de Monsterello, Sezanna de *Buires*,
Homaniardis de Villa Media et Adelina de Villiaco »
(*cinq seulement sont nommées*) vendues par l'abbaye de Saint-Loup « domino Erardo de *Chascenai*..
Abbas et conventus Arremarensis quittaverunt omnia que petebant occasione alienationis predicte et
expensas factas in lite predicta ; abbas et conventus
S. Lupi (quittaverunt) VI feminas supradictas et liberos earum et quicquid juris in eis (habebant). Actum anno Domini M° CC° XXX° secundo, mense octobri. » — *Cartul.* B, fol. VI r°.

559. — Octobre 1232.

« H. de Gieio, decanus Vendopere » il notifie
« quod Huetus, filius domini Doeti de *Fraisnignes*,
et Maria, uxor ejus.. dedisse in elemosinam ecclesie
Arremarensi III jugera terre sita in communia de
Valle *Brioth* in finagio de *Fraisnines*.. et vendidisse,
pro C solidis pruviniensium V solidis minus, IV jugera terre sita in Magno Campo juxta viam de Polleigneio, laudantibus hoc Guillelmo et Jaqueto, filiis
Ysardi de *Cortenou*.. Actum anno Domini M° CC°
XXX° II°, mense octobri. » — *Cartul.* B, fol.
XCVIII v°.

360. — Février 1233 (*v. st.*).

« Bernardus, decanus xpistianitatis Barri super Albam » il notifie « quod Milo, domicellus, filius defuncti Ogeri, de Aguilleio militis, dedit et concessit Deo et eclesie Arremarensi vineam suam. sitam ad molendinum de *Cepoy*, que fuit defuncti domini Nicholai, quondam curati de *Cepoy*, salvo censu quem dicta vinea debet dicto Miloni et heredibus suis.. Actum anno Domini M°CC°XXX° tercio, mense februario. » — *Origin.*

361. — 5 avril 1233 (*v. st.*).

« Robertus, divina miseratione Lingonensis ecclesie minister humilis » il demande à l'abbé et aux religieux de Montiéramey « pro Hugone, decano nostro de Savigneio.. parrochiam de Fageto, que ad donationem vestram pertinet, liberam per resignationem Hugonis, presbiteri ejusdem ville.. Anno Domini M° CC° XXX° III°, feria IV° post *Letare Jherusalem*. » — *Cartul.* B, fol. LXXXVIII r°.

362. — 23 juillet 1234.

« H[enricus], cantor Trecensis, judex a domino Papa delegatus » pour faire restituer à l'abbaye de Montiéramey et à ses prieurés « bona illicite alienata vel distracta. » Il décide que II sextarios bladi illegitime alienatas a Waudrico, quondam priore de Insula, quos concesserat Bernardo, curato de Insula, ad jus et proprietatem monasterii Arremarensis pertinere, non obstante concessione (predicta).. Anno Domini M° CC° XXX° IV°, in crastino B. Marie Magdalene. » — *Cartul.* B, fol. XCIV v°.

363. — Octobre 1235.

« Richardus, dominus Domine Petre « il fait la notification suivante : « laude et assensu Sibille uxoris mee, et filiorum meorum Odonis et Galteri, et filiarum mearum Beatricis et Johannete, et domini Guichardi, militis, mariti Beatricis, vendidi priori et ecclesie S. Salvatoris quicquid juris habebam in villa S. Salvatoris, videlicet in dimidia garda, in hominibus sive in villa S. Salvatoris sive apud *Monmancon*, terris et rebus aliis, pro CC et XL libris stephanensium, jam solutis.. dedi dominum Willelmum de Chanlinto fidejussorem. » Des échanges sont faits « ad estimacionem Guidonis, prepositi de *Pointoiler*, et Stephani *Leschaudé* de *Chargé*.. Actum anno Domini M° CC° XXX° V°, mense octobri. — *Origin.*

Octobre 1235. — « Robertus, episcopus Lingonensis » il notifie le même acte et dans les mêmes termes (*mutatis mutandis*), il appelle Richard « nobilis vir, dominus Dognepetre super *Salon*. »

Octobre 1235. — « Haymo, dominus de *Faucoigne* » il ratifie la vente faite par « nobilis vir Richardus, dominus Donni Petri super *Salon*.. quia hec omnia a me Richardus tenebat in feodum.. Actum anno ab Incarnatione M° CC° XXX° quinto. » — *Origin.*

364. — Mars 1235

« Clarembaudus, dominus Capparum » il notifie un accord « inter priorem de Cappis et vicecomitem de Lyneriis super quibusdam rebus que movent de me et sunt de feodo meo » les arbitres sont : « dominus Hugo de Fraisneio et dominus Hugo de Fontelis.. Prior de Cappis debet piscari per totam aquam de Follis quotiens voluerit, videlicet una die in qualibet septimana sub molendino et supra, exceptis vannuis et beeis et estacaturis molendini ; homines qui tenent terras de Convinio unusquisque VII denarios priori solvet ; homines de *Bergoignuns* et de Follis non debent roisagium ; prior debet habere ventas laudes et emendas, secundum usus castellagii ; escasure que movent de terris de Convinio debent esse dicti prioris tam in mobilibus quam in immobilibus.. Actum anno Domini M° CC° XXX° quinto, mense marcio. » — *Origin.* — *Cartul.* B, fol. LXXIX v°.

365. — 20 avril 1236.

« Robertus, divina miseratione Lingonensis ecclesie episcopus » à l'abbé et aux religieux de Montiéramey : il les prie « quatenus ad liberam resignationem Andree *des Pastis*, canonici Barri, parrochi de *Louches* » de lui laisser le choix du titulaire qui est à nommer. « Datum feria V post *Jubilate*, anno Domini M° CC° XXX° VI°, mense aprili. » — *Cartul*. B, fol. LXXXVIII r°.

366. — Avril 1236.

« G., decanus xpistianitatis de Barro super Albam » il notifie que « Emmelina, uxor Rainaudi, filii defuncti Martini de Frigidavalle, quittavisse » à l'abbaye de Montiéramey » quicquid habet in villa, finagio et dominio Frigidevallis tam in vineis quam in terris et domibus. » Les vignes sont situées « in *Monteval*, in *Forgeval*, in Vinea Alba et in Vinea Rubea, ad pedem de *Syneval*, juxta *Fardel*, in *Walerant*, in pecia terre que fuit Dyade de *Arçonval*.. Actum anno gratie M° CC° XXX° sexto, mense aprili. » *Origin*.

Avril 1236. — « G., decanus xpistianitatis de Barro super Albam » il notifie que « Rainaudus, Tierricus et Margeria, soror eorum, filii defuncti Martini de Frigidavalle quittavisse (*ut supra*).. Anno gratie M° CC° XXX° sexto, mense aprili. » — *Origin*.

367. — 7 mars 1236 (*v. st.*).

« Abbas, et prior S. Martini, et H., cantor Treconsis, judices a domino papa delegati » ils condamnent « abbatem et conventum S. Margareto in XL boisellis bladi ad mensuram Belne annuatim reddendis » au prieur de Savigny-les-Beaune, dépendant de l'abbaye de Montiéramey. « Actum anno Domini M° CC° XXX° sexto, sabbato post Cineres continuata de die in diem a die jovis precedenti. » — *Origin.*

368. — 21 septembre 1237.

« Robertus, Lingonensis episcopus.. nos Nicholaum, presbiterum, recepimus ad curam parrochie de *Louches* et de Landrivilla.. ad presentationem Jacobi, tunc abbatis monasterii Arremarensis.. Anno Domini M° CC° XXX° VII°, mense septembri, feria II post Exaltationem Sancte Crucis. » — *Cartul.* B, fol. LXXXII v°.

369. — Décembre 1237.

« Clarembaudus, dominus Capparum » il notifie que « dominus Manasses de Hesmancia, et Agnes, uxor ejus.. dedisse in elemosinam ecclesie B. Marie de Cappis XII solidos, annuatim percipiendos in crastino octabarum B. Andree, in fressengiis suis de *Chemin*. Et si forte contingeret quod dicte fressengie non sufficerent defectus sumeretur in receptis que debentur dictis M. et A. apud *Chemin*.. tali conditione : quod prior dicte eclesie debet assidere quemdam cereum qui ardebit imperpetuum in dicta ecclesia pro dictis M. et A. prout subsequenter determinatur, videlicet in qualibet missa que celebrabitur in dicta ecclesia, et in qualibet die sabbati ad

Vesperos, et quolibet festo B. Marie Virginis ad Vesperos, et in Nativitate Domini, in Circumcisione, in Apparitione, in Resurrectione Domini, in Ascensione, in Penthecoste, in Transfiguratione, et in Dedicatione ecclesie ad Vesperos. Preterea monachi tenentur celebrare in quolibet anno duas missas pro M. et A. unam de Spiritu Sancto et aliam pro Fidelibus ; et post obitum unius et deinde alterius monachi facient amborum anniversarium annuatim.. In cujus rei testimonium ego, de cujus feodo dictus movet redditus, ad petitionem utriusque partis presentes litteras sigilli mei munimine feci roborari. Anno gratie M° CC° XXX° septimo, mense decembri. » — *Origin.*

370. — Février 1237 (*v. st.*).

« G., decanus xpistianitatis de Barro super Albam » il notifie que « Robertus et Denisia, uxor ejus, et Vuarninus dictus *Sareuriers* et uxor ejus de Barro » reconnaissent que leur maison « in vico Sellanorum in Cordubenaria, movet ab ecclesia Arremarensi, et pro illa debent reddere ad pagamentum nundinarum Barri proxime venturarum conventui Arremarensi IX solidos pruvinensium pro laudis et ventis domus supradicte.. Actum anno Domini M° CC° XXX° septimo, mense februario. » — *Origin.*

371. — 1238.

« Magister Stephanus, officialis Trecensis » il notifie que « Jeubertus *li Bufetiers* et Sibila ejus uxor, de Insulis » ont vendu à l'abbaye de Montiéramey « pro XLV libris pruviniensium » plusieurs terres et droits « in finagio de Clareio in Juncheriis, ad cheminum de *Parrex*, subtus prata de *Mollanvot*.. Actum anno Domini M° CC° XXX° octavo. — *Origin. Cartul.* A, fol. 13 v°.

Juin 1238. — « Clarembaudus, dominus Capparum » il fait la même notification et il ajoute que « Herbertus *li Gras*, miles, et Emelina, uxor ejus, laudaverunt venditionem [supradictam], quia Jeubertus tenebat dictas terras ab ipsis ad costumam pro dimidio boissello frumenti et uno boissello avene ad mensuram Capparum et II denariis censualibus in festo S. Remigii reddendis. » Enfin dit Clarembaud : « Quia ipsa terra movet de meo feodo dictam venditionem volui et approbavi.. Actum anno gratie M° CC° XXX° octavo, mense junio. » — *Origin.*

372. — Novembre 1238.

Nicholaus, Dei gratia Trecensis episcopus, omnibus presentes litteras inspecturis in Domino salutem. Noveritis quod cum ecclesias de Rulleio, de Gineio et de Busseio, de *Lignon* et de *Brandonviler* contulissemus personis idoneis et honestis, credentes jus patronatus ecclesiarum ipsarum ad nos pertinere, et nobis constitisse postmodum tam per instrumenta episcoporum Trecensium predecessorum nostrorum et etiam capituli Trecensis, quam per probationem possessionis ex parte ecclesie Arremarensis factam, quod jus patronatus dictarum ecclesiarum ad dictam ecclesiam pertinebat, nolentes dictam ecclesiam jure suo privari, predictas personas a dictis ecclesiis duximus amovendas et ipsi ecclesie Arremarensi jus patronatus harum ecclesiarum restituimus, ita quod de cetero abbas Arremarensis presentationem presbiterorum habeat in eisdem. Et ne dicte persone sine beneficiis remanerent, abbas Arremarensis easdem personas ad presentationem ipsius duximus admittendas. In cujus rei testimonium presentes litteras sigillo nostro fecimus communiri. Actum anno Domini M°CC° XXX° VIII°, mense novembri. — *Cartul.* B, fol. CVII v°.

373. — Janvier 1238 (*v. st.*).

« Petrus Gervasii, officialis Trecensis » il notifie que « Maria, filia defuncti Andree, uxor Alerici de Lusigniaco, recognovit se esse feminam ecclesie Arremarensis, et fecisse fidelitatem abbati Arremarensi tanquam femina de corpore et de capite.. solvet ecclesie Arremarensi talliam snam. Actum anno Domini M° CC° XXX° VIII°, mense januario. » — *Origin.*

374. — Mars 1240 (*v. st.*).

Nicolaus, divina permissione Trecensis ecclesie minister humilis, omnibus presentes litteras inspecturis salutem in Domino. Noverint universi, quod in nostra presentia constitutus Milo de Montemedio, armiger, confessus fuit et recognovit quod abbas et conventus monasterii Arremarensis ab ipso redemerunt octavam partem totius decime de Clareio (*ut supra* n. 356) pro novies viginti libris pruvinensium, de qua etiam parte decime idem, laudantibus Burone, milite de *Estorvi*, et Adelina de *Thori*, uxore ejusdem militis, et etiam Milone de *Thori*, scutifero, Balduino, fratre ejusdem Milonis, et Philippo, fratre dictorum Milonis de *Thori* et Balduini.. constituerunt se plegios dominus Guido *Boqueriaus* de Montemedio, miles, et Milo de *Thori*, Balduinus et Philippus, fratres.. Hec autem omnia facta sunt de consensu et voluntate magistri Gilonis, tunc temporis de Clareio curati.. Datum anno gratie M° CC° quadragesimo, mense martio. — *Origin.*

375. — Octobre 1242.

« Th. de Pomerio, officialis Trecensis » il notifie que « dominus Galterus de Ruilliaco, capellanus de Onjione ob anime sue remedium dedit penitus et quitavit in puram et perpetuam elemosinam Arremarensi ecclesie quamdam vineam suam sitam apud Ruilliacum.. insuper recognovit se debere eidem ecclesie III modios avene et VIII sextarios frumenti ad mensuram Trecensem.. Actum anno Domini M° CC°XL° secundo, mense octobri. » — *Origin.*

376. — Février 1242 (v. st.).

« Magister Nicholaus, officialis Trecensis » il notifie que « dominus Felisius de Paisiaco, miles, Sibilla, uxor ejus, Mabilla, soror ejusdem Sibille, et Radulfus de Granchia.. vendiderunt abbati et conventui monasterii Arremarensis terras quas habebant terraigiarias in finagio de Luisigniaco ex excasura sive successione Yteri, armigeri, fratris condam dictarum mulierum, et IV denarios censuales super pratum quod dicitur pratum Herberti ante domum Manasseii.. pro XXV libris pruviniensium, de quibus ad plenum se tenent pro pagatis. » Ces terres sont situées « in Campo S. Martini, in Vacua Grangia, in Juncheria, *au Panel*, in campo *Charpaut*.. Actum anno Domini M°CC° XL° secundo, mense februario. » — *Cartul.* B, fol. IV r° et VIII r°.

377. — Août 1243.

Emelina, domina Chacenaii » elle fait la notification suivante : « ogo approbo et confirmo, quantum ad me pertinet, quicquid continetur in litteris quas bone memorie Erardus de Chacenaio, maritus meus, concessit abbati et conventui monasterii Arremarensis super usuario et pasturis de bosco et de finagio de *Poleigni* et de *Chaufor* anno ab Incarnatione M° CC° VI°, mense julio.. laudo etiam quicquid juris habeo in Esmeniardim de *Viviers* dictis abbati et conventui, salvo quod ipsi pro eadem Esmeniardim dent salvum escambium Hueto, filio meo, apud Chacenaium.. Anno Domini M° CC° XL° III°, mense augusto. » — *Cartul.* B, fol. LIV v°.

378. — Novembre 1243.

« Nicholaus, officialis Trecensis » il notifie que « Odo *Malapert* de *Clarei* et Adelina, uxor ejus, homines ecclesie Arremarensis, dedisse in puram et perpetuam elemosinam ecclesie Arremarensi quamdam vineam, sitam prope Sanctum Aventinum. » Les donateurs jouiront de cette vigne leur vie durant, et ils donneront tous les ans à l'abbaye de Montiéramey « tempore vindemiarum, II modios vini boni de eadem vinea ad mensuram Barri, veniat vel non veniat vinum in predicta vinea. Actum anno Domini M° CC° XL° tercio, mense novembri. » — *Origin.*

379. — Mai 1245.

« Lucrator de Malleyo, domini regis Franchorum in Ripparia Vonne ballivus « il notifie que « Johannes de Erviaco, civis quondam Trecensis nunc autem burgensis de Malleio Regis » et l'abbaye de Montiéramey ont comparu « apud Trecas » devant lui et « Gilo, prepositus de Malleio » et que les parties ont promis de s'en remettre au jugement prononcé par « Lucrator et Ubertus Lombardus, clericus domini regis Navarre.. Arremarenses habebunt et capient in quibusdam terris sitis in territorio ville de Ruilliaco, que movebant de charruagio dictorum Arremarensium, medietatem omnium messium et fructuum provenientium ex seminibus que jactari fecerunt in illis terris, et ipse Johannes habebit et capiet aliam medietatem ex omnibus que jactari fecit in terris ipsis.. Actum anno Domini M° CC° XL° quinto, mense maio. » — *Origin.*

380. — 9 août 1245 — 1250.

Innocentius, episcopus, servus servorum Dei, dilectis filiis abbati et conventui monasterii Arremarensis ordinis sancti Benedicti, Trecensis diocesis, salutem et Apostolicam benedictionem. Paci et quieti vestre providere ac indempnitati monasterii vestri precavere paterna sollicitudine imposterum cupientes, auctoritate presentium vobis indulgemus ut ad receptionem seu promissionem alicujus compelli non possitis per litteras Apostolice Sedis que de indulgentia hujusmodi expressam non fecerint mentionem. Nulli ergo.. Datum Lugduni, V idus augusti, pontificatus nostri anno [...]. — *Origin.*

381. — Juin 1246.

« Hugo, minister humilis, divina miseratione episcopus Lingonensis » il notifie que le prieur « monasterii ad Insulam (avec le consentement de l'abbé de Montiéramey) reddet Girardo, curato Monasterii ad Insulam, II sextaria bladi » retirés des mains du curé de Montier-en-l'Ile « anno Domini M° CC° XXX° IV°, per sententiam Henrici, cantoris Trecensis.. Girardus (avec le consentement de l'évêque) concedit quod prior partem suam, sicut in grossa decima, habeat in reportagiis decime bladi hominum manentium in villa Monasterii et in villa Insule.. Anno Domini M° CC° XL° VI°, mense junii. » — *Cartul.* B, fol. XCIV v°.

382. — Février 1247 (*v. st.*).

« T[homas], decanus de Vandopera » il notifie que « Bernardus de *Tiéfrain*, et ejus uxor.. vendidisse et penitus quitavisse abbati et conventui Arremarensi porprisium suum quod habent in finagio de Villiaco, inter Sanctum Hylarium et molendinum dictorum Arremarensium in longitudine, in latitudine inter fluvium de *Bouderonne* et nemus de *Troode* ... pro VIII libris pruviniensium, tali siquidem conditione: quod dictus B. domum suam quam habet in dicto porprisio debet infra Brandones removere et alibi deferre.. Datum anno Domini M° CC° XL° VII°, mense februario. » — *Origin.* — *Cartul.* B, fol. CV r°.

383. — Juillet 1248.

Omnibus presentes litteras inspecturis Nicholaus, divina miseratione Trecensis ecclesie minister humilis, salutem in Domino. Noverint universi, quod in nostra presentia constitutus nobilis vir Erardus de Brena, dominus Rameruci, recognovit se vendidisse in perpetuum viris religiosis abbati et conventui monasterii Arremarensis partem suam terragii et corvelarum tam hominum quam animalium de Nogento prope Ramerucum in quibus partiebatur cum dictis monachis et totum guaignagium suum de Nogento cum quodam prato quod dicitur *Li Boverez*, pro CCCCLVII libris pruvinensium fortium, de quibus idem Erardus se tenuit plenius pro pagato. Et promisit idem Erardus juramento prestito corporali quod contra dictam venditionem per se vel per alium non veniet in futurum ; sed dictis monachis super eadem venditione garantiam portabit legitimam et perpetuam contra omnes ad hoc ipsis monachis se et heredes suos in perpetuum obligando. Voluit etiam et concessit idem miles, quod nos ipsum et heredes suos excommunicemus et excommunicare possimus et totam terram suam supponamus ecclesiastico interdicto si eos contra dictam venditionem venire contigerit, aut si defecerunt de garantia, ut dictum est, facienda. Et propter hoc supposuit se idem Erardus et totam terram suam et omnes heredes suos jurisdictioni nostre et successorum nostrorum ubicumque idem Erardus vel heredes ipsius fuerint commorantes. Preterea renuntiavit idem Erardus in hoc facto cuidam pactioni inite inter dictos abbatem et conventum et patrem dicti Erardi, quondam dominum Rameruci, que talis esse dicitur: quod si alter ipsorum aliquid acquireret apud Nogentum, alius si vellet reddere medietatem pretii, de predictis acquisitis suam haberet portionem. Et voluit idem Erardus et concessit, quod dicti abbas et conventus, non obstante dicta pactione, dictam elemosinam in perpetuum integre teneant et quiete. In cujus rei testimonium presentes litteras fecimus ad petitionem dicti Erardi sigilli nostri munimine roborari. Datum anno Domini M° CC° XL° octavo, mense julio. — *Origin.*

Juillet 1248. — « Ego Erardus de Brena, dominus Rameruci, notum facio omnibus presentes litteras inspecturis me vendidisse (*ut supra mutatis mutandis*). Que ut rata et firma permaneant, presentes litteras feci sigilli mei munimine roborari. Datum anno Domini M° CC° XL° octavo, mense julio. » — *Origin.*

Juillet 1248. — « Ego Henricus de Brena, dominus Venisiaci, notum facio presentibus et futuris, quod, cum karissimus frater meus Erardus, dominus Rameruci, vendiderit et quittaverit viris religiosis abbati et conventui Arremarensi totam partem suam totius terragii de Nogento (*ut supra mutatis mutandis*). Predictam venditionem seu quittationem laudo et penitus quito quicquid juris in supradictis habebam vel habere poteram. Laudo etiam et quito elemosinam quam fecit eisdem Arremarensibus predictus frater meus, videlicet, totam partem suam costumarum et etiam censuum tocius ville predicte seu finagii in quibus parciebatur cum dictis Arremarensibus. Promisi etiam, corporali prestito sacramento, me tenere et servare supradicta bona fide et contra non venire per alium in futurum.. Actum anno Domini M° CC° XL° octavo, mense julio. » — *Origin.*

384. — Juillet 1248.

« Erardus, dominus *Chacenai* » il fait la notification snivante : « in puram elemosinam concessi prioratui de Vivariis hominem meum de corpore, videlicet Petrum *Chaliet* de *Bussierez*, tali conditione apposita : quod ipse solvet rogatum quemadmodum homines de Vivariis nobis solvunt, et nichil amplius.. Anno Domini M° CC° XL° VIII°, mense julio. » — *Cartul*.B, fol. LXXI v°.

385. — Juillet 1248.

Omnibus presentes litteras inspecturis, Nicholaus, divina miseratione Trecensis ecclesie minister humilis, salutem in Domino. Noverit universitas vestra, quod in nostra presentia constitutus nobilis vir Erardus de Brena, dominus Rameruci, recognovit se dedisse et quitasse in puram et perpetuam elemosinam pro remedio anime sue et parentum suorum viris religiosis abbati et conventui monasterii Arremarensis partem suam omnium censuum et costumarum de Nogento prope Ramerucum in quibus cum dictis monachis partiebatur et promisit idem Erardus, juramento prestito corporali, quod contra dictam donationem et quitationem per se vel

per alium non veniet in futurum, sed super dicta quitatione et donatione dictis abbati et conventui garantiam portabit perpetuam et legitimam contra omnes, ad hoc dictis monachis se et heredes suos obligando in perpetuum. Volens et concedens quod nos ipsum et heredes suos excommunicemus et excommunicare possimus et terram ipsius totam ecclesiastico supponere interdicto si contra dictam elemosinam venerint aut de garantia ut dictum est defecerint portanda; et propter hoc supposuit se idem Erardus et totam suam terram et omnes heredes suos jurisdictioni nostre et successorum nostrorum, ubicumque idem Erardus et heredes sui fuerint commorantes. Preterea idem Erardus renunciavit in hoc facto cuidam conventioni sive pactioni inite inter dictos abbatem et conventum et patrem dicti Erardi, quondam dominum Rameruci, que talis esse dicitur : quod si alter ipsorum aliquid acquireret apud Nogentum, alius, si vellet reddere medietatem pretii, de predictis acquisitis suam haberet portionem. Et voluit idem Erardus et concessit quod dicti abbas et conventus, non obstante dicta pactione, dictam elemosinam in perpetuum integre teneant et quiete. In cujus rei testimonium presentes litteras fecimus ad petionem dicti Erardi sigilli nostri munimine roborari. Datum anno M° CC° XL° VIII, mense julio.
— *Origin.*

386. — Juillet 1258.

« Nicholaus, miseratione divina Trecensis eccle-

sio minister humilis » il fait la notification suivante :
« quod in nostra presentia constituti Bernardus de Montecuco et Margareta, uxor ejus, cives Trecenses, recognoverunt et confessi sunt se reddidisse et in perpetuum quitasse nobili viro Erardo de Brena, domino Rameruci, quicquid juris habebant in gaangnagio et terragio ipsius apud Nogentum prope Ramerucum sitis, que tenebant in feodum et homagium a dicto nobili, ratam et firmam habentes venditionem seu concessionem quam fecit dictus nobilis de predictis gaangnagio et terragio viris religiosis abbati et conventui Arremarensi.. In cujus rei testimonium presentibus litteris sigillum nostrum fecimus apponi. Actum anno Domini M° CC° XL° octavo, mense julio. — *Origin.*

387. — 4 avril 1249.

Nicholaus, miseratione divina ecclesie Trecensis minister humilis, in Domino salutem. Notum facimus, quod, cum inter abbatem et conventum monasterii Arremarensis et Guillelmum, dictum Blesum, militem, discordia verteretur super decima bladi parrochie de Clareio, quam idem miles ad suum feodum pertinere dicebat, prefatis abbate et conventu dicentibus eamdem decimam ad ipsos et suam ecclesiam pertinere; tandem prefatus miles, in nostra presentia constitutus, quitavit et concessit in perpetuum abbati et conventui supradictis quidquid juris habebat et reclamabat in decima supradicta.

In cujus rei testimonium has litteras ad petitionem ipsius militis sigillo nostro duximus roborandas. Actum anno Domini M° CC° XL° nono, in die Pasche.
— *Origin.*

388. — Avril 1250.

Omnibus presentes litteras inspecturis, Nicholaus, divina miseratione Trecensis ecclesie minister humilis, salutem in Domino. Noverint universi, quod cum nobilis vir Henricus, comes Grandisprati, jure hereditario nomine nobilis domine Isabellis, uxoris ipsius comitis, sororis nobilis viri Erardi de Brena, domini Rameruci, redemerit a viris religiosis abbate et conventu Arremarensis monasterii hereditatem quam eisdem vendiderat dictus dominus Erardus, sitam apud Nogentum supra Ausum : idem comes in nostra presentia constitutus quitavit eisdem abbati et conventui Arremarensis ecclesie tam pro se quam dicta uxore omnes fructus et exitus quos de dicta hereditate perceperant usque ad tempus confectionis presentium litterarum ; laudavit etiam et concessit idem comes elemosinam quam eisdem Arremarensibus fecit dictus dominus Erardus apud Nogentum de censibus, costumis et corveiis que habebat ibidem, sicut in litteris nostris et in litteris dicti domini Erardi super dicta elemosina confectis plenius continetur, et promisit idem comes quod dictas quitationem et elemosinam a dicta uxore sua laudari faciet et concedi. In quorum testimonium presentes litteras sigilli nostri munimine duximus roborandas. Actum anno Domini M° CC° L°, mense aprili. — *Origin.*

389. — Juillet 1250.

Nos Theobaldus, Dei gratia rex Navarre, Campanie ac Brie comes palatinus, notum facimus.. quod, cum non habeamus vel percipere debeamus nisi unicum gistium in anno in corpore abbatie monasterii Arremarensis, si ex gratia ad plures gistios recipiamur ibidem, vel hactenus recepti fuerimus ibidem, nolumus ut per hoc dicto monasterio aliquod prejudicium generetur ; sed, secundum quod de consuetudine nobis competit, et de jure, abbas et conventus dicti loci nobis et successoribus nostris semel in anno ad unum gistium teneantur, et si amplius fecerint nos et successores nostri qui pro tempore fuerint teneamur et teneantur ad gratiarum uberes actiones.. Actum anno gratie M° CC° L°, mense julio, apud monasterium Arremarense. — *Cartul.* B, fol. V v°.

390. — Octobre 1250.

« Galterus, dominus de *Rimel*, advocatus terre Brenensis.. recepi in pecunia numerata XL libras pruvinensium a viro religioso J., abbate monasterii Arremarensis.. pro captione Radulfi *Picoireile* et Galteri filii ejus, hominum ejusdem abbatis, de Ruliaco.. Anno Domini M° CC° L°, mense octobri. » — *Cartul.* B, fol. LXXIX v°.

Avril 1250. — « Omnibus presentes litteras inspecturis nos Henricus, comes Gradisprati, et Helisabeth, uxor mea.. (*ut supra, mutatis mutandis*). Actum anno Domini M° CC° L°, mense aprili. » — *Origin.*

391. — Février 1250 (*v. st.*).

« Robertus, monasterii Arremarensis abbas, totusque conventus » ils font la notification suivante : « nos dedimus in escambium vicecomiti de Lineriis et ejus heredibus quicquid prioratus noster de Capis habebat vel habere debebat in villa et finagio de Follis, videlicet, in hominibus, in aquis, in justiciis, terris, censibus, consuetudinibus, roisagio, et in omnibus aliis redditibus sive exitibus pro X et IX sextariis avene ad mensuram que solebat esse apud Barrum super Secanam, reddendis eidem prioratui annuatim in crastino Purificationis B. Marie Virginis in villa de Follis.. Datum anno Domini M° CC° L°, mense februario. » — *Origin.* — *Cartul.* B, fol. LXXIX v°.

392. — Fevrier 1250 (*v. st.*).

« Viardus, decanus xpistianitatis Barri super Albam, et Ansericus, major communie dicti Barri » ils notifient que « Robertus *Aconnetz* et Luqueta, uxor ejus.. dedisse et concessisse in puro et perpetuo escambio priori et prioratui de Insula » plusieurs pièces de terre « in finagiis de Aquilevilla et de *Waigni*..

Actum anno Domini M° CC° L°, mense februarii. » — *Origin.*

393. — Avril 1252.

Ego Erardus, dominus de Chacenaio, notum facio universis presentes litteras inspecturis, quod ego vendidi, penitus quictavi et in perpetuum concessi viris religiosis abbati et conventui Arremarensi pro precio XXX librarum, quamdam consuetudinem que vocatur *li sauvement*, quam in villa seu finagio de Vivariis habebam et percipere consueveram. Quam consuetudinem, sicuti eam percipere consuevi tam in denariis quam in avena, quam in galinis et etiam in rebus aliis, ita dictis Arremarensibus contradidi, precio supradicto jam ab eis recepto, promittens per fidem meam in manu fratris Thecelini, tempore confectionis presentium prioris de Vivariis, ad hoc specialiter destinati, corporaliter prestita fide quod super dictis venditione et possessione et etiam quictatione dictis Arremarensibus legitimam et perpetuam contra omnes portabo garantiam, ad hoc me et heredes meos et terram meam obligando. In quorum memoria presentes litteras sigillo meo sigillavi. Actum anno Domini M° CC° L° secundo, mense aprili. — *Origin.*

394. — 13 juillet 1253.

« Prior S. Salvatoris, Galterus curatus ejusdem loci, Stephanus curatus de *Reneves*, Petrus curatus de *Chuges*, A. curatus de *Drabun* » ils notifient un accord « inter priorem S. Salvatoris, ex una parte, et Galterum, curatum ejusdem loci, ex altera..: 1° de quadam falcata prati de melius in praeria prior habebit III partes et curatus II ; 2° parcientur per medium II permenerios qui fuerint legati ; 3° idem fiet de mobilibus leprosorum defunctorum » ; 4° suivre la coutume pour le partage : « si aliquis in infirmitate legaverit sive bovem, sive vaccam, sive bladum in terris seminatis, pro legato, pro annuali, pro karitatibus, pro elemosinis ; 5° de tricenariis datis ad mensam curatus VI denarios distribuet et de residuo prior percipiet medietatem ; 6° de elemosinis pro missis, concessis in legatis ab infirmis sive a parentibus defunctorum pro luminari altaris, thesaurarius percipiet duas partes ; 7° superfluum cereorum conservatorum in Sancto Sabbato in cereis consummabitur ad serviendum Deo ad altare ecclesie S. Salvatoris et de *Montmençon* ; 8° canahum datum pro lampadibus de S. Salvatore et *Montmençon* bonis viris dabitur custodiendum ; 9° pro sponsalibus ultra III solidos nichil extorquetur, salvo pane, vino, cultella et gallina ; 10° si curatus aliquid habuerit in confessionibus Quadragesime prior habebit II partes ; sic de oblationibus debitis in die Penthecostes, de oblationibus mulierum pro reconciliatione.. Actum die lunæ post Translationem B. Benedicti anno Domini M° CC° L° tercio. » — *Origin.*

395. — Mai 1254.

« M[argareta], Dei gratia regina Navarre, comitissa Campanie Brieque palatina » elle vidime et confirme les lettres relatives au pariage de Pargues données par feu Thibaut IV, son mari (n. 316); « quantum in nobis est presentes litteras sigillo nostro fecimus communiri. Actum apud monasterium Arremarense, anno Domini M° CC° L° IV°, mense maii. » — *Cartul.* A, fol. 5 r°; B, fol. LXVII v°.

396. — Juin 1254.

« Guillelmus de Chanlita, vicecomes Divionensis » il fait la notification suivante : « ego pro anniversario domine Katherine, uxoris mee, dedi et concessi in perpetuam elemosinam Deo et ecclesie S. Salvatoris XX solidos annuatim percipiendos super estaulos meos de *Pontoiller*, in die nundinarum de *Pontoiller*.. Actum anno Domini M° CC° L° quarto, mense junio. » — *Origin.*

397. — Novembre 1254.

« Ego Viardus, decanus xpistianitatis Barri super Albam, et ego Johannes Xpistiani, prepositus dicti Barri » ils notifient que « domina Agnes de Monasterio ad Insulam, et Poncius, domicellus, filius ejus.. concessisse in puro vero et perpetuo escambio, facto inter vivos, Isabellam, filiam Martini de Ponte Monasterii ad Insulam, feminam de corpore Agnetis et Poncii, cum omnibus heredibus procreandis et omnibus bonis, et omni justitia.. » à l'abbaye de Montiéramey et « priori de Monasterio ad Insulam, pro Margeria, nuru dicti Martini, filia Beatricis, de eadem villa » et aux mêmes conditions qu'Isabelle. « Actum anno Domini M° CC° LIV°, mense novembri. » — *Cartul.* B, fol. XXXVI r°.

398. — Juin 1255.

« Theobaldus, Belnensis archidiaconus, et magister Bonevalletus, archipresbiter de Arneto » ils notifient que « Jaquelinus de Belna, clericus, dictus *Cauquins*.. dedisse, facta donatione inter vivos, viris religiosis abbati et conventui Arremarensis XX pintas olei ad mensuram Belne in puram elemosinam super decimariis vinearum suarum in Bellomonte.. ab ipsis religiosis annis singulis perpetuo percipiendas infra Purificationem B. Marie Virginis apud Belnam, pro anniversario domini Galteri, presbiteri, quondam fratris Jaquelini, et pro anniversario ejusdem Jaquelini in ecclesia dictorum religiosorum annis singulis faciendo.. Actum anno Domini M° CC° L° quinto, mense junio. » — *Origin.*

399. — 29 août 1255.

Ego Margareta, Dei gratia regina Navarre, Cam

panie et Brie comitissa palatina, notum facio omnibus, quod de CCCC et LX libris, quas homines de Chaorsia dederunt dilecto filio meo Theobaldo, regi Navarre, dedit michi abbas monasterii Arremarensis Robertus medietatem, quam de jure habere debebat, ut dicebat, secundum testimonium carte comitis Henrici (n°68). Et, ne huic carte super hoc prejudicium fieret in futurum, ad petitionem dicti abbatis presentes litteras fieri volui, in testimonium hujus dicti, videlicet quod partem suam, scilicet medietatem, quam in predictis CCCC et LX libris de jure debebat habere, ut dicebat, liberaliter michi dedit. In cujus rei testimonium presentes litteras sigilli mei munimine roboravi. Actum anno Domini M° CC° L° V°, die dominica et festo Decollationis sancti Johannis Baptiste. — *Copie.* — *Cartul.* B, fol. LXIV v°,

400. — Mars 1255 (*v. st.*).

« Guido, Dei gratia Lingonensis episcopus » il notifie que « domina Stephaneta, uxor domini Johannis de *Vaisse*, militis, vendidisse in hereditatem perpetuam religiosis viris Odoni, priori S. Salvatoris, Ade, priori Theoloci, et Stephano, curato de *Renaves*, executoribus testamenti domini Renaudi d(e) *Essarteines*, militis, defuncti, ementibus ratione ipsius testamenti, pro instituendis duobus presbiteris, uno scilicet apud *Renaves* et alio apud *Essarteines*, qui in locis eisdem de cetero celebrabunt divina perpetuo pro remedio anime domini Hugonis d(e) *Essarteines*, condam fratris ipsius Renaudi, scilicet quicquid domina Stephaneta debet habere post decessum matris sue in villa et finagiis de *Montmencen*, quod scilicet ipsi datum fuit et concessum in dotem.. pro CCC libris stephaniensium » payées comptant. « Dominus Johannes, maritus dicte domine Stephanete, laudavit.. Actum anno Domini M° CC° L° V°, mense marcii. » — *Origin*.

401. — Avril 1256.

« R[obertus), monasterii Arremarensis abbas, totusque conventus » ils renouvellent, en l'expliquant, la charte n. 391. « Nos dedimus in excambio viro nobili vicecomiti de Lineriis et ejus heredibus omnes res quas prioratus de Cappis habebat apud **Fagos** et in finagio dicte ville.. et quicquid dictus prioratus habebat in finagiis Barri super Sequanam, de *Bergoignons*, de Vireio, de *Cortenou* quod pertinebat predicte ville de Fagis ratione prioratus de Cappis.. pro X et IX sextarios avene ad veterem mensuram Barri super Sequanam.. Actum anno Domini M° CC° L° sexto, mense aprili. » — *Origin*. — *Cartul*. B, fol. XXIV r°.

402. — Mai 1256.

« Viardus, decanus xpistianitatis Barri super Albam, et Johannes Xpistiani, prepositus dicti Barri » ils notifient que « Dominicus et Xpistianus, fratres, filii quondam defuncti Johannis *Dentart* de Barrivilla,

Isabellis et Emelina dictorum fratrum uxores recognoverunt se vendidisse vera perpetua et irrevocabili venditione legitime facta » à l'abbaye de Montiéramey « VIII denarios censuales, cum dominio, jure et justicia censuali, annis singulis, super vineam eorumdem in finagio Barriville sitam, in loci qui dicitur *Rochefort*.. pro XIII solidis pruvinensium forcium » payées comptant.. « Anno Domini M° CC° L° sexto, mense maii. » — *Origin.*

403. — Octobre 1256.

« Officialis Trecensis » il notifie que « Petrus de Villa Nova juxta Villammediam et Odelina, uxor ejus, .. vendidisse abbati et conventui Arremarensi IIII jugera terre sita desuper Villam Novam et unum arpentum prati in loco qui dicitur Pratum Novum, et IIII jugera terre juxta dictum pratum, de proprio alodio suo moventia.. pro C solidis pruviniensium » payées comptant ; « duos sextarios avene ad mensuram de Cappis censuales supra dictis terris assignantes eisdem religiosis in festo B. Remigii in capite octobri annuatim et imperpetuum percipiendos apud Villam Novam. » Ils donnent des garanties. « Actum anno Domini M° CC° L° VI°, mense octobri. » — *Origin.*

404. — Octobre 1256.

« Officialis Trecensis » il notifie que « Robertus

de Villamedia, clericus.. vendidisse abbati et conventui Arremarensi II jugera et dimidium terre in finagio Villemedie inter duas vias in loco qui dicitur *Savaut.*. pro XII libris pruviniensium » payées comptant. « Recognovit insuper dictus Robertus se admodiasse dicta II jugera et dimidium terre quolibet anno pro II sextariis bladi ad mensuram de Cappis, medietate frumenti et alia medietate ordei, quandiu vixerit, reddendis quolibet anno dictis religiosis apud Villammediam in festo B. Remigii in capite octobris.. Actum anno Domini M° CC° L° VI°, mense octobi. » — *Origin.*

405. — 1257.

« Frater Guillelmus, cellarius Clarevallis et frater Tecelinus, prior de Spargis » ils notifient un accord entre « Robertum, abbatem monasterii Arremarensis, et conventum ejusdem loci, ex una parte, et Arnulphum, abbatem de Moris, et conventum ejusdem loci, ex altera.. abbas de Moris et conventus ejusdem loci de terris et vineis ab ipsis acquisitis in finagio de Cherreveio usque ad confectionem presentium litterarum nullam decimam dictis Arremarensibus imperpetuum persolvent ; sed loco recompensationis decime supradicte solvent singulis annis dictis Arremarensibus infra octabas S. Remigii apud Cherreveium VI sextarios bladi de *moison*, videlicet II sextarios frumenti et IIII ordei ad mensuram de Chacenaio.. Ego frater Guillelmus presentibus litteris sigillum meum apposui ; et ego frater Tecelinus, prior de Spargis, quia sigillum non habeo, sigillum fratris Roberti, abbatis mei, duxi presentibus litteris apponendum. Actum anno Domini M° CC° L° septimo. » — *Origin.*

406. — Décembre 1258.

« Officialis Trecensis » il notifie que « Alexander de Ruilleio, clericus, et domicella Johanna, ejus uxor, detinuisse ad admodiationem seu censum a religiosis viris abbate et conventu monasterii Arremarensis, quandiu vixerint, unum arpentum vinee, site in finagio de Ruilleio, quod fuit Robelini de *Rosson* et heredum defuncte Xpistiane de Ruilleio, pro XX solidis pruvinensium annui redditus.. Actum anno Domini M° CC° L° octavo, mense decembri. » — *Origin.*

407. — Juin 1259.

Nos Theobaldus, Dei gratia rex Navarre, Campanie et Brie comes palatinus, notum facimus universis presentes litteras inspecturis, quod, cum Bernardus de Montecuco, Theobaudus de Acenaio, et Petrus dictus *Fourmagez,* cives Trecenses, procuratores a nobis constituti ad edificandum locum Fratrum Minorum Trecensium in porprisio et infra metas domus de Brocia, emissent procuratorio nomine a Petro Baptizato XIV denarios censuales percipiendos in festo S. Remigii super quamdam halam dictam de Ypra, sitam versus Corderiam Trecensem, sicut se comportat ante et retro, et emissent similiter a Petro de *Poilli* II denarios censuales percipiendos in dicto festo supra dimidiam domum dicti Petri juxta domum Johannis de Clareio, ex altera ; ipsique procuratores procuratorio nomine viris religiosis abbati et conventui monasterii Arremarensis in excambium dederint dictos XVI denarios censuales, ab ipsis religiosis vel eorum mandato singulis annis in perpetuum in dicto festo S. Remigii percipiendos, pro XVI denariis censualibus, quos ipsi religiosi habebant et percipiebant singulis annis in dicto festo supra Magnam Domum de Brocia, ab ipsis procuratoribus singulis annis in dicto festo ratione dicti escambii percipiendis, ita quod res predicta seu escambium ad quemlibet possessorem cum honore suo transeant, salvo tamen in omnibus per omnia jure alieno. Nos predictum escambium seu permutationem et donationem predictam ratam et gratam plenius habentes, laudamus eandem et approbamus ac etiam auctoritate presentium confirmamus. In cujus rei testimonium presentibus litteris sigillum nostrum fecimus apponi. Datum anno Domini M° CC° L° IX°, mense junio, per manus dilecti vicecancellarii et helemosinarii nostri fratris Petri de Roscidavalle, nota Michaelis Pampilonensis. — *Origin.* — *Cartul.* B, fol. CXII v°.

408. — Décembre 1259.

« Viardus decanus xpistianitatis Barri super Albam, Johannes Truchardi major communie, et Stephanus de Calvomonte prepositus dicti Barri » ils notifient un accord entre l'abbaye de Montiéramey « et Johannem dictum *Pioche* de Marcenaio, domicellum, et domicellam Adelinetam, ejus uxorem. » Ces derniers reconnaissent qu'ils n'ont aucun droit sur l'heritage « defuncti Walterini dicti *Coe noire* de Cepeio et quod defuncta Theconneta, quondam uxor dicti Walterini, et Osanneta, Therrietus et Albertinus, nati eorum, fuerunt et sunt homines de capite et corpore dictorum abbatis et conventus Arremarensis, et se nichil proprietatis, possessionis, vel juris habere in illis hominibus.. Actum anno Domini M° CC° L° nono, mense decembri. » — *Origin.*

409. — Avril 1260.

Gie Guillaumes de Chanlite, vicuens de Digun et sires de Pontoiller, fas savoir a toz ces qui verront ces lettres, que an ma présence estaubliz Jacoz, honz au prior et à laglise de Saint Sauvour, ait reconnou que l'eschange que gie li donai à Massille por tel raisun et por tel droiture cum il avoit o molin de Molins quil tenoit do prior et de laglise de Saint Sauvour, c'est à savoir Perenot et Huguenot frères, et Haymonot le Cointot, et lors hons, et leurs més et les appartenances taint et doit tenir do prior et de laglise de Saint Sauvour ansi cum il an tenoit ce de Molins que gie tain por l'eschange des diz hommes. Et ceste reconoisance et cest eschange lo gie et otroi et promet à garantir à la bone foi au dit prior et à laglise de Saint Sauvour contre totes janz. Et o tesmoing de ceste chose, à la requeste do diz Jacot, j'ai fait metre mon seel an ces lettres qui furent faites en l'an de l'Incarnation Nostre Signor M° CC° et sexante, o mois d'avril. — *Origin.*

410. — 3 juillet 1261.

« Guillelmus, vicecomes de Melonduno, et Aalidis, uxor ejus.. noveritis nos recepisse a viro nobili Johanne, domino de Castrovillani, et fratre Roberto, abbate monasterii Arremarensis, C et XXV libras pruvinensium fortium de quadam summa pecunie quam dicti J. et R. in deposito habent pro emenda hereditate ad opus dicte Aalidis et heredum ejus. De quibus C et XXV libris emimus a Johanne *Cervole*, milite, XIV libras annui redditus.. quas dictus *Cervole* recipere consueverat a domino Chacenaii. Datum anno Domini M° CC° LXI°, die dominica post festum apostolorum Petri et Pauli. » — *Cartul.* B, fol. LXXIX r°.

411. — Janvier 1263 (*v. st.*).

« Viardus, decanus xpistianinatis de Barro super

Sequanam » il notifie « quod dominus Johannes, miles, filius domini Gaufridi de Villa Nova, militis, ..concessisse in puram elemosinam, ob remedium anime sue, et pro anniversario defuncte domine Margarete, uxoris sue condam, et pro suo proprio anniversario, ecclesie monasterii Arremarensis unum sextarium frumenti ad mensuram de Briello, possidendum in perpetuum jure hereditario, in festo B. Remigii in capite octobris, in grangia sua de Briello.. Actum anno Domini M° CC° L° tercio, mense januario. » — *Origin.*

412. — Janvier 1264 (*v. st.*).

Gie Clemance, dame de Fouvanz, faiz assavoir à touz ceaux qui veront ces présantes letrez, que cum Gautiers, priors de Fayl, moines de Monstier-Arramé, m'eust à compeignie à un bois qu'est apelez li Chasnel Sainte Marie, laquelle chose il ne pooit faire sans le consaintement à l'abé et covant de Monstel-Aramé, jo, qui vuil porveoir à la salut de m'âme, laiz et quitois, por moi et por mes hoierez à tous jors mais, au dit prior et à ses successours la dite compaignie, et li lais et quitois tel droit et tele raison comme il avoit ou dit bois au jor que li compaignie desus diz fut faite. Et por ce que ceste chose soit ferme et establi j'ai saélé ces letres de mon sael. Ce fu fait en l'an de grâce mil et soixainte et quatre, ou mois de janvier. — *Origin.*

413. — Février 1267 (*v. st.*).

« Odda, abbatissa monasterii B. Marie ad Moniales Trecenses, totusque ejusdem loci conventus » elles notifient « quod pro decima, illustri regi Cicilie a domino papa concessa, solvenda » elles vendent à l'abbaye de Montiéramey « nemus et terram sita in loco qui dicitur *li Cuchet* juxta nemus quod dicitur de *Pont Barse*.. pro LX libris pruvinensium fortium » payées comptant. — *Origin.* (voir à cette date nos *Chartes de Notre-Dame-aux-Nonnains*. — *Cartul.* B, fol. VII v°.

Mars 1267 (*v. st.*). — « N[icholaus], miseratione divina Trecensis episcopus » il notifie et approuve la vente susdite. — *Origin.* (voir à cette date nos *Chartes de Notre-Dame-aux-Nonnains*. — *Cartul.* B, fol. V r°.

414. — Après le 27 mars 1267 (*v. st.*).

« Nos Theobaldus, Dei gratia rex Navarre, Campanie et Brie comes palatinus » il fait la notification suivante : « abbas et conventus monasterii Arremarensis de voluntate et licentia nostra abonaverunt decimas suas quas habet prior prioratus S. Johannis in Castro Trecensi, in quibus nos habemus partem tertiam et ipse prior duas, vinearum que sunt in decimaria.. Quodlibet arpentum vinee » au lieu de la dîme paiera « V solidos turonensium annui et perpetui census nobis et dicto priori » ; si les vignes sont arrachées l'abonnement cessera. « Quod abonamentum nos rex predictus laudamus, confirmamus et approbamus. Datum et actum Trecis, anno Domini M° CC° LX° VII°, mense martio. » — *Cartul.* B, fol. CXIII v°.

415. — 26 septembre 1268.

Universis presentes litteras inspecturis Theobaldus, Dei gratia rex Navarre, Campanie et Brie comes palatinus, salutem in Domino. Noveritis, quod, cum dilectus noster Pontius de Cyresio, miles.. (*omnia ut infra* n. 416). Idem miles recognovit et asseruit coram nobis quod omnia et singula premissa movent et movere noscuntur de retrofeodo nostro. Nos hujusmodi venditionem volumus, laudamus et approbamus, et omnia et singula premissa, ut dictum est, vendita admortisamus et volumus ea in manum mortuam venire ; volumus quoque et concedimus quod prefati abbas et conventus omnia et singula supradicta teneant, habeant et possideant imperpetuum pacifice et quiete absque contradictione quacunque. In cujus rei testimonium presentibus litteris facimus apponi sigillum.. Datum anno Domini M° CC° LX° octavo, mense septembris, die mercurii ante festum B. Michaelis, archangeli. — *Cartul.* B, fol. II r°.

416. — 4 février 1268 (*v. st.*).

« Johannes de Durnayo, miles » il fait la notification suivante : « Cum dilectus noster Pontius de Cyrosio, miles, vendiderit monasterio Arremarensi justiciam suam quam idem miles habebat in locis infrascriptis, videlicet a metis lapideis que sunt in Campo Joceti usque ad Campum *a Laliborde* ; et a Campo *Laliborde* usque ad Charmas B. Marie ad Moniales Trecenses ; et a dictis Charmis descendit usque ad metam lapidem que est prope boscum de Arripatorio ; et a meta lapidea sese extendit usque ad noam de *Crole* ; et de ipsa noa sese extendit usque ad fossatum novum monachorum monasterii Arremarensis ; et etiam omnem justitiam quam idem miles habet in pratis Harpini, et census in dictis pratis ; necnon justiciam in bosco de Charmis monialium B. Marie Trecensis pro LIII libris bonorum et legalium turonensium » payées comptant. « Datum anno Domini M° CC° LX° nono, mense februario die martis post festum Purificationis B. Marie Virginis. » — *Origin*. — *Cartul*. B, fol. LVII r°.

417. — 16 février 1268 (*v. st.*).

Nos Theobaldus, Dei gratia rex Navarre, Campanie et Brie comes palatinus, universis presentes litteras inspecturis notum facimus, quod nos pro remedio anime nostre et pro multis curialitatibus, quas habuimus a dilecto capellano nostro Roberto, abbate monasterii Arremarensis, et a conventu ejusdem loci, donamus et concedimus abbatie monasterii Arremarensis et quatuor ipsius abbatie grangiis, videlicet grangie de *Metejart*, grangie de *Buires*, grangie de *Desdes*, grangie de *Pombasse* imperpetuum usuarium suum ad comburendum et edificandum in omnibus nemoribus et forestis, in quibus illi de Insulis, de Rumeilliaco et Cadusia utuntur et fruuntur.. Datum per nos apud Pruvinum, die sabbati proxima post Brandones, anno Domini M° CC° LX° octavo. Nota Odonis de Castro Thierrico. — *Cartul.* A, fol 8 r°.

418. — Avril 1269.

« Officialis Trecensis » il notifie que « nobilis vir dominus Guido de Melligniaco.. vendidisse abbati et conventui monasterii Arremarensis XIV sextaria avene et unum sextarium frumenti, que percipere consueverat in granchia predictorum religiosorum de Chaorsia, pro LX libris pruvinensium fortium.. Actum anno Domini M° CC° LXIX°, mense aprili. » — *Cartul.* A, fol. 7 v°; B, fol. CXIII r°.

419. — Avril 1269.

Je Erarz, sires de Valeri, conestables de Champaigne, fais savoir à touz ces qui ces lettres verront, que con messires mes pères an son bon sen et an sa bonne memore aust doné au covant de Monstier

Arramé vint et cinc solz de tornois chascun an à paier pour son anniversaire faire, je voil et ottroi que li diz covanz ait et preigne les diz vint et cinc solz an mes cenz de Baire, chascun an le jour de la saint Remi au chief d'octovre. Et por ce que ce soit ferme chose et estable, je ai seélées ces lettres de mon séel qui furent faites à Troies, an l'an de grèce mil et deux cenz et soixante nuef, ou mois d'avril. — *Origin.*

420. — Avril (Pâques le 13) 1270.

Ego Hugo, comes Brene, notum facio tam presentibus quam futuris, quod ego vendidi et nomine venditionis imperpetuum concessi religiosis viris abbati et conventui monasterii Arremarensis, Trecensis diocesis, plenum et integrum usuarium seu usuagium in omnibus nemoribus meis comitatus Brene, que vulgaliter nemora Orientis nominantur, sicut se comportant in longum et latum, excepto nemore Plesseii domus mee site in dicto nemore Orientis, ad edificandum et comburendum ad opus abbatie monasterii Arremarensis et pertinentiarum suarum existentium in villa et finagio monasterii Arremarensis, exceptis granchiis elemosinarii seu Sancti Martini et de Maso Thiegardi, et ad opus sex de granchiis ipsius monasterii et ad quamlibet ipsarum granchiarum et pertinentiarum earumdem, videlicet, de Ponte Basse, de Rubeis Vallibus, de Nogento juxta Ramerucum, de S. Victore, de Loya, et de Ruilleyo prope Saceyum, ad quatuor secures et quatuor sarpas pro dictis abbatia et grangiis ; ita quod dicti religiosi possint et debeant libere scindere vel scindi facere in dictis nemoribus ad opus dictarum abbatie et granchiarum ad dictas quatuor secures et quatuor sarpas, hoc excepto quod de dictis nemoribus carbones seu cinerem facere non poterunt, nisi in corpore abbatie predicte. Concessi etiam dictis religiosis nomine predicte venditionis in omnibus nemoribus predictis et in toto comitatu Brene plenum pasturagium ad opus animalium et pecorum dicti monasterii et sex grangiarum, exceptis capris, et in predictis nemoribus pasnagium propriorum porcorum qui erunt de nutrimento dictorum locorum ; ita tamen quod si animalia seu peccora dictorum locorum in dampno capta fuerint in dicto comitatu dampnum restituetur solummodo sine emenda, preterquam in nemoribus de novo scissis, videlicet pro summa M librarum bonorum turonensium, de quibus me teneo pro bene pagato in pecunia numerata.. In quorum testimonium et evidentiam pleniorem presentibus litteris sigillum meum feci apponi. Datum anno Domini M° CC° LXX°, mense aprili. — *Vidimus* du 13 mai 1388.

Avril 1283. — « Nos Theobaldus, Dei gracia rex Navarro, Campanie et Brie comes palatinus » notification et approbation de l'acte précédent. « Nos vero predictus Th., rex, hujusmodi venditionem et concessionem de premissis, moventibus de feodo nostro, factas, ut superius expressum est, volumus, laudamus, approbamus et etiam confirmamus, volentes et concedentes quod premissa sint vendita et concessa, imperpetuum sint in manu mortua religiosorum eorumdem.. Datum anno Domini M° CC°LXX° mense aprili. » — *Origin.*

421. — Mai 1270.

« Guillaumes de Chanlite, vicuens de Dijon et sires de Pontoiller » il fait la notification suivante : « Hugues de Masillo, prestres, hai vendu et outroié an perpetual héritaige à laglise de Saint Sauveour et à frère Huede, adunc priour d'icellui, III jornaus de terre arauble, essis devant la grange de Pomoi, pour le pris de IIII livres de viannois et de IIII aminotes de fromant. » payées comptant. « Et pour ce que la dite terre muet de ma soingnorie, je los et vuel lou dit covant et macoit à la dite vandue.. En l'an de grâce M et CC et sexante et dix, ou mois de mai. » — *Origin.*

422. — Juillet 1271.

Nos suers Katherine, abbesse de Saint Nicholas de Bar sor Aube, et li covanz de ce meimes leu, faisons a savoir a toz ceus qui sunt et qui seront, qui ces presentes lettres verront et orront, que nos avons quitté l'abbé et le covant de Mostier Arramey de III s. de cens que nos lor demandions et toz autres cens qu'il nos devoient ou pooient devoir à Bar et ou finage de Bar, jusques au jor que on fist ceste lettre, sor terres, sor maisons, sor vignes, sor pré et sor toles autres choises que lor porriens demander por raison de censive, por C s. de tornois, les quex C s. nos avons recuz de aus an deniers contanz. Et por ce que ceste choise soit certaine nos i avons mis nos sées. Ce fu fait an l'an de grâce M CC LXXI, ou mois de juignet.

423. — Janvier 1272 (v. st.).

« Nos Robers, prior de Saint Leiger, et Jauhany, priors de Nostre Dame de Pontoiller » ils notifient qu'en leur présence « Parrés de Montmançon, clerz, fiz Bleinchon, a recogneu que XXX jornaus de terre arauble et IIII fauz de pré, Hudes, priors de Saint Sauvor, a doné au dit Parel, à sa vie, à Montmançon, sauve les censes et les costumes.. Ce fut fait an de l'ancarnation Nostre Seignor M CC LX et doze, o mois de janvier. » — *Origin.*

424. — Juin 1278.

« Petrus, decanus xpistianitatis Barri super Albam » il notifie que « Johannes dictus de Monasterio, prepositus ad presens dicti Barri, dedisse in escambio » à l'abbaye de Montiéramey « quamdam peciam terre arabilis in finagio de Insula sitam in Augevalle.. Actum anno Domini M° CC° LXX° octavo, mense junio. » — *Origin.* — *Cartul.* B, fol. XCV r°.

425. — 10 janvier 1284 (*v. st.*).

« Officialis Lingonensis » il notifie qu'en sa présence ont comparu : « Robertus de Cussangeyo » procureur de Montiéramey, et Perretus dictus *Baras* de Villa super Arciam, et Robertus dictus *Robez*, ejus frater, armigeri. » Ces deux derniers « cesserunt pro se et heredibus suis et quittaverunt perpetuo integraliter et sine retentione aliqua omnes escasuras, obventiones et remanentias bonorum mobilium et immobilium Thurici dicti *Moture* de Villa super Arciam » homme de l'abbaye de Montiéramey. « Anno Domini M° CC° LXXX° quarto, die mercurii post Apparitionem ejusdem. » — *Cartul.* B, fol. XIX r°.

426. — Avril 1285.

« Officialis Lingonensis » il fait la notification suivante : « magister Regnaudus de Cussangeyo, advocatus in curia nostra, et Robertus, frater ipsius, notarius curie nostre, assederunt et fecerunt anniversarium suum et parentum suorum super IIII vineas quas habent apud Espiniolium, monasterio Arremarensi tenendas et possidendas titutulo perfecte donationis post decessum eorumdem.. Anno Domini M° CC° LXXX° V°, mense aprili. » — *Origin.* — *Cartul.* B, fol. XIV r°.

427. — Février 1285 (*v. st.*).

« Guillelma, domina de Durnaio et de Vendopera » elle fait la notification suivante : « ego attendens et considerans grata servitia et curialitates » que ses ancêtres, elle-même et ses enfants ont reçu de l'abbaye de Montiéramey « nomine meo et nomine Johannis de Durnaio, canonici Lingonensis, Girardi et Milonis, militum, et Poinçardi, armigeri, filiorum meorum, virtute et auctoritate michi concessa ab eisdem, do et concedo (Arremarensi) ecclesie, donatione irrevocabili facta inter vivos, XVI arpenta nemoris mei et filiorum meorum in nemoribus de Vendopera, a parte grangie religiosorum que vocatur *La Loye* et nemoris ipsorum quod vocatur *le Defoiz* » elle donne à l'abbaye tous ses droits et ceux de ses enfants sur ces 16 arpents de bois. « Datum anno Domini M° CC° LXXX° V°, mense februarii. » — *Cartul.* B, fol. CV r°.

428. — 17 mai 1287.

« Magister et fratres hospitalis S. Anthonii Viennensis dyocesis » ils reconnaissent que « magister Aldobrandinus de Senis, physicus, Trecis commorans » leur a légué par testament « domum suam sitam Trecis in vico S. Abrahe cum ipsius domus pertinentiis quibuscunque.. que sunt sub dominio et justicia religiosorum virorum abbatis et conventus monasteri Arremarensis, qui cum domum cum pertinentiis per priorem S. Johannis de Castello, utendo jure suo, saisiri fecissent.. » Les Antonins ayant donné « L libris turonensium » l'abbaye de Montiéramey et le prieuré de Saint-Jean-en-Châtel accordent « quod nos domum cum pertinentiis suis sub eorum dominio et justicia tenebimus et possidebimus imperpetuum pacifice, mediantibus II solidis turonensium quos singulis annis imperpetuum in festo B. Remigii in capite octobris priori S. Johannis, in signum recognitionis dominii et justicie, reddere et solvere tenebimur apud Trecas; promittentes quod a domino papa vel alio quocunque non impetrabimus nec etiam procurabimus quod ibi sit collegium, seu construatur oratorium vel capella, nisi de speciali mandato et licentia religiosorum Arremarensium, et quod non sit de dominio et justicia eorum dicta domus cum pertinentiis.. Datum apud S. Anthonium in nostro generali capitulo, die sabbati post Ascensionem Domini anno Domini M°CC°LXXX° septimo. » — *Origin. scellé.*

429. — 27 mai 1289.

Nos Robers, dux de Burgoigne, faissons savoir à touz ces qui verront ces presentes lettres, que nous havons et tenons en notre main la garde dou prioré de Saint Sauveour sur Vigenne, des hommes, des biens et des appartenances dou dit prioré qui sunt deça la Soone, la quelle garde nous ha rendue li sires de Pointaillé qui la tenoit de notre flé ; par quoi nous havons receu et tenons en notre garde, especialement en notre sauve protection ledit prioré, les hommes, les biens et les appartenances d'icelui prioré desus diz, ne meffacent en aucune manière ne plus que en la notre propre terre. En tesmoignage de la quelle chose nos avons mis notre seaul es présentes lettres, donnés à Rouvre, le vanredi après la Saint Marc, evangeliste, l'an de grâce M CC LXXX et nuef. — *Origin.*

430. — Février 1289 (*v. st.*).

« Hugo, decanus xpistianitatis Barri super Albam, et Simon Concheti, prepositus dicti Barri » notifient que « Nicholaus, succentor ecclesie S. Machuti de dicto Barro, recognovit se tenere ad vitam suam solummodo, a viris religiosis abbate et conventus monasterii Arremarensis, quamdam domum cum pertinentiis ejus sitam apud dictum Barrum in Magno Vico, juxta domum que fuit quondam Johannis de Mereyo, ex una parte, et juxta domum que fuit quondam magistri Petri Papelardi, ex altera, sub annua locatione XII denariorum turonensium parvorum.. Actum anno Domini M° CC° LXXX° nono, mense februarii. » — *Origin.*

431. — Avril 1289 (*v. st.*).

Accord entre « Jehans, sires de Chapes, chevaliers » et l'abbé de Montiéramey et « le prieux de Chapes » il est rapporté ci-dessous. — *Cartul.* B, fol. XXV r°.

21 juillet 1290. — « Lambertus de Parisiis, archidiaconus Brene in ecclesia Trecensi, et Johannes Patriarcha, curie Trecensis tabellio » ils notifient un accord entre « priorem de Capis, et nobilem virum dominum Johannem, dominum de Capis, militem. » Le seigneur de Chappes a donné sa procuration à « Jaqueto de Chavangiis, clerico. » Le prieur de Chappes a le droit : 1° percipiendi singulis annis LXXV solidos turonensium super molendinum de Capis quod vulgaliter appellatur *Foulons*, percipiendos modo antiquitus observato ; 2° percipiendi singulis hebdomadis unum boissellum molture ad mensuram de Capis super molendinis domini de Capis et molendi gratis in dictis molendinis bladum ad usum prioris ejusque familie ; 3° fruendi in nemore quod vocatur *dou Poil*, videlicet scindendo pro usu et expensis dicti prioratus.. 4° dominus de Capis absolvitur in cyphis argenteis petitis et in reliquiariis et calice, necnon et in via eundi de dicto prioratu ad granchiam dicti prioratus per quemdam pontem situm super fossata domini de Capis, nisi dicto domino placuerit.. Actum anno Domini M° CC° XC°, die veneris ante festum B. Marie Magdalene. » — *Origin.*

432. — Décembre 1290.

« Magister Hugo, decanus xpistianitatis Barri super Albam, et Johannes David, prepositus dicti Barri » ils notifient que « Bartrominus de Ingentis, armiger, et domicella Aelipdis, uxor ejus, filia quondam domini Guillermi de Ingentis, militis.. religiosis viris monasterii Arremarensis dederunt, donatione legitime facta inter vivos sine spe revocandi, peciam prati quam habere se dicebant sitam in finagio de Buriis circa stangnum eorumdem religiosorum, juxta pratum dictum *Maupin*.. Actum anno Domini M° CC° XC°, mense decembri. » — *Origin.*

433. — 18 janvier 1291.

« Dyonisius, decanus Trecensis ecclesie » il notifie que « Stephanus dictus *Payenez* de Chaorsia, forestarius, et Johannes, ejus filius, clericus.. renuntiasse omni juri quod habebant.. in quatuor peciis vinearum in finagio de Espinolio » à condition que leur anniversaire sera célébré tous les ans « in ecclesia monasterii Arremarensis.. Actum presentibus venerabilibus viris : magistro Drocone de Cantumerula, domino Henrico de Noa, et Jacobo de Baaconno, canonicis Trecensibus. Anno Domini M° CC° XC° primo, die veneris ante festum S. Vincentii. » — *Origin.*

454. — Septembre 1292.

« Perrinez, sires de Jaucourt, escuiers » il notifie un « descors » entre lui et « frère Jehan, humble abbé de Monstier Aramé, et lou couvent de ce mesmes leu qui doisoient aux et lor eglise estre en possession d'avoir les mains mortes de lor hommes et de lor fames de corps demorans es villes de Doulancourt et d'Argançon » les parties choisissent pour « arbitre arbitrator noble homme Hue dit Chauderon, chevaliers. » Enfin Perrinet reconnaît n'avoir aucun droit sur les main-morte en question. « L'an de grâce M CC XCII, ou mois de septembre. » — *Origin. scellé.*

435. — 5 mai 1295.

» Jehans li Monoiers, citoyens et garde dou séel de la prévosté de Troyes » il notifie « que Jehans de Corcelles, escuiers, filz jadis feu monseignor Jehan de Corcelles lez Clarey, chevaliers, et damiselle Isabiaux, sa famme.. ont vandu aux religieux de Moster Arramé plusieurs heritages et possessions séans à Villemeayne et à Villenueve et es finages des dites villes, en la chastellerie d'Ylles, pour lou prix et por la somme de XXX et cinc livres de la monoie de petiz tournoys » payées comptant. « L'an de l'Incarnation Nostre Seignor M CC LXXX et quinze, le juedi après feste Saincte Croix en may. » — *Origin.*

456. — Mai 1295.

« Guyars de la Porte, bailliz de Chaumont » il notifie que « Girouz, qui fut filz feu Vautrin le racoueteur, de Mostier à l'Ile » a vendu « à Hanriet et à Thiébaut, frères « de Bar seur Aube, recondeurs, deuz vignes franches, fors que d'un moiton d'avoine de rente à paier à la Saint Martin à moines de Mostier, séans en leu con dit Betpames, por sexante solz de bons tornois petiz.. Ce fut fait en l'an de grâce M CC LXXX et quinze, ou mois de may. » — *Origin.*

437. — 20 mars 1297 (*v. st.*).

« Pierre Saymiaus, baillis de Troyes » il déclare que les dîmes « ou finage de Pargues » en contestation entre les abbayes de Montiéramey et de Quincy « que l'église de Monstier Arramé estoit saisie de ces dismes quant prinses furent en la main le roy » et conclut à accorder la mainlevée de ces dîmes. « L'an de grâce M CC LXXX et dix sept, le jeudi après miquaresme. » — *Cartul.* B, fol. XV rº.

458. — 19 juin 1303.

« Frater Symon, permissione divina monasterii Arremarensis abbas humilis, totusque ejusdem loci conventus.. dilectum et fidelem nostrum fratrem Jacobum dictum *Baume*, nostrum priorem S. Johannis in castro Trecensi, commonachum nostrum, latorem presentium, nostrum fecimus et constituimus procuratorem generalem et nuncium specialem in omnibus et singulis negociis nostris.. Datum anno Domini M° CCC° III°, die mercurii ante Nativitatem B. Johannis Baptiste. » — *Cartul.* B, fol. IX v°.

439. — Juin 1309.

« Nous Gautiers, quens de Brienne et de Liche » il donne la procuration suivante « pour nous et en notre non et en lieu de nous avons laissié, fait, ordené et establi.. haut homme et noble nostre très chier et amé seigneur et père mons. Gaucher de Chasteillon, cuens de Porcien et connestable de France, gardien, visetant, gouverneur, gouverneur géréral et message espécial de nostre conté de Brienne et de toute nostre terre en quelconque lieu que nous l'aions.. et lui donnons et ottroions plain poeir, mandement général et espécial de recevoir et oir.. les contes de toutes nos rentes et yssues de toute nostre dite terre.. L'an de grâce M CCC et nuef, ou mois de juing. » — *Insérée dans les lettres de Janvier* 1310 (n. 441).

440. — 21 septembre 1310.

« Ludovicus, regis Francie primogenitus, rex Navarre, Campanie Brieque comes palatinus. » Arrêt confirmant l'abbaye de Montiéramey « in saisina justiciandi homines villarum de *Froisvax* et Monasterii in Insula, tanquam homines ipsorum abbatis et et conventus de corpore, manusmortue, forismaritagii et similis condicionis.. Actum in Diebus Trecensibus XXI^a die septembris anno Domini M° CCC° decimo. » — *Origin.*

441. — Janvier 1310 (*v. st.*).

« Nous Gauchiers de Chasteillon, quens de Porcien et connestable de France, chevaliers » il notifie un accord « entre nostre chier fil mons. Gautier, duc de Athenes, conte de Liche et de Brienne et ses gens, d'une part, pour raison de sa terre de Brienne, et le couvent de Monstier Arramé.. d'autre part » au sujet « d'un moulin à vent assis à Ruilly et ou finage, entre la grange et les vignes des diz religieux.. » Le comte de Brienne prétendait que ce moulin avait été construit en sa justice et l'avait fait saisir, et les religieux de Montiéramey soutenaient que le moulin était construit en leur justice. Gauthier de Châtillon, en vertu d'une procuration qu'il a reçue au mois de juin 1309 du comte de Brienne (n. 439), rend ce jugement : « par nostre enqueste avons trouvé que li dit religieux ont fait et édefié le dit molin en leur terre et en leur justice.. par quoi nous ostons la saisine et l'empeschement de tout en tout que les gens du dit conte y avoient mis.. l'an de grâce M et CCC et dis, ou mois de janvier. » — *Origin.* — *Cartul.* B, fol. XXVI v°.

442. — 31 août 1314.

« Johannes, miseratione divina Trecensis electus confirmatus.. Gerardo de *Domoys* » il le nomme curé « de Gineyo » paroisse vacante « per mortem Odonis, sacerdotis, quondam ipsius ecclesie rectoris. » La présentation à cette cure appartient « ad fratrem Symonem, abbatem monasterii Arremarensis »; commandement « decano rurali de S. Margareta » d'installer le nouveau titulaire « cum sollempnitatibus in talibus consuetis.. Datum anno Domini M° CCC° XIV°, die sabbati post festum Decollationis B. Johannis Baptiste. »

443. — 8 septembre 1314.

« Guillelmus, permissione divina Lingonensis episcopus » il reconnait « parrochiales ecclesias de Chierriveyo et de *Sephons*.. ad presentationem abbatis monasterii Arremarensis pertinere.. Actum die dominica in festo Nativitatis B. Marie Virginis anno Domini M° CCC° XIV°. » — *Cartul.* B, fol. LXXXVIII v°.

444. — 1315
(mercredi 12 novembre, indiction XIV)

« Sede Apostolica vacante. » Enquête relative au droit de présentation « ad ecclesiam parrochialem de Chaorsia, vacantem per mortem domini Thome, quondam curati.. Johannes per Symonem, abbatem monasterii Arremarensis, presentatus fuit ad ecclesiam vacantem.. dominus Guillelmus, Lingonensis episcopus » prétendait que l'abbé de Montiéramey n'avait pas droit de présentation à la cure de Chaource ; mais les témoins entendus déposent que par le passé « Stephanum dictum *Forget* de Tornodoro » a été institué curé de Chaource « ad presentationem Roberti, abbatis monasterii Arremarensis; deinde Henricum de Chaorsia ad presentationem ejusdem Roberti ; deinde Thomam de Villeyo ad presentationem Johannis. abbatis, et fratris ejusdem Thome » plusieurs témoins citent en faveur de l'abbaye de Montiéramey le « Pollerius dyocesis Lingonensis. » — *Cartul.* B, fol. XV r°.

445. — Juin 1327.

« Edmundus, dictus abbas de Ripatorio » il notifie un accord entre les abbayes de Larrivour et de Montiéramey « super decimis et terragiis in finagio Bellimontis, in loco qui vocatur Parvus Bellusmons qui continet XCII arpenta cum dimidio terrarum arabilium et XXIII arpenta pratorum ; et in finagio de Grandi Bellomonte qui continet LXXXIIII jornalia terrarum arabilium, in quo est campus de *La Loye;* item occasione molendinorum de *Voylievre* (appartenant à Larrivour) et de Courterangiis (appartenant à Montiéramey); et pro quodam solo aquatico, alias dicto *seule eraus*.. Actum et datum anno Domini

Mº CCCº XXº septimo, mense junio. » — *Cartul.* B, fol. III rº.

446. — 15 septembre 1326 — 24 novembre 1327.

« Karolus, Dei gratia Francorum et Navarre rex, Trecensis et Calvomontis ballivis.. abbas et conventus monasterii Arremarensis sua nobis conquestione monstrarunt, quod, cum ipsi dudum per Dies Trecenses nobis in M, et religiosis de Rippatorio in Vᶜ libris condempnati fuerint, quia de prisione illorum de Rippatorio Girardum de Savigniaco, armigerum, extraxerant violenter.. » jusqu'à ce que ces sommes soient payées et « quousque de predicto Girardo foret prisio restituta, Arremarensium justitia in manu nostra detinetur.. » Les religieux de Montiéramey disent qu'ils ont payé les sommes auxquelles ils ont été condamnés et qu'ils ne peuvent réintégrer Girard dans les prisons de Larrivour « eo quod Girardus in Imperio se absentat » ils demandent au roi la mainlevée de la justice de Montiéramey.. citer les parties à comparaître.. « Datum Trecis in Diebus, sub sigillo nostre ballivie Trecensis in absentia nostri magni sigilli, XVᵃ die septembris, anno Domini Mº CCCº XXVIº. »

« Michiel de Paris, bailli de Troyes.. par la vertu des dictes lettres et à la requeste des religieux de Monstier Arramé » après avoir entendu « dams Symes, abbé de Larivour, qui cognut et confessa que restablissemens suffisant avoit esté faiz à l'église de Larivour dou dit Girart et satisfaction enterine de la somme de V^c livres, et se assenti que la main du roi fut ostée de la justice de Monstier Arramé. Et pour ce nous avons osté ladicte main du roi de dicte justice et dezja l'en ostons ; par la teneur des dictes lettres mandons et commandons à tous les justiciers et subgiez de la dicte baillie que pour ceste cause ils n'empeschent la dicte justice dez ores en avant.. avons seellees ces présentes lettres dou seel de la dicte baillie et dou nostre en contre seel. Données à Troyes le mardi voille de la feste sainte Katerine l'an de grâce M CCC XX et sept. » — *Cartul.* B, fol. XI r°.

447. — 1326-1131.

« Universis presentes litteras inspecturis frater Girardus, permissione divina humilis abbas monasterii Arremarensis, ordinis S. Benedicti, Trecensis diocesis, totusque ejusdem loci conventus, salutem in Domino sempiternam. Notum facimus, quod, cum nos et monasterium nostrum essemus tot et tantis debitorum urgencium, eciam sub usurarum voragine continue discurrentium oneribus pregravati, edificiaque monasterii nostri essent adeo ruinosa, hereditatesque ipsius inculte ac steriles et infructuose manerent, ita quod nisi celeriter nobis et monasterio nostro subveniretur de remedio opportuno dictum nostrum monasterium devenire posset in brevi ad irrecuperabile detrimentum, nos in capitulo nostro ad sonum campane.. » pour les besoins les plus urgents du monastère « nemine contradicente, vendidimus ac nomine et titulo pure et irrevocabilis vendilionis tradidimus et concessimus.. Guillermo dicto *Poolin* et Droineto dicto *Pelerin* de Barro super Secanam.. superficiem CCarpentorum nemoris alte foreste nostre de *Trode*, ad mensuram arpenti Campanie mensurandorum et accipiendorum in dicta foresta de *Trode* in capite talliarum seu assurarum quas nos fieri faciebamus in venditione predicti nemoris.. » — *Cartul.* B, fol. LI.

448. — 15 janvier 1327 (*v. st.*).

« Henris de Dommart, clerc, garde dou séel de la prévosté de Troyes. » Il notifie que sous le sceau de la prévôté « Nicolas Mor de Castel, ou nom de lui et de Lucin, son frère » donnent quittance générale à l'abbaye de Montiéramey qui avait « acheté d'eux en plusieurs et diverses sommes d'argent pour certaines causes, par plusieurs et diverses lettres, tant par lettres d'obligacion des foires de Champaigne comme par lettres seellees des seaux des diz abbé et couvent et par autres lettres.. de toutes debtes, obligacions, erremenz, despens de mandés, querelles, actions réelles et personnelles jusques au jour de la confection de cez lettres.. Ce fu fait l'an M CCC XX et sept, le venredi devant la feste Saint Vincent. » — *Cartul.* B, fol. XI v°.

449. — 18 mars 1346 (v. st.).

« Druyes, chevaliers, sires de Chapes et de la Broce » reconnaît qu'il est tenu « à amortir franchement au prieur de Chapes, ou non et pour la prieurré de Chapes, L soldées de terre au pris de Champaigne.. pour cause des fossez dou berle de nostre chastel de Chapes, les quelx nous avons pris et faiz faire sur la terre dou dit prieurré dès la première porte dou chastel par devers le chemin de Belveoir, jusques au champ de la grange dou dit prieurré par devers la ville ; et d'illec jusques aux autres viez fossez qui sont darriere la prieurré.. la quelle terre a été prise pour l'enforcissement de nostre dit chastel. L'an de grâce M CCC XL six, le jeudy devant ce qu'on chante en sainte Eglise *Judica me.* » — *Origin.*

450. — 11 juillet 1364.

Marguerite, fille de Roy de France, comtesse de Flandres, d'Artois, et de Bourgogne palatine, et dame de Salins, faisons savoir à touz, que nous avons octroié et octroyons aus habitans de nostre ville et chastellenie de Chaource, que toutes aides qu'ils ont faites et feront pour l'emparement, sostènement et enforcissement du chastel de Chaource et pour la garnison de celluy, tant en artillerie, en molins à bras, en engins et autres choses quelconques, ne leur tourne à aucun préjudice, ne à leurs hoirs ou temps advenir, et que pour ce ne puisse estre acquis seur euls aucun droit. Donné à Paris le XI° jour du mois de juillet l'an de grace mil CCC soixante quatre. Par le conseil ou vous estiés : Lengret. — *Copie.*

451. — 11 juillet 1384.

« Clemens, episcopus, servus servorum Dei, dilecto filio Johanni, abbati monasterii Arremarensis.. Romana mater ecclesia vota personarum humilium, maxime divinis laudibus sacreque religionis observantie deditarum, gratioso favore libenter prosequitur eorumque necessitatibus occurrit remediis opportunis. Sane petitio pro parte dilecti filii Johannis, abbatis monasterii Arremarensis, ordinis S. Benedicti, Trecensis diocesis, nobis exhibita continebat quod edificia ecclesie et grangiarum et domorum prioratus S. Johannis in Castro Trecensi, dicti ordinis, a dicto monasterio dependentis, a XX annis citra taliter ceciderunt in ruinam quod non speratur illa per priorem dicti prioratus posse in posterum reparari, propter ipsius prioratus reddituum tenuicatem et onera que habet continuo supportare, et quod prior dicti prioratus, pro tempore existens, in aivitate Trecensi et locis circumvicinis in parte jurisdictionem obtinet temporalem, quam carissimo in Xpisto filio regi Francorum illustri communicat et partitur.. quare pro parte dicti abbatis nobis extitit humiliter supplicatum ut prioratum.. mense abbtiali dicti monasterii in perpetuum incorporare, annectere et unire de benignitate Apostolica dignaremur. Nos igitur, volentes super his quantum cum Deo possumus providere, hujusmodi in hac parte supplicationibus inclinati, predictum prioratum, qui sine cura est, et dignitas vel personatus non existit.. mense abbatiali predicte ex tunc in perpetuum auctoritate Apostolica incorporamus, annectimus et unimus.. Datum Avenione, V° idus julii pontificatus nostri anno sexto. » — *Copie.*

452. — 22 janvier 1393.

« Clemens, episcopus, servus servorum Dei, dilecto filio Johanni, abbati monasterii Monasteriiarremarensis.. Ex paterne caritatis officio.. » Le pape fait remise « pro decimis, procurationibus et aliis subsidiis per Sedem Apostolicam indictis ratione ipsius monasterii predicti et prioratus S. Johannis de Castro Trecensi de anno Domini M° CCC° LXXX° tercio in VI libris turonensium parvorum et pro integra decima dicti anni, scilicet in LVII libris ac X solidis pro monasterio, et pro dicto prioratu pro decima ipsius anni in VIII libris.. ad annum M. CCC. XC, in diocesibus Trecensi, Lingonensi, Eduensi.. propter reddituum tenuitatem, ac mortalitatem pestes, gencium armorumque discursus.. Datum Avivioni, XI kalendas februarii pontificatus nostri anno XV°. » — *Origin.*

TABLE DES NOMS DE PERSONNES

CONTENUS

DANS LE CARTULAIRE DE MONTIÉRAMEY (1)

A., monachus Arremarensis, 122.
A., curatus de *Drubun*, 358.
A , Sancti Germani de Pratis Parisiensis, prior, 270.
Aalidis, uxor Roberti de *Creaudon*, 330, 331.
Aalidis, uxor Guillelmi, vice comitis de Melonduno, 368.
Aaliz, uxor Erardi comitis Brenensis, 22.
Aaliz de Buriis, 244.
Aalis, uxor Odonis de Clareio, 154, 161, 184.
Aalis, uxor Johannis *Goriars*, 151.
Aalis, uxor Menardi militis, de Maceriis, 189.
Aaliz, nobilis mulier de *Meissi*, 281.
Aalis, uxor Baucendi Trecensis, 249.
Abel, 43.
Acardus, burgensis Brene, 107.
Acelina, uxor Roberti de Clareio, 201.
Acelinus, 67.

(1) Le dépouillement des documents contenus dans ce Cartulaire qui avait été fait pour la composition de cette table, ainsi que pour celle de la table des noms de lieux a eu lieu au fur et à mesure de l'impression des feuilles du Cartulaire, il y a donc déjà plusieurs années que ce dépouillement a été achevé et remis aux mains de M. Lalore qui s'était réservé d'en faire la revision et le classement définitif après avoir rédigé l'introduction qu'il comptait donner à son ouvrage. Malheureusement la mort ne lui a pas permis d'achever ces travaux ; on est forcé de publier les tables sans que l'auteur du Cartulaire ait pu lui-même y mettre la dernière main. Aussi on ne devra pas être surpris si l'on rencontre dans ces tables un grand nombre de noms de localités dont la situation réelle n'a pu être déterminée, ou n'est indiquée que d'une manière incertaine. M. Lalore qui avait lui-même déchiffré et transcrit les chartes en leur entier aurait peut-être pu donner des indications plus certaines. La même observation est faite pour les noms de quelques personnes dont les qualifications certaines n'ont pu être données.

Achardus, 21, 25.
Achardus de urbe Remensi, 27.
Adam, vice comes, 67.
Adam de Fossis, 75, 76.
Adam Griverii, 127.
Adam, filius Ode uxoris Adam Griverii, 128.
Adam Claudi de Masnilo Sancti Petri servus, 222.
Adam, presbiter Sancti Augustini, 210.
Adam, filius Tecelini *dou Ru*, 246.
Adam de Rameruco, 24.
Adam, miles de *Servini*, 275.
Adam, prior Theoloci, 361.
Adelaidis, uxor Rocelini de Vendopera, 39, 41.
Adelais, comitessa, uxor Roberti, comitis Trecensis, 19.
Adelbertus, episcopus Trecensis, 1, 2, 3.
Adelina, uxor Odonis *Malapert* de *Clarei*, 346.
Adelina, filia Menardi de Maccriis, 189.
Adelina de Morgia, serva, 229.
Adelina, uxor Ade militis de *Servini*, 275.
Adelina de *Thori*, uxor Buronis de *Estorvi*, 333, 344.
Adelina de Villiaco, serva, 335.
Adelineta, domicella, uxor Johannis *Pioche* de Marcenaio, 367.
Adilo (de pago Tornudrinse), 9.
Ado, episcopus Nametentium, 2.
Adremarus, [primus abbas Arremarensis], 1, 3, 4, 6.
Adrevertus, advocatus abbatis [Arremarensis], 18.
Adrianus [IV] papa, 68, 69.
Aelidis, (magistra Agnetis, comitisse Campanie et Brie, uxoris Theolbaldi IV,) 326.
Aelipdis, domicella, uxor Bartromini de Ingentis, filia Guillermi, 383.
Agacel, uxor Hugonis militis de Fresneio, 162, 163.
Aganon, filius Lebaldi, 43.
Aginus, monachus [in monasteriolo de Alfa] (?), 16.
Agnes, uxor Nicholai, 154.
Agnes [de *Beaujeu*], comitissa Campanie et Brie, uxor Theobaldi IV, 325.
Agnes, domina Cacenaii, 120, 155.
[Agnes, uxor Erardi II] comitissa Brene, 194.
Agnes cognomento *Dameruns*, uxor Ebrardi de Duisma, 64.
Agnes, uxor Manassei de Hesmancia, 340.
Agnes (domina) de Monasterio ad Insulam, 359, 360.
Agnes, uxor Milonis de *Sormeri*, 218.
Airardus, Vide Erardus.
Alaidis [Valensis uxor Theobaldi [I] comitis Trecensis], 20.
Alanus, episcopus Antissiodorensis, 66, 103.
Alardus, 43.
Alardus, filius *Huidelete*, 238.

TABLE DES NOMS DE PERSONNES

Alardus, pontaneus [de Acculeio], 179.
Alardus, prior de Anglenra, 104.
Alardus, prepositus Arremarensis, 124.
Alardus, prior monastérii [Sancte Marie de Faylo, alias Fageto], 178.
Albricus de *Corbetun*, 67.
Albericus, miles, de Essoya, 252.
Albericus de *Montingun*, 45.
Albericus de Vitriaco, 21, 23.
Albertinus, filius Walterini *Coenoire* de Cepeio, 367.
Albertus, sancte Romane ecclesie presbiter cardinalis et cancellarius, 102.
Albertus, frater, capellanus Hugonis comitis Trecassini, 27, 28, 29, 30.
Aldo, cellorarius Cistercii, 73.
Aldobrandinus de Senis, physicus Trecensis 379.
Aledramnus comes [Trecensis], 1, 2, 3.
Alericus de Lusigniaco, 343.
Alericus (ex Pisniacense vico), 19.
Alermus, nota [comitis Trecensis], 188, 268.
Alexander [III], papa, 75, 98, 102.
Alexander de Ruilleio, clericus, 368.
Alexander, canonicus presbiter Trecensis, 94, 169.
Almericus, sancte Romane ecclesie diaconus, cancellarius, 54.
Alvidis, uxor Milonis. molinarii de Villa super Arciam, 274.
Amarricus de Verreriis, servus, 283.
Amator, monetarius, 58.
Amelina, filia Petri de Curia de *Avanz*, serva, 318.
Amelina de *Loncsout*, 318.
Amelina, filia Bonardi *du Tron*, serva, 327.
Amica, uxor Hilduini de Anguleio, 170.
Andrea, filius Burdini de Summa Valle, 57.
Andreas, 169.
Andreas, 343.
Andreas [de Brena], dominus de Rameruco, 139, 349, 352.
Andreas, capellanus do *Bussuil*, 195.
Andreas de Clareio, 65.
Andreas (dominus) de Pascuis, canonicus Barri, parrochus de *Loches*, 316, 338.
Andreas [de *Roncy*], comes Rameruci [et Arcelarum], 24.
Andreas, famulus Mathei episcopi Trecensis, 89, 169.
Andreas de Vendopera, 177.
Androinus, dominus de Vendopera, 176, 206.
Angeltrudis, 138.
Anna, filia Burdini de Summa Valle, 57.
Anscherius, civis urbis Trecensis, 27.
Ansellus, 22.
Ansellus, filius Fromundi, 22, 56, 58.

Ansellus de Berneriis, 26.
Ansellus [I] de Triagnello, miles, buticularius Henrici I, comitis Trecensis, 56, 71, 74, 77, 80, 96, 98.
Ansellus de Triangulo, clericus, 85.
Ansculfus de Capis, miles, 56.
Anserici (terra), 40.
Ansericus, major communie de Barro super Albam, 108.
Ansericus, major communie Barri super Albam, 356.
Ansericus de Cacennaio, filius Milonis de Cacyuniacho, 29, 30.
Ansericus de Curterengia, 144.
Ausgardis, regina, uxor Ludovici II dicti *le Begue*, regis Francorum, 15.
Ansoldus, major, 67.
Ansoldus Coccus, 46.
Ansoldus *Forners*, 67.
Ansoldus *Lamale*, 92.
Ansoldus, villicus, 56.
Archembaudus, 46.
Ardebertus (de pago Tornodrinse), 8.
Ardicio, diaconus cardinalis S. Theodori, 102.
Aremburgis, uxor Gilonis de Porta Brene, 185.
Arfredus, filius Herberti *Hachel*, 144.
Arnaldus, sacrista Arremaensis, 32.
Arnaldus, decanus Divionensis, 38.
Arnaudus, venator, 45.
Aruoldus, villicus, 29.
Arnoldus, cognomento *Grives*, 56.
Arnoldus Rasus, 56.
Arnulfus, 67.
Arnulfus, filius Angeltrudis, 138
Arnulfus, filius Sorelli, 138.
Arnulfus, nepos Willeboldi, 43.
Arnulfus de Elesmundo, 45.
Arnulfus, filius Gaufridi de *Putemire*, 183.
Arnulfus, nepos Ismeri de *Savini*, 72.
Arnulfus *Testons*, serviens in prioratu Sancti Johannis in Castello Trecencis, 112.
Arnulfus de *Vilers*, miles, (sponsus Ermengardis), 67, 122, 253.
Arnulfus de Villiaco, 56, 65.
Arnulphus, abbas de Moris, 364.
Arorardus (de pago Tornudrinse), 9.
Artaudus, monachus de Maceriis, 175.
Artaudus, alias Altaudus, Altadus, Erlaudus, camerarius [Henrici I comitis Trecensis], 71, 80, 82, 85, 86, 87, 88, 90, 91, 96, 98, 103.
Ascelina, uxor Hugonis de Torceio, 110.
Ascelinus Venator, 107.
Ascelinus, prior de Capis, 47.

TABLE DES NOMS DE PERSONNES 401

Askericus, episcopus, [notarius Odonis regis Francorum, 17.
Atho, Atto. Vide Hato.
Atto de Moneta, 43.
Aubericus, alias Aubertus (dominus) de *Corbetun*, 113, 158.
Aubertus, presbiter, 170.
Aubertus (magister), presbiter, 106.
Aubertus Sapiens [frater in prioratu de Angleura ?], 105.
Aubertus (dominus), canonicus Plaiotrensis, 254.
Aubertus de Pratis de Tenelleriis, 247.
Aubricus, carpentarius, 255.
Aubricus de *Vilers*, 206.
Aubrissus de *Bouranton*, 317.
Audelinus, filius *Huidelite*, 238.
Augifridus, villicus Arremarensis, 124.
Avupos, alias *Avupz*, 318.
Aya, 318.
Aymo, sacerdos, filius Villici, 172.
Aymo, monachus Arremarensis, 84.
Ayrardus, archidiaconus [in diœcesi Lingonensi], 38.
Ayricus, eminarius, 22.
Ayricus, villicus Sancti Johannis [in Castello], 22.

Baldricus, 21, 24, 25.
Balduinus, 21, 24, 25, 40.
Balduinus, filius Garnerii, 56.
Balduinus, filius Hugonis Decani, 67.
Balduinus, frater Milonis de *Thori*, 333, 344.
Bancelina, serva, 71.
Bancelinus, 45.
Bartholomeus, frater Mauricii de Desda, 153.
Bartholomeus de Fulcheriis, 47.
Bartholomeus de Fulcheriis (dominus), miles, 124, 168.
Bartholomeus, abbas de Moris, 166, 187, 203, 224.
Bartholomeus, curatus de Nogento, 319, 320.
Bartholomeus, épiscopus Trecensis, Vide Haicius de Planceio.
Bartholomeus, decanus Sancti Stephani Trecensis, 334.
Bartrominus de Ingentis, armiger, 383.
Baucendus, miles, Trecensis, 248, 249, 251.
Bauduinus, 20.
Bauduinus Crassus. filius Gaufredi Crassi, 146, 190.
Beatrix, uxor Guichardi, militis, et filia Richardi, domini Domine Petre, 337.
Beatrix de Ponte Monasterii ad Insulam, 360.
Beatrix, uxor Hugonis de Rubeomonte, 179.
Beatrix de Cereis, domina de Vendopera, uxor Odonis, 117, 140, 150, 176.
Bechardus, 65.
Beliardis, uxor Joannis de Colaverdeio, 184.

Beliardis de Magneio Letranni, 327.
Belinus, filius Johannis Gasatiani, 22.
Belinus, servus Arremarensis, 28.
Belinus, capellanus Galteri Lingonensis episcopi, 78.
Bella, uxor Petri de Moncigno, 178.
Bencelinus de Novigento, 46.
Benedictus, cellerarius de Maseriis, 72.
Berengarius, 56.
Bernardus, 173.
Bernardus (magister), 105, 106.
Bernardus Alerus, 215.
Bernardus, famulus Gualterii, abbatis Arremarensis, 43.
Bernardus, servus Arremarensis, 28.
Bernardus, decanus Barri super Albam, 158, 185, 223, 226, 296, 299, 302, 310, 336,
Bernardus, abbas de *Burlancourt*, 185.
Bernardus (sanctus), abbas Clarevallensis, 59, 60, 63, 64, 66, 115.
Bernardus, de Fonteneto abbas, 229.
Bernardus, curatus de Insula, 337.
Bernardus de Montecuco, civis Trecensis, 353, 365.
Bernardus Prenestinus, episcopus, 102.
Bernardus *dou Ru*, 246.
Bernardus de *Thefrein*, 329, 348.
Bernardus (de pago Tornudrinse), 9.
Bernardus (magister), archidiaconus Trecensis, 82, 91, 92, 94.
Bernardus, prepositus de Vendopera, 177.
Berta, uxor Garini de *Sumsois*, 208, 209, 210.
Bertaldus (de pago Tornudrinse), 8.
Bertha, mulier nobilis, uxor militis de *Virelei*, 136.
Berthardus, abbas [Arremarensis], 18.
Bertraldus (de pago Tornudrinse), 8.
Blancha, comitissa Trecensis palatina, 211, 216, 217, 219, 221, 222, 247, 251, 261, 262, 275, 281, 287, 298, 305.
Bleinchon, 377.
Bligardus, 55. Vide : Hugo de Maceriis.
Bobinus (de pago Tornudrinse), 9.
Bocardus, Dunelmensis archidiaconus, 88.
Bochardus, 108.
Bochardus, alias Buchardus, dominus de Vendopera, 150, 219, 251.
Bodo, monachus, abbas, postea episcopus Trecensis, 12, 13.
Bonardus de Aventis, servus, 310.
Bonardus *du Tron*, 327.
Bonelina, filia *Dameruns*, domine de Brierio, 123.
Bonellus, 159.
Bonellus juvenis, 57.
Bonellus, cognomento *Plais*, canonicus S. Stephani Trecensis, 74.

Bonnellus de Venna, 22.
Bonnellus Rufus, serviens Arremarensis, 58.
Bonetus Rasus, 56.
Bonevalletus (magister), archipresbiter de Arneto, 360.
Bonifilius, scriptor, 32.
Bonusamicus, cambitor, [in Barro super Albam], 108.
Boso, de Cappis, cognomento Paganus, 20.
Boso de Panceio, 45.
Boso (filius Thierici, comitis Augustidunensis, comes Trecensis(?), postea rex Provincie], 11, 12.
Boso (de pago Tornudrinse), 9.
Boso de Tilleio, 45.
Boso, milis de Ulmeio, 208.
Bovo, 246, 269.
Bovo, filius Baldrici, 21, 24, 25, 26.
Bovo Bruslez, 76.
Bovo de Burreio, 41.
Bovo, filius Milonis, domini de Colaverseio, clericus, 324.
Bovo de Porta, 25.
Bovo de Sancto Sepulchro, 22, 43.
Briccius, 110.
Bricius de Monsterello, servus, 280.
Brochardus, archidiaconus [Bisontinus], 32.
Brutinus, decanus Besue, 78.
Brutinus de Masselis, 172.
Buchardus (dominus), 121.
Buchardus (dominus) de Vendopera. Vide : Bochardus.
Burdinus, prepositus, 73.
Burdinus, monachus Arremarensis, 84.
Burdinus de Summa Valle, 56, 57, 58.
Buro, miles, de *Estorvi*, 333, 344.

Calixtus II, papa, 22, 38, 40, 42, 43.
Candida (domina) 107.
[Carolus Andegavensis], rex Cicilie, 370.
Celestinus [II], papa, 137.
Centorius, prepositus Berengarii, 56.
Ciffredus, [notarius?], 8.
Cinthius, tituli S. Cecilie presbiter cardinalis, 102.
Clarellus Alemannus, 320.
Clarellus Faber, 45.
Clarembaldus, decanus [in archidiaconatu Lacesiensi ?], 65.
Clarembaldus, decanus de Musseio, 59.
Clarembandus dictus *li Borgnes*, 330.
Clarembandus, monachus Arremarensis, filius Ebrardi de Duisma, 64.
Clarembaudus de Brecis, clericus, 88, 91.
Clarembaudus, [I], dominus de Capis (conjux Ermengardis), 46.

Clarembaudus [II], dominus de Capis, (sponsus Helisendis), 46, 109, 113, 114, 127, 146, 147, 158, 162, 182, 183, 189, 207, 211, 228, 229, 253, 276.
Clarembaudus [III], dominus de Capis, 229, 231, 233, 245, 253, 260, 325, 327, 328, 331, 338, 340, 342.
Clarembaudus, filius Clarembaudi [II] de Capis et Elizabet, 114.
Clarembaudus, archipresbiter in Lingonensi diocesi, 115.
Clarembaudus de Plagistro, 26.
Clarilia, uxor Fauquini de Ramerisco, 292.
Clemance, dame de Fouvans, 369.
Clemens [VII], papa, 394, 395.
Clemens, notarius, 44.
Clemens, furnarius de *Maignant*, 166.
Clementia, cognomento Rufa, alias *Clemence la russe*, uxor *Taiffers*, domini de Vendopera, 176, 201.
Colinus *Daincre*, 141.
Comitissa, uxor Odonis filii Milonis, de Sancto Quintino, 143.
Conradus, abbas Clarevallis, 277.
Conradus, Portuensis episcopus, legatus Sedis Apostolice, 316.
Conradus, Sabiensis episcopus, 53.
Constancius de Barro [super Albam], servus Arremarensis, 28.
Constantia, filia Philippi Francorum regis, uxor Hugonis, comitis Trecassini, 23, 25, 28.
Constantius, frater Dumi, 22.
Constantius, filius *Engervis*, 67.
Constantius, famulus Arremarensis, 210.
Constantius de Biliniaco, presbiter, 72.
Constantius, cognomento Jobacius, gener Adæ de Fossis, 76.
Constantinus de *Momunchon*, 119.
Costelina, filia Bonelli juvenis, serva, 57.
Costelinus, filius Bernardi *dou Ru*, 246.
Crisogonus, diaconus cardinalis Sancte Marie in Porticu, 53.

Damero, soror Guirrici de Brierio, sponsa Pontii de Racinis, 66. Cfr *Dameruns* (?).
Dameron, uxor Guidonis de Ortilione, 329.
Dameruns, relicta Poncii, domina de Brierio, 123.
Damons, 138.
David, 58.
David de Fera, 271.
Deimbertus de Ternantis, 71, 80, 82, 85, 86, 88, 90, 91, 96.
Denisa, uxor Roberti [de Barro super Albam], 341.
Deodatus, filius Achardi, 21, 25.
Deodatus, prepositus Barri [super Albam], 28.
Dido, episcopus, 16.
Doet de Masninulo, [servus?], 146.
Doetus, (dominus) de *Fraisnignes*, 335.
Dominicais de Pulcro Visu, 114.

Dominicus servus.
Dominicus *Pastiz*, 107.
Dominicus, filius Johannis *Dentart* de Barrivilla, 362.
Dominicus, frater Petri de Moncigno, 178.
Droco (magister), de Cantumerula, canonicus Trecensis, 383.
Drogo Bristaudus, miles, 74, 76, 77, 82.
Drogo de Clareio, 65.
Drogo de Munte Susano, filius Guiardi, [servi], 115.
Drogo (magister), archidiaconus (Trecensis), 31.
Drogo, Sancti Lupi Trecensis abbas, 149, 151, 180, 189, 204, 208, 210.
Drogo, capellanus Hugonis comitis Trecassini, 29, 30.
Drogo de Villamauri, 43.
Droinetas dictus *Pelerin* de Barro super Secanam, 392.
Druyes, sires de *Chapes et de la Broce*, miles, 393.
Dudo, 66.
Dudo, filius *Dameruns*, domine de Brierio, 123.
Dudo, armiger, frater Milonis, militis de Brierio, 259.
Dudo de Marolio, 24.
Dumus, 22.
Durandus, presbiter de Sancto Aventino, 301.
Duranni (familia), 55.
Durannus, 56.
Durannus de Chaorsia, sacerdos, 313.
Durannus de Insulis, 96.
Durannus de Sancto Aventino, 144, 304 (?).
Durannus de Vendopera, 67.
Dyada de *Arconval*, 339.
Dyonisius, decanus Trecensis, 383.

Ebrardus de Duisma, 64.
Ecelinus, presbiter de Maso Tecalini, 210.
Edmundus, abbas de Ripatorio, 389.
Effredus de Fontanis, 287.
Elbertus, (de pago Tornudrinse), 9.
Elduinus, comes et conspalatius [Richardi comitis], 18.
Elisabeth, ancilla, 27.
Elisabeth, uxor Bosonis, militis de Ulmeio, 208.
Elizabet, uxor Clarembaudi [II], domini de Capis. 114.
Elisabez, mulier nobilis, 136.
Elisabez, soror Milonis et Guilellmi de Brierio, 150.
Ellaius, presbiter de Saceio, 124.
Elluiz, uxor *Richon*, 302.
Emauricus de Barro [super Albam], 134.
Emauricus de Desda, 261.
Emelina, uxor Herberti *li Gras*, militis, 342.
Emelina, uxor Xpistiani, filii Johannis *Dentart*, 363.
Emelina, filia Girardi de Braio, 132.

Emelina, uxor Erardi, domini de *Chacenai*, 237, 271, 343.
Emelina, uxor Milonis de *Cherrivi*, 237.
Emelina, de Clareio, soror Herberti Crassi, 331.
Emelina, uxor Pagani de *Montaublein*, 141.
Emelina, filia Burdini de Summa Valle, 57.
Emelina, neptis Bancendi Trecensis, 249.
Emelina, uxor Hilduini de Vendopera, 40, 41.
Emengardis, soror Agnetis uxoris Nicholai, 154.
Emengardis, majorissa uxor Aubrissi de *Bouranton*, 317.
Emengardis, soror Guidonis de Pogiaco, 317.
Emmelina, uxor Renaudi filii Martini de Frigidavalle, 339.
Engelbertus, 40.
Engelbertus, filius Morberti, 177.
Engelbertus, nepos Duranni de Vendopera, 67.
Engelmarus, major, 92.
Engelmerus. Vide : Ingelmerus.
Engerbertus de Quinciaco, monachus, 71.
Engerbertus Niger de Vendopera, 173.
Engermerus de Insulis, 58.
Engerviz, 67.
Erardus (dominus) de Alneto, 323.
Erardus, major Barri super Albam, 134, 154.
Erardus, prepositus Barri super Albam, 182.
Erardus [I], comes Brenensis, frater Milonis comitis Barri super Secanam, 22, 31.
Erardus [II], comes Brenensis, 89, 106, 140, 114.
Erardus de Brena, dominus de Rameruco, 212, 216, 292, 307, 315, 329, 349, 350, 351, 352, 353, 354.
Erardus, dominus Cacenai, (sponsus Emeline), 121, 170, 221, 228, 234, 236, 237, 271, 290, 294, 333, 345.
Erardus, dominus Chacenai, 354, 357.
Erarz sires de Valeri conestables de Champaigne, 373.
Erbelins, filius Balduini, 67.
Erchengerius, abbas Arremarensis, 16, 17.
Erfredus, 22.
Ermengardis, uxor Clarembaudi [1], domini de Capis, 46.
Ermengardis, uxor Milonis domini de Colaverzeio, 324.
Ermengardis, uxor Arnulfi de *Vilers*, militis, 122, 253, 254.
Ermeniardis, uxor Erardi de Alneto, 323.
Ermentrudis, uxor Gilonis de *Briers*, 259, 260.
Ernulfus de Villerio, 47.
Ertaudus. Vide : Artaudus.
Eschiba, uxor Garini *Barbete*, 111, 112.
Esmeniardis de *Viviers*, serva, 345.
Estoldus, alias Estoudus, de Brieriis, 130, 150, 272.
Eulardus, 40.
Everardus, exactor, 22.
Everardus, veerius, 43.

TABLE DES NOMS DE PERSONNES 407

Evrardus, (decanus (?) Lingonensis, 243.
Everardus, frater Stephani, furnarius de *Maignant*, 166.
Everardus, canonicus sancti Lupi [Trecensis], 56.
Ewrardus de *Frasnines*, 67.

Faganna, filia Rocelini de Vendopera, 39.
Falcho, prepositus, filius Ingelmeri, 31.
Falcho de *Linais*, 43.
Falco, monetarius, 58.
Falco, filius Jocelini, 58.
Falco, archidiaconus Trecensis, 60, 61, 62, 63.
Fauconius de Rameruco, 292.
Fauquinus, de Rameruco, 292.
Felisius (dominus) de Paisiaco, miles, 345.
Ferduendus Petrus, nota Theobaldi V, regis Navarre, comitis Campanie, 81.
Filippus, serviens Arremarensis, 58.
Fornerius, famulus grangiarii [Arremarensis], 110.
Framericus, 27.
Framericus, pincerna [Hugonis comitis Trecassini], 26, 27.
Franco (de pago Tornudrinse), 8.
Fredericus, villicus, 25.
Fredericus de Rumilliaco, 21, 24, 25.
Frederius (de pago Tornudrinse), 8.
Frericus, 28.
Fromoldus, villicus, 24.
Fromundus, 22.
Fromundus, monachus Clarevallensis, 66.
Fromundus, miles, frater Renaudi de Coereio, 280.
Fromundus, piscator de Rameruco, 292.
Frotarius, episcopus Tullensium, 2.
Frotmundus, servus, 26.
Fulcandus, filius Vivencii, 178.
Fulco, 76.
Fulco, archiepiscopus, 16.
Fulco, magister, 22.
Fulco, archidiaconus et cancellarius ecclesiæ Lingonensis, 38, 44.
Fulco Parinus de Sancto Martino, 58.
Fulconeerius, 28.

G. Sanctius, scriptor Theobaldi V, regis Navarre, comitis Campanie, 81.
G., abbas de Maccriis, 175.
Galcherius, filius Guillelmi *Jarrons* de Clareio, 328.
Galcherus, alias Gaucherus de Joviniaco, dominus de Rameruco, 130, 216.
Galo, 219.
Galterius, *li jais*, 225.

Galterius, filius Marie, serve, 92.
Galterius *Buinez*, 56.
Galterius Gifardus, canonicus. [Eduensis], 72.
Galterius de *Frasnei*, 67.
Galterius de Montigniaco, 256, 257, 258.
Galterius Salinarius, servus, 114.
Galterius de Susmuro, 92.
Galterius, alias Galterus vel Gauterius, Sezanniensis archidiaconus et cancellarius comitis Trecensis, alias Campanie, 155, 188, 189, 199, 211, 216, 217, 220, 222, 223, 226.
Galterius, archidiaconus Trecensis, 104.
Galterius, alias Galterus decanus [Sacerdotuni], Trecensis, 122, 141.
Galterus, sacerdos, 170.
Galterus, filius Agnetis, 284.
Galterus, filius Angeltrudis, 138.
Galterus, gener Eschibe, 112.
Galterus, filius Garneri *Chievredort*, 130, 131.
Galterus, filius Ingelmeri, presbiter, 62.
Galterus [I], alias Gualterius vel Gauterus, abbas Arremarensis, 21, 32, 36, 37, 38, 39, 40, 41, 42, 44, 47.
Galterus [II], alias Gualterius, abbas Arremarensis, 83, 84, 89, 91, 169.
Galterus (dominus), frater Jaquelini *Cauquins* de Belna, presbiter, 360.
Galterus alias Gualterius [II], comes Brenensis et Ramerucensis, 45.
Galterus [III], comes Brene, 194.
Galterus, filius Richardi domini Domine Petre, 337.
Galterus [II], Eduensis episcopus, 175, 273, 303.
Galterus, marescaldus Gaucheri de Joviniaco, domini de Rameruco, 139.
Galterus, prior Insule, 108.
Galterus, episcopus Lingonensis, 77.
Galterus, dominus de *Rimel*, advocatus terre Brenensis, 355.
Galterus de Ruilliaco, capellanus de *Onjione*, 344.
Galterus, filius Radulfi *Picoirette* de Ruilliaco, 355.
Galterus *Goions*, filius Jacobi de Sancto Martino, 112.
Galterus, curatus Sancti Salvatoris, 357.
Galterus, filius Remberti de *Sonsois*, 302.
Galterus, major Villiaci, 67.
Garinus *Bordet*, 230.
Garinus, filius Ode, monachus Arremarensis, 127.
Garinus, abbas Sancti Victoris Parisiensis, 137, 138.
Garinus de *Sumsois*, 208, 209, sponsus Bertæ et frater Radulfi, presbiteri, 208, 209, 210.
Garinus *Barbette* burgensis, Trecensis, 92, 111, 112.
Garinus, filius Garini *Barbete*, 111.

Garnerius Coccus, 56.
Garnerius, frater [in prioratu de Angleura ?], 105.
Garnerius, filius Clurembaudi (II) domini de Capis et *Elisabet*, 144.
Garnerius, Clarevallensis abbas, 118.
Garnerius, villicus de Curte Argentea, 56.
Garnerius, Lingonensis episcopus, 157.
Garnerius de Magno Maisnilo, 89.
Garnerius, presbiter ecclesie *des Noes*, 81.
Garnerus *Chievredort*, 130.
Garnerus *Fiches*, 138.
Garnerus, filius Girardi de Braio, 132.
Garnerus de Maissiaco, 132.
Garnerus de Triangulo, frater Anselli (I), episcopus Trecensis, 71, 96, 130, 133, 136, 142, 145, 148, 152, 158, 162, 163, 165, 183, 184, 187, 188, 196, 198, 199, 201, 202, 223, 314.
Garnerus de Villa *Meruel*, 132.
Gaucher de Chasteillon quens de Porcieu, conestable de France, 386, 387.
Gaucherius, presbiter de Cullerengia, 287, 288.
Gaudefredus prepositus ecclisie Sancti Remigii, alias capituli, de Plaiotro, 255.
Gaufredus Crassus (dominus), 113, 146, 158,
Gaufredus, filius, Gaufredi, 31.
Gaufredus, elemosinarius Arremarensis, 110.
Gaufredus de *Lesmons*, miles, 317.
Gaufredus, prior de *Pargas*, 130.
Gaufredus, alias Godefridus [de Trecis], filius Otranni, dapifer Hugonis comitis Trecassini, 24, 25, 26, 28, 29, 31.
Gaufridus, 22.
Gaufridus, presbiter, 210.
Gaufridus, filius Otranni, 21, 31, 43.
Gaufridus Furnerius, miles, 56, 133, 135, 169.
Gaufridus, filius Witurde, monetarius, 21.
Gaufridus, prior monasterii Arremarensis, 117, 124.
Gaufridus, filius Estoldi alias Estoudi de Brieriis, 272, 273.
Gaufridus, miles, filius Lore de Buxolio, 135, 136.
Gaufridus, monachus Clarevallensis, 66.
Gaufridus (dominus) de *Daulli*, frater Hugonis, comitis Waudimontis, 281.
Gaufridus, alias Godefridus, episcopus Lingonensis, 54, 58, 65, 68, 69, 115.
Gaufridus de Maissiaco, 132.
Gaufridus de Pontevilla, 144.
Gaufridus *Challos* de Pruvino, 140.
Gaufridus de *Putemire*, miles, 183.
Gaufridus, frater Burdini de Sumina Valle, 58.
Gaufridus de Turpivilla, 122.

Gaufridus de Vendopera, 201, 240.
Gaufridus, domicellus, filius Gaufridi de Vendopera, 201, 240.
Gaufridus, filius primogenitus Rocelini de Vendopera, 39.
Gaufridus (dominus), de Villa Nova, miles, 369.
Gaufridus, alias Joffridus [de Villehardouin], marescalcus Campanie, 147, 152. 156, 250.
Gauthiers [V], duc d'Athènes, conte de Brienne et de Liche, 386, 387.
Gauthiers, priors de Fayl, moines de Monstier-Arramé, 369.
Gauzlemus, alias Goylenus, notarius, 7, 8.
Georgius, scriniarius sancte Romane ecclesie, 11.
Gerardus de *Domoys*, curatus de Gineyo, 388.
Gerricus, precentor [Arremarensis], 47.
Gervinus, 41, 56.
Gibuinus, cantor et archidiaconus Trecensis, 60, 62.
Gila, uxor Godefridi de *Fulchar Mesnil*, 130, 163, 164.
Gila, filia Guidonis de Victreyo et uxor Godefridi, 197, 198.
Gilduinus, nepos Gualterii, abbatis Arremarensis, 43.
Gilebertus, archiarius, 127, 158, 244.
Gilebertus de Clarieo, miles, 142, 153.
Gilebertus, serviens Sancti Johannis de Castello Trecensis, 254.
Gileta, uxor Fromundi de Rameruco, 292.
Gillebuns, famulus, 130.
Gilo, pennellarius, in Barro super Albam, 109.
Gilo, phisicus de Barro super Albam, 310.
Gilo de porta Barri [super Albam] que vocatur Porta Brene, 185.
Gilo de *Briers* et ejusdem homines, 259, 260, 279.
Gilo, curatus de Clarieo, 344.
Gilo de *Dilon*, civis Trecensis, 228.
Gilo, archipresbiter Eduensis, 72.
Gilo, prepositus de Malleyo, 346.
Gilo, dominus de Planceio, 118, 119.
Gilotus, frater Lamberti *Bouchu*, 221.
Girardus, faber, 310.
Girardus, pelliparius, 107, 108, 109, 211.
Girardus, villicus, 164.
Girardus Eventatus, 98.
Girardus Numerata, 112.
Girardus *Satneirs*, 67.
Girardus, frater Johannis de Insula, 56.
Girardus, presbiter tituli Sancte Crucis in Jeru-alem, 53.
Girardus, Arremarensis abbas, 391.
Girardus, faber [in Barro super Albam], 108, 185.
Girardus de Braio, frater Milonis de Braio, 90, 152, 171.
Girardus de Brienna, clericus, 43.
Girardus, Cellensis abbas, 92, 94.
Girardus filius Jacobi de Durniaco alias de Chaceniaco (sponsus Margarite), 240, 241.

Girardus filius Guillelme domine de Durnaio, miles, 379.
Girardus, dominus Fontisvenne, 178.
Girardus, presbiter de Hauncurte et de Chapleniis, 226.
Girardus, archidiaconus [Lingonensis], 70.
Girardus, maritus Juliane de *Maignant*, 151.
Girardus, curatus Monasterii ad Insulam, 347, 348.
Girardus, abbas de *Mores*, 39.
Girardus de Roseio, 24.
Girardus de *Saunet*, 180.
Girardus de Savigniaco, armiger, 390, 391.
Girardus, archidiaconus Trecensis, 77, 82, 91, 92.
Girbertus de Curia, 46.
Girbertus, presbiter de Fredevalle, 158.
Giroldus, Molismensis abbas, 269.
Girouz, fils de Vautrin, le racoueteur, de Mostier a l'Ile, 385.
Gislebertus, notarius, 4.
Gislebertus, sutor, 67.
Gislebertus, monachus de Claravalle, 71.
Gislebertus, comes [Divionensis et dux Burgundiæ], filius Manassei comitis, 18, 19.
Gislebertus de *Maisnil Leitran*, villicus, 84.
Gobaudus, filius Berodi, 144.
Gobaut de Masnillo, 67.
Gobertus, prepositus, 45.
Goboldus, villicus, 21, 25.
Godefredus, filius Witeri de Moneta, 25.
Godefredus de *Fulchar Mesnil* (dominus), filius domini Guidonis de Vitriaco, 120, 163, 164.
Godefridus, etiam Vide : Gaufridus.
Godefridus (dominus), sponsus Gile filie Guidonis de Victreyo, 197, 198.
Godefridus, miles, filius Guidonis de Victreyo, 197, 198.
Godilendis, soror Hugonis de Maceriis, 58.
Godinus, frater [in prioratu de Angleura?], 105.
Goduinus, levita, 19.
Goen, pater Petri, 41.
Gosbertus, alias Josbertus, de Castellione, [dictus *le Roux*] dapifer Hugonis comitis Tricassini, 24, 41.
Goubaudus de Desda, 183.
Gratianus, diaconus cardinalis SS. Cosme et Damiani, 102.
Gratianus, abbas Arremarensis, 18, 19.
Gregorius, diaconus cardinalis Sancti Sergii, 53.
Grimaldus Trecensis, 28.
Gualo, 73.
Gualo Nisiardus, 22.
Gualo, magister Pelliciorum, 22.
Gualterius, etiam Vide : Galterus.
Gualterius, coccus Hugonis, comitis Trecassini, 41.

Gualterius, cognatus Fulconis Parini, 58.
Gualterius Sagitta, 47.
Gualterius de Burreio, 41.
Gualterius de *Bugnez*, 45.
Gualterius, filius Clarembaudi [1], domini de Capis et Ermengardis, 46.
Gualterius de Sancto Karauno, 45.
Gualterus de *Chasere*, 47.
Guarnerius, alias Warnerius, archidiaconus Lingonensis, 54, 66.
Guerricus, frater Garneri *Fiches*, 138.
Guerricus *Buci*, civis Trecensis, 228.
Guerricus, canonicus Trecensis, 62.
Guiardus, [servus], 115.
Guiardus, filius *Huidelete*, 238.
Guiardus, alias Viardus, Xpistianitatis de Barro super Albam decanus, 339, 341, 356, 359, 362, 367.
Guiardus, alias Wiardus de Clareio, 47, 67.
Guiardus *Jarruns*, dominus de Clareio, 113, 164, 165, 166, 169, 190.
Guiardus de *Daude*, 283.
Guiardus, frater Odonis de Deloncurte, 110.
Guiardus, la *Lavandere*, 109.
Guiardus de Moncellis, miles, 133, 134, 135.
Guiardus de Pontibus, 56.
Guiardus, archidiaconus Trecensis et officialis curie Trecensis, 282, 286, 287, 289, 291, 292, 298, 302, 303, 305, 310, 319.
Guiardus, prior Sancti Johannis in Castello, Trecensis, 140.
Guiardus, prepositus Trecarum, 57, 58.
Guibertus, 109.
Guibertus de Barro, 80.
Guibertus de Barro super Albam, 182.
Guiburgis, uxor Roberti, 291, 292.
Guichardus, miles, 337.
Guichardus de Porta Barri super Albam, 228.
Guido, 90, 97.
Guido, diaconus cardinalis Sanctorum Cosme et Damiani, 53.
Guido, sacerdos [sanctæ Ecclesiæ catholicæ], 54.
Guido, comes, 5.
Guido, monachus, 44.
Guido, cognomento *Boquerel*, miles, 243.
Guido, frater [in prioratu de Angleura ?], 105.
Guido, abbas Arremarensis, 48, 54, 55, 59, 60, 63, 64, 65, 68, 71, 73, 115.
Guido, filius Pagani, militis de Asarthenis, 119.
Guido [II de Mello], episcopus Authissidorensis, 79.
Guido, abbas Besue, 78.
Guido, Bessue decanus, 119.
Guido, presbiter de Capis, 301.

Guido (dominus) dictus *Jarrons* alias Jollanus, de Clareio, armiger postea miles, 287, 293.
Guido, frater Odonis *Joslains* de Clareio, miles, 154, 161, 184.
Guido, filius Salonis militis de *Corjusaines*, 328.
Guido, prepositus Fageti, 178.
Guido de *Faverné*, prior Sancti Leodegarii, 180.
Guido de Fontanis, 287.
Guido, frater Godefridi de *Fulchar Mesnil*, 130, 163.
Guido, decanus de *Gray*, 171.
Guido de Joinvilla, archidiaconus Lingonensis, 66.
Guido, dominus de Juilleyo, filius Clarembaudi [I], dominis de Capis et Ermengardis, 46, 114, 127, 274.
Guido, Laticensis archidiaconus, 259, 316.
Guido, Lingonensis episcopus, 361.
Guido, filius Menardi de Maceriis, 189.
Guido, sacerdos, de *Masselei*, 180.
Guido, dominus de Melligniaco, 256, 373.
G[uido II], prior de Monte Barri super Albam, 223, 226.
Guido *Boqueriaus* de Montemedio, miles, 344.
Guido de Ortillione, 329.
Guido de Pogiaco, canonicus Aurelianensis et Belvacensis, 317, 327.
Guido, prepositus de *Pointoiler*, 337.
Guido, Reomensis abbas, 256.
Guido, prior Sancti Salvatoris [in monasterio quod dicitur Alfa], 38.
Guido, Senonensis archiepiscopus, 109, 126.
Guido de Univilla, miles, 317.
Guido de Vendopera, alias de Maneio canonicus Cathalaunensis, filius Guidonis de Victreyo, 197, 198.
Guido de Vitriaco, alias Victreyo (dominus), 129, 197.
Guilencus, alias Wilencus, episcopus Lingonensis, 44, 58.
Guillelma, domina de Durnaio et de Vendopera, 379.
Guillelmus, (magister), 156.
Guillelmus, miles, frater Renaudi, 280.
Guillelmus, clericus, frater Dominici *Pastiz*, 108.
Guillelmus, filius Ingelmeri, 22.
Guillelmus, alias Willermus nota Henrici [I] comitis Trecensis, 80, 89, 91, 96, 98.
Guillelmus dictus Blesus, miles, 353.
Guillelmus Saquerellus, 140.
Guillelmus, canonicus Bassi Fontis, 121.
Guillelmus [I], archiepiscopus Bisuntinus, 31, 32.
Guillelmus de Brierio, filius Estondi, miles, 130, 150.
Guillelmus de Brierio, filius Poncii, 130.
Guillelmus, alias Guillermus frater Milonis et Gilonis, miles de Brierio, 150, 250, 260, 279.
Guillelmus, curatus de *Broies*, 239.

Guillelmus, presbiter de Capis, 326.
Guillelmus [de Campania, dictus *aux Blanches Mains*] prepositus [ecclesie Trecensis] et Carnotensis [episcopus] electus, 82.
Guillelmus [II] (dominus) de Chaulinto, vice comes Divionensis, dominus de *Pontailler*, 337, 359, 367, 376.
Guillelmus *Jarrons* miles, de Clareio, [filius Guiardi *Jarrunz*, domini de Clareio], 293, 328.
Guillelmus, cellerarius Clarevallis, 364.
Guillelmus, Cluniacencis, abbas, 268.
Guillelmus, miles, de *Corroy*, 261.
Guillelmus, filius Ysardi de *Cortenou*, 335.
Guillelmus de Domnipetro, 86.
Guillelmus de *Duime*, (dominus), 113, 158.
Guillelmus [II de Joinvilla], Lingonensis episcopus, postea archiepiscopus Remensis, 269, 294.
Guillelmus [III], Lingonensis episcopus, 388, 389.
Guillelmus, dominus de Marchia, 179.
Guillelmus, vice comes de Melonduno, 368.
Guillelmus, filius Margarete domine de Ortillione, 329.
Guillelmus de Pinniaco, nepos Hugonis, 46.
Guillelmus *Putepome*, 168.
Guillelmus Rex, marescallus Henrici I, comitis Trecensis, 71, 74, 76, 77, 80, 82, 85, 86, 87, 88, 91, 96, 98.
Guillelmus, alias Guillermus, cancellariusHenrici [I], comitis Trecensis, canonicus Sancti Stephani Trecensis, 67, 74, 76, 77, 85, 86, 89, 90, 91.
Guillermus Ingo, 58.
Guillermus dictus *Poolin*, 392.
Guillermus, sagittarius, 58.
Guillermus, filius Ebrardi de Duisma, 64, 65.
Guillermus, filius Viveneii, 178.
Guillermus, elemosinarius comitis Henrici [II], 124.
Guillermus, capellanus comitis [Brene], 107.
Guillermus, miles filius *Dameruns*, domine de Brierio, 123.
Guillermus (dominus) de Ingentis, miles, 383.
Guirricus de Brierio, filius Dudonis, 66, 67.
Guirricus, alias Wiricus archidiaconus Trecensis, 77, 82.
Guiterus, miles de Corcellis, 112.
Guiterus, abbas Sancti Lupi Trecensis, 111, 122, 141, 145, 170.
Gunterius, sacrista [Arremarensis], 107, 110, 170.
Gunterius, filius Holduini de Vendopera, 67.
Guyars de la Porte, baillis de *Chaumont*, 385.

H., domina de *Durnai*, filia Agnetis domine Cacenaii, 120.
H., de Gieio, decanus Vendopere, 335.
H., cantor Sancti Lupi Trecensis, 326, 328.
Haicius, alias Aicius de Planceio, alias Bartholomeus, imprimis subdecanus S. Stephani Trecensis, canonicus Trecensis,

cancellarius [Henrici I, et Henrici II, comitum de Trecis], postea episcopus Trecensis, 77, 82, 85, 103, 113, 122, 124, 125, 126, 144, 171.
Haimo, furnarius de *Maignant*, frater Hugonis *Chaluns*, 151, 166, 261, 298, 304.
Haimo, de Ripatorio abbas, 144.
Haldvidis, uxor Petri de Fulcheriis, militis, 147.
Hammaricus, 43.
Hanriet de Barro super Albam, *recoudeur*, 385.
Harduinus, frater [in prioratu de Angleura?], 105.
Hato, 92.
Hato, major, 76.
Hato, alias Atho, prior Arremarensis, [in prioratu de Insula (?)], 107, 116, 128, 130.
Hato de *Lesmont*, 89.
Hato, Trecensis canonicus, 186.
Hatto, Trecensis, 84.
Hatto, episcopus Trecassinus, 42, 50, 57, 58, 59, 60, 63, 64, 101.
Hauvidis, soror Gaufredi domicelli et filia Gaufredi de Vendopera, 201.
Haymo, decanus Besuensis, 239.
Haymo, dominus de *Faucoigne*, 337.
Haymonot le Cointot,367.
Hebalus, miles, filius domini Simonis de Arceis, 114, 115.
Hecelinus, presbyter, 246, 269.
Heinricus, abbas Divionensis, 38.
Helias, 56.
Helisabeth, uxor Odonis conestabuli Henrici I comitis Treconcis, 83.
Helisabeth filia *Dameruns*, domine de Brierio, 123.
Helisabeth, filia Clarembaudi (II), domini de Capis et *Elizabet*, 114.
Helisabeth filia David de Fera, 271.
Helisabeth de Monsterello, serva, 335.
Helisabeth, uxor Burdini de Summa Valle, 57.
Helisabeth filia Milonis, molinarii de Villa super Arciam, 274.
Helisabez, uxor Saverici, civis Trecensis, 220.
Helisendis, domina de Capis, relicta Clarembaudi [II], domini de Capis, 228, 229.
Helfuidis, filia Bonardi, serva 310.
Helmoinus, frater Honorati et Leoterici, 15.
Heloiz, de Capella 271.
Helviz, uxor Hugonis domini de Vandopera, 129.
Hemaniardis de Villa Media, serva, 335.
Henricus *Amorous*, 72.
Henricus, filius Ode, uxoris Adam Griverii, 128.
Henricus Grivellus, 298, 332.
Henricus, frater Hugonis de Maccriis, 55.
Henricus, filius Odonis conestabuli Henrici I, comitis Trecensis, 83.

Henricus, Albanensis episcopus, 102.
Henricus, presbyter de Allebauderiis, 282.
Henricus de Brena, dominus Venisiaci, 350.
Henricus de Castello Rainardi, senescaldus Gaucheri de Joviniaco, domini de Rameruco, 139.
Henricus, curatus de Clareio, 307.
Henricus, filius Milonis, domini de Colaverseio, 324.
Henricus [VI], comes Grandiprati, 354, 356.
Henricus, filius Radulphi Viridis de Insula, 284.
Henricus, miles, de *Joges*, 172.
Henricus, villicus de Monsterello, 40.
Henricus de Noa, canonicus Trecensis, 383.
Henricus, presbiter de *Pressigni*, 178.
Henricus, de Sancto Mauricio, 247.
Henricus [I de Carinthia], episcopus Trecensis, 74, 81, 84, 186.
Henricus, archidiaconus Trecensis, 220.
Henricus, cantor Trecensis, 285, 293, 336, 339, 348.
Henricus, Trecensis curie officialis, 250, 254, 255.
Henricus [I dictus Largitor], comes Trecensis, 57, 58, 67, 71, 73, 74, 75, 76, 79, 82, 84, 85, 86, 87, 89, 90, 94, 97, 275, 327, 361.
Henricus [II], comes Trecensis, 124, 125, 132, 171, 219.
Henris de *Dammart, garde scel de la prevosté* de *Troyes*, 392.
Herbertus, 43.
Herbertus, filius Balduini, 40, 46.
Herbertus, filius Gaufredi Crassi, 146, 190.
Herbertus Gallus, 283.
Herbertus *li Gras*, miles, 342.
Herbertus *Hachet*, 144.
Herbertus filius *Nichoul*, servus, 138.
Herbertus, major, 67.
Herbertus, serviens abbatis [Arremarensis], 47.
Herbertus de Arbrosello, 43.
Herbertus de Brierio, 40.
Herbertus de Bussuis, 84.
Herbertus de Copis, 29.
Herbertus Crassus de Clareio, 331.
Herbertus de Masnilo, 67.
Herbertus de Pruvino, 140.
Herbertus de Rosnaio, clericus, 43.
Herbertus de Sancto Quintino, canonicus Trecensis, 82.
Herbertus, archidiaconus Trecensis, 122.
Herbertus, canonicus subdiaconus Trecensis, cantor ecclesie Beati Stephani, 88, 94.
Herbertus, provisor pauperum Domus dei Sancti Stephani Trecencis, 283.
Herbertus [II], comes Trecensis, filius Roberti et *Adelais*, 19.
Herbertus *Putemonoie*, prepositus Trecensis, 98.

Hermanus, abbas de Ripatorio. 289, 324.
Hermars. frater [in prioratu de Angleura ?], 105.
Hermengardis, filia *Dameruns*, domine de Brierio. 123.
Hermengardis, filia Rocelini de Vendopera, 39.
Hermeniardis, filia Beliardis de Magneio Letranni, serva, 327.
Herveus, 58.
Herveus, villicus, 24.
Herveus, Trecensis episcopus, 241, 242, 244, 248, 273, 279, 281, 285, 300, 301, 306, 307.
Hiduinus Grossus de Vendopera, 40.
Hilduinus, frater Duranni de Vendopera, 67.
Hilduinus de Anguleio, 170.
Hilduinus (de Barro super Albam), 27.
Hilduinus, Lingonensis episcopus, 195, 198, 201, 207.
Hilduinus, canonicus Trecensis, 82.
Hilduinus, alias Hulduinus de Vendopera, decanus Lingonensis, frater Hugonis, 140, 149, 167, 173, 176.
Hilduinus, alias Hulduinus, dominus (?) de Vendopera, frater Rocelini, 38, 40, 41, 57, 66, 67, 87.
Hilduinus, prepositus de Vendopera, 24, 29.
Hilduinus de Villamauri, 24.
Hirmendrudis, regina, uxor Karoli II, dicti *le Chauve*, regis Francorum, 15.
Hirmingardis, proles imperialis, uxor Bosonis, regis Provinciæ, 12.
Illudovicus [I], imperator christianissimus, 2.
Hludovicus [II dictus *le Begue*], rex Francorum, 12, 13, 15.
Hodo, 29.
Honoratus, 15.
Honoratus, episcopus, 16.
Honorius [III], papa, 293, 295.
Houduinus, filius *Dameruns*, domine de Itrierio, 123.
Houduinus, decanus Lingonensis, 146.
Hubelina, filia Rocelina de Vendopera, 39.
Hue dit Chauderon, miles, 384.
Huetus, filius Emeline, domine de Chacenail [et Eardi domini], 346.
Huetus, filius Docti de *Fraisnignes*, 345.
Huetus, Majoris Monasterii, abbas, 285.
Hugo, 38.
Hugo, 47.
Hugo, 48.
Hugo, abbas, 43.
Hugo, presbiter, 54.
Hugo, presbiter, 119.
Hugo, filius Balduini, furnerius, 56.
Hugo Bristaudus, 86.
Hugo *Canart*, 168, 238.
Hugo *Cancer*, 58.

Hugo *Curebois*, alias *Curebos*, miles, 117, 156, 157, 167, 168, 187, 203, 229, 230, 241, 242, 245.
Hugo cognomento *Darides*, alias Daridelus, famulus Arremarensis, 114, 117, 124, 130, 140.
Hugo D., 170.
Hugo Decanus, 67.
Hugo Gerboudus, 76.
Hugo *Goriart*, 168.
Hugo, cognomento *Joslin*, alias *Joolain*, 154, 161.
Hugo, mesgicerius, 76.
Hugo, *li meteers*, 225.
Hugo *Rage*, 86, 90.
Hugo, pincerna [Hugonis comitis Trecassini], 26.
Hugo, gener Tebaudi de Fresneio, 114.
Hugo, sacerdos de Angleura, 105.
Hugo, episcopus Autissiodorensis, 63, 64.
Hugo, decanus xpistianitalis Barri super Albam, 381, 383.
Hugo, presbiter Barri super Secanam, 316.
Hugo, capellanus comitis [Barri super Secanam], 161.
Hugo, thesaurarius Sancti Stephani [Bisontini], 32.
Hugo *li Chaz de Boloignes*, 321.
Hugo, filius Girardi de Braio, 132.
Hugo [IV], dominus de Brecis, (sponsus Ode), 248.
Hugo, comes Brene, 374.
Hugo de Brierio, 67.
Hugo, miles, de Brierio, 278, 279.
Hugo de Campania, 130.
Hugo, filius Clarembaudi domini de Capis [et Ermengardis], 46.
Hugo, presbiter de Capis, 109, 113.
Hugo Niger, prepositus de Capis, 47.
Hugo de Clarelo, 234.
Hugo, Cluniacensis abbas, 268, 269.
Hugo de *Corjesenes*, 110, 169.
Hugo, decanus de Eschylo, 38.
Hugo, (dominus) de *Essarteines*, 361.
Hugo, miles, de Essoya, 161.
Hugo, presbiter de Fageto, 336.
Hugo, presbiter de Follis, 314.
Hugo de Fontetis, 338.
Hugo, miles de Fresneio, 162, 163, 221, 244, 281, 338.
Hugo de Fulcheriis, 40.
Hugo de Granchiis, miles, 136, 143.
Hugo, Lingonensis, episcopus, 347.
Hugo de Maceriis, cognomento Bligardus, 55, 56.
Hugo, Majoris monasterii abbas, 278.
Hugo *Chatuns*, furnarius de *Maignant*, frater Haimonis, 166, 261, 298.
Hugo de *Marsengi*, 271.

Hugo de *Meignant*, scutifer, 322, 323.
Hugo de *Moranpun*, 56.
Hugo de Parisiis, filius Engerberti Nigri de Vendopera, 173.
Hugo de *Peanz*, 24, 31.
Hugo de Pinniaco, 46.
Hugo, dominus Plaiostri, 128, 255.
Hugo de Planceio, miles, 56, 71, 77, 86, 96, 97.
Hugo de Porta, 21.
Hugo de Rameruco, 45.
Hugo de Riveria, archidiaconus Lingonensis, 54, 66.
Hugo *dou Ru*, domicellus filius domini Theobaudi, homo de *Bouranton*, 317.
Hugo de Rubeomonte, 179.
Hugo de Rullerio, miles, 141.
Hugo, alias Ugo, sacerdos Sancti Salvatoris, 172.
Hugo, prior Sancti Sepulcri, 104.
Hugo de Savigneio, decanus [in Lingonensi diœcesi], 336.
Hugo, Senonensis archiepiscopus, 74.
Hugo de *Torcei*, 67, 110.
Hugo de Trecis, 87.
Hugo, officialis Trecensis, 314, 317, 319, 323.
Hugo, comes Trecensis, filius Theobaldi [I] et Alaidis, 20, 21, 22, 23, 24, 25, 26, 27, 28, 29, 30, 31, 38, 40, 42.
Hugo, decanus de Vendopera, 272, 275, 278, 279, 298, 300, 304, 322.
Hugo, dominus de Vendopera ; nepos Odonis, domini de Vendopera, 121, 128, 129, 130, 149, 176.
Hugo, sponsus Ode de Vendopera filie Odonis domini de Vendopera et Beatricis de Cereis, 176.
Hugo de Vendopera, 45.
Hugo Vendoperensis, filius Ecobaudi, 27.
Hugo *a la Bouche*, miles, de Villa Media, 241, 242.
Hugo de Victreyo, canonicus Cathalaunensis, 197, 198.
Hugo, comes Waudimontis, 280.
Huguenot, 367.
Hugues de *Massile*, presbiter, 376.
Huidelete, uxor Hugonis *Canart*, serva, 238.
Hulduinus, frater Milonis et Guillelmi de Brierio, 150.
Humbertus *Poilivult*, 28.
Humbertus, villicus, 24.
Humbertus, frater Auberti Sapientis, 105.
Humbertus, cognomento Amicus, 27.
Humbertus *Baez*, 58.
Humbertus, canonicus Sancti Stephani Divionensis, 172.
Humbertus Longus, prepositus Lingonensis, 38.
Hunaudus, 170.
Hungerius, presbiter de Clarcio, 196.
Huo de Ponte, 104.

Huricus, 54.
Hylbertus, monachus Arremarensis, 38.

Ida, uxor Theobaldi militis de Chalvomasnilo, soror Petri, militis de Blaceio; postea uxor Jacobi de Grangia, 225, 321, 322.
Ilduinus, miles, 56.
Ingelbertus, gener Adæ de Fossis, 76.
Ingelbertus, comes [Brienensis (?)], 19.
Ingelbodus (de pago Tornudrinse), 9.
Ingelmerus, 22.
Ingelmerus, 31.
Ingelmerus, 62.
Ingelmerus, filius Tebaldi, 22.
Ingelmerus, alias Engelmerus, prepositus Trecorum, 21, 24, 25, 26, 28.
Innocentius [II], papa, 48, 53, 60.
Innocentius [III], papa, 200, 245.
Innocentius [IV], papa, 347.
Ino, diaconus cardinalis Sancte Marie in Aquino, 53.
Isaac, serviens, 65.
Isabel, serva, 249.
Isabella, filia Martini de Ponte Monasterii ad Insulam, serva, 360.
Isabellis, uxor Dominici filii Johannis *Dentart*, 363.
Isabellis, uxor Henrici [VI] comitis Grandiprati et soror Erardi de Brena domini de Rameruco, 254, 356.
Isabiaux, damiselle, uxor *Jehans de Corcelles lez Clarey*, 384.
Isacardus, carpentarius de Molindinis, 305, 306.
Isembardus, 47.
Isembardus Pilatus, servus, 97.
Ismerus de *Savini*, 72.
Iterius, presbiter, 62.
Iterius, miles de *Chasnoi*, 241.
Iterius, presbiter de Clareio, 65.
Iterius, prior [Sancti Salvatoris (?)], 180.
Iterus, abbas, Sancti Lupi Trecensis, 170, Vide : Guiterus (?).

J., Sancti Germani de Pratis Parisiensis abbas, 270.
Jachobus, curatus de Mercureyo, 239.
Jacobus, 92.
Jacobus, monachus, 73.
Jacobus *Barbete*, 88.
Jacobus, filius Erardi domini Cacenai, 121.
Jacobus Seemerus, miles, 180.
Jacobus [I], abbas Arremarensis, 325, 333, 340.
Jacobus [II], Arremarensis, abbas, 355.
Jacobus de Baaconno, canonicus Trecensis, 383.
Jacobus de Cacennaio, alias de Durniaco, miles, 159, 160, 240.
Jacobus de Grangia, scutifer, 321, 322.

TABLE DES NOMS DE PERSONNES

Jacobus *Rucevele*, major de Iusulis, 88.
Jacobus, filius Petri *Le Begue* de *Maignant*, 250.
Jacobus de S. Martino, 76, 84, 112.
Jacobus dictus *Baume*, prior Sancti Johannis in Castro Trecensis, 385.
Jacobus de Vendopera, canonicus Barrensis, antea capellanus de Fredivalle, 296, 297, 299, 302.
Jacquinus Sultus de *Bouranton*, 317.
Jacoz, 367, 368.
Jacquelinus de Belna dictus *Cauquins*, clericus, 360.
Jaqueta, filia Virrici *Verreglas*, serva, 310.
Jaquetus de Chavangiis, clericus, 382.
Jaquetus, filius Ysardi de *Cortenou*, 335.
Jauhany, prior de *Notre-Dame-de-Pontoillier*, 377.
Jehan Jossot, clerc juré près la prévosté de la chastellerie de Chaourse, 78, 81.
Jehan le Prepointier, garde du scel de la prévosté de la chastellerie de Chaourse, 78.
Jehans, (alias Johannes), sires de *Chapes*, miles, 381, 382.
Jehans de Corcelles lez *Clarey*, miles, 384.
Jehans de Corcelles lez *Clarey*, armiger, filius domini *Jehan de Corcelles*, militis, 384.
Jehans li Monoiers civis Trecensis, custos sigilli prepositure Trecensis, 384.
Jeubertus *li Bufetiers* de Insulis, 342.
Joannes de Colaverdeio, miles, 183.
Jocelinus, 58.
Jocelinus Juvenis, 38.
Jocelinus, filius Deimberti de Ternantis, 86.
Jocelinus, archidiaconus [Trecensis (?)], 25, 26, 31.
Jocerannus, episcopus Lingonensis, 36, 38, 40, 44.
Joffridus. Vide : Gaufridus.
Joffridus, filius Adæ de Fossis, 75.
Joffridus, frater Androini de Vendopera, 206.
Johanna, uxor Alexandri de Ruilleio, 365.
Johannes [VIII] papa, 9, 11, 49.
Johannes Borgii, diaconus cardinalis S. Angeli, 102.
Johannes, monachus et capellanus, 44.
Johannes (dominus), presbyter, nepos Michaëlis de *Chierreve*, 299.
Johannes, cellerarius, 170.
Johannes *Cervole*, miles, 368.
Johannes, armiger, 333, 334.
Johannes, nota [comitum Campanie], 216, 217, 220, 222, 223.
Johannes Faber, 47.
Johannes, pelliparius, 120.
Johannes, villicus, 84.
Johannes *Avetot*, clericus, 87, 88, 91.

Johannes *Bechepes*, 112.
Johannes, Hurupellus, 84.
Johannes Gasatianus, 22.
Johannes Rigidus, alias li *Roides*, 117, 168.
Johannes, filius Hugonis *Goriart*, 117, 151, 168.
Johannes, filiaster Hilduini de Anguleio, 170.
Johannes, filius Stephani *Payenez* de Chaorsia, clericus, 383.
Johannes, frater Odonis *Joblains* de Clareio, clericus, 154, 161, 184.
Johannes, pater Mauricii de Desda, 153.
Johannes *Alluez*, frater Radulfi de Maisniliaco, servus, 125, 138.
Johannes, filius Hugonis de *Marsengi*, servus, 271.
Johannes, filius Burdini de Summa Valle, 57.
Johannes, nepos Baucendi Trecensis, 249.
Johannes, filius Milonis, molinarii de Villa super Arciam, 274.
Johannes, (dominus), filius domini Gaufridi de Villa Nova, miles, 369.
Johannes de *Aguilli*, 248, 316.
Johannes de *Argentole*, 92.
Johannes [I], abbas Arremarensis, 384, 389.
Johannes [III], Arremarensis abbas, 394, 395.
Johannes, prepositus Arremarensis, 282.
Johannes, *li grangiers* [Arremarensis], 140.
Johannes *Dentart* de Barriville, 362.
Johannes Truchardi, major communie de Barro super Albam, 367.
Johannes dictus de Monasterio, prepositus Barri super Albam, 377.
Johannes David, prepositus Barri super Albam, 383.
Johannes Xpistiani, prepositus Barri super Albam, 359, 362.
[Johannes, frater Erardi II, comitis Brienensis,] abbas Belli Loci, 110.
Johannes [I], Brenensis comes, frater Galteri [III], comitis Brenensis, 270.
Johannes, filius *Dameruns*, domine de Brierio, 123.
Johannes, miles, de *Bussuyl*, 240.
Johannes, filius Lore, de Buxollo, 135, 136.
Johannes, dominus de Castro Villani, 368.
Johannes de Crisco, prepositus Cadusie, 80.
Johannes, presbiter de Chaorsia, 270.
Johannes, curatus de Chaorsia, 389.
Johannes de *Charruel*, armiger, 287.
Johannes de Clarcio, 366.
Johannes de Crista, 230.
Johannes de Durnayo, miles, 372.
Johannes de Durnaio, canonicus Lingonensis, filius Guillelme, 379.
Johannes de Erviaco, quondam civis Trecensis postea burgensis de Malleio Regis, 346, 347.

Johannes de Frayninis, capellanus, 296.
Johannes, prior de Gaya, 268.
Johannes de Insulis, 22, 31, 43, 56, 57.
Johannes *Pioche* de Marcenaio, domicellus, 367.
Johannes de *Masselé*, 180.
Johannes de Mereyo, 381.
Johannes, abbas Sancte Genovefe Parisiensis, 173, 216, 270.
Johannes de Prunieo, 80.
Johannes de *Soderuni*, 140.
Johannes de Saviniaco, presbiter, 72.
Johannes [III], Trecensis episcopus, 388.
Johannes, decanus ecclesie Trecensis, 137, 153, 180.
Johannes, cantor Trecensis, 77.
Johannes (magister), Trecensis curie officialis, 282, 286.
Johannes Patriarcha, tabellio, in curia Teecensis, 382.
Johannes, canonicus diaconus Trecensis, clericus episcopi, 94.
Johannes, Sancti Lupi Trecensis canonicus, 106.
Johannes (dominus) de *Vaisse*, 361, 362.
Johanneta, filia Richardi, domini Domine Petre, 337.
Joldoinus, Melundensis abbas, 217.
Jorannus de Vitriaco, 24.
Jordona, 159.
Josbertus, gener Adæ de Fossis, 76.
Josbertus de Insulis, 142.
Josbertus de *Vertu*, prepositus Trecensis, 125, 134.
Joseph, episcopus Auriensis, 2.
Juliana de *Maignant*, uxor Girardi, 151.
Julleius, 284.

Karlomanus, alias Karolus, rex Francorum, 12, 13, 15, 16.
Karolus [II, dictus Calvus] rex, [Francorum], 2, 4, 5, 7, 8, 13, 15.
Karolus [III], rex Francorum, 18.
Karolus [IV], rex Francorum, 390.
Karolus [dictus *le Gros*] imperator augustus, [deinde rex Francorum], 8.
Katharina, uxor Guillelmi [II] de Chanlita, 359.
Katherine, abbesse de Suint-Nicholas de Bar-sur-Aube, 376.

Lambertus, sacerdos, 170.
Lambertus *le Bouchu* de Barro super Albam, camerarius comitis Campanie, 188, 221, 284.
Lambertus, presbiter de Fridevalle, 299.
Lambertus, curatus de Nogento [super Albam], 285, 286.
Lambertus de Parisiis, archidiaconus Brene in ecclesia Trecensi, 382.
Lambertus, abbas Sancti Martini Trecensis, 193, 204.
Landricus de Firmitate super Albam, 41.
Laurenna, uxor Hugonis de Maceriis, 55.

Laurentius de *Fulchar Mesnil*, serviens Godefridi, 130.
Laurentius de Univilla, 110.
Laurentius, filius Hulduini de Vendopera et Ode, 66, 67.
Lebaldus, 43.
Lebaldus Dives, 43.
Lebaldus, nepos Lebaldi Divitis, 43.
Lecelinus, monetarius, 43.
Legardis, filia Engerberti Nigri de Vendopera, 173.
Legerius, 185.
Leo [IV] papa, 4.
Leodegarius, filius Engerberti Nigri de Vendopera, 173.
Leotericus, 15.
Letaudi (terra ad molindinum) in Manso Medio, 124.
Letranus de Maisnillo Letranni, 305.
Letuidis (familia), 55.
Letuis, uxor Milonis [vice comitis Trecensis (?)], 21.
Letuis, uxor Roberti *Gueneluns*, serva, 159.
Lhudovicus [III], rex Francorum, frater Karlomanni, regis etiam Francorum, 15.
Liebaut (domus defuncti) in civitate Trecensi, 202.
Littifredus, presbiter cardinalis tituli Vestine, 53.
Locelinus de Rulliaco, 46.
Lotharius, rex Francorum, 19.
Lora de Buxolio, uxor Herberti de Busseio, alias de Buxolio, neptis Gaufridi Furnerii, 133, 134, 135, 207.
Lora de Longavilla, 299.
Loys, alias Loysii (domus in Barro super Albam que fuit), 182, 211.
Luca, (domina) de *Novi*, 217, 218.
Lucas, presbiter cardinalis tituli Johannis et Pauli, 53.
Lucin, frater Nicolai *Mor de Castel*, 392.
Lucius [II], papa, 63.
Lucrator de Malleyo, regis Francorum ballivus in Ripparia Venne, 346.
Ludovicus, 73, 74.
Ludovicus, alias Hludoicus, notarius, 4, 7.
Ludovicus [IV], rex Francorum, 19.
Ludovicus [VI], rex Francorum, 22, 23, 38, 40.
Ludovicus [VII], rex Francorum, 58, 65, 74, 77, 82.
Ludovicus [X[, rex Francie, rex Navarre, comes Campanie et Brie palatinus, 386.
Lupus, miles, 112.
Lupus *Chaules*, 88.
Luqueta, uxor Roberti *Aconnety*, 356.

M., canonicus Eduensis, 316.
Maceus, famulus, 114.
Mabilla, soror Yteri, armigeri et Sibille [uxor Radulfi (?)]' 345.

Mahaldis, uxor Bochardi de Vendopera, 219.
Mainardus, servus, 26.
Malbertus, (magister), 173.
Maltheus, 67.
Mammes, 28.
Manasserus, filius Ode, domine de *Pougy*, miles, 327.
Manasses, 169.
Manasses, frater Odonis conestabuli Henri I comitis Trecensis, 84.
Manasses, miles de *Aamance*, 173.
Manasses de Bucceio, canonicus diaconus Trecensis, 94.
Manasses, comes [Divionensis] postea dux Burgundiæ (?)], 18.
Manasses, (dominus) de Hermancia, 340.
Manasses de Baro, Lingonensis episcopus, 111, 113, 115, 116, 243.
Manasses de Plagistro, 26.
Manasses (II) de Pogeio, imprimis prepositus S. Stephani Trecensis deinde episcopus Trecensis, 77, 85, 86, 103, 105.
Manasses de Pogiaco, 323.
Manasses de Rumiliaco, archidiaconus [Trecensis], 45, 56, 60, 62.
Manasses, Sancti Lupi Trecensis abbas, 246, 255.
Manasses de Villamauro, archidiaconus Trecensis et decanus S. Stephani Trecensis, 59, 60, 61, 62, 63, 74, 77, 82, 84, 85, 86, 91, 92, 94.
Manasses de Villamauro, 42.
Marcheanz, 107, 108, 109.
Marchus, miles, frater Baucendi Trecensis, 249.
Marcus, miles, 128.
Margareta, uxor Henrici Grivelli, 298, 332.
Margareta, uxor Theobaudi de Barro, domina de Chanlotis, filia Agnetis domine Cacenaii, 120, 121, 155.
Margareta, uxor Girardi, filii Jacobi de Durniaco et neptis Gaufridi domicelli, filii Gaudifridi de Vendopera, 201 240.
Margareta, uxor Bernardi de Montecuco, 353.
Margareta, regina Navarre, comitissa Campanie et Brie, uxor Theobaldi IV, 359, 360.
Margareta, domina de Ortilione, 329.
Margareta, uxor domini Johannis, filii Gaufridi de Villa Nova, 369.
Margeria, filia Martini de Frigidavalle, 339.
Margeria, filia Beatricis de Ponte Monasterii ad Insulam, serva, 360.
Marguerite de France, comtesse de Flandres, d'Artois et de Bourgogne, dame de Salins, 393.
Maria, serva, 92.
Maria, filia Ode uxoris Adam Griverii, 128.
Maria, uxor Gaufridi Crassi, 146.
Maria, soror Godefridi de *Fulchar Mesnil*, 130, 163.
Maria, filia *Dameruns* domine de Brierio, 123.
Maria, uxor Guiardi *Jarruns*, domini de Clareio, 165, 190, 328.

Maria, uxor Doeti de *Fraisnigues*, 335.
Maria, filia Andree, uxor Alarici de Lusigniaco, serva, 343.
Maria, uxor Martini Minerii de Rameruco, 292.
Maria, comitissa Trecensis, relicta Henrici [I] comitis Trecensis, 125, 126, 131.
Maria, filia Guidonis de Victreyo, 197, 198.
Martinus, 38.
Martinus, 73, 74.
Martinus, presbiter cardinalis tituli Sancti Stephani in Celio Monte, 53, 54.
Martinus, cordarius, 246.
Martinus, prepositus, 130, 173.
Martinus, major apud Anguleium, 272.
Martinus de Curterengia, 144.
Martinus, major de Fredevalle, 108, 109.
Martinus de Frigidavalle, 339.
Martinus de Ponte Monasterii ad Insulam, 360.
Martinus de Merreolis, 89.
Martinus Minorius de Rameruco, 292.
Martinus, filius Bernardi *dou Ru*, 246.
Matheus, presbiter cardinalis tituli S. Marcelli, 102.
Matheus, S. Marie Novi diaconus cardinalis, 102.
Matheus, famulus Arremarensis, 89, 92, 130, 140, 169, 210.
Matheus, miles de Chableis, 256, 257, 259.
Matheus, curatus de Rullyaco, 124, 125, 300, 301.
Matheus, thesaurarius Remensis et archidiaconus, 192.
Matheus, episcopus Trecensis, 89, 91, 92, 93, 133, 169.
Matheus de Trecis, 98.
Mathildis [de *Carinthie*], comitissa Blesensis et Trecensis, uxor Theobaldi II, comitis Blesensis et Trecensis, 57, 58.
Maubertus, decanus Vendopere, 114, 116, 117, 123, 128, 129, 140, 150, 151, 156, 166, 167, 168, 176, 177, 187, 195, 197, 201, 203, 206, 228, 230, 248, 250, 252, 253, 259, 261.
Mauricius de Desda, sacerdos de Sancto Leone, 141, 142, 153.
Mauricius [de *Sully*], episcopus Parisiensis, 137, 138.
Mauritius, 67.
Maynardus, decanus, 44.
Mel..., cardinalis, legatus in partibus Francie, 133.
Menardus *Chaalunz*, servus, 159.
Menardus, miles, de Maceriis, 189.
Mercator de Barro super Albam, 185.
Michael de Anguleio, 170.
Michael de *Chierreve*, 299.
Michael Pampilonensis, nota comitis Theobaldi V, 366.
Michael, archiepiscopus Senonensis, 145.
Michiel de Paris, bailli de Troyes, 390.
Miletus de *Montmeien*, frater Johannis, armigeri, 333. Vide : Milo de Montemedio (?).

Milo, venator, 45.
Milo, Hugonis comitis Trecassini capellanus, 25, 26.
Milo, nota [comitis Trecensis], 189.
Mlio *Bechepes*, 112.
Milo, domicellus, filius Ogeri de Aguilleio militis, 336.
Milo, filius Girardi de Braio, 132.
Milo, filius Guillelme domine de Durnaio, miles, 379.
Milo, filius Deimberti de Ternantis, 90.
Milo, frater Rainaldi Trecensis vice comitis, 21.
Milo, filius Engerberti Nigri de Vendopera, 173.
Milo, frater Rocelini de Vendopera, 41.
Milo, frater Arremarensis, 32.
Milo *Pelaz*, monachus Arremarensis, 247.
Milo, capellanus, alias presbiter de Barro super Secanam et vice-decanus, 187, 203, 250, 252, 259, 274.
Milo [I], comes Barri super Secanam et comes Laticensis, frater Erardi comitis Brenensis, 22, 24, 29, 30, 31.
Milo [III], comes Barri super Secanam, 135, 160, 240, 291.
Milo de Braio, canonicus subdiaconus Trecensis, 94, 132.
Milo, miles, filius *Dameruns*, domine de Brierio, 123.
Milo (dominus), miles de Brierio, 150, 259, 260.
Milo de Cacenniaco, 26, 29.
Milo, miles de *Cherrevi*, senescallus Erardi, domini de *Chacenai*, 221, 228, 237.
Milo de Clarieo, miles, frater Emeline uxoris Milonis de *Cherrevi*, 237.
Milo, filius Roberti de Clareio, 204.
Milo, furnerius de *Maignant*, 166.
Milo, dominus de Colaverseio, 324.
Milo, abbas Sancti Stephani Divionensis, 173.
Milo de Lisinis, decanus, 70.
Milo de Montemedio, 344. Vide: Miletus de *Montmein* (?).
Milo (dominus), miles, de Sancto Quintino, 143.
Milo de *Sormeri*, 217, 218.
Milo de *Thori*, frater Adeline de *Thori*, scutifer, 333, 344.
Milo, archidiaconus, officialis Trecensis, et episcopalium procurator, 173, 220.
Milo, decanus Trecensis et major archidiaconus, 225.
Milo, [vice comes Trecensis (?), 21.
Milo, molinarius de Villa super Arciam, 274.
Morellus, furnarius de *Maignant*, 166.

Neguvinus, 19.
Nicholaus, 169.
Nicholaus, 154.
Nicholaus, 159.
Nicholaus *li cumcerges*, 140.
Nicholaus (magister), 169.

Nicholaus, frater Emengardis Agnetis, uxoris Nicholai, 154.
Nicholaus, succentor ecclesie Sancti Machuti de Barro super Albam, 381.
Nicholaus, rector ecclesie de Capis, 173. 174, 175.
Nicholaus, curatus de *Cepoy*, 336.
Nicholaus de Fredivalle, 296.
Nicholaus, curatus parrochie de *Loches* et de Landrivilla, 340.
Nicholaus, Trecensis episcopus, 342, 343, 348, 351, 352, 353, 354, 370.
Nicholaus, Trecensis officialis, 345, 346.
Nicholaus, Trecensis decanus, 277, 285, 293.
Nicholaus, decanus de Vendopera, 113.
Nichoul, 138.
Nicolas Mor de Castel, 392.
Nicolaus, abbas Arremarensis, 98, 170.
Nicolaus (magister) dictus de Claravalle, alias Arremarensis, prior S. Johannis in Castello Trecensis, 61, 65, 73, 74, 75, 76, 81, 84, 85, 88, 89, 90, 92, 93, 98.
Nicolaus, Gaye prior, 269, 271.
Nicolaus, alias *Nichol* de Porta, 56, 57, 58.
Nicolaus, archidiaconus Trecensis, 254, 255.
Nigra, uxor Boniamici, 108.
Nivardus, abbas Melondensis, 70.
Nocherus, canonicus Bassi Fontis, 121.
Norbertus, notarius Karlomanni, regis, 15.

O., Campaniensis, 179.
O., curie Trecensis officialis, 173.
Obertus, presbiter de Clareio, 220, 221.
Oda, uxor Adam Griverii, 127.
Oda, uxor Hugonis domini de Brecis, 248.
Oda, filia B. domine de Cereis, 176.
Oda de *Coherart*, 332.
Oda, domina Pogeaci, 327.
Oda, uxor Hulduini de Vendopera, 66.
Oda, filia Odonis domini de Vendopera et Beatricis, uxor Hugonis, 117, 140, 150, 176.
Odardus, magister pistorum, [Hugonis, comitis Trecassini, 26.
Odardus de Sparnaio, 26.
Odardus de Volenissa, 22.
Odda, abbatissa monasterii Beate Marie ad Moniales Trecensis, 370.
Oddo, diaconus cardinalis Sancti Georgii ad Velum Aureum, 53.
Oddo, grammaticus, 38.
Oddo, camerarius [Arremarensis (?)], 38.
Oddo, cellarius [Arremarensis (?)], 38.
Odeardis, uxor Emaurici de Barro [super Albam], 134.

Odelaida, serva, 71.
Odelardus de Vendopera, 41.
Odelina, uxor Petri de Villa Nova, 363.
Odelinus, 40.
Odiardis, filia Ameline de *Loncsout*, serva, 318.
Odierna, serva, 71.
Odilo, 67.
Odinus, filius Pagani, militis, de Asarthenis, 119.
Odo, 41.
Odo (magister), 202.
Odor, major, 67.
Odo Boderannus, 113.
Odo, cognomento *Divoir*, servus, 138.
Odo *Gaimarz*, 128, 130, 177.
Odo Pinguis, 108.
Odo, filius Ermengardis uxoris Arnulphi, 122.
Odo, filius Gaufridi de *Putemire*, 183.
Odo, filius Richardi domini Domine Petre, 337.
Odo, filius domini Milonis militis de Sancto Quintino, 145.
Odo (dominus), miles de *Boleges*, 319, 321.
Odo Englicus de *Bouranton*, 317.
Odo Burgesius, 65.
Odo de Castro Thierrico, nota comitis Theobaldi V, 375.
Odo *Malapert* de *Clarei*, 346.
Odo *Joslains*, dominus de Clareio, filius Hugonis *Joslain*, miles, 154, 161, 164, 166, 184.
Odo de Deloncurte, 110.
Odo [de Francia, I comes Trecensis], postea rex Francorum, 2, 4, 8, 16, 17.
Odo, curatus de Gineyo, 388.
Odo de Manso Roberti, 157.
Odo, Parisiensis episcopus, 173, 216.
Odo de Pogeyo, canonicus Aurelianensis, 310.
Odo de Pugeio, conestabulus Henrici I, comitis Trecensis, 77, 83.
Odo, abbas Pultariensis, 62.
Odo de Sancto Martino, 43.
Odo, prior [Arremarensis] Sancti Salvatoris, 361, 376, 377.
Odo de Sezannia, 140.
Odo [III], comes Trecensis, filius [Theobaldi I, comitis Trecensis] et Alaidis [Valensis], 20.
Odo, filius [defunctus (?)] Hugonis comitis Trecassini, et Constantiæ, 25.
Odo, prepositus [ecclesiæ Trecensis], 56, 62.
Odo, archidiaconus Trecensis, 60, 63, 82.
Odo, Sancti Martini Trecensis, abbas, 111, 124.
Odo, dominus de Vendopera, filius Hilduini, conjux Beatricis, 87, 117, 128, 129, 140, 176, 177.

Odo de *Vilers*, 296.
Ogerius de Parvo Masnilo, 22.
Ogerus, miles, de Anguleio, 221, 336.
Oliverius, 92.
Oliverus, 76.
Oliverus, presbiter, 168.
Oliverus, abbas Quinciacensis, 205.
Osanneta, filia Walterini *Coe noire* de Cepeio, serva, 367.
Otrannus, 21.
Otrannus, pater Gaufridi dapiferi, 24, 31.
Otrannus, filius Gaufridi dapiferi, 22, 24, 26, 28, 31.
Otto, abbas Arremarensis, 20, 21, 31, 36.
Otto de Porta, 22.
Ottrannus, vice comes, 47.
Oudearz la Lavourée, 247.
Oudo de Brierio, 41.

P., Bassi Fontis, abbas, 156.
Paganus, filius Hervei, 58.
Paganus, miles de Asarthenis, 119.
Paganus, archidiaconus [in diœcesi Lingonensi], 38.
Paganus Lotoringus, 134, 208.
Paganus de *Montaublein*, miles, 141.
Paganus de Univilla, 45, 170.
Parel de Montmançon Als Bleinchon, clerz, 377.
Parisia, uxor Guidonis *Boquerel*, 243.
Paschal [II], papa, 21, 32, 35, 36, 37, 49.
Perenot, 367.
Perinos Thirel, tabellion [près la prevôté de Chaource], 78, 81.
Perinus de Moncellis, domicellus, 299.
Perinus, filius Claritie, uxoris Fauquini de Rameruco, 292.
Perretus dictus *Baras*, de Villa super Arciam, armiger, 378.
Perrinez, sires de Jaucourt, escuiers, 384.
Petronillus, 92.
Petri *Paris* (domus) in civitate Trecensi, 201.
Petrus, 180.
Petrus, presbiter tituli Sancte Susanne, 53.
Petrus (magister), 105.
Petrus, camerarius, 28.
Petrus, camerarius, 168.
Petrus, presbiter, nepos Hugonis, 119.
Petrus, diaconus, 106.
Petrus, clericus, 145, 146.
Petrus, nota comitis Trecensis, 155.
Petrus, prepositus, 47.
Petrus, prepositus, 180.
Petrus, prepositus, gener Pagani militis, de Asarthenis, 119.
Petrus Fornerius alias Furnerius, filius Gaufridi, 92, 169.

Petrus Furnarius, 47.
Petrus *Furniers*, 138.
Petrus, villicus, 24, 29.
Petrus, villicus, 27, 29.
Petrus Bristaudus, frater Drogonis Bristaudi, miles, 74, 76, 77, 82, 86, 87.
Petrus Bristaudus de foro di *Corlaverc*, 87. Vide : Petrus Bristaudus, miles frater Drogonis (?)
Petrus Bursaudus, miles, 57, 74.
Petrus Baptizatus, 365.
Petrus Bubulcus, 46, 56.
Petrus Carduus, 41.
Petrus *Charnart*, 118.
Petrus *li Cos*, 67.
Petrus *Curebois*, frater Hugonis, 167, 168.
Petrus *Gace*, 108.
Petrus Gallus, 38.
Petrus *Gueneluns*, 159.
Petrus Michaudus, 46.
Petrus Niger, 128.
Petrus *Roboam*, 58.
Petrus Sanctus, 45, 56.
Petrus Wandelberti, 56.
Petrus, filius Constantini, 172.
Petrus, filius Constantini de *Momunchon*, 119.
Petrus, filius David, 58.
Petrus, filius, Emaurici de Desda, 261.
Petrus, filius *Goen*, 41, 43.
Petrus, clericus, filius Johannis de Crista et Robaldis, 230.
Petrus, frater Hugonis *Curebois*, 117.
Petrus, filius Marie serve, 92.
Petrus, filius Odelardi de Vendopera, 41.
Petrus de *Almaiz* (magister), 98.
Petrus, prior Anglidure, 128, 148, 200.
Petrus, frater [in prioratu de Angleura?], 105
Petrus, camerarius Arremarensis, 117, 118, 119, 124.
Petrus, prepositus Arremarensis, 116, 121, 128, 130, 140.
Petrus, prepositus Arremarensis, 210, 256.
Petrus, famulus Arremarensis, 210.
Petrus de Atrio, 67.
Petrus de Curia de *Avanz*, 318.
Petrus, decanus Barri super Albam, 107, 108.
Petrus, decanus xpistianitatis Barri super Albam, 377.
Petrus Papelardus (magister), de Barro super Albam, 381.
Petrus, decanus Barri super Sequanam, 116.
Petrus Guinus de Barro, 276.
Petrus de Blaci, miles, frater Ide uxoris de Theobaldi de Chalvomasnilo et postea uxoris Jacobi de Grangia, 225, 322.

Petrus de Brierio, monachus, 44, 47.
Petrus de Burriis, servus, 249.
Petrus *Chaliet* de *Bussierez*, servus, 351.
Petrus, prior Buxerie, 72.
Petrus, Cellensis abbas, 141, 149, 151.
Petrus de Chableia, decanus Tornodorensis, 70.
Petrus, curatus de *Chuges*, 357, 358.
Petrus de Confino, 116, 117.
Petrus, presbiter de Culterengia, 288, 301.
Petrus, comes Donni Martini, 26.
Petrus, canonicus Ebronensis, 103.
Petrus *des Estaus*, 185.
Petrus de Remis, curatus de Follis juxta Plaiostrum, 307.
Petrus de Fontetis, 170.
Petrus, miles, de Fulcheriis, 147.
Petrus de Horto, 67.
Petrus, camerarius [in prioratu Insulæ (?)], 108.
Petrus, duminus de Janicuria, filius Lamberti [*le Bouchu*] de Barro [super Albam], 284.
Petrus *le Begue* de *Maignant*, 250.
Petrus, furnarius de *Maignant*, 166.
Petrus, villicus de Manillo, 40.
Petrus de Moncigno, 178.
Petrus de Papa, canonicus Parisiensis, subdiaconus domini pape, 335.
Petrus, cancellarius Parisiensis, 137, 138, 173, 216.
Petrus, clericus de *Perygné*, 171, 172.
Petrus de *Poilli*, 366.
Petrus de Roseida, vice cancellarius et clemosinarius comitis Theobaldi V, 366.
Petrus, sacerdos Sancti Salvatoris, 180.
Petrus, sacerdos de Savineio, 175.
Petrus, abbas S. Michaelis Tornodorensis, 70.
Petrus de Mareio, archidiaconus [Trecensis], 22.
Petrus, decanus [ecclesie Trecensis], 62, 65, 94.
Petrus de *Tast*, decanus Trecensis, 104.
Petrus Gervasius, Trecensis officialis, 343.
Petrus de Sancto Martino, serviens in prioratu Sancti Johannis in Castello Trecensis, 112.
Petrus Bibitor, canonicus Trecensis, 82.
Petrus *Bogre* canonicus diaconus Trecensis, 94.
Petrus (magister), filius Thodorici Clamatii, canonicus S. Lupi Trecensis, 88.
Petrus, Sancti Martini Trecensis abbas, 277.
Petrus, dictus *Fourmagez*, civis Trecensis, 365.
Petrus de Vendopera, 56.
Petrus de Villa Nova, 363.
Petrus, Villiaci villicus, 56.

Petrus de Viveriis, famulus Arremarensis, 140.
Petrus de Warberceis, miles, 107.
[*Philippe de Bourgogne* ?], *conte de Nevers et de Retel, seigneur de la chastellerie de Chaourse*, 78.
Philippus, 56.
Philippus, presbiter cardinalis SS. Johanis et Pauli tituli Pamachii, 102.
Philippus, frater Milonis de *Thori* et Balduini, 344.
Philippus *Banceu*, prepositus Cadusie, 80.
Philippus, prior [Clarevallensis ?], 66.
Philippus I, rex Francorum, 20, 23, 24, 25.
Philippus [II dictus Augustus], rex Francorum, 239.
Philippus de Lupicenis, (magister), canonicus Pontisarenensi, 335.
Philippus, dominus de Planceio, 311, 319.
Philippus de Sezannia, canonicus subdiaconus Trecensis, 88, 94.
Philippus, alias Milo II, episcopus Trecensis, 20, 21, 23, 25, 30, 31, 40, 109.
Philippus, filius [defunctus] Hugonis comitis Trecassini et Constantiæ, 25.
Philippus, Sancti Lupi Trecensis abbas, 277, 289, 293.
Philippus de Varricurte, miles, 56.
Pierre Saymious, baillis de *Troyes*, 385.
Poincardus, filius Guillelme domine de Durnaio, armiger, 379.
Poncius, 130.
Poncius, conjux *Damerwns* domine de Brierio, 123.
Poncius, filius Agnetis de Monasterio ad Insulam domicellus, 359, 360.
Poncius, miles de *Toiri*, 243.
Pontius, 54.
Pontius de Capis, 22.
Pontius de Cyresio, miles, 371, 372.
Pontius, archidiaconus Laceriensis, in diœcesi Lingonensi, 44, 66.
Pontius de Racinis, 66, 67.
Pontius de Revellis, archidiaconus Lingonensis, 115.
Prudentius, episcopus Tricassinus, 4.

R. tituli Sancti Stephani in Celio Monte presbiter cardinalis, legatus in partibus Gallicanis, 295.
R., magister Domus Dei [de Barro super Albam] 223, 226.
Raoudus, servus, 113.
Radulfus, presbiter, 62.
Radulfus, filius Alberici de *Montingun*, 45.
Radulfus, filius Berengarii, miles, 56.
Radulfus, filius Petri *Furniers*, servus, 138.
Radulfus, frater Hugonis de Maceriis, 55, 56.
Radulfus *Charduns*, 67.

Radulfus, archidiaconus Eduensis et decanus Belnensis, 72.
Radulfus de Granchia, 345.
Radulfus, presbiter [in ecclesiis de Landrevilla et Lochia], 66.
Radulfus, Longivadi abbas, 118.
Radulfus, capellanus de *Maignant*, 111.
Radulfus *li Alliez* de Masniliaco, 125, 138.
Radulfus, archidiaconus Meldensis, 82.
Radulfus de Ponti, 47.
Radulfus, de Ripatorio abbas, 217, 238.
Radulfus *Picoireile* de Rulliaco, 355.
Radulfus, Sancte Columbe Senonensis abbas, 109.
Radulfus, presbiter de *Sonsois*, frater Garini, 210, 303.
Radulpfus [filius Ulfi de Bavaria] et avunculus regis Karoli [II] dicti Calvi, comes, 5.
Radulphus Viridis de Insula, 284.
Radulphus, decanus Sancte Margarete, 145.
Ragenardus, comes, 18.
Ragenardus, alias Reginaldus, vasallus Richardi comitis, 18.
Rainaldus, 25.
Rainaldus Besue, 172.
Rainaldus, filius Odonis, conestabuli Henri [I] comitis Trecensis, 83.
Bainaldus, monachus Arremarensis, 38.
Rainaldus de Capis, 65.
Rainaldus (magister), canonicus [Eduensis], 72.
Rainaldus de *Pomard*, vicarius, 72.
Rainaldus de Pruvino, canonicus Trecensis, 82, 86.
Rainaldus, archidiaconus Trecensis, 89, 94, 169.
Rainaldus, vice comes Trecassine civitatis, filius Milonis et Letuidis, 21.
Rainardus, 21.
Rainardus *Horrace*, 178.
Rainardus [III], comes de Juviniaco, 24.
Rainardus, episcopus Lingonensis, 70.
Rainaudus de Amancia (dominus), 124.
Rainaudus, frater [in prioratu de Angleura?], 105.
Rainaudus, miles, de *Viler*, 247, 249.
Rainerius, diaconus cardinalis S. Adriani, 102.
Rainerius Anglicus, 185.
Rainerius cognomento Reversus, 29, 30.
Rainerius de Lantagio, 84.
Rainerus de Brena, 86.
Rainerus de Rameruco, 24.
R[ainoldus], Bassi Fontis abbas, 107, 120.
Raudïs alias *Rihais*, uxor Guidonis (domini) de Victreyo, 197, 198.
Raynoldus, miles, 168.
Reginaudus, servus, 248.

Regnaudus Ruffus, 119.
Regnaudus de Cussangeyo, frater Roberti, advocatus in curia officialitatis Lingonensis, 378.
Rembertus de *Sonsois*, 302.
Remigius Major, 170.
Remigius, decanus, 110.
Remigius, prepositus Plaiostri, 128.
Renaudus, filius Ermengardis, uxoris Arnulphi, 122.
Renaudus, frater Gilonis de Brierio, 279.
Renaudus, filius Martini de Frigidavalle, 339.
Renaudus de Coercio, clericus, 280.
Renaudus de *Essarteines*, miles, 361, 362.
Renaudus de Grigneio, Avalonensis thesaurarius et rector ecclesie de Saviniaco juxta Belnam, 273, 274, 304.
Renaudus, Sancti Lupi Trecensis abbas, 334.
Renerus de Sancto Quintino, canonicus Trecensis, 254.
Ricardus, sacerdos de *Echos*, 172.
Ricardus, villicus de Villeiaco, 117.
Richardus, presbiter, 54.
Richardus Rapina, 45.
Richardus, comes... [vel dux Burgundiæ (?)], 12, 18.
Richardus, dominus Domini Petri, alias Dogno Petro, super *Saton*, 337, 338.
Richardus, presbiter de Follis, 314.
Richaudis, mater Godefredi de *Fulchar Mesnil*, 130.
Richeldis, uxor Fauconii de Rameruco, 292.
Richildis, filia *Heloiz* de Capella, serva, 271.
Richon, 302.
Rieulfus, episcopus, 16.
Rihais, alius Raudis, uxor Guidonis (domini) de Victreyo, 197, 198.
Riheldis, filia Rocelini de Vendopera, 39.
Robelinus, 138.
Robelinus de *Rosson*, 365.
Robers [II] *dux de Bourgoigne*, 380.
Robers, prior de Saint Leiger, 377.
Robert, comte, [Trecensis, postea rex Francorum ?], 12.
Robertus, 291, 292.
Robertus, sutor, 40.
Robertus *Aconnetz*, 356.
Robertus Canis, 67.
Robertus *Curtumcollum*, 108.
Robertus Diabolus, 43.
Robertus *Gueneluns*, servus, 159.
Robertus Magnus, 47.
Robertus Magnus, 92, 170.
Robertus dictus *Robez*, frater Perreti *Baras*, armiger, 378.
Robertus, filius *Huidelete*, 238.
Robertus, filius Bovonis de Porta, 25.

Robertus, filius Hugonis de Porta, 21.
Robertus, fidelis Karoli [dicti *le Gros*] imperatoris, [et frater Odonis, comitis Trecensis], 8.
Robertus, pontaneus, [de Acculeio], 179.
Robertus, Arremenrensis abbas, 356, 361, 362, 364, 365, 368, 373, 389.
Robertus Aurelianensis, miles, 29, 30, 43.
Robertus [de Barro super Albam], 341.
Robertus de Bonosacco, 112.
Robertus, Cabilionensis episcopus, 239.
Robertus, cellerarius Clarevallensis, 276.
Robertus de Clareio, laicus, 204, 205.
Robertus, filius Roberti de Clareio, 204.
Robertus de *Creaudon*, 330, 331.
Robertus de Cussangeyo, *procureur de Montiéramey*, 378.
Rubertus Senescallus, canonicus [Eduensis], 72.
Robertus de Insulis, prepositus Hugonis, comitis Trecassini, 22, 24, 31, 43.
Robertus [II], Lingonensis episcopus, 243.
Robertus [III], Lingonensis episcopus, 336, 337, 338, 340.
Robertus, frater Regnaudi, notarius in curia officialitatis Lingonensis, 378.
Robertus de *Masteil*, 56.
Robertus de Novigento, 46.
Robertus, curatus de *Sonsois*, 303, 318.
Robertus, Trecensis episcopus, 320, 321, 323, 332.
Robertus, comes Tricassinus, 19.
Robertus, prepositus Trecensis, 88.
Robertus de Villamedia, clericus, 363, 364.
Robinus, filius Ayæ, 318.
Rocelinus, frater Godefredi Pulchar Mesnil, 130, 163.
Rocelinus, armiger, filius Guidonis de Victreyo, 197, 198.
Rocelinus, canonicus Trecensis, 82.
Rocelinus de Vendopera, 38, 39, 40, 41.
Rodulfus, 25.
Rodulfus, filius Richardi, comitis [postea rex Francorum ?], 18.
Rogerius, decanus, 22.
Rogerus, 24
Rogerus, famulus Arremarensis, 140.
Rohaldis, uxor Johannis de Crista, 230.
Rolandus, sacerdos, 154.
Rolandus, abbas Arremarensis, 242, 244, 248, 249, 250, 251, 252, 254, 255, 259, 261, 262, 268, 269, 272, 273, 275, 277, 283, 285, 288, 289, 291, 292, 296, 299, 301, 302, 304, 306, 307, 311, 314, 317, 322.
Rolandus, infirmarius Arremarensis, 128.
Rolandus, monachus [Arremarensis?], 154.
Rollandus, camerarius et grangiarius Arremarensis, 140, 210.

Rollanz, alias Rollandus Truchardus, 108, 109.
Roscelinus, filius Ebrardi de Duisma, 64, 65.
Rotfredus, abbas Arremarensis, 9, 13, 14.
Rotgerus, 27.
Rufa, 121.
Ruricius, Meldensis archidiaconus, 77.

Sadrabertus, alias Sadrevertus, abbas..., [monasterioli dicti Alfa], 13, 14, 16.
Salo, frater Altonis de Moneta, 43.
Salo alias Savlo (?) de Corgeseniis, miles. 132, 147, 328.
Salomon, 159.
Sanctius (G.) 87, Cfr: G. Sanctius.
Sarebertus (de pago Tornudrinse), 8.
Sarracenus, filius Odonis, de Sancto Victore, 145.
Savericus, civis Trecensis, 142, 143, 220, 228.
Savlo, miles, de *Corjesenes*, 147. Vide: Salo.
Saymerius, clericus, 306.
Seerius de Fontanis, 287.
Seimarus, 27.
Seseya, mater Bartholomei curati de Nogento, 320.
Sevinus de Curteringia, 144.
Sezanna de *Buires*, serva, 335.
Sibila, uxor Jeuberti de Insulis, 342.
Sibilla, uxor Richardi domini Domine Petre, 337.
Sibilla, uxor Felisii de Paisiaco, soror Yteri, 345.
Simon, servus, 248.
Simon de Arceis (dominus), 115.
Simon, Arremarensis abbas, 385, 388, 389.
Simon, prior Arremarensis, 210.
Simon Concheti, prepositus Barri super Albam, 381.
Simon *Punneis* de *Bouranton*, 317.
Simon, abbas Ripatori, 277.
Simon de Vendopera, 124.
Sophia de Manillo, serva, 335.
Stepaneta (domina), uxor domini Johannis de *Vaisse*, militis, 361, 362.
Stephanus, cementor, 225.
Stephanus cognomento *Poileses*, 253.
Stephanus, archicancellarius Bosonis et Hirmengardis, 12.
Stephanus, cancellarius Henrici I, comitis Trecensis, 80, 96, 98.
Stephanus, abbas Arremarensis, 106, 117, 139, 170, 269.
Stephanus, prepositus Arremarensis, 89, 92, 169.
Stephanus, capellanus de *Balenam*, 119.
Stephanus de Calvomonte, prepositus Barri super Albam, 367.
Stephanus [-Henricus, comes Blesensis (?)] frater Hugonis, comitis Trecensis, 20.
Stephanus, dictus *Payenez* de Chaorsia, forestarius, 383.

Stephanus *Forget*, curatus de *Chaource*, 389.
Stephanus *Leschaudé* de *Chargé*, 337.
Stephanus de *Chasnoi*, 161.
Stephanus, filius Roberti de Clareio, 204.
Stephanus, episcopus Eduensis, 175.
Stephanus, furnerius de *Maignant*, 166.
Stephanus, abbas Molismensis, 59.
Stephanus de Parvo Masnilo, 22.
Stephanus, curatus de *Reneves*, 357, 361.
Stephanus, miles, de *Roissun*, 202.
Stephanus, filius Stephani militis de *Roissun*, 202.
Stephanus (donnus), prior S. Salvatoris, 78.
Stephanus, abbas Sancti Michaelis de Tornodoro, 313.
Stephanus, decanus xpistianitatis Trecensis, 313.
Stephanus, officialis Trecensis, 341.
Stephanus, filius Giralfi, canonicus Trecensis, presbiter, 82, 94.
Stephanus, frater mareschalci [Guillelmi Regis?], canonicus Trecensis, 82.
Stephanus, Sancti Petri Trecensis canonicus, 111.
Stephanus de Aliorra, canonicus S. Stephani Trecensis, 74.
Stephauus *Bochart* de Villa Media, 250.
Suflisia, serva, 159.
Suinus, filius Letranni de Maisnillo Letranni, 305.
Sutor, prepositus Odonis, domini de Vendopera, 117, 128, 130, 168, 173, 177.
Symes, abbé de Larivour, 390.
Symon (magister), 128.
Symon, decanus, 54.
Symon de Anchora alias de Eucra, clericus, 88, 91.
Symon de Parniaco, 29.
Symon, tunc prepositus vice comitis [Trecensis], 22.

Taillefers, dominus de Vendopera, 176, 201.
Tebaldus, 22.
Tebaldus, filius Rocelini de Vendopera, 39.
Tebaudus alias Teobaldus, abbas Arremarensis, antea prior Sancti Johannis in Castello Trecensis, 110, 111, 112, 120, 124, 128, 129, 132, 137, 139, 154, 155, 160, 161, 162, 164, 165, 166, 170, 171, 176, 183, 184, 190, 192, 199, 202, 212, 216, 217, 220, 221, 228, 234, 250, 306.
Tebaudus, camerarius Arremarensis, 128, 130.
Tebaudus, grangiarius [Arremarensis], 107, 110.
Tebaudus de Fresneio, miles, 110, 113, 114, 159, 168.
Tecelina, serva, 159.
Tecelinus *dou Ru*, 246.
Tecelinus, prior de Spargis, 364, 365.
Tegerius, [canonicus Sancti Petri Trecensis], 56.
Tegrimus de Aguleio, 41.

Teobaldus, prior Arremarensis [in prioratu Sancti Salvatoris?], 119.
Teobaudus *Gichart*, 224.
Teobaudus, pater Hugonis Vendoperensis, 27.
Teodericus, frater Constancii de Barro, servus Arremarensis, 28.
Teodericus, filius Robelini, 138.
Teodericus de Cadusia, 43.
Teodoricus, filius Mauritii, 67.
Teodinus, Portuensis et Sancte Rufine episcopus, 102.
Terricus, decanus, 178.
Terricus de Fontanis, 287.
Terrycus, archiepiscopus Bisuntinus, 171, 172.
Th. de Pomerio, officialis Trecensis, 344.
Theaubaudus de Aceuaio, civis Trecensis, 365.
Thebaudus, frater Mauricii, 153.
Thebaudus de Barro [super Secanam?], conjux Maragarite, domine de Chanlotis, 155.
Thecelinus, prior [Arremarensis] de Vivariis, 357.
Theconneta, uxor Walterini *Coe noire* de Cepeio, serva, 367.
Theobaldus, nepos Fromoldi, 56.
Theobaldus Revelardus, 88.
Theobaldus, Belnensis archidiaconus, 360.
Theobaldus, miles, de Chalvomasnilo, 225.
Theobaldus de Fismis, clericus, 87, 98.
Theobaldus de Molindinis, 217.
Theobaldus, alias Teobaudus [I], comes Trecassinus, 23, 25, 28.
Theobaldus [II], comes Blesensis et Trecensis, 55, 57, 58.
Theobaldus [III], comes Trecensis palatinus, 155, 164, 187, 189, 219, 221.
Theobaldus [IV], comes Palatinus Trecensis alias Campanie et Brie, rex Navarre, 275, 305, 314, 318, 326, 330, 355, 359.
Theobaldus [V], comes palatinus Campanie et Brie, rex Navarre, 78, 79, 80, 361, 365, 370, 371, 372, 375.
Theobaldus, clericus de Villa super Archiam, 316.
Theobardus de Plaiotro, propositus monasterii Arremarensis, 170.
Theobaudus, filius Bernardi, *dou Ru*, 246.
Theobaudus (dominus), 317.
Theobaudus, abbas Melundensis, 313.
Theodericus, forestarius, 40.
Theodericus ad Nasum, 58.
Theodericus, panetarius, 22.
Theodericus de Masnilulo, 138.
Theodericus, prior Monasterii Sancti Joannis [in Castello Trecis], 21.
Theodoricus Grossus Denarius, 47.
Therrietus, filius Walterini *Coe noire* de Cepeio, 367.
Thiébaut de Barro super Albam, *recoudeur*, 385.
Thodoricus Clamatius, 88.
Thomas, 170.
Thomas, 108.

Thomas, Bullencurie abbas, 304.
Thomas (dominus), curatus de Chaorsia, 388.
Thomas de Villeyo, curatus de Chaorsia, 388.
Throannus, notarius [Odonis regis Francorum], 17.
Thuricus dictus *Moture* de Villa super Arciam, 378.
Tierricus, filius Martinii de Frigidavalle, 339.

Ubertus Lombardus, clericus regis Navarre, 346.
Ugo Beraudus, monachus, 112.
Ugo de Colle, 57.
Umbertus, comes, 18.
Urricus de Mainillo Fulchardi, frater Hugonis comitis Waudimontis, 280, 281.

Vaalinus *Gueneluns*, servus, 159.
Vacardus, alias Acardus episcopus Noungensis, 2.
Valo, filius Pagani, militis, de Asarthenis, 119.
Valterus (de pago Tornudrinse), 8.
Valo de Assartenis, 180.
Vaslinus, villicus de Fredevalle, servus Arremarensis, 28.
Vautrin, le racoueteur, de *Mostier a l'Ile*, 385.
Viardus. Vide Guiardus.
Viardus *Jarruns*, 147.
Viardius, xpistianitatis Barri super Sequanam decanus, 368.
Viardus de Uneio, 179.
Vicardus, prior de Maseriis, 72.
Vilelmus, canonicus Sancti Lupi Trecensis, 104, 106.
Vingerus, prepositus de *Pisni*, 89.
Virricus *Verreglas*, de Mainillo Letranni, 310.
Vitalis, medicus, de Barro super Albam, 30, 109.
Vitalis, abbas Sancti Martini Trecensis, 170.
Vivianus, furnarius de *Maignant*, 166.
Vuarninus dictus *Sareuriers* de Barro super Albam, 341.

Walcherius de *Fertez*, 26.
Walencius, frater Josberti de Insulis, 142.
Walo de Marolio, 26.
Walpertus, episcopus Portuensis, 11.
Walterinus dictus *Coe noire*, de *Cepeio*, servus, 367.
Walterius, 65.
Walterius, vice comes [Tricassinus], 19.
Wandelbertus, 26.
Warnerius. Vide : Guarfferius.
Warnerus, villicus de Juniaco, servus Arremarensis, 28.
Waudricus, prior de Insula, 337.
Wauterus, pistor, 29.
Wiardus, 67.
Wiardus de *Estrichi*, 110.

Wiardus, de Moris, monachus, 316.
Wibertus, filius Duranni, 56.
Wicelinus, prepositus Trecorum, 27.
Wido *Bordele*, 56.
Wido, presbiter, capellanus S. Salvatoris monasterii quod dicitur, Alfa, 47.
Wido, comes, 18.
Wido de Wannonisrivo, 24, 26.
Wilencus, episcopus Lingonensis. Vide : Guilencus.
Willeboldus, 43.
Willelmus. Vide : Guillelmus.
Willelmus, 22.
Willelmus Colini, 247.
Willelmus de Archis, monachus Arremarensis, 73.
Willelmus, abbas Sancti Petri de Montibus [Cathalaunensis], 197.
Willelmus *Bischoz* de Lescheriis, 187, 188.
Willelmus, abbas de Maceriis, 71.
Willelmus, filius Menardi de Maceriis, 189.
Willelmus de Porta, 43.
Willencus, decanus et archidiaconus (in diœcesi Lingonensi), 38.
Willermus, filius Avupotis, 318.
Wimbertus, filius Rodulfi, 28.
Wingerus, sacerdos de Clareio, 144.
Winibertus, major pincerna, [Hugonis, comitis Trecassini], 26, 30.
Witerus Huripellis, 26.
Witerus de Moneta, 25.
Witricus Carnotensis, 29, 30.
Witterius, frater Johannis Hurupelli, 84.
Witurda, 21.

Xpistiana de Ruilleio, 365.
Xpistianus, 108.
Xpistianus, filius Johannis *Dentart* de Barrivilla, 362.
Xpistianus, villicus Maisnili, 110.
Xpistoforus, sacerdos de *Luces*, 173.
Xpistoforus, presbiter Landrivillæ et Lochiarum, 115, 116, 117.
Xpistoforus, capellanus decani de Vendopera, 295.

Ysardus de *Cortenou*, 385.
Yterus, armiger, 345.

Zacharius [notarius ?], 18.

TABLE DES NOMS DE LIEUX

CONTENUS

DANS LE CARTULAIRE DE MONTIÉRAMEY

Aamance (de), 173. Vide : *Amance.*
Acenaio (de), 365. Vide : *Assenay.*
Achaio (ecclesia Arremarensis de), 37. — Achiaco (de), 34, 51. Vide : *Achey.*
Achey, Haute-Saône, a. Gray, c. Dampierre-sur-Salon, 34, 37, 51. Cfr. Achaio, Achiaco.
Acrimontis (petrosa), 291. Vide : *Aigremont.*
Aculeio (portus de), 179. Vide : *Arc* (?)
Adtiniaco, palatio regis [Caroli Calvi] (actum), 4. Vide : *Attigny.*
Aguilli (de), 248. — Aguleio (de), 41, 316, 336. Vide : *Eguilly.*
Aigremont, petrosa haud procul, *Bar-sur-Seine, Aube,* 291. Cfr. Acrimontis (petrosa).
Ailtefou, 203, 289. Vide : *Gerosdot.*
Ailleville, Aube, a. et c. Bar-sur-Aube, 356. Cfr. Aquilevilla (de).
Alba, fluvius, 45, 55, 292. Vide : *Aube.*
Albanensis (diœcesis), 102. Vide : *Albano.*
Albano, Italie, 102. — Episcopus : Henricus.
Alfa (monasteriolum Sancti Salvatoris in pago Alvariensi [in veteri diœcesi Lingonensi] quod quondam vocabatur), 13, 14, 17, 34, 37, 47, 51. Vide : *Saint-Sauveur.*
Aliorra (Stephanus de), 74.
Allebauderias (apud), 282. Vide : *Allibaudières.*
Allibaudières, Aube, a. et c. Arcis-sur-Aube, 282. — Presbiter : Henricus.
Almaiz (Petrus de), 98.
Alneto (de), 323. Vide : *Aulnay.*
Altam Ripam (apud), haud procul *Montieramey,* 24, 39, 67, 124.
Altissiodorensis (diœcesis), 64. Vide : *Auxerre.*

Amalberti montis, 47. Vide : Montis Amalberti.
Amance, Aube, a. Bar-sur-Aube, c. Vendeuvre, 124, 173, 340, (Manasses, miles; Manasses [dominus], Rainaudus). Cfr. Amance, Amancia, Hesmancia.
Amancia (de), 124. Vide : Amance.
Amancies, 146. Vide : Amancières.
Amancières (molindinum de) super rivum Barsœ in territorio de Montieramey, nunc dirutum, 146.
Anagni, Italie, 102.
Anagnie (datum), 102. Vide : Anagni.
Anchora alias Encra (Symon de), 88, 91.
Andeciarum (abbatia), 332. Vide : Andecy.
Andecy, Marne, a. Epernay, c. Montmort, com. Baye, 332. — Priorissa : T...
Angledura, 34, 49, 50, 101, 128, 145, 148, 149; Augleura, 104, 105, 136, 200, 282, 298, 332; Angleurella, 321. Vide : Angluzelles-et-Courcelles.
Angluzelles-et-Courcelles, Marne, a. Epernay, c. Fère-Champenoise, vetus prioratus Arremarensis, 34, 49, 50, 101, 104, 105, 128, 136, 145, 148, 149, 200, 282, 298, 321, 331, 332. — Priores : Alardus, Petrus. — Sacerdos : Hugo. Cfr. Angledura, Angleura, Angleurella, Corcelles.
Anguleio (de), 170, 221, 272, 291. Vide : Eguilly.
Antissiodorensis (diœcesis), 66, 103. Vide : Auxerre.
Aquilevilla (de), 356. Vide : Ailleville.
Aramahensis monasterii (abbas), 31. Vide : Montieramey.
Arant (vinca que est in valle), juxta Fravaux, 302.
Arbrissello (de), 159 ; Arbrosello (de), 43 ; Arbruissello (de), 160. Vide : Laubressel.
Arc, Haute-Saône, a. et c. Gray, 179 (?). Cfr. Aculeio (portus de) (?).
Arceis (de), 115. Vide : Arcis-sur-Aube.
Archis (Willelmus de), 73.
Arcis-sur-Aube, Aube, 115. — (Simon). Cfr. Arceis.
Arconceio (ecclesia de), 239. Vide : Arconcey.
Arconcey, Côte-d'Or, a. Beaune, c. Pouilly-en-Montagne, 239. Cfr. Arconceio (de).
Arconvalle (de), 339 ; Arcunvalle (de), 284. Vide : Arsonval.
Argançon, Aube, a. Bar-sur-Aube, c. Vendeuvre, 384.
Argentole, Aube, a. et c. Troyes, com. Creney, 92. (Johannes).
Arnay-le-Duc, Côte-d'Or, a. Beaune, 360. — Archipresbiter : Bonevalletus. Cfr. Arneto (de).
Arneto (de), 360. Vide : Arnay-le-Duc.
Aramahensis monasterii (abbas), 31 ; Arremarensis monasterii (ecclesia vel villa), 30, 40, 49, 74, 76, 77, 103 ; Arremari monasterium, 23, 32 ; Arreme monasterium alias Mostier, 103, 175. Vide : Montieramey.
Arripatorium, 103, 104, 159, 372. Vide : Larrivour.

Arsonval, *Aube*, a. et c. *Bar-sur-Aube*, 284, 339. (Dyada). Cfr. Arconvalle (de), Arcunvalle (de).
Artois, *France*, 393. — Comitissa : *Marguerite de France*.
Asarthenis (de), 119 ; Assartenis (de), 180. Vide : *Essertenne*.
Asseleio (in), 179.
Assenay, *Aube*, a. *Troyes*, c. *Bouilly*, 365. (Theobaldus). Cfr. Acenuio (de).
Athènes (duché d'), *Grèce*, 387. — Duc : *Gauthiers V, comte de Brienne*.
Atrio (Petrus de), 67.
Attigny, *Ardennes*, a. *Vouziers*. Cfr. Adtiniaco (actum).
Atoariensi (monasteriolum quod quondam Alfa vocabatur in pago) [in deconatu Bessuensi de diœcesi veteri Lingonensi], 13. Vide: *Attouares*.
Attouares (pays des), *Côte-d'Or*, a. *Dijon*, c. *Mirebeau et a. Beaune*, c. *Saint-Jean-de-Losne*, 13. Cfr. Atoariensi (in pago).
Aube, fluvius affluens in Secanam, 45, 55, 292. — Cfr. Alba.
Augevalle (terra in) in finagio de Insula, 377.
Auleio, (mansus de), 170. Vide : *Oisilly* (?).
Aulnay, *Aube*, a. *Arcis-sur-Aube*, c. *Chavanges*, 323. (Erardus). Cfr. Alneto (de).
Aurelianensis (diœcesis), 29, 43, 310. 317. Vide : *Orléans*.
Auriensis (episcopatus), 2. Vide : *Caldas d'Orense* (?).
Ausona (aqua que vocatur), 214, 292. Vide : *Auzon*.
Authissiodorensis (diœcesis), 79 ; Autissiodorensis (diœcesis), 63. Vide : *Auxerre*.
Autun, *Saône-et-Loire*, 34, 42, 51, 72, 175, 273, 303, 315, 395. — Episcopi : Galterus II, Stephanus. — Archipresbiter : Gilo. — Archidiaconus : Radulfus. — Canonici : Galterius Gifardus, M. (Rainaldus, Robertus Senescollas). Cfr. Eduani civitatem (apud), Eduensis (diœcesis).
Auxerre, *Yonne*, 63, 64, 66, 79, 103. — Episcopi : Alanus, Guido [II], Hugo. Cfr. Altissiodorensis, Antissiodorensis, Authissiodorensis, Autissiodorensis (diœcesis).
Auzon, rivulus affluens in Albam juxta Nogentum, 214, 286, 292. Cfr. Ausona.
Avallon, *Yonne*, vetus collegiata, 274. — Thesaurarius : Renaudus. Cfr. Avalonensis.
Avalonensis (collegiata), 274. Vide : *Avallon*.
Avant-les-Ramerupt, *Aube*, a. *Arcis-sur-Aube*, c. *Ramerupt*, 83, 310, 318. (Bonardus, Petrus de Curia). Cfr. Aventum (apud), Avenz.
Avenione (datum), 395. Vide : *Avignon*.
Aventum (apud), 83, 310 ; Avenz, 318. Vide : *Avant-lès-Ramerupt*.
Avignon, *Vaucluse*, 395. Cfr. Avenione.

Baaconno (de), 383. Vide : *Basson.*
Baire-Saint-Parres, Aube, a, et c. Troyes, com. Saint-Parres-aux-Tertres, 374.
Balenam (Stephanus capellanus de), 119.
Baleno (nemus de), 205, 206. Vide : *Balnot-la-Grange* (?).
Balnea comitis (ud), 28. Vide : *Troyes.*
Balnot-la-Grange, Aube, a. Bar-sur-Seine, c. Chaource, 205, 206. Cfr. Baleno (de) (?).
Barbuise, rivus, affluens in albam, Aube, 100, 311, 312, 319.
Barbusia (riveria que dicitur), 100, 311, 312, 319. Vide : *Barbuise (la).*
Bard-les-Pesmes, Haute-Saône, a. Gray, c. Pesmes, [Ecclesia Arremarensis], 35, 51. Cfr. *Barz.*
Baro (Manasses de), 113.
Baroville, Aube, a. et c. Bar-sur-Aube, 120, 362. (Johannes *Dentare*). Cfr. Barrevilla (de).
Barrensi (in pago), 100.
Barresal (grangia de), 100 ; alias *Barresel,* 265, in finagio de Pargues.
Barrevilla (de), 120, 362. Vide : *Baroville.*
Barri (Andreas *des Pastis,* canonicus), 338.
Barro (Guibertus de), 80.
Barro (Petrus Guinus de), 276.
Barrum super Albam. Vide : *Bar-sur-Aube.*
Barrum super Secanam. Vide : *Bar-sur-Seine.*
Barsam (super fluvium), 1, 3, 6, 245. Vide : *Barse (la).*
Barse (la), rivulus affluens in Sequana, Aube, a. Bar-sur-Aube et Troyes, 1, 3, 6, 245, 324. Cfr. Barsa, Barsith, Bassa.
Barsith, 6. Vide : *Barse (la).*
Bar-sur-Aube, Aube, 27, 28, 30, 73, 74, 98, 107, 108, 121, 134, 154, 158, 182, 185, 208, 211, 212, 219, 222, 223, 296, 297, 302, 310, 318, 319, 334, 339, 344, 356, 359, 367, 376, 377, 381, 383, 385. — Decani Xpistianitatis : Bernardus, Guiardus, Hugo, Petrus, Petrus. — Sancti Machuti ecclesia : Succentor : Nicholaus. — Canonicus : Jacobus. — Abbatia Sancti Nicolaï, Abbatissa : *Katherine.* — Domus Dei [Sancti Nicolaï], magister : R. — Prioratus Sancti Petri 318. — Prioratus Montis Barri alias Sancte Germane, 121, 223, 318 ; Prior ; Guido II. — Castrum Barrense, 27. — Majores communie : Ansericus, Ansericus, Erardus, Johannes Truchardi. — Prepositi : Deodatus, Erardus, Johannes, Johannes David, Johannes Xpistiani, Simon, Stephanus. — Mons Sancte Germane : 185. — Molindinum Montis Barri : 121. — Porta Barri : 228. — Porta Breno : 185. — Cordubenaria : 341. — Vicus Magnus : 381. — Vicus Sellanorum : 341. — Domus Tholonei : 284. — Nundine 212, 341 ; cambitor : Bonus Amicus. (Constancius ; Emauricus ; Gilo phisicus ; Gilo ; Gilo pennellarius ; Girardus, faber ; Guibertus ; Guichardus ; *Hanriet* ; Lambertus *Bouchu* ;

Mercator; Petrus; Petrus Papelardus; Robertus; *Thiébaut;*
Vitalis medicus; Vuarninus). Cfr. Barrum super Albam.

Bar-sur-Seine, Aube, 24, 29, 30, 31, 70, 114, 116, 135, 155,
160, 161, 187, 274, 316, 346, 356, 362, 368, 391. — Comites
Milo I, Milo II. — Decani: Petrus, Viardus. — Parrochiatus,
70; Presbiteri: Hugo, Milo. — Vice decanus: Milo. — Capella
castri, 70. (Thebaudus, Droinctus *Pelerin*). Cfr. Barrum super
Secanam.

Barz (ecclesia S. Desiderii de), in episcopatu Bisuntino, 35, 51.
Vide: *Bard-les-Pesmes.*

Bassa, rivus, 324. Vide: *Barse (la).*

*Basse-Fontaine, Aube, a. Bar-sur-Aube, c. Brienne, com. Brienne-
la-Vieille,* vetus abbatia, 107, 120, 121, 156. — Abbates: P.,
Rainoldus. — Canonici: Guillelmus, Nocherus. Cfr. Bassifontis
(abbatia).

Bassi Fontis (abbatia), 107, 120, 121, 156. Vide: *Basse-Fontaine.*

Basson, Aube, a. Nogent-sur-Seine, c. et com. Marcilly-le-Hayer,
383. (Jacobus). Cfr. Baaconno (de).

Baudelonne (fluvius), 124. Vide: *Baudronne (la).*

Baudronne (la), rivulus affluens in Barsam, *Aube, a. Troyes,
c. Lusigny,* 124, 348. Cfr. Baudelonne, Bouderonne (fluvius).

Beate Marie ad Moniales Trecensis (abbatia), 202, 370. Vide:
Troyes.

Beaulieu, Aube, a. Bar-sur-Aube, c. Vendeuvre, com. Trannes,
vetus abbatia, 110, 219. — Abbas: Johannes. Cfr. Belli Loci
(abbatia).

Beaumont, Aube, a. Troyes, c. et com. Lusigny, 113, 289, 389.
Cfr. Bellomonte (de).

Beaune, Côte-d'Or, 72, 73, 175, 273, 339, 360. — Archidiaconus:
Theobaldus. — Decanus: Radulfus. — Abbatia Sancte Margarete, 339. (Jaquelinus). Cfr. Belna, Belnensis (decanatus).

Beauvais, Oise, 326. — Canonicus: Guido de *Pougy.* Cfr. Belvacensis (diœcesis).

Beligniaco (de), 316. Vide: *Bligny* (?).

Belli Loci (abbatia), 110, 219. Vide: *Beaulieu.*

Bellomonte (vince in), 360.

Bellomonte (de), 113, 289, 389. Vide: *Beaumont.*

Bello Visu, alias Pulchio Visu, (ecclesia vel capella Beate Marie
Magdalene de) apud Cappas, 92, 174, 231, 232, 233, 234.
Vide: *Belveoir et Chappes.*

Belnense (coram archidiacono) in epicopatu Eduensi, 175. Vide:
Beaune (?).

Belna 73, 273, 339; Belnensis (decanatus), 72, 360 Vide: *Beaune.*

Belpames (vignes en leu con dit) in finagio de *Montier-en-Ile,*
383.

Belvacensis (diœcesis), 327. Vide: *Beauvais.*

Belveoir (chemin de), juxta *Chappes.* Vide: *Chappes et* Bello
Visu (de).

Benevent, Italie, 36, 68.
Beneventi (datum), 36, 68. Vide : *Benevent.*
Ber (terra *au*), haud procul Vendopera, 253.
Bergoignuns (homines de), 338, 362. Vide : *Bourguignons.*
Berneriis (de), 26. Vide : *Bernières.*
Bernières, Aube, a., c. et com. Nogent-sur-Seine, 26. (Ansellus).
Bertelina (vinea in finagio de Barrevilla que vocatur), 120.
Besançon, Doubs, 31, 32, 51, 172. — Archiepiscopi : Guillelmus I, Terrycus. — Archidiaconus : Brocardus. — Sancti Stephani (capitulum) 32 ; Thesaurarius : Hugo. Cfr. Bisontii, Bisontinus (archiepisopatus), Sancta Crisopolitana (ecclesia).
Bessy, Aube, a. Arcis-sur-Aube, c. Méry-sur-Seine, 246, 269.
Besue (abbatia et decanatus), 78, 119, 172, 239, Vide : *Reze.*
Beurrey, Aube, a. Bar-sur-Seine, c. Essoyes, 41. (Bovo, Gualterius). Cfr. Burreio (de).
Bez (ecclesia S. Mauricii) in veteri diœcesi Eduensi [Ecclesia et prioratus Arremarensis].
Beze, Côte-d'Or, a. Dijon, c. Mirebeau-sur-Beze, 13, 78, 119, 172. — Decani : Brutinus, Guido, Haymo. — Abbatia, 78. — Abbas : Guido (Rainaldus). Cfr. Besue (abbatia et decanatus),
Biliniaco (Constantius de) in veteri diocesi Eduensi, 72.
Billefarre (terragium de), 149.
Bisontii (actum), 32 ; Bisontinus (archiepiscopatus), 32, 51, 172. Vide : *Besançon.*
Blaccio alias *Blaci* (Petrus de), 225, 322.
Bligny, Aube, a. Bar-sur-Aube, c. Vendeuvre, 316. Cfr. Beligniaco (de).
Boleges (de), 319 ; *Boloiges* (de), 321. Vide : *Boulages.*
Bonosacco (Robertus de), 112.
Bosentum (apud), 113. Vide : *Bouranton.*
Bouderonne (fluvius de), 348. Vide : *Baudronne.*
Boulages, Aube, a. Arcis-sur-Aube, c. Méry-sur-Seine, 319, 321. (Hugo ; Odo, miles). Cfr. *Boleges* (de), *Boloiges* (de).
Boulancourt, Haute-Marne, a. Wassy, c. Montier-en-Der, vetus abbatia, 185, 304. — Abbates : Bernardus, Thomas. Cfr. Bullencuria, *Burloncourt.*
Bouranton, Aube, a. Troyes, c. Lusigny, 113, 317. — Majorissa : Ermengardis (Aubrissus, Hugo *dou Ru*, Jacquinus Sultus, Odo Englicus, Simon *Punneis*). Cfr. Bosentum (apud), *Bousantum* (de).
Bourgogne (comté de), 393. — Comitissa : *Marguerite de France.*
Bourgogne (duché), 18, 19, 380. — Duces : Gilbertus, Manasses, Richardus, *Robers II.*
Bourgogne (le royaume), 9, 48.
Bourguignons, Aube, a. et c. Bar-sur-Seine, 338, 362. Cfr. *Bergoignuns.*
Bousantum (de), 317. Vide : *Bouranton.*
Bovaria (terra apud Burias que vocatur), 65.

Braio (de), 90, 94, 132. (Girardus, Milo).
Braisnes, Aisne, a. Soissons, 332. — Abbatia et prioratus Sancti Evodii, 332. Prioratus Sancti Remigii, 332. Cfr. Branna.
Branna (de), 332. Vide : *Braisnes*.
Brandiviler (ecclesia de) 146. Vide : *Brandonvillers*.
Brandonvillers, Marne, a. Vitry-le-François, c. Saint-Remy-en-Bouzemont, 50, 146, 342. Cfr. Brandiviler, Brandovillare.
Brandovillare (apud), 50, 342. Vide : *Brandonvillers*.
Brecis (de), 88, 248. Vide : *Broyes*.
Brena (de), 86, 106, 107, 186, 194, 350, 374 ; Brenensis (comitatus), 22, 45, 89, 270, 334, 355. Vide : *Brienne-le-Château*.
Brena Vetula, 194. Vide : *Brienne-la-Vieille*.
Bresiley, Haute-Saône, a. Gray, c. Pesmes, [Ecclesia Arremarensis], 51. Cfr. Brusilaco (ecclesia de).
Brevone (actum), 271. Vide : *Brevonnes*.
Brevonnes, Aube, a. Troyes, c. Piney, 271.
Briel, Aube, a. et c. Bar-sur-Seine, 40, 41, 44, 47, 59, 66, 67, 100, 123, 130, 150, 259, 275, 278, 279, 369. — Dominus : Pontius. — Domina : *Dameruns*. (Estoldus ; Gilo et homines ejus ; Guillelmus, miles ; Guillelmus, filius Estoudi ; Guillelmus, filius Pontii ; Guirricus, Herbertus ; Hugo, miles ; Hugo ; Milo ; Oudo ; Petrus. Cfr. Briello, Brierio, *Briers* (de).
Briello (grangia de), 369 ; Brierio (de), 40, 41, 44, 59, 66, 67, 100, 123, 130, 150, 259, 275, 278, 279 ; Briers (de), 259. Vide : *Briel*.
Brienna (de), 43. Vide : *Brienne-le-Château*.
Brienne-la-Vieille, Aube, a. Bar-sur-Aube, c. Brienne-le-Château, 194. Cfr. Brena Vetula.
Brienne-le-Château, Aube, a. Bar-sur-Aube, 22, 23, 43, 45, 86, 89, 106, 107, 186, 194, 270, 334, 350, 355, 386, 387. — Comites : Erardus I, Erardus II, Galterus II, Galterus III, *Gauthiers* V, Hugo, Ingelbertus, Johannes I. — Comitissa : Agnes. — Advocatus : Galterus, dominus de *Rimel*. — Mercatum, 194, 270. (Acardus ; Erardus, dominus de Rameruco ; Girardus, clericus ; Henricus, dominus de Venesiaco ; Renerus). Cfr. Brena, Brenensis (comitatus), Brienna, Brionense (castrum).
Brionense (castrum, 23. Vide : *Brienne-le-Château*.
Bioce (Druyes, sire de Chapes et de la), 393.
Broes (ecclesia de), 171. Vide : *Broyes-les-Pesmes*.
Broies (Ecclesia Sancti Petri de), in archiepiscopatu Bizuntino, 99. Vide : *Broyes-les-Pesmes*.
Broyes, Marne, a. Epernay, c. Sezanne, 88, 248. — Dominus : Hugo IV. (Clarembaudus). Cfr. Brecis (de).
Broyes-les-Pesmes, Haute-Saône, a. Gray, c., 99, 171, 239. [Ecclesia Arremarensis] curatus : Guillelmus. Cfr. *Broes, Broies*.
Brusiliaco (ecclesia S. Leodegarii de), in archiepiscopatu Bisuntino, 51. Vide : *Bresiley*.

Bucceio (de), 94. Vide : *Bucey-en-Othe.*
Bucey-en-Othe, Aube, a. Troyes, c. Estissac, 94. (**Manasses**). Cfr. Bucceio (de).
Bugnez (Gualterius de), 45.
Buires (villa de), 100, 335, 373. Vide : *Bures.*
Bullencurie (abbas), 304. Vide : *Boulancourt.*
Buris (ecclesia S. Michaelis de), 34, 50, 65, 165, 211, 234, 244, 245, 248, 249, 383. Vide : *Bures.*
Bures, Aube, a. Troyes, c. Lusigny, com. Montreuil, 34, 50, 65, 100, 165, 211, 234, 235, 236, 244, 245, 248, 249, 335, 373, 383. [Ecclesia Arremarensis]. (Aaliz, Petrus, Sezanna). Cfr. Buriœ, *Buires* (de), Buris (de).
Burgundiorum (regnum), 9, 48. Vide : *Bourgogne (le royaume).*
Burlancourt (abbatia de), 185. Vide : *Boulancourt.*
Burreio (de), 41. Vide : *Beurrey.*
Busseio (ecclesia de), 223, 342. Vide : *Bussy-aux-Bois.*
Busseio (de), 133. Vide : *Buxeuil.*
Bussières (la), Côte-d'Or, a. Beaune, c. Nuits, com. Gilly-les-Citeaux, vetus abbatia, 72. — Prior : Petrus. Cfr. Buxerie (abbatia).
Bussières (Petrus Chaliet de), 351.
Bussuis (de), 84 ; *Bussul*, 207 ; *Bussuil*, 193, 240. Vide : *Buxeuil.*
Bussy-aux-Bois, Marne, a. Vitry-le-François, c. Saint-Remy-en-Bouzemont, 223, 342. Cfr. Busseio (ecclesia de).
Buxei, Aube, a. Troyes, c. Lusigny, in hoc loco positum fuit monasterium de Arripatorio, 26.
Buxrie (abbatia), 72. Vide : *Bussière (la).*
Buxeuil, Aube, a. et c. Bar-sur-Seine, 84, 133, 134, 135, 195, 207, 240. (Audreas capellanus, Herbertus ; Johannes, miles ; Lora). Cfr. Busseio (de), Bussuis (de), *Bussul*, *Bussuil*, Buxolio (de).
Buxiaco (salvamentum de), 26. Vide : *Buxci* vel. *Larrivour (?).*
Buxolio (de), 133. Vide : *Buxeuil.*

Cabilioneuse (capitulum), 239. Vide : *Chalon-sur-Saône.*
Cacenaii (domina), 120, 121, 170 ; Cacennaio (de), 159 ; Caccenniaco (de), 26 ; Cacynniacho (de), 29. Vide : *Chassenay.*
Cadusia, 8, 18, 34, 37, 43, 51, 79, 80, 95, 96, 100, 373. Vide : *Chaource.*
Caldas d'Orrense, Espagne, vetus episcopatus, 2. — Episcopus : Joseph. Cfr. Auriensis (episcopus).
Calmis (ecclesia S. Marie de) in diocesi Bisuntino, 35, 51. Vide : *Sainte Marie-en-Chaux.*
Calvomonte (de), 367 Vide : *Chaumont.*
Campania (Hugo de), 130.
Campania, 78, 79, 80, 262, 392. Vide : *Champagne* et *Troyes.*
Campaniensis (O.), 179.

Campellis (ecclesia S. Marie de), in episcopatu Bisuntino, 35, 51 [vetus ecclesia Arremarensis]. Vide : *Champcy* (?).
Campo Sancti Martini (terra in) in finagio *de Lusigny*, 345.
Campum *a Laliborde* (usque ad), haud procul *Montiéramey*, 372.
Cantelou (de), 158. Vide : *Chanteloup*.
Campun Antermi, 124.
Cantumerula (de), 383. Vide : *Chantemerle*.
Caorsiam (apud), 222, 266, 270. Vide : *Chaource*.
Capella (de), 271. Vide : *Chapelle-Lasson*.
Capis (de). Vide : *Chappes*.
Carnotensis (diœcesis), 29, 38, 103. Vide : *Chartres*.
Carron (terra ou) haud procul *Montaulin*, 247.
Castel (*Nicolas Mor de*), 392.
Castellione (de), 24, 41. Vide : *Châtillon-sur-Seine*.
Castello Rainardi (Henricus de), 139.
Castro Thierrico (de), 373. Vide : *Château-Thierry*.
Castro Villani (de), 368. Vide : *Château-Villain*.
Cathalauneusis (diœcesis), 197. Vide : *Châlons-sur-Marne*.
Cavilonis (civitas), 19. Vide : *Chalon-sur-Saône*.
- *Ceffonds, Haute-Marne, a. Wassy, c. Montierender*, 34, 36, 51. Cfr. *Sumfuns*, Sephons (?).
Cellensis (abbatia), 92, 141, 166. Vide : *Montier-la-Celle*.
Cepeio (de), 367 ; *Cepoy* (de), 296, 336. Vide : *Spoy*.
Cereis (de), 176. Vide : *Cérès*.
Cérès, Aube, a. et c. Bar-sur-Seine, [vetus ecclesia sita haud procul *Bourguignons* versus *Bar-sur-Seine*, nunc diruta, 70, 176. (Beatrix). Cfr. Cereis (de), Ciresio (de).
Chabeleia (de), 70, 256. Vide : *Chablis*.
Chablis, Yonne, a. Auxerre, 70, 256. (Matheus, miles ; Petrus).
Chacegnai (de), 294 ; Chacenaii (dominus), 221, 236, 346, 351, 364, 351, 364, 368 ; Chacenarum (castellarium), 80. Vide : *Chassenay*.
Chacenay. Vide : *Chassenay*.
Chalmis (mansum in), 172. Vide : *Sainte-Marie-en-Chaux* (?).
Chalon-sur-Saône, Saône-et-Loire, 19, 239. — Episcopus : Robertus. — Capitulum : 239. Cfr. Cabilionense (capitulum), Cavilonis (civitas).
Châlons-sur-Marne, Marne, 197, 198. — Canonici : Guido, Hugo. — Abbatia Sancti Petri de Montibus, abbas : Willelmus. Cfr. Cathalaunensis diœcesis.
Chalvomasnilo (de), 225. Vide : *Chaumesnil*.
Champagne, France, 78, 79, 262, 373, 392, 393. Vide : *Troyes*.
Champalmain (locus dictus) in finagio de Vivariis, 300.
Champcy, Haute-Saône, a. Lure, c. Héricourt, 35, 51. Cfr. Campellis (?).
Champigni (apud), 147.
Champlitte, Haute-Saône, a. Gray, 337, 359, 367. — Dominus : Guillelmus II. Cfr. Chanlinto (de), Chanlita (de), *Chanlite* (de).

Champlost, Yonne, a. *Joigny*, c. *Brienon*, 120, 155. — Domina :
Margarita. Cfr. Chanlotis (de).
Chanlinto (de), 337 ; Chanlita (de), 359 ; *Chanlite* (de), 367.
Vide : *Champlitte*.
Chanlotis (domina), 120, 155. Vide : *Champlost*.
Chanteloup, Aube, a. *Troyes*, c. et com. *Lusigny*, 158. Cfr.
Cantelou (de).
Chantemerle, Marne, a. *Epernay*, c. *Esternay*, 383, (Droco).
Cfr. Cantumerula.
Chaorse, 270 ; Chaorsia, 270, 313, 315, 361, 373, 383, 388, 389.
Vide : *Chaource*.
Chaource, Aube, a. *Bar-sur-Seine*, 8, 18, 34, 37, 43, 51, 78, 79,
80, 95, 96, 100, 222, 266, 270, 313, 315, 361, 373, 383, 388,
389. — Ecclesia sancti Johannis : [Ecclesia Arremarensis] 34 ;
curati : Henricus, Johannes, Johannes, Stephanus Forget,
Thomas, Thomas de Villeyo ; — Castrum : 78, 222, 393 ; do-
minus : *Philippe de Bourgogne, comte de Nevers et de Rethel*.
— Prepositura, 95 ; — prepositi : Johannes de Crisco, Philip-
pus *Banceu* ; — custos sigilli : *Jehan le Prepointier* ; — tabel-
lio : *Perinos Thirel*. (Durannus ; Jehan Jossot, clericus ;
Stephanus, Teodericus). Cfr. Caduisa, Caorsiam (apud), *Chaorse*,
Chaorsia.
Chape (census de la), juxta *Montier-en-Isle*, 304.
Chapelaine, Marne, a. *Vitry-le-François*, c. *Sompuis*, 226, 227.
— Presbiter : Girardus. Cfr. Chapleniis (de).
Chapelle-Lasson, Marne, a. *Epernay*, c. *Anglure*, 271. (Heloiz).
Cfr. Capella (de).
Chapelle d'Ose, Aube, a. *Bar-sur-Seine*, c. *Chaource*, com. *Lan-*
tages, 241. Cfr. Moniales de Osa (?).
Chapis (de), 109. Vide : *Chappes*.
Chapleniis (capella de), 226, 227. Vide : *Chapelaine*.
Chappes, Aube, a. et c. *Bar-sur-Seine*, 22, 29, 33, 46, 47, 49,
50, 56, 65, 80, 96, 99, 101, 109, 114, 127, 146, 147, 158, 162,
173, 174, 182, 183, 189, 207, 211, 228, 231, 232, 233, 234,
245, 253, 254, 260, 267, 273, 276, 285, 290, 301, 324, 325,
326, 327, 328, 331, 338, 340, 341, 342, 356, 362, 363, 364,
381, 382, 393. — Oppidum : 33, 49. — Castrum : 46, 80, 267,
382, 393. — Domini : Clarembaudus I, Clarembaudus II, Clarembandus III. *Druyes*, Johannes (alias) *Jehans*. — Dominœ :
Elisabet, Ermengardis, Helisendis. — Prioratus [Arremarensis]
Beate Marie de Capis : 231, 254, 338, 340, 341, 356, 362, 393.
— Prior : Ascelinus. — Ecclesia [prioratus] Beate Marie de
Capis : 233, 234, 254, 340, 341. — Ecclesia, vel Capella,
Sancte Marie de Bello Visu (alias) de Pulcro Visu, (alias) dicta
est : Ecclesia Beate Marie Magdalene apud Bellum visum : 99,
174, 231, 232, 233, 234. — Ecclesia Sancti Lupi, 33, 49, 109,
114, 273, 324. — Ecclesia Sancti Johannis Baptiste : 33, 49,
324. — Capella Sancte Marie apud Cappas : 33, 49. — Presbi-

teri : Guido, Guillelmus, Hugo, Nicolaus. — Vice Comitatus :
229. — Prepositus : Hugo Niger. — Burgus Sancti Lupi : 46.
— *Belveoir* (*le chemin de*) : 393. — Cimetierum de Capis in
Bello Visu : 50, 174. — Molendina : 382. *Foluns*, 114, 232,
233, 382. — (Ansculfus, miles; Boso, paganus ; Garnerius ;
Gualterius ; Guido, Herbertus ; Hugo ; Pontius ; Rainaldus.
Cfr. Capis (de), Chapis (de), Bello Visu (de), Pulcro Visu (de).

Chargé (de), 337. — Vide : *Chargey-les-Gray*.

Chargey-les-Gray, *Haute-Saône*, c. *Autrey*, 337. (Stephanus Leschaudé).

Charma Robelini (vinea in), juxta Barrum super Albam, 310.

Charmas Beate Marie ad Moniales Trecenses (usque ad), prope monasterium Arremarense, 373.

Charme (le), *Aube*, a. *Bar-sur-Seine*, c. *Chaource*, com. *Balnot-la-Grange*, 205. Cfr. Chelma (grangia de).

Charmont, Aube, a. et c. *Arcis-sur-Aube*, 87 (?), 183, 324, 325.
— Dominus: Milo. (Joannes, miles; Petrus Bristaudus de foro (?).
Cfr. Colaverdeio (de), *Colaverdey*, Colaverzeio (de), *Corlavere* (?).

Charneio (de), 332. Vide : *Charny-le-Bachot*.

Charny-le-Bachot, *Aube*, a. *Arcis-sur-Aube*, c. *Méry-sur-Seine*, 298, 332.

Charpaut (terra in campo) in finagio de *Lusigny*, 345.

Chartres, Eure-et-Loir, 29, 38, 103. — Episcopi : Guillelmus, Petrus. (Harduinus, Vitricus). Cfr. Carnotensis (diœcesis)

Charuel (Johannes de), 287.

Chaserc, 47. Vide : *Chaserey*.

Chaserey, Aube, a. *Bar-sur-Seine*, c. *Chaource*, 47. (Gualterus).

Chasneio (nemus de), haud procul Villa Media, 165 ; Chasneto finagium de), 230 ; *Chasnoi*, 161, 241. (Iterius, miles ; Stephanus).

Chassenay, Aube, a. *Bar-sur-Seine*, c. *Essoyes*, 26. 29, 80, 120, 121, 159, 170, 221, 234, 236, 237, 294, 345, 346, 351, 357, 364, 368. — Domini : Erardus, Erardus, 236, 368.—Dominœ : Agnes, Emelina. (Jacobus, alias de *Durnay*, Milo, Stephanus). Cfr. Cacenaii (domina), Cacennaio (de) Caceynniacho (de) *Chacegnai*, Chacenaii (dominus), Chacenarnm (castellarium).

Chasteillon (de), 386. Vide : *Châtillon-sur-Marne*.

Château-Porcien, Ardennes, a. *Rethel*, 386. — Comes : *Gaucher de Chasteillon*. Cfr. *Porcien*.

Château-Salins, (Moselle), 393. — Domina : *Marguerite de France*. Cfr. *Salins*.

Château-Thierry, Aisne, 373. (Odo). Cfr. Castro Thierrico (de).

Chateauvillain, Haute-Marne, a. *Chaumont*, 368. — Dominus : Johannes. Cfr. Castro Villani (de).

Chatillon-sur-Marne, Marne, a. *Reims*, 386. (*Gaucher*). Cfr. *Chasteillon*.

Chatillon-sur-Seine, Côte-d'Or, 24, 41. (Gosbertus, dapifer). Cfr. Castellione (de).
Chavan (vinea in), 112.
Chauffour-les-Bailly, Aube, a, et c. Bar-sur-Seine, 235, 236, 345. Cfr *Chaufor*.
Chaufor (de), 235, 236, 345. Vide : *Chauffour-les-Bailly*.
Chaumesnil, Aube, a. Bar-sur-Aube, c. Soulaines, 225. (Theobaldus). Cfr. Chalvomasnilo de).
Chaumont, Haute-Marne, 367, 385. — Ballivi : 390, — Baillivus : Guyars de la Porte. (Stephanus). Cfr. Calvomonte (de).
Chavanges, Aube, a. Arcis-sur-Aube, 382. Jaquetus).
Chavangiis (de), 382. Vide : *Chavanges*.
Chelma (grangia de), 205. Vide : *Charme* (le).
Chemin, Aube, a. et c. Bar-sur-Seine, com. Vaudes, 340.
Cheminum (apud) juxta Voonon, 98, 314, 315. Vide : *Villeneuve-au-Chemin*.
Cherreveio (de) 364 ; *Cherrevei*, 221. Vide : *Chervey*.
Chervey, Aube, a. Bar-sur-Seine, c. Essoyes, 34, 37, 51, 221, 290, 299, 300, 364, 388. (Michael, Milo). Cfr. Cherreveio (de), *Cherrevei, Chierreve, Chierrevei,* Chierriveyo (de), **Chirriviaco** (de).
Cheuges, Côte-d'Or, a. Dijon, c. Mirebeau-sur-Beze, 78, 99, 358. — Curatrus : Petrus. Cfr. Cheugis (de), *Chuges*, Chugiis (de).
Cheugis (ecclesia de), 99. Vide : *Cheuges*.
Chierreve (de), 290, 299 ; *Chierrevei* (apud), 221 ; Chierriveyo (de), 388. Vide : *Chervey*.
Chiminum (apud), 314, 315. Vide : *Villeneuve-au-Chemin*.
Chirriviaco (Ecclesia S. Victoris de), 34, 37, 51. Vide : *Chervey*.
Chuges, 358 ; Chugiis (ecclesia de), 78. Vide : *Cheuges*.
Cicilie (rex), 370. Vide : *Sicile*.
Ciresio (ecclesia de), 70. Vide : *Cérès*.
Cistercii (abbatia), 73. Vide : *Citeaux*.
Citeaux, Côte-d'Or, a. Beaune, c. Nuits, com. Saint-Nicolas-lès-Citeaux. Vetus abbatia, 73. — Cellerarius : Aldo.
Clairvaux, Aube, a. et c. Bar-sur-Aube, com. Ville-sous-Laferté, vetus abbatia, 59, 66, 71, 118, 276, 277, 364. — Abbates : Bernardus (sanctus), Conradus, Garnerius. — Prior : Philippus. — Cellerarii : Guillelmus, Robertus. — Monachi : Fromundus, Gaufridus. Gilebertus. Cfr. Claravallensis (abbatia).
Clarascense (a sylva) [in comitatu Tricassinensi haud procul monasterio arremarensi]. Vide : *Clerey* (?).
Claravallensis (abbatia), 59, 66, 71, 118, 276, 277, 364. Vide : *Clairvaux*.
Clareio (de) ; *Clarei* (de), 346 ; Claretho (de), 281 ; Clariaco (de), 133, 155. Vide : *Clerey*.
Clerey, Aube, a. Troyes, c. Lusigny, 6, 47, 59-65, 99, 100, 133, 135, 142, 144, 154, 161-166, 169, 196, 204, 210, 237,

243, 244, 281, 283, 287, 293, 307, 313, 333, 342, 344, 353, 366. — Vetus atrium et capella, 59, 65. — Presbiteri : Gilo, Henricus, Hungerius, Iterius, Obertus, Wingerus. — Domini, 164, 166 : Guiardus *Jarruns*, Guido *Jarrons*, Guillelmus *Jarrons*, Hugo *Joslains*, Odo *Joslains*, miles, (Andreas; Drogo; Emelina ; Giiebertus, miles : Guiardus ; Herbertus Crassus ; Hugo ; Johannes ; Milo, miles ; Odo *Malapert* ; Robertus). Cfr. Clarascense (?), Clareio (de), *Clarei* (de), *Clareio* (de), Claretho (de), Clarinco (de).

Cluniacensis (abbatia), 246, 268, 269. Vide : *Cluny*.

Cluny, Saône-et-Loire, a. *Macon*, vetus abbatia, 246, 268, 269. — Abbates, Guillelmus, Hugo.

Cochet (nemus de), in finagio de *Chervey*.

Cocleya (de), 214. Vide : *Coclois*.

Coclois, Aube, a. *Arcis-sur-Aube*, c. *Ramerupt*, 214.

Coercio (Renaudus de), 280.

Coherart (Oda de), 332.

Coigveium, 121. Vide : *Couvignon*.

Colaverdeio (de), 183 ; *Colaverdey*, 325 ; Colaverzeio (de), 324. Vide : *Charmont*.

Colle (Ugo de), 57.

Communie (terra) que dicitur Sancti Johannis [de Castello]. 90, 97, 180. Vide : *Troyes*.

Communie (terra vel de exartis), que est inter Villiacum et Vendoperam, 117, 128, 129, 130, 163, 177, 201, 225, 240, 260, 273.

Compendio, palatio [regis Karoli Calvi] (actum) 7, 15. Vide : *Compiègne*.

Compiègne, Oise, 7, 15. Cfr. *Compendium*.

Coneda (actum apud villa), 17. Vide : *Cosne*.

Confin (apud), 100 : Confino (de), 116. Vide : *Cunfin*.

Convinio (terras de), 338. Vide : *Couvignon*.

Cooperta Fontana alias Funtana (ecclesia S. Marie de) juxta *Fayl-Billot*, 34, 37, 51, 178. Vide : *Fayl-Billot*.

Corbetun, 67, 113, 158, 167, 230, 241, 242, 245. Vide : *Courbeton*.

Corroy (Guillelmus de), 261.

Corsanz (presbiter de), 126. Vide : *Coursan*.

Cortiebout (apud), haud procul *Angluzelles et Courcelles*, 143.

Corveiis ultra Secanam (terra de), haud procul *Clerey*, 204.

Courbeton, Aube, a. et c. *Bar-sur-Seine*, com. *Villemoyenne*, 67, 113, 158, 167, 230, 241, 242, 245. (Albricus, Aubericus, alias, Aubertus). Cfr. *Corbetun*.

Coursan, Aube, a. *Troyes*, c. *Ervy*, 126. Cfr. *Corsanz*.

Courtavent, Aube, a. *Nogent-sur-Seine*, c. *Villenauxe*, com. *Barbuise*, 318. Cfr. Curia de *Avanz* (?).

Corcelle les Clarey, 384. Vide : *Courcelles*.

Corceles (decima de), 128, 145. Vide : *Courcelles, Angluzelles et Courcelles*.
Corcollis (Guiterus miles de), 112.
Corcemain (apud), 319, 330. Vide : *Courcemain*.
Corjesenes (de), 110, 169 ; Corgeseniis (de), 132 ; *Corjusaines*, 328. Vide : *Courgerennes*.
Corlavere (Petrus Bristaudus de foro de), 87. Vide : *Charmont* (?).
Cortenou (de), 335, 362. Vide : *Courtenot*.
Corte Onulfi (actum), 18. Vide : *Courtenot*.
Corterangiis (de), 100. Vide : *Courteranges*.
Cosne, Nièvre. Cfr. Coneda.
Courcelles, Aube, a. Troyes, c. Lusigny, com. Clerey, 384. (*Jehans* miles ; *Jehans*, armiger. Cfr. *Corcelle lez Clarey*.
Courcelles, Marne, a. Epernay, c. Fère-Champenoise, com. Angluzelles-Courcelles, 128, 145.
Courcemain, Marne, a. Epernay, c. Fère-Champenoise, 319, 330. Cfr. *Corcemain*.
Courgerennes, Aube, a. Troyes, c. Bouilly, com. Buchères, 110, 132, 169, 328. (Hugo, Salo). Cfr. *Corjesennes,* Corgeseniis (de), *Corjusaines*.
Courtenot, Aube, a. et c. Bar-sur-Seine, 18, 335, 362. (Ysardus). Cfr. *Cortenou,* Corte Onulfi (de).
Courteranges, Aube, a. Troyes, c. Lusigny, 26, 33, 49, 56, 100, 144, 188, 251, 287, 288, 301, 389. — Presbiteri : Gaucherius, Petrus. (Ansericus, Garnorius, Martinus, Sevinus). Cfr. Corterangiis (de), Culterengia, Curtem Argenteam (apud), Curterangia Curterengia.
Gouvignon, Aube, a. et c. Bar-sur-Aube, 121, 338. Cfr. Coigveium, Couvinio (de).
Creaudon, (Robertus (de), 330.
Creney, Aube, a. et c. Troyes, 112.
Creni (apud), 112. Vide : *Creney*.
Crespy, Aube, a. Bar-sur-Aube, c. Soulaines, 107. Cfr. Crispeium.
Crete (la), *Haute-Marne, a. Chaumont, c. Andelot,* 230 (?). (Johannes). Cfr. Crista (?).
Crisco (Johannes de), 80.
Crisopolitana ecclesia, 31. Vide : *Besançon*.
Crispeium (apud), 107. Vide : *Crespy*.
Crista (Johannes de), 230. Vide : *Crete* (la) (?).
Crole (nos de), prope monasterium Arremarense, 372.
Crucem Ville Medie (apud), 241. Vide : *Villemoyenne*.
Cuchet (terra et nemus in loco qui dicitur li) juxta nemus quod dicitur de *Pont-Barse,* 370.
Culterengia (de), 251, 287, 288, 301. Vide : *Courteranges*.
Cuminet (pratum), juxta *Montaulin,* 247.
Cumunellis (terra de), 223.
Cunfin, Aube, a. Bar-sur-Seine, c. Essoyes, 100, 116, 117. (Petrus). Cfr. *Confin,* Confino (de).

Curbevia (vallis de), 225.
Curia (Girbertus de), 46.
Curia de *Avanz* (Petrus de), 318. Vide : *Courtavent* (?).
Curtem Argenteam (apud), 25, 33, 49, 56 ; Curterangia (de), 158, 389 ; Curterengia (de), 144. Vide : *Courteranges*.
Cussangeyo (de), 378. Vide : *Cussangy*.
Cussangy, *Aube*, *a. Bar-sur-Seine*, *c. Chaource*, 378. (Regnaudus, Robertus).
Cyresio (Pontius de), 371.

Dammart (*Henris de*), 392.
Dampierre de l'Aube, *Aube*, *a. Arcis*, *c. Ramerupt*, 86. (Guillelmus). Cfr. Domnipetro (de).
Dampierre-sur-Salon, *Haute-Saône*, *a. Gray*, 337. Dominus : Richardus. Cfr. Dogne petre, alias Domine petre (dominus).
Dasda, 169 ; Dauda, 133, 287. Vide : *Daudes*.
Daudes, *Aube*, *a. Troyes*, *c. Lusigny*, *com. Montaulin*, 30, 31, 57, 100, 133, 135, 141, 153, 169, 183, 251, 261, 283, 287, 328, 373. (Emauricius ; Goubaudus ; Guiardus ; Mauricius, sacerdos). Cfr. Dasda, Dauda, Dedci (villa), Desdam (circa), *Desdes* (de).
Daulli (Gaufridus de), 281.
Dedei (villa), 100. Vide : *Daudes*.
Defois (nemus quod dicitur : *le*) in nemoribus de Vendopera, 379.
Deloncurte (de), 110. Vide : *Dolancourt*,
Derbusel (pratum), haud procul *Montaulin*, 247.
Dervet, (boscum qui dicitur), haud procul *de Montreuil et Bures*, 235.
Dervo (villa de), 186. Vide : *Montier-en-Der*.
Dervus (silva que dicitur), 1, 3, 6. Vide : *Montiéramey*.
Desdam (circa), 30, 31, 57, 135, 141, 153, 183, 251, 261, 328 ; *Desdes* (de), 373. Vide : *Daudes*.
Digun, 367. Vide : *Dijon*.
Dijon, *Côte-d'Or*, 37, 38, 172, 173, 359, 367. — Comites : Gislebertus, Manasses. — Vice comes : Guillelmus de Chanlinto.— Abbas Divionensis : Heinricus. — Abbatia Sancti Stephani, 172, 173, Abbas : Milo ; Canonicus, Humbertus. Cfr. *Digun*, Divionensis (vice canitatus) Divioni (datum).
Dilon (Gilo de), 238.
Divioni (datum), 37, 38, 172 ; Divionensis (vice comitatus), 359. Vide : *Dijon*.
Doches, *Aube*, *a. Troyes*, *c. Piney*, 114, 127, 276, 289. Cfr. *Dosche*, Doschia (de).
Dognepetre super *Salon* (dominus), alias Domine petre (dominus), 337. Vide : *Dampierre-sur-Salon*.
Dolancourt, *Aube*, *a. Bar-sur-Aube*, *c. Vendeuvre*, 110, 384. (Odo). Cfr. Deloncurte (de), *Doulancourt*.

Dommartin-le-Coq, Aube, a, Arcis-sur-Aube, c. Ramerupt, 26, 34, 50. — Comes : Petrus. Cfr. Domni Martini (comitatus).
Domoys (Gerardus de), 388.
Donni Martini (comitatus), 26, 34, 50. Vide : *Dommartin-le-Coq*.
Dosche (nemus de), 114 ; Doschia (nemus de), 227, 276, 289.
Vide : *Doches*.
Drabun (de), 358. Vide : *Drambon*.
Drambon, *Côte-d'Or*, a. Dijon, c. Pontaillier-sur-Saône, 358.—
Curatus : A. Cfr. *Drabun* (de).
Duesme, *Côte-d'Or*, a. Châtillon-sur-Seine, c. Aignay-le-Duc, 64 (?), 113 (?). Cfr. *Duime*, *Duisma* (de) (?).
Duime, (Guillelmus de), 113. Vide : *Duesme* (?).
Duisma (Ebrardus de), 64. Vide : *Duesme* (?).
Doulancourt, 384, Vide : *Dolancourt*.
Dunelmensis (archidiaconatus), 88. Vide : *Durham* (?).
Durham, *Angleterre*, 88 (?). — Archidiaconus : Bocardus.
Durnai, 120 : Durnayo (de), 372, 379 ; Durniaco (de), 159, 240.
Vide : *Durnay*.
Durnay, *ancien fief*, Aube, a. Bar-sur-Aube, c. et com. de Vendeuvre. — Dominæ : Guillelma, H. (Jacobus ; Johannes, canonicus ; Johannes, miles). Cfr. *Durnai*, Durnayo (de), Durniaco (de).
Domnipetro (de), 86. Vide : *Dampierre de l'Aube*.

Ebronensis (diœcesis), 105. Vide : *Evreux*.
Echange (bois de l'), Aube, a. Troyes, c. Lusigny, com. Montiéramey, juxta *le Thielou*, et contignum nemoribus de Vendopera, 87, 173, 225, 260, 273, 275, 278, 279. Cfr. Escambium, *Escange*, Scambium.
Echos (Richardus sacerdos de), 172. Vide : *Ecot*.
Ecot, *Haute-Marne*, a. Chaumont, c. Andelot, 172 (?) (Richardus sacerdos). Cfr. *Echos* (?).
Eduam (apud civitatem), 42 ; Eduensis (diœcesis), 34, 51, 72, 175, 273, 303, 316, 393. Vide : *Autun*.
Eguilly, Aube, a. Bar-sur-Seine, c. Essoyes, 41, 170, 221, 248, 272, 291, 316, 336. — Major : Martinus. (Hilduinus, Johannes, Michael, Ogerus, Tegrimus). Cfr. *Aguilli* (de), Aguleio (de), Anguleio (de).
Egun (pratum), haud procul *Montaulin*, 247.
Elemosina (grangia de), haud procul *Chaource* (?), 100.
Elesmundo (de), 45. Vide : *Lesmont*.
Encra, alias Anchora, (Symon de), 88, 91.
Engente, Aube, a. et c. Bar-sur-Aube, 383. (Bartrominus, Guillermus). Cfr. Ingentis (de).
Epernay, *Marne*, 26, (Odardus), Cfr. Sparnaco (de).
Epineuil, *Yonne*, a. et c. Tonnerre, 378, 383. Cfr. Espiniolium (apud).
Erviaci, (homines), 96, 267, 346. Vide : *Ervy*.

Ervy, Aube, a. Troyes, 80, 96, 267, 346. (Johannes). Cfr. Erviaci (homines), Herviaci (castellarium).
Es Arpans (prata sita in praeria de *Boloiges* in loco qui dicitur), 321.
Escambium (nemus Sancti Petri quod vocatur), 225, 260, 273, 275, 278, 279 ; *Escange* (boscum de l'), 173. Vide : *Echange (le bois de l').*
Eschylo (Hugo decanus de), 38.
Espiniolium (vinee apud), 378, 383. Vide : *Epineuil.*
Essarteines (de), 361. Vide : *Essertenne.*
Essartis Furnerariorum (in), in finagio de Clareio, 287.
Essertenne, Haute-Saône, a. Gray, c. Autrey, 119, 180, 361. (Hugo, Paganus, Renaudus, Valo). Cfr. Asarthenis (de), Assartenis (de), *Essarteines* (de).
Essoyam (apud), 160, 161, 252. Vide : *Essoyes.*
Essoyes, Aube, a. Bar-sur-Seine, 160, 161, 252. (Albericus, miles ; Hugo, miles).
Estaus (Petrus de), 185.
Estorvi (de), 333. Vide : *Etourvy.*
Estrichi (Viardus de), 110.
Etourvy, Aube, a. Bar-sur-Seine, c. Chaource, 333. (Buro).
Evreux, Eure, 105. — Canonicus : Petrus. Cfr. Ebronensis (diœcesis).

Fagetum (juxta), 178, 336. Vide : *Fayl-Billot.*
Fagos (apud), 362. Vide : *Foolz.*
Fagos (inter), 319. Vide : *Faux-Fresnay.*
Fardel (vinee juxta), in finagio de *Fravaux,* 339.
Faucogney, Haute-Saône, a. Lure, 337. — Dominus : Haymo.
Faucoigne (de), 337. Vide : *Faucogney.*
Faux-Fresnay, Marne, a. Epernay, c. Fère-Champenoise, 61, 62, 64, 99, 307, 314, 319. — Presbiteri : Hugo, Petrus de Remis, Radulfus, Richardus. Cfr. Fagos (inter), Follis (ecclesia de).
Faverné (de), 180. Vide : *Faverney.*
Faverney, Haute-Saône, a. Vesoul, c. Amance, 180. (Guido).
Fayl-Billot, Haute-Marne, a. Langres, 178, 336, 369. — [Prioratus Arremarensis Sancte Marie alias Ecclesia Sancte Marie de Cooperta Futana], 34, 37, 51, 178, 369 ; Priores : Alardus, Gautiers. — Presbiter : Hugo. — Prepositus : Guido. Cfr. Fagetum (juxta).
Fera (David de), 271.
Ferrerio (molindinum quod dicitur Ernaudi de), 140.
Ferrici (vallis), 253.
Ferté-sur-Aube (la), Haute-Marne, a. Chaumont, c. Châteauvillain, 41. (Laudricus). Cfr. Firmitate super Albam (de).
Fertez (Walcherius de castro quod dicitur), 26.
Festro (grangia de), haud procul *Mesnil-Saint-Père,* 322.

Fimiis (de), 98. Vide : *Fismes.*
Firmitate super Albam (de), 41. Vide : *La Ferté-sur-Aube.*
Fismes, Marne, a. *Reims,* 87, 98. (Theobaldus). Cfr. Fimiis (de), Fismis (de).
Fismis (de), 87. Vide : *Fismes.*
Flandres, France, 393. — *Comtesse : Marguerite de France.*
Florneium (villa que dicitur), 191, 192. Vide : *Flornoy.*
Flornoy, Haute-Marne, a. et c. *Wassy,* 191, 192.
Follis (aqua de), 338, 356. Vide : *Foolz.*
Follis (ecclesia de), 61, 62, 64, 99, 307, 314. Vide : *Faux-Fresnay.*
Fontaine, Aube, a et c. *Bar-sur-Aube,* 185. Cfr. *Fontenoys* (in valle).
Fontaine, Haute-Fontaine, vel *Basse-Fontaine, Aube,* a. *Troyes,* c. et com. *Lusigny,* 287, 288. (Effredus, Guido, Secrius, Terricus). Cfr. Fontanis (de).
Fontanis (de), 287, 288. Vide : *Fontaine.*
Fontem Sancti Hylarii (molindinum juxta), prope *Thieffrain,* 329.
Fonteneto (abbatia de), 229. — Abbas : Bernardus.
Fontenoys (in valle), 185. Vide : *Fontaine.*
Fontetis (de), 170, 338. Vide : *Fontette.*
Fontette, Aube, a. *Bar-sur-Seine,* c. *Essoyes,* 170, 338. (Hugo, Petrus).
Fontisvene (dominus), 178. Vide : *Fouvent.*
Foolz, Aube, a. et c. *Bar-sur-Seine,* com. *Bourguignons,* 338, 356, 362. Cfr. Fagos (apud), Follis (de).
Foresta (nemus inter Desdam et Clariacum, quod dicitur), 133, 135, 142, 153, 165, 190, 331.
Forestieres (terra des), haud procul Clerey, 204.
Forgeval (vinee in), in finagio de *Fravaux,* 330.
Fossetam de Spineto (pratum ad), juxta *Ramerupt,* 292.
Fossis (Adam de), 75.
Fouchères, Aube, a. et c. *Bar-sur-Seine,* 40, 47, 124, 147, 168. (Bartholomeus ; Bartholomeus, miles ; Hugo, Petrus). Cfr. Fulcheriis (de).
Fouschardi Maisnilio (de), 163. Vide : *Magny-Fouchard.*
Fouvanz (de), 369. Vide : *Fouvent-le-Haut.*
Fouvent-le-Haut, Haute-Saône, a. *Gray,* c. *Champlitte,* 178, 369.
— Dominus : Girardus. — Domina : Clemance. Cfr. Fontisvenne (dominus), *Fouvanz.*
Fragninis (villa de), 100 ; *Fraisnignes,* 335. Vide : *Fralignes.*
Fraineio (de), 221 ; Fraineto (de), 281. Vide : *Fresnoy.*
Frailerine (apud), haud procul *Chappes* vel *Jully-sur-Sarce,* 274.
Fralignes, Aube, a. et c. *Bar-sur-Seine,* 100, 296, 335. — Capellanus : Johannes (Doctus). Cfr. Fragninis (de), *Fraisnignes,* Frayninis (de).
France. — Reges : Karlomannus, Karolus II, Karolus III, Karolus IV, Lotharius, Ludovicus II, Ludovicus III, Ludovicus IV, Ludovicus VI, Ludovicus VII, Ludovicus X, Odo, Philippus I,

Philippus II, Robertus. — *Conestable : Gaucher de Chasteillon.*
— Notarii : Askericus, Throannus.
Frangenoil (locus dictus) in finagio de Vivariis, 300.
Frasnei (de), 67, 99 ; Frasneio (de), 244, 245, 338 ; *Frasnines*, 67 ; Frasnoi, 114, 168. Vide : *Fresnoy.*
Frasneio (terragium de), 254, 255, 314. Vide : *Fresnay.*
Fraval (de), 316. Vide : *Fravaux.*
Fravaux, Aube, a. Bar-sur-Aube, c. Vendeuvre, 28, 34, 37, 51, 90, 100, 108, 158, 185, 284, 296, 297, 299, 302, 316, 339, 387. Presbiteri : Jacobus, Lambertus, — Major : Martinus (Girbertus, Martinus, Nicholaus, Vaslinus). Cfr. *Fraval*, Fredevalle (de), Fredivalle (de), Frigidavalle (de), *Froisvax*.
Frayninis (de), 296. Vide : *Fralignes.*
Fredevalle (capella S. Laurentii de), 28, 34, 37, 51, 90, 108, 158, 185, 384 ; Fredivalle (de), 100, 296, 297. Vide : *Fravaux.*
Fresnay, Marne, a. Épernay, c. Fère-Champenoise, com. *Faux-Fresnay*, 354, 255, 314. Cfr. Fresneio (de).
Fresnoy, Aube, a. Troyes, c. Lusigny, 67, 99, 100, 110, 114, 162, 221, 244, 245, 281, 338. (Ewerardus, Galterius, Hugo, Tibaudus). Cfr. Fraineio (de), Fraineto (de), *Frasnei*, Frasneio (de), *Frasnines, Frasnoi.*
Fresneio (grangia de), 100, 110, 159, 162. Vide : *Fresnoy.*
Fridevalle (de), 299, 302 ; Frigidavalle (de), 339 ; *Froisvax*, 387. Vide : *Fravaux.*
Frisons (villa quæ dicitur), postea nuncupata *La Gravière* in territorio Cappæ (?), 254.
Fulchar Mesnil, 129, 130. Vide : *Magny-Fouchard.*
Fulcheriis (de), 40, 47, 124, 147, 168. Vide : *Fouchères.*

Gaie (prioratus), 246 ; Gaya (de), 268, 269, 271. Vide : *Gaye.*
Galluart alias *Valluart* (Ecclesia Sancte Marie de), in episcopatu Lingonensi. [Vetus ecclesia Arremarensis], 34, 37, 51.
Garanna (forestella que vocatur), prope *Pargues,* 265.
Gaye, Marne, a. Épernay, c. Sezanne, vetus prioratus, 246, 268, 269, 271. — Priores : Johannes, Nicolaus. Cfr. Gaie (prioratus), Gaya (de).
Gerosdot, Aube, a. Troyes, c. Piney, 203, 289. Cfr. *Aillefou.*
Gieium (apud), 234, 335. Vide : *Gyé-sur-Seine.*
Gigneium (apud), 50, 223, 342, 388. Vide : *Gigny-aux-Bois.*
Gigny-aux-Bois, Marne, a. Vitry-le-François, c. Saint-Remy-en-Bouzemont, 50, 223, 342, 388. — Altare Sancte Marie, 50. — Presbiteri : Gerardus, Odo.
Granchia (Radulfus de), 345.
Granchiis (de), 136 ; Grangiis (de), 145. Vide : *Granges-sur-Aube.*
Grandi Bellomonte (terra in finagio de), in quæ finagio est campus de *La Loye*, haud procul *Montiéramey et Larrivour*, 389.
Grandiprati (comitatus), 354. Vide : *Grandpré.*
Grandpré, Ardennes, a. Vouziers, 354. — Comes : Henricus VI.

Granges-sur-Aube, Marne, a. Epernay, c. Anglure, 136, 145. (Hugo). Cfr. Granchiis (de), Grangiis (de).
Grangia (Jacobus de), 321.
Gray, Haute-Saône, 171. Decannus: Guido.
Grigneio (Renaudus de), 304.
Gyé-sur-Seine, Aube, a. Bar-sur-Seine, c. Mussy-sur-Seine, 234, 335. (H.). Cfr. Gieium (apud).

Hancourt, Marne, a. Vitry-le-François, c. Saint-Remy-en-Bouzemont, com. Margerie-Hancourt, 50, 226, 227, — Altare Sancti Xpistofori, 50. — Presbiter: Girardus. Cfr. Hauncurtem (apud).
Harpini (in pratis), haud procul Montiéramey, 372.
Haugo (mercatores de), 77.
Hauncurtem (apud), 50, 226, 227. Vide: *Hancourt*.
Hasta de *Chiereval* (terra apud *Bosantum* que vocatur), 317.
Haste Sancti Petri (prata subtus Poleniacum que vocantur), 326.
Hedignh (mercatores de), 77.
Henfredi (capella Sancte Marie de exarto), 34, 50. Vide: *Saint-Victor*.
Herviaci (castellarium), 80. Vide: *Ervy*.
Hesmencia (de), 340. Vide: *Amance*.
Horto (Petrus de), 67.

Ingentis (de), 383. Vide: *Engente*.
Insula *Bullaim* super Bassam juxta *Courterenges* (patrum situm in), 324.
Insulam (apud), in pago Barrensi super Albam, 34, 37, 50, 101, 107, 108, 188, 284, 293, 304, 337, 347, 348, 356, 377. Vide: *Montier-en-l'Ile*.
Insulis (de), 22, 24, 31, 58, 80, 88, 96, 142, 267, 287, 342, 373. Vide: *Isle-Aumont*.
Isabelen (terra juxta viam), haud procul *Clérey*, 204.
Isle-Aumont, Aube, a, Troyes, c. Bouilly, 22, 24, 31, 58, 80, 88, 96, 142, 267, 287, 342, 373, 384. — Castrum, 287. — Major: Jacobus *Rucevele* (Durannus, Engermerus, Jeubertus *li bufetiers*, Johannes, Josbertus). Cfr. Insulis (de), *Ylles*.

Janicuria (de), 284. Vide: *Jaucourt*.
Jaucourt, Aube, a. et c. Bar-sur-Aube, 188, 284, 384.—Domini: Perrinet, Petrus.
Jerusalem, Palestine, (Croisades), 30, 42, 114, 118, 169, 209, 230, 290, 291.
Jeugny, Aube, a. Troyes, c. Bouilly, 28. (Warnerus). Cfr. Juniaco (de).
Joges (Henricus de), 172.
Joigny, Yonne, 24, 139, 199.—Comes: Rainaudus. (Gaucherus) Cfr. Joviniaco (de), Juviniaco (de).

Joinvilla (de), 66. Vide : *Joinville.*
Joinville, *Haute-Marne,* a. *Wassy,* 66, 88. (Guido, Matheus). Cfr. Joinvilla (de), Jonvilla (de).
Jonvilla (de), 88. Vide : *Joinville.*
Joviniaco (de), 139, 199. Vide : *Joigny.*
Juiliaci (dominus), 267. 274 ; Juilleyo (de), 127. Vide : *Jully-sur-Sarce.*
Jully-sur-Sarce, *Aube,* a. *et c. Bar-sur-Seine,* 127, 267, 274.
— Dominus : Guido.
Juncherelle (terra de), 283.
Juncheria (terra in), in finagio de *Lusigny,* 345.
Juncheriis (terra in), in finagio de Clareio, 342, 345.
Juniaco (de), 28. Vide : *Jeugny.*
Juviniaco (de), 24. Vide : *Joigny.*

Locesiensis (archidiaconatus), 66, 259. Vide : *Lassois (le).*
Lamarche-sur-Saône, *Côte-d'Or,* a. *Dijon,* c. *Pontallier,* 179.
— Dominus : Guillelmus. Cfr. Marchia (de).
Landrevilla (ecclesia de), 65, 68, 115, 316, 340. Vide : *Landreville.*
Landreville, *Aube,* a. *Bar-sur-Seine,* c. *Essoyes,* 65, 68, 115, 316, 340. — Presbiteri : Nicholaus, Radulfus, Xpistoforus.
Langres, *Haute-Marne,* 36, 38, 44, 45, 50, 51, 58, 65, 77, 111, 115, 116, 157, 195, 269, 294, 336, 347, 361, 378, 379, 388, 395. — Episcopi : Galterus, Garnerius, Godefridus, Guido, Guillelmus II [de *Joinville*], Guillelmus III, Hilduinus, Hugo, Joceranus, Manasses, Rainardus, Robertus II, Robertus III. — Archipresbiter : Clarembaudus. — Archidiaconi : Ayrardus, Fulco, Girardus, Guarnerius, Guido de Joinvilla, Hugo de Riveria, Paganus, Pontius, Pontius de Revellis, Willencus. — Officialitas, 378 ; advocatus ; Regnaudus ; notarius : Robertus. — Capitulum, 243, decani : Everardus, Houduinus, Hilduinus de Vendopera, Willencus ; cancellarius : Fulco ; canonicus : Johannes de Durnaio.—Prepositus civitatis: Humbertus Longus.
Cfr. Lingoneusis (diocesis), Lingonis.
Lantages, *Aube, a. Bar-sur-Seine, c. Chaource,* 84. (Rainerius).
Lantagio (de), 84. Vide : *Lantages.*
Lanty, *Haute-Marne,* a. *Chaumont,* c. *Châteauvillain,* vetus prioratus Arremarensis, 12, 34, 37, 51, 101, 326, 327. Cfr. Lentilio (de), Lentischo (de), Lentiscus.
Larrivour, *Aube,* a. *Troyes,* c. *et com. Lusigny,* vetus monasterium [locus iste olim Buxiacum dicebatur]. 26, 103, 104, 144, 159, 217, 276, 277, 289, 372, 389, 390. — Abbates : Edmundus, Haimo, Hermanus, Radulfus, Simon, *Symes.* Cfr. Arripatorium, Ripatorio (de), Buxiaco (de).
Lassois (le), vetus pagus, vel comitatus, vel archidiaconatus in veteri diœcesi Lingonensi, nunc : *Aube, Côte-d'Or et Haute-Marne,* a. *Bar-sur-Seine, Châtillon-sur-Seine et Chaumont.*

12, 22, 66, 289, 316. — Archidiaconi : Guido, Pontius. — Comes : Milo. Cfr. Lacesiensis (archidiaconatus), Laticense (in pago).
Laticense (in pago vel comitatu), 12, 22, 316. Vide : *Lassois (le)*.
Laubressel, Aube, a. Troyes, c. Lusigny, 43, 159, 160. (Herbertus). Cfr. Arbrisello (de), Arbrosella (de), Arbruissello (de).
Lecce, Italie Méridionale, 386. Comes : *Gautiers* [V] de Brena. Cfr. *Liche*.
Lentilio (ecclesia S. Sulpicii de), 34, 37, 51, 101. Vide : *Lanty*.
Lentischo (ecclesia de), 326 ; Lentiscus (villa que vocatur), 12. Vide : *Lanty*.
Lescheriis (Willelmus *Bischoz* de), 188.
Lesmons (de), 317. Vide : *Lesmont*.
Lesmont, Aube, a. Bar-sur-Aube, c. Brienne-le-Château, 45, 89, 317. (Arnulfus, Gaufredus, Hato). Cfr. Elesmundo (de), *Lesmons*.
Lezinnes, Yonne, a. Tonnerre, c. Ancy-le-Franc, 70. (Milo, decanus). Cfr. Lisinis.
Li Roverez (pratum quod dicitur), in finagio de *Nogent-sur-Aube*, 349.
Liche (Quens de Brienne et de), 386. Vide : *Lecce*.
Lignières, Aube, a. Bar-sur-Seine, c. Chaource, 70, 338, 356. — Vice comes, 338, 356, 362. Cfr. Lineriis (de).
Lignon, Marne, a. Vitry-le-François, c. Saint-Remy-en-Bouzemont, 146, 208, 210, 342. Cfr. *Linon, Linun*.
Linais (Falcho de), 43.
Lineriis (ecclesia de), 70, 338, 356, 362. Vide : *Lignières*.
Lingonensis (diocesis), 36, 44, 50, 54, 58, 111, 115, 157, 193, 269, 294, 336, 347, 361, 378, 379, 388, 395 ; Lingonis, 45, 116. Vide : *Langres*.
Linon (ecclesia de), 146 ; Linun (de), 208, 210. Vide : *Lignon*.
Lisinis (de), 70. Vide : *Lezinnes*.
Loches, Aube, a. Bar-sur-Seine, c. Essoyes, 65, 68, 99, 115, 316, 338, 340. — Presbiteri : Andreas, Nicholaus, Radulfus, Xpistoforus. Cfr. Lochia, Louches.
Lochia (ecclesia de), 65, 68, 99, 115, 316. Vide : *Loches*.
Logia alias Loia (grangia que dicitur). 163, 276, 374. Vide : *Maison Blanche (la)*.
Loie sur le Tictus (terra que est : a la), 176, 206. Vide : *Maison Blanche (la)*.
Loncsoul (de), 318. Vide : *Longsols*.
Longavilla (Lora de), 299.
Longivadi (abbatia), 118. Vide : *Longuay*.
Longpré, Aube, a. Bar-sur-Seine, c. Essoyes, 34, 37, 40, 51, 197, 198. Cfr. Longum Pratum.
Longsols, Aube, a. Arcis-sur-Aube, c. Ramerupt, 318. (Amelina). Cfr. *Loncsoul*.
Longuay, Haute-Marne, a. Chaumont, c. Arc-en-Barrois, com.

Aubepierre; vetus abbatia, 118. — Abbas : Radulfus. Cfr. Longivadi (abbatia).
Longum Pratum (apud), 34, 37, 40, 51, 197, 198. Vide : *Longpré*.
Louches (de), 339, 340. Vide : *Loches*.
Louveciennes, *Seine-et-Oise*, a. *Versailles*, c. *Marly*, 335 (?). (Philippus). Cfr. Lupicenis (de).
Louze, *Marne*, a. *Wassy*, c. *Montier-en-Der*, 186. Cfr. Monte Lesum (crista de) (?).
Loya (grangia que dicitur). 240, 379. Vide : *Maison Blanche*.
Loye (campus de), in finagio de Grandi Bellomonte, 389. Vide *Maison Blanche* (?).
Luces (Xpistoforus sacerdos de), 173.
Lugduni (datum), 347. Vide : *Lyon*.
Lupicenis (de), 335. Vide : *Louveciennes* (?).
Lusigneio (de), 100 ; Lusigniacum (apud), 121, 343, 345 ; Lusiniaco (de), 158. Vide : *Lusigny*.
Lusigny, *Aube*, a. *Troyes*, 100, 121, 158, 343, 343. (Alericus).
Lyon, *Rhône*, 347. Cfr. Lugduni (datum).

Maceriis (de), 55, 189 (?). Vide : *Maiziéres*.
Maceriis (abbatia de), 71, 173. Vide : *Maizières*.
Macey, *Aube*, a. et c. *Troyes*, 132. (Garnerus, Gaufridus). Cfr. Maissiaco (de).
Magnant, *Aube*, a. *Bar-sur-Seine*, c. *Essoyes*, 100, 111, 116, 117, 151, 156, 165, 166, 167, 168, 187, 203. 230, 241, 250, 252, 261, 298, 322. — Capellanus : Radulfus. — Furnus, 151, 166, 167, 168, 261, 298, 322, furnarii : Clemens, Everardus, Haymo, Hugo *Chatuns*, Milo, Morellus, Petrus, Stephanus, Vivianus. (Hugo, scutifer ; Juliana ; Petrus *le Begue*). Cfr. *Maignant*, *Mainant*, Manantum (prope).
Magneio Letranni (de), 327. Vide : *Mesnil-Lettre*.
Magnicourt, *Aube*, a. *Arcis-sur-Aube*, c. *Chavanges*, 50, 277, 278. — Altare Sancti Vinebaldi, 50. Cfr. Magnicurte (de), *Magnicurt* (de), Manicurtem (apud).
Magnicurte (decima de), 277 ; *Maignicurt*, 278. Vide : *Magnicourt*.
Magno Campo (terra sita in), juxta viam *de Poligny*, 335.
Magno Maisnillo alias Maysnillo (in). 33, 39, 49, 87, 89, 91, 99, 137, 138, 289, 322. Vide : *Mesnil-Saint-Père*.
Magny-Fouchard, *Aube*, a. *Bar-sur-Aube*, c. *Vendeuvre*, 129, 130, 163, 164, 280. (Godefrus, Laurentius Urricus). Cfr. Fouschardi Maisnilo (de), *Fulchar Mesnil*, Mainillo Fulchardi (de).
Maignant (de), 111, 116, 117, 151, 156, 166, 167, 168, 187, 203, 230, 250 ; *Mainant* (villa de), 100, 241. Vide : *Magnant*.
Mainillo Fulchardi (de), 280. Vide : *Magny-Fouchard*.
Mainillo Letrani (de), 510. Vide : *Mesnil-Lettre*.
Maintegère, *Aube*, a. *Troyes*, c. *Lusigny*, com. *Montreuil*,

(grangia), 235, 236, 373, 374. Cfr. Maso Thiegardi (grangia de), *Mesterart, Melijart.*
Mairoliis (pratum de), 170.
Maisnili Letrani (villa), 100, 101, 305. Vide: *Mesnil-Lettre.*
Maisnilum Sancti Petri (apud), 110, 163; Masnilum (apud), 189, 222. Vide: *Mesnil-Saint-Père.*
Maisniliaco (de), 125. Vide: *Mesnilot (le).*
Maisnilulum (apud), 113, 146, 158. Vide: *Mesnilot (le).*
Maison Blanche (la), Aube, a. Troyes, c. Lusigny, com. Mesnil-Saint-Père, grangia in veteri nemore de Vendopera. Duæ erant grangiæ quæ eodem nomine Logia vocabantur, una erat monachorum Arremensium, altera erat monachorum de Arripatorio, 163, 176, 206, 240, 276, 374, 389 (?). Cfr. Logia, Loia, Loie (la), Loya, Loye (la).
Maissiaco (de), 132. Vide: *Macey.*
Maizières, Aube, a. Bar-sur-Aube, c. Brienne-le-Château, 55, 189 (?). (Hugo; Menardus, miles). Cfr. Maceriis (de).
Maizières, Saône-et-Loire, a. Chalon-sur-Saône, c. Verdun-sur-Saône, com. Saint-Loup-de-la-Salle, vetus abbatia, 71, 72, 175. — Abbates: G., Willelmus; prior: Vicardus; cellerarius: Benedictus; monachus: Artaudus. Cfr. Maceriis, Maseriis (abbatia de).
Majoris Monastarii (abbatia), 278, 285. Vide: *Marmoutiers.*
Malay-le-Roi, Yonne, a. et c. Sens, 346. (Johannes de Erviaco). Cfr. Malleio Regis (de).
Malay-le-Vicomte, Yonne, a. et c. Sens, 346. — Prepositus: Gilo. (Lucrator). Cfr. Malleyo (de).
Maligny, Yonne, a. Auxerre, c. Ligny-le-Chatel, 256, 373. (Guido). Cfr. Melligniaco (de).
Malleio Regis (burgensis de), 346. Vide: *Malay-le-Roy.*
Malleyo (de), 346. Vide: *Malay-le-Vicomte.*
Manantum (prope), 252. Vide: *Magnant.*
Maneio (Guido de), 198.
Manicurtem (apud), 50. Vide: *Magnicourt.*
Manilli Letrani (villa), 83. Vide: *Mesnil-Lettre.*
Manillo (de), 40, 137, 335. Vide: *Mesnil-Saint-Père.*
Mansum Medium (apud), 39, 124, 150, 259, 260.
Mansum Roberti (apud), 79, 95, 100, 157, 270, 315. Vide: *Metz-Robert.*
Mansus Corbonis, 9, 13, 16, 17, 23, 48, 98. Vide: *Montiéramey.*
Marcenaio (de), 367. Vide: *Marcenay.*
Marcenay, Côte-d'Or, a. Châtillon-sur-Seine, c. Laignes, 367. (Johannes Pioche).
Marchia (de), 179. Vide: *Lamarche-sur-Saône.*
Mareio (de), 22. Vide: *Merrey.*
Mareolis (ecclesia S. Germani de), 44, 99. Vide: *Marolles-sous-Lignières.*
Margerie-Hancourt, Marne, a. Vitry-le-François, c. Saint-

Remy-en-Bouzemont, 145, 209. — Decani, 303, 388. Radulphus. Cfr. Sancte Margarete (decanus).
Marmoutiers, Indre-et-Loire, a. et c. Tours, vetus abbatia, 278, 285. — Abbates : Huetus, Hugo. Cfr. Majoris Monasterii (abbatia).
Maroliis (de), 58, 100 ; Marolio (de), 24, 26. Vide : *Marolles-les-Bailly*.
Marolles-les-Bailly, Aube, a. et c. Bar-sur-Seine, 24, 26, 58, 100. (Dudo, Walo). Cfr. Maroliis (de), Marolio (de).
Marolles-sous-Lignières, Aube, a. Bar-sur-Seine, c. Chaource, 44, 99. Cfr. Mareolis (de).
Marsangis, Marne, a. Epernay, c. Anglure, 271. (Hugo).
Marsengi (de), 271. Vide : *Marsangis*.
Maseriis (abbatia de), 72. Vide : *Maizières*.
Masnil Letran, 83. Vide : *Mesnil-Lettre*.
Masnillo (de), 67, 189, 222. Vide : *Mesnil-Saint-Père*.
Masnillo Letranni (de), 50, 101. Vide : *Mesnil-Lettre*.
Maso Tecclini (de), 210. Vide : *Meix-Tiercelin (le)*.
Maso Thiegardi (grangia de), 374. Vide : *Maintegère*.
Massele, Masselei, 180 ; Masselis (de), 172 ; *Massile*, 367, 376. Vide : *Maxily-sur-Saône*.
Masteil (de), 56. Vide : *Mathaux*.
Mathaux, Aube, a. Bar-sur-Aube, c. Brienne-le-Château, 56. (Robertus).
Maupin (pratum dictum), in finagio de Buriis, 383.
Mautnuvlein (decima de), 219. Vide : *Montaulin*.
Maxily-sur-Saône, Côte-d'Or, a. Dijon, c. Pontallier, 172, 180, 367, 376. (Brutinus, Guido, *Hugues*, Johannes). Cfr. *Masselé, Masselei,* Masseleis (de), *Massile*.
Meaux, Seine-et-Marne, 77, 82. — Archidiaconi : Radulfus Ruricius. Cfr. Meldensis (diœcesis).
Meignant, 322. Vide : *Magnant*.
Meissi (Aaliz de), 281.
Meix-Tiercelin (le), Marne, a. Vitry-le-François, c. Sompuis, 210. — Presbiter : Ecclinus. Cfr. Maso Tecelini (de).
Melaine (la), rivulus affluens in Barsam, *Aube*, juxta *Montieramey*, 103, 113, 170. Cfr. Melanis (de), Melene (limites), Melenia (de).
Melanis (prata de), 170. Vide : *Melaine*.
Meldensis (diœcesis), 77, 82. Vide : *Meaux*.
Melene (limites), 103 ; Melenia (de), 113. Vide : *Melaine (la)*.
Melligniaco (de), 256, 372. Vide : *Maligny*.
Melondensis (abbatia), 70 : Melondunum, 368 ; Melundensis (abbatia), 217, 313. Vide : *Molosmes*.
Mercurey, Saône-et-Loire, a. Chalon-sur-Saône, c. Givry, 239. — Curatus : Jachobus.
Mercureyo (de), 239. Vide : *Mercurey*.
Mereyo (de), 381. Vide : *Merrey*.

Merreolis (Martinus de), 89.
Merrey, Aube, a. et c. Bar-sur-Seine, 22, 381. (Johannes; Petrus, archidiaconus). Cfr. Mareio (de), Mereyo (de).
Mesnil-la-Comtesse, Aube, a. Arcis-sur-Aube, c. Ramerupt, 278. Cfr. Mesnillum Comitisse.
Mesnil-Lettre, Aube, a. Arcis-sur-Aube, c. Ramerupt, 50, 83, 100, 101, 305, 310, 318, 323, 327. (Beliardis, Gilbertus, Letrannus, Virricus Verglas). Cfr. Magneio Letrani (de), Manillo Letrani (de), Maisnili Letrani (villa), Manilli Letranni (villa), Maisnil Latran, Masnillo Letranni (de), Mesnillum Letranni.
Mesnillo Fulchardi (de), 164. Vide : Magny-Fouchard.
Mesnillum Comitisse (apud villam que dicitur), 278. Vide : Mesnil-la-Comtesse.
Mesnillum Letranni, 318, 323. Vide : Mesnil-Lettre.
Mesnil-Saint-Père, Aube, a. Troyes, c. Lusigny, 33, 39, 40, 49, 67, 87, 89, 91, 99, 110, 137, 138, 163, 189, 222, 289, 322, 335. — Capella Sancti Andree, 33, 49. — Domus Leprosorum, 289. (Adam Claudi, Garnerius, Gobaut, Herbertus, Petrus, Xpistianus). Cfr. Magno Maisnillo (de), Maisnilum Sancti Petri, Manilo (de), Masnillo (de).
Mesnilot (le), Aube, a. Troyes, c. Lusigny, com. Montiéramey, 22, 99, 113, 125, 138, 146, 158, 276, 289, (Doct, servus; Ogerius; Radulfus Alliez; Stephanus; Theodericus). Cfr. Maisniliaco (de) ; Maisnilulum (apud) ; Parvi Maisnilli (villa) ; Masnillum (apud).
Mesteiart (grangia de), 235, 236 ; Metejart (de), 373. Vide : Maintegère.
Metz-Robert, Aube, a. Bar-sur-Seine, c. Chaource, 34, 37, 51, 79, 95, 100, 157, 270, 315. (Odo). Cfr. Mansum Roberti (apud), Sancte Colombe (ecclesia) (?).
Meurville, Aube, a. Bar-sur-Aube, c. Vendeuvre, 296, 299. Cfr. Murevilla (de).
Mœiat alias Moriat (le), 276. Vide : Morge (la) (?).
Molesme, Côte-d'Or, a. Châtillon-sur-Seine, c. Laignes, vetus abbatia, 89, 269, 326. — Abbates : Giroldus, Stephanus. Cfr. Molismensis (abbatia).
Molindinum Ernaudi de Ferrerio (molindinum quod vulgo dicitur), 140.
Molindinum situm juxta Fontem Sancti Hylarii, 329, 348. Vide : Saint-Hilaire et Moulins-du-Bois (le) (?).
Molindinis (de), 217, 305, 306. Vide : Molins (?).
Molins, Aube, a. Bar-sur-Aube, c. Brienne-le-Château, 217, 305, 306. (Isacordus, Theobaldus). Cfr. Molindinis (de).
Molins (O Molin de), 367, 368, haud procul Saint-Sauveur.
Molismensis (abbatia), 59, 269, 326. Vide : Molesme.
Mollanvol (prata de), in finagio de Clareio, 342.
Molosmes, Yonne, a. et c. Tonnerre, vetus abbatia, 70, 217, 313, 368 (?). — Abbates, Joldoinus, Nivardus, Theobaudus, — Vice

comes : Guillelmus (?). Cfr. Melondensis (abbatia), Melondunum, Melundensis (abbatia).

Momunchon, 119 ; Momuncione (capella Sancte Marie de), 99. Vide : *Montmançon.*

Monasterii Insule, (curatus), 188, 347, 348, 359, 360, 387. Vide : *Montier-en-Isle.*

Moncellis (de), 2, 134, 299. Vide: *Montceaux.*

Moncigno (de), 178. Vide : *Montigny-le-Roi* (?).

Moneta (Atto, Witerius de), 25, 43.

Mongue (vinee apud), 75.

Monmancon, 337. Vide : *Moutmancon.*

Mons *Suzain*, 131. Vide : *Montsuzain.*

Monstel Arramé, 369, *Monstier Arramé,* 369. Vide : *Montiéramey.*

Montabert, Aube, a. Troyes, c. Lusigny, com. Montaulin, 30, 100. Cfr. Monte Arberti (de), Monte Herberti (de).

Montablen (decima de), 122, 248, 251, 288. Vide : *Montaulin.*

Montangon, Aube, a. Troyes, c. Piney, 45. (Albericus). Cfr. *Montingun.*

Montaublein, 141, 247. Vide : *Montaulin.*

Montaulin, Aube, a. Troyes, c. Lusigny, 122, 141, 147, 219, 247, 248, 251, 288. (Paganus, miles). Cfr. *Mautauvlein, Montablen, Montaublein,* Monte Albano (de).

Montceaux, Aube, a. Troyes, c. Lusigny, 134, 299. (Guiardus, Perinus). Cfr. Moncellis (de).

Montcuq, Lot, a. *Cahors,* 353. (Bernardus). Cfr. Montecuco (de).

Monte Albano (decima de), 147. Vide : *Montaulin.*

Monte Arberti (de), 100. Vide : *Montabert.*

Montecuco (de), 353. Vide : *Montcuq.*

Montefolii (presbiter de), 126. Vide : *Montfey.*

Monte Herberti (in), 30. Vide : *Montabert.*

Monte *Lesum* (crista de), 186. Vide : *Louze* (?).

Montemedio (Guido *Boqueriaus,* miles ; Milo, Armiger, de), 344.

Monte Montio sive de Novavilla (capella S. Marie de), 37. Vide : *Montmancon.*

Montenni alias Montigniaco (de), 256, 257. Vide : *Montigny-Montfort.*

Monte Suzani (villa de), 100, 121. Vide : *Montsuzain.*

Monteval (vinee de), in finagio de *Fravaux,* 339.

Montfey, Aube, a. Troyes, c. Ervy, 126. Cfr. Montefolli (de).

Montiéramey, Aube, a. Troyes, c. Lusigny, vetus abbatia. — Abbates : Adremarus, Berthardus, Erchengerius, Galterus I, Galterus II, Girardus, Gratianus, Guido, Jacobus I, Jacobus II, Johannes I, Johannes III, Nicolaus, Otto, Robertus, Rolandus, Rotfredus Simon, Stephanus, Theobaldus. — Priores : Gaufridus, Hato (?), Simon. — Precentor : Gerricus. — Camerarii : Oddo, Petrus, Rollandus, Thebaudus. — Cellarius : Oddo. — Elemosenarius : Gaufridus. — Grangiarii : Johannes, Rollandus,

Tebaudus. — Infirmarius : Rolandus. — Prepositi : Alardus, Johannes, Petrus, Petrus, Stephanus, Theobardus. — Sacrista : Arnaldus, Gunterius. —Monachi : Aymo, Buchardus, Burdinus, Clarembaudus, Garinus, *Gautiers*, Guillelmus, Hylbertus, Milo, Milo *Petus*, Nicholaus, Rainaldus, Rolandus, Willelmus de Archis. — Advocatus abbatiæ : Adrevertus. — *Procureur :* Robertus de Cussangeyo. — Servientes : Bonnellus, Filippus, Fulco, Gualterius, Herbertus, Rufus. — Famuli : Constantius, Hugo *Daudes*, Malheus, Petrus, Rogerus, Theodericus, Varlinus. Cfr. Aramahensis monasterii (abbas), 31 ; Arremarensis monasterii (villa), 40, 49 ; Arremari monasterium, 23, 32 ; Arreme monasterium, 103 ; Dervus, 3, 6 ; Mansus Corbonis, 9, 13, 16, 17, 23, 48, 98 ; *Monstel Arramé*, 369 ; *Monstier Arramé*, 369 ; *Mostier Arremi*, 103, 175 ; Nova cella Sancti Petri, 7, 9, 13, 16, 17, 48; Sancti Pretri Dervensis (cenobium), 9, 19, 34 ; Sancti Petri de Dervo (ecclesia), 32, 50.

Montier-en-Der, Haute-Marne, a. Wassy, 186. Cfr. Dervo (villa de).

Montier-la-Celle, a. et c. Troyes, com. Saint-André, vetus abbatia, 92, 141, 148. — Abbates, 166 : Girardus, Petrus. Cfr. Cellensis (abbatia), Sancti Petri de Cella (monachi).

Montier-en-l'Ile, Aube, a. et c. Bar-sur-Aube, 34, 37, 50, 101, 107, 108, 188, 284, 293, 304, 337, 347, 348, 356, 359, 360, 377, 385, 387. — Vetus Prioratus Arremarensis, 107, 188, 293, 304, 307, 347, 356, 360.—Priores: Galterus, Hato, Waudricus. — Curati : Bernardus, Girardus. (Agnes, Radulfus Viridis, *Vautrin*). Cfr. Insulam (apud), Monasterii Insule (curatus), Ponte Monasterii ad Insulam (villa de).

Montigny-le-Roi, Haute-Marne, a. Langres, 178. (Petrus). Cfr. Moncigno (de).

Montigny-Montfort, Côte-d'Or, a. Semur, c. Montbart, 256, 257. (Galterius). Cfr. *Montenni,* Montigniaco (de).

Montingun, 45. Vide : *Montangon.*

Montis Amalberti (in fundo Sancti Salvatoris, in regia condamina) in vetreri diœcesi Lingonensi, 47.

Montis Barri (molendina, monachorum), 121. Vide : *Bar-sur-Aube.*

Montmancon, Côte-d'Or, a. Dijon, c. Pontallier, 37, 99, 119, 337, 358, 362, 377. (Constantius *Parel*). Cfr. *Momunchon, Momuncione* (capella de), *Monmancon,* Moute Moutio (de), *Montmencen,* Novavilla.

Montmeien (Miletus de), 333.

Montmencen (de), 362. Vide : *Montmancon.*

Montreuil, Aube, a. Troyes, c. Lusigny, 33, 40, 49, 101, 234, 235, 236, 280, 335. — Capella SS. Egidii et Victoris, 33, 49. (Bricius, Helisabeth, Henricus). Cfr. Monsterollo (de), *Mostellet,* Mosterello (villa de).

Montsuzain, Aube, a. et c. Arcis-sur-Aube, 100, 115, 121, 131.

(Drogo). Cfr. Mons *Suzain*, Monte Suzani (villa), Munte Suzano (de).
Monsterollo (de), 40, 280, 335. Vide : *Montreuil*.
Morampont, Marne, a. *Vitry-le-François,* c. *Sompuis,* com. *Saint-Utin,* 56. (Hugo).
Morampun (de), 56. Vide : *Morampont.*
Mores, Aube, a. *Bar-sur-Seine,* c. *Mussy-sur-Seine,* com. *Celles,* vetus abbatia, 59, 166, 187, 316, 364. — Abbates : Arnulphus, Bartholomeus, Girardus.—Monachus : Wiardus. Cfr. Moris (de).
Morge (limites), 103. Vide : *Morge (la).*
Morge (la), rivulus affluens in Barsam, decurrit a *Gerosdot* versus *Lusigny,* 103, 229 (?), 276, 289. Cfr. *Mœiat,* Morgia, *Moriat.*
Morgia (Adelina de), 229. Vide : *Morge (la)* (?).
Moriat (versus *le*), 289. Vide : *Morge (la).*
Moris (abbatia de), 166, 187, 316, 364. Vide : *Mores.*
Mostellet, 101 ; Mosterello (villa de), 33, 49, 234. Vide : *Montreuil.*
Mostier, Arremé, 103, 175. Vide : *Montiéramey.*
Moulin-du-Bois (le), Aube, a. *Bar-sur-Seine,* c. *Essoyes,* com. *Thieffrain,* 329, 348 (?). Cfr. Molindinum juxta fontem Sancti Hilarii.
Moutier-Saint-Jean, Côte-d'Or, a. *Semur,* c. *Montbard,* vetus abbatia, 256. — Abbas : Guido. Cfr. Reomensis (abbatia).
Munte Susano (de), 115. Vide : *Montsuzain.*
Murevilla (de), 296, 299. Vide : *Meurville.*
Musseio (de), 59. Vide : *Mussy-sur-Seine.*
Mussy-sur-Seine, Aube, a. *Bar-sur-Seine,* 59. — Decanus : Clarembaldus.

Nantes, Loire-Inférieure, 2. — Episcopus : Ado.
Nametentium (episcopatus). 2. Vide : *Nantes.*
Navarra, 78, 79, 359. Vide : *Navarre.*
Navarre (royaume de), 78, 79, 359. — Reges : Theobaldus IV, comes Campanie ; Theobaldus V ; Ludovicus X, rex Francie. Reginæ : Blancha, Margareta.
Nemus Sancti Petri (nemus quod dicitur), 183.
Neuville-sur-Vanne, Aube, a. *Troyes,* c. *Estissac,* 110. Cfr. Villa Nova super Vennam.
Neuvy-Sautour, Yonne, a. *Tonnerre,* c. *Flogny,* 217. (Luca). Cfr. *Novi* (de).
Nevers, Nièvre, 78. — Comes : [*Philippe de Bourgogne ?*].
Noa (Henricus de), 383.
Noé-les-Mallets, Aube, a. *Bar-sur-Seine,* c. *Essoyes,* 221, 291. Cfr. Noerium (ad), *Noiers.*
Noe Merdeuse (prata de), 289. Vide : *La Noue des Champs* (?).
Noerium (ad), 291. Vide : *Noé-les-Mallets.*
Noerot (apud), 312. Vide : *Nozay.*
Noes (les), ecclesia que est matricis ecclesie Sancti Martini [in

Vineis], 82, 93, 94, 99, 105. — Presbiter : Garnerius. Cfr. *Noies*.
Nogento super *Auson* alias juxta Ramerucum (villa de), 100, 139, 199, 212-216, 285, 286, 292, 307-309, 319, 320, 329, 349, 350, 351, 352, 353, 354, 374. Vide : *Nogent-sur-Aube*.
Nogent-sur-Aube, Aube, a. Arcis-sur-Aube, c. Ramerupt, 12, 34, 46, 50, 100, 139, 199, 212-216, 285, 286, 292, 307-309, 319, 320, 329, 349, 350, 351, 352, 353, 354, 374. — Curati : Bartholomeus, Lambertus. (Bencelinus, Robertus). Cfr. Nogento (de), Novigento (de).
Noiers (apud), 221. Vide : *Noé-les-Mallets*.
Noies (ecclesia de), 99. Vide : *Noes (les)*.
Noisement (molindinum de), haud procul *Poligny*, 326.
Noue des Champs (l'étang de la), *Aube, a. Troyes, c. et com. Lusigny*, 279 (?). Cfr. *Noe Merdeuse* (?).
Noue Douceim (rivus qui dicitur), haud procul *Bures*, 165.
Noungensis (epicopatus), 2. Vide : *Noyon*.
Nova Cella Sancti Petri, 7, 9, 13, 16, 17, 48. Vide : *Montiéramey*.
Novavilla (ecclesia [Arremarensis] S. Benigni de), in episcopatu Bisuntino, 35, 51.
Novavilla (in), 25, 30. Vide : *Hautes vel Basses Villeneuves*.
Novavila (capella Sancte Marie de Monte Montio sive de), 37. Vide : *Montmancon*.
Novi, 217. Vide : *Neuvy-Sautour*,
Novigento (de), 34, 46, 50. Vide : *Nogent-sur-Aube*.
Noyon, Oise, a. Compiègne, 2. — Episcopus : Vacardus. Cfr. Noungensis (episcopatus).
Nozay, *Aube, a. et c. Arcis-sur-Aube*, 312. Cfr. *Noeroi*.

Oisilly-sur-Vingeanne, Côte-d'Or, a. Dijon, c. Mirebeau-sur-Beze, 179 (?). Cfr. *Auleio* (?).
Onjione (de), 344. Vide : *Onjon*.
Onjon, *Aube, a. Troyes, c. Piney*, 344. — Capellanus : Galterus.
Orgeval (via de), haud procul *Montaulin*, 247.
Orient (forêt d'), *Aube, a. Troyes et Bar-sur-Aube*, 374.
Orientis (nemora que vocantur nemora), 374. Vide : *Orient (forêt d')*.
Orléans, *Loiret*, 29, 43, 310, 317. — Canonici : Guido, Odo. (Robertus). Cfr. Aurelianensis (diœcesis).
Ortillione (de), 329. Vide : *Ortillon*.
Ortillon, *Aube, a. Arcis-sur-Aube, c. Ramerupt*, 329. — Domina : Margareta. (Guido).
Osa (moniales de), 241. Vide : *Chapelle-d'Ose* (?).
Otefein (vinea sita in) haud procul a Barro super Albam, 107.

Paennai (apud), 92. Vide : *Panais*.
Paisiaco (Felisius de), 345.
Pampilonensis, 366 ; Pampilum, 81. Vide : *Pamplune*.

Pamplune, Espagne, la Navarre, 81, 366. (*Michaël*).
Panais, Aube, a. et c. Troyes, com. *Saint-Parres-aux-Tertres,* [meteria], 92. Cfr. *Paennai* (apud).
Panceio (Boso de), 45.
Papa (Petrus domini Pape subdiaconus, canonicus Parisiensis, de), 335.
Parel (terra *au*) in finagio *de Lusigny,* 345.
Pargas (ecclesia Sancte Marie de), 34, 51, 130 ; *Parges* (de), 265; Pargis (de), 96, 100, 101, 170, 206, 256, 257, 262-268, 270. Vide : *Pargues.*
Pargues, Aube, a. Bar-sur-Seine, c. Chaource, 34, 51, 96, 100, 101, 130, 170, 206, 256, 257, 262-268, 270, 305, 564 (?), 385. — Prioratus Arremarensis, 257, 262-268, 364 (?), priores : Gaufredus Tecclinus (?). — Ministerialis, 206 — homines piurimi, 257. Cfr. *Pargas, Pages,* Pargis (de), Spargis (de).
Paris, Seine, 137, 138, 173, 216, 270, 283, 390, 394.—Episcopi: Mauricius, Odo. — Cancellarius : Petrus. — Canonicus : Petrus de Papa. — Sancte Genovefe abbatia, abbas : Johannes. — Sancti Germani de Pratis abbatia, 292, abbas : J. prior A. — Sancti Victoris abbatia, 137, 138, abbas : Garinus. — Sancti Germani Autissiodorensis capitulum 335. — Prepositura, 268. — Judices, 283, 292. (Hugo, Lambertus, *Michiel*). (Cfr. Parisiensis (diœcesis), Parisius.
Parisiensis (diœcesis), 137, 173, 216, 270, 283, 335 ; Parisius, 138, 173, 382. Vide : *Paris.*
Parniaco (Symon de), 29.
Parregniaco (ecclesia de), in archiepiscopatu Bizuntino, 99. Vide: *Perrigny-sur-l'Ognon.*
Parrex (ad cheminum de), in finagio de Clareyo, 342.
Pascuis alias *des Pastis* (Andreas de), 316, 338.
Parvum Maisnillum, 22, 99, 113, 125, 138, 158, 276, 289. Vide : *Mesnilot (le).*
Parvus Bellusinous (in loco qui dicitur), in finagio de Bellomonte, 389.
Payns, Aube, a. et c. Troyes, 24. (Hugo).
Peanz (de), 24. Vide : *Payns.*
Perrigny-sur-l'Ognon, Côte-d'Or, a. Dijon, c. Pontallier-sur-Saône, 99, 171, 172 [ecclesia Arremarensis]. (Petrus, clericus). Cfr. Parregniaco (de), *Perygné.*
Perygné (ecclesia de), 171, 172. Vide : *Perrigny-sur-l'Ognon.*
Petrefite (actum ante portam), 178. Vide : *Pierrefaite.*
Pierrefaite, Haute-Marne, a. Langres, c. Laferté-sur-Amance, 178. Cfr. Petrefite (porta).
Pincy, Aube, a. Troyes, 19, 45, 46, 89. — Prepositus, Vingerus. (Guillelmus, Hugo). Cfr. Pinniacum (apud), *Pisni,* Pisniacense (ex vico).
Pinniacum (apud), 45, 46 ; *Pisni,* 89 : Pisniacense (ex vico), 19. Vide : *Piney.*

Pirum Truncatam (terra juxta) haud procul *Clerey*, 204.
Plagistro (de), 26 ; Plaiotro (de), 170, 254, 314 ; Plaiostri (dominus), 128. Vide : *Pleurs*.
Planceio (de), 56, 77, 118, 311, 332 ; Planci, 97. Vide : *Plancy*.
Plancy, Aube, a. Arcis-sur-Aube, c. Méry-sur-Seine, 56, 77, 97, 118, 311, 332. — Domini : Gilo, Philippus. — Domina, 118. (Haicius, Hugo).
Plesseii (nemus) in nemore Orientis, 374. Vide : *Plessis (le)*.
Plessis (le), Aube, a. Bar-sur-Aube, c. Vendeuvre, com. Unienville [meteria], 374.
Pleurs, Marne, a Epernay, c. Sezanne, 26, 128, 170, 254, 255, 314. — Capitulum 254, 255, prepositus : Gaudefridus ; Canonicus : Aubertus. — Dominus : Hugo. — Prepositus : Remigius (Clarembaudus, Manasses, Theobardus). Cfr. Plagistro (de), Plaiotro (de), Plaiostri (dominus).
Podenniaco (de potestate), 19.
Pogeaci (dominæ), 327 ; Pogeyo (de), 310 ; Pogiaco (de), 317, 325. Vide : *Pougy*.
Poil (nemus quod vocatur *dou*) in finagio de Capis, 382.
Poilli (de), 366. Vide : *Pouilly*.
Pointoiler (de), 337. Vide : *Pontailler*.
Poleigny, 345 ; Poleniacum (subtus), 326 ; *Polenni*, 235, 236 ; Polleigneio (de), 335. Vide : *Poligny*.
Poligny, Aube, a. et c. Bar-sur-Seine, 235, 236, 326, 335, 345.
Pomard (de), 72. Vide : *Pommard*.
Pombasse (de), 373. Vide : *Pont-Barse*.
Pomeio (ecclesia Sancti Martini de), in episcopatu Lingonensi, [ecclesia Arromarensis], 34, 37, 51.
Pomerio (Th. de), 344.
Pommard, Côte-d'Or, a. et c. Beaune, 72. (Rainaldus). Cfr. *Pomard*.
Pomoy (corvata alias la grange de), Haute-Saône, a. et c. Lure, 110, 376 (?).
Pontaillier-sur-Saône, Côte-d'Or, a. Dijon, 172, 337, 359, 367, 377, 381. — Dominus : Guillilmus [II] *de Champlitte*, — Prepositus : Guido. — Prioratus Sancte Marie, 377 ; Prior : Jauhany. Cfr. *Pointailler*, *Pontelier*, *Pontoilier*.
Pont-Barse, Aube, a. Troyes, c. Lusigny, com. Courteranges, 100, 134, 135, 159, 370, 373, 374. Cfr. *Pombasse*, Ponte Basse.
Ponte (Huo de), 104.
Ponte Basse (grangia de), 100, 134, 135, 159, 374. Vide : *Pont-Barse*.
Pontelier (ecclesia B. Mauricii de), 172 ; *Pontoilier* (de), 359, 369, 377. Vide : *Pontaillier-sur-Saône*.
Ponte Monasterii ad Insulam (villa de), 360. (Beatrix, Martinus). Vide : *Montier-en-l'Ile*.
Pontevilla (Gaufridus de), 144.

Ponti (Radulfus de), 47.
Pontiaco (Hugo de), 26.
Pontibus (de), 56. Vide : *Pont-sur-Seine.*
Pontisarensis (canonicus), 335. Vide : *Pontoise.*
Pontoise, Seine-et-Oise, 335. — Abbatia Sancti Martini ; canonicus : Philippus de Lupicensis.
Pont-sur-Seine, Aube, a. et c. Nogent-sur-Seine, 56. (Guiardus). Cfr. Pontibus (de).
Porcien (de), 386. Vide : *Château-Porcien.*
Porta (de), 21. 22, 25, 43, 56, 57, 58. (Bovo, Hugo, *Nichol*, Nicolaus, Otto, Petrus, Willelmus).
Porta Barri super Albam (Guichardus de), 228. Vide : *Bar-sur-Aube.*
Porte (Guyars de la), 385.
Portuensis (diœcesis), in Italia, 11, 102, 316. — Episcopi : Conradus, Teodinus, Walpertus.
Pothières, Côte-d'Or, a. et c. Châtillon-sur-Seine, vetus abbatia, 62 — Abbas : Odo. Cfr. Pulteriensis (abbatia).
Pougy, Aube, a. Arcis-sur-Aube, c. Ramerupt, 77, 310, 317, 323, 327. — Domina : Oda. (Guido, Manasses, Manasses, Odo, Odo). Cfr. Pogeaci (domina), Pogeyo (de), Pogiaco (de), Pugeio (de).
Pouilly, Aube, a., c. et com. Troyes, 90, 97, 366. — Rivulus de *Puilly.* 97. (Engermerus, Petrus). Cfr. *Poilli, Puilli,* Puilliacum (usque).
Poy (nemus quod vocatur), 254.
Praerie (via), 90, 97. Vide : *Preize* et *Troyes.*
Pratis de Tenelleriis (Aubertus de), 247. Vide : *Thennelières* (?).
Prato Felicis (terra juxta Vincheriam de), haud procul *Clerey,* 204.
Pratum *Dolens* (pratum apud *Montaublein* quod vulgo vocatur), 141.
Pratum *Communie,* (pratum apud *Montaublein* quod vulgo vocatur), 141.
Pratum Herberti (pratum quod dicitur), in finagio de *Lusigny* (?), 345.
Pratum Novum (pratum quod dicitur) desuper Villam Novam juxta Villammediam, 363.
Prenestinus (diœcesis), 102. Vide : *Præneste.*
Presbiteriville (petrosa), 310. Vide : *Proverville.*
Pressigni, Haute-Marne, a. Langres, c. Fayl-Billot, 178. — Presbiter : Henricus.
Præneste, Italie, 102. — Episcopus : Bernardus.
Proverville, Aube, a. et c. Bar-sur-Aube, 310. Cfr. Presbiteriville (petrosa).
Provins, Seine-et-Marne, 82, 100, 140, 373. (Gaufredus, *Challoz,* Herbertus, Rainaldus). Cfr. Pruvino (de).
Pruciaco (in) haud procul *Daudes,* 25, 30.
Pruneco (Johannes de), 80.

Pruvino (de), 82, 100, 140, 373. Vide: *Provins.*
Pugeio (de), 77. Vide: *Pougy.*
Puilliacum (usque), 90. Vide: *Pouilly.*
Pulcro Visu, ecclesia vel capella Sancte Marie Magdalene (de) (alias de Bello Visu) apud Ceppas. (*Dominicais* de), 99, 114, 231.
Pulli (rivulus de), 97. Vide: *Pouilly.*
Pultariensis (abbatia), 62. Vide: *Pothières.*
Pulterias, versus abbatiam Arremarensem, 39.
Purteriolis (casamento de), 124. Cfr. Pulterias (?).
Putemire (Gaufridus de), 183.

Quarantaniam (extra), haud procul *Daudes*, 30.
Quinciacensis (abbatia), 205; Quinciaco (de), 74. Vide: *Quincy.*
Quincy, *Yonne*, a. *Tonnerre*, c. *Crusy*, com. *Commissey*, vetus abbatia, 71, 205, 385. — Abbas: Oliverus; Monachus: Engerbertus. Cfr. Quinciacensis (abbatia), Quinciaco (de).

Racines, *Aube*, a. *Troyes*, c. *Ervy*, 66. (Pontius).
Racinis (de), 66. Vide: *Racines.*
Ramerucum, 24, 45, 139, 199, 212, 215, 277, 278, 292. Vide: *Ramerupt.*
Ramerupt, *Aube*, a. *Arcis-sur-Aube*, 24, 45, 139, 199, 212, 215, 277, 292, 349. — Comites: Andreas [*de Roucy*], Gualterius, comes Brene. — Domini: Andreas de Bressa, Erardus de Brena, Gaucherus de Joviniaco. — Abbatia Sancte Marie, 292. — Prioratus, 277, 278. (Adam, fauconius, Fanquinus, Fromundus, Hugo, Martinus Minerius, Perinus, Roinerus).
Reati (datum), 294. Vide: *Rieti.*
Regias (apud villam que dicitur), 269. Vide: *Rheges.*
Reims, *Marne*, 27, 192, 294, 302, 307. — Archiepiscopus: [Guillelmus de Joinvilla]. — Archidiaconus: Matheus. — Thesaurarius: Matheus. (Achardus, Petrus). Cfr. Remensis (urbs vel diocesis), Remis (de).
Reluntins (terragium de), 100.
Remensis (diocesis vel urbs), 27, 192, 204; Remis, 302, 307. Vide: *Reims.*
Remfredi Exarto (Capella Sancte Marie de), 50. Vide: *Renfroissard*, *Saint-Victor.*
Renaves (de), 361. Vide: *Reneves.*
Reneves, *Côte-d'Or*, a. *Dijon*, c. *Mirebeau-sur-Beze*, 357, 361. — Curatus: Stephanus.
[*Renfroissard*], *Aube*, a. *Bar-sur-Seine*, c. et com. *Soulaines*, vetus prioratus Arremarensis. Vide: *Saint-Victor.* Cfr. Henfredi Exarto (de), Remfredi Exarto (de).
Reomensis (abbatia), 256. Vide: *Moutier-Saint-Jean.*
Rethel, *Ardennes*, 78. — Comes: [Philippe de Bourgogne, comte de Nevers?].

Revellis (Pontius de), 115.
Reynel, Haute-Marne, a. Chaumont, c. Andelot, 355. — Dominus : Galterus. Cfr. Rimel.
Rhéges, Aube, a. Arcis-sur-Aube, c. Méry, 269. Cfr. Regias (apud).
Rieti, Italie, 294. Cfr. Reati.
Rimel (dominus de), 355. Vide : Reynel.
Ripatorio (abbatia de), 114, 217, 276, 277, 289, 389, 390. Vide : Larrivour.
Ripparia Venne, 346. — Ballivus : Lucrator. Vide : Vanne (la).
Riveria (Hugo de), 54, 66. — Hugo.
Rochefort (vinea in finagio de Barrevilla que vocatur), 120, 363.
Rochetam (apud), 239. Vide : Rochette (la).
Rochette (la), Côte-d'Or, a. Dijon, c. Mirebeau-sur-Beze, com.... sitam inter Champagne-sur-Vingeanne et Oisilly, 239 (?). Cfr. Rochetam (apud).
Roissum, 202. Vide : Rosson.
Roma vel Laterani, 54, 60, 61, 69, 246, 295.
Roncevaux, Espagne, la Navarre, 366. (Petrus). Cfr. Roscida Valle (de).
Roscida Valle (de), 366. Vide : Ronceveaux.
Roseio (Girardus de), 24.
Rosnaio (de), 43. Vide : Rosnay.
Rosnay-l'Hôpital, Aube, a. Bar-sur-Aube, c. Brienne-le-Château, 43. (Herbertus). Cfr. Rosnaio (de).
Rosson, Aube, a. Troyes, c. Piney, com. Dosches, 183, 202, 365. — Nemus de Rosson, 183, 202. (Robelinus ; Stephanus, miles). Cfr. Roissun.
Rougeveaux, Aube, a. Arcis-sur-Aube, c. Ramerupt, com. Avant-lès-Ramerupt, 100, 214, 374. Cfr. Rubea Valle (grangia de).
Rouillerot, Aube, a. Troyes, c. Lusigny, com. Rouilly-Saint-Loup, 141. (Hugo). Cfr. Rullerio (de).
Rouilly-Sacey, Aube, a. Troyes, c. Piney, 25, 30, 34, 46, 49, 100, 124, 183, 202, 203, 217, 218, 220, 300, 301, 342, 344, 347, 355, 365, 374, 387. — Curatus : Matheus. (Alexander, Galterus, Locelinus, Radulfus Picoircile, Xpistiana). Cfr. Ruiliaco (de), Ruliaco (de), Rulleium (apud).
Rouvre, Côte-d'Or, a. Dijon. c. Genlis, 381.
Ru (dou), 246. 317. (Bernardus, Hugo, Tecelinus).
Rubea Valle (grangia de), haud procul Nogent-sur-Aube, 100, 214, 374. Vide : Rougevaux.
Rubeomonte (Hugo de), 179.
Ruiliaco (de), 183, 300, 301, 344, 347 ; Ruliaco (in), 25, 30, 34, 46, 49, 100, 124, 202, 203, 216, 218, 355 ; Rulleium (apud), 220, 242, 365, 375. Vide : Rouilly-Sacey.
Rullerio (de), 141. Vide : Rouillerot.
Rumilliaco (de), 21, 24, 45, 47, 375. Vide : Rumilly-les-Vaudes (?).
Rumilly-les-Vaudes, Aube, a. et c. Bar-sur-Seine, 21, 24, 45, 47, 373. (Fredericus ; Herbertus ; Manasses, archidiaconus).

Sabiensis (episcopus), 53. Vide : *Sabine.*
Sabine, Italie, 53.
Saccio (de), 124. Vide : *Sacey.*
Sacey, Aube, a. Troyes, c. Piney, com. Rouilly-Sacey, 124. —
   Presbiter : Ellaius.
Saint-Aventin, Aube, a. Troyes, c. Lusigny, com. Verrières,
   142, 153, 301, 346. — Presbiter : Durandus. (Durannus). Cfr.
   Sancto Aventino (de).
Saint-Chéron, Marne, a. Vitry-le-François, c. Saint-Remy-en-
   Bouzemont, 45. (Gualterius). Cfr. Sancto Karauno (de).
Saint-Denis, Seine, 8. Cfr. Sancti Dionisii (monasterium).
Saint-Etienne-sous-Barbuise, Aube, a. et c. Arcis-sur-Aube,
   312. Cfr. Sanctum Stephanum (apud).
Saint-Florentin, Yonne, a. Auxerre, 80, 96, 267. Cfr. Sancti
   Florentini (castellarium).
Saint-Léger, Côte-d'Or, a. Dijon, c. Pontallier, vetus prioratus,
   180, 377. — Priores : Guido de *Faverné,* Robers. Cfr. *Saint-*
   Leiger, Sanctus Leodegarius.
Saint-Leiger, prioratus de), 377. Vide : *Saint-Léger.*
Saint-Lyé, Aube, a. et c. Troyes, 153. — Presbiter : Mauricius.
   Cfr. Sancto Leone (de).
Saint-Martin, Aube, a. et c. Arcis-sur-Aube, com. Saint-Remy-
   sous-Barbuise, 312. Cfr. Sanctum Martinum (apud).
Saint-Martin, Aube. a. Troyes, c. Lusigny, com. Montiéramey,
   [meteria], 374. Cfr. Sancti Martini (grangia).
Saint-Parres-les-Tertres, Aube, a. et c. Troyes, 159, 160, 277.
   Cfr. Sancti Patrocli (hasta).
Saint-Parres-les-Vaudes, Aube, a. et c. Bar-sur-Seine, 144 (?).
   Cfr. Sanctus Patroclus.
Saint-Remy-sous-Barbuise, Aube, a. et c. Arcis-sur-Aube, 312.
   Cfr. Sanctum Remigium (apud).
Saint-Saturnin, Marne, a. Epernay, c. Anglure, 330. —
   Molindinum, et stagnum, 330. Cfr. Sancti Saturnini (fina-
   gium).
Saint-Sauveur, Côte-d'Or, a. Dijon, c. Pontallier, olim vetus
   monasteriolum in pago Atoariensi quod dictum fuit Alfa ; postea
   prioratus Arremarensis, 13. 14, 17, 34, 37, 38, 47, 48, 51, 78,
   101, 119, 171, 172, 179, 239, 337, 358, 359, 361, 367, 368,
   376, 380. — Abbas Sadrebertus. — Priores 357, 367, Guido,
   Itorius (?), Odo, Stephanus. — Monachus : Aginus. — Curatus :
   Galterus. — Sacerdotes : Hugo, Petrus, Wido. Cfr. Alfa, Sancti
   Petri (ecclesia), Sancti Salvatoris monasteriolum.
Saint-Utin, Marne, a. Vitry-le-François, c. Sompuis, 210. —
   Presbiter : Adam. Cfr. Sancti Augustini (presbiter).
Saint-Victor, Aube, a. Troyes, c. Lusigny, com. Mesnil-Saint-
   Père, [meteria], 374. Cfr. Sancto Victore (grangia de).
Saint-Victor, Aube, a. Bar-sur-Aube, c. et com. Soulaines, olim
   capella Sancte Marie et prioratus Arremarensis de *Renfrois-*

sard, nunc meteria, 34, 50. Cfr. Henfredi Exarto (capella de), Renfredi Exarto (capella de).
Saint-Vinnemer, Yonne, a. Tonnerre, c. Crusy, 156. — Decanus : Petrus. Cfr. Sancti Winemauri (decanatus).
Sainte-Marie-en-Chaur, Haute-Saône, a. Lure, c. Luxeuil, 35, 51, 172. Cfr. S. Marie de Calmis (ecclesia), Chalnis (in).
Sainte-Maure, Aube, a. et c. Troyes, 193. Cfr. Sancte Maure (decima).
Sainte-Thuise, Aube, a. Arcis-sur-Aube, c. Ramerupt, com. Dammartin-le-Coq, 34, 45, 50, 55, 56, 101, 127, 306. — [Ecclesia et prioratus Arremarensis] molindina, 45, 55, 217. Cfr. Sancte Theodosie (ecclesia), Sancte Theusie (molindina).
Salins (de), 393. Vide : Château-Salins (?).
Salnez (ecclesia Sancte Marie et Sancti Johannis de), 35, 51. Vide : *Saulnot*.
Salueth (ecclesia de), 32. Vide : *Saulnot*.
Sancte Columbe (ecclesia), 34, 37, 51. Vide : *Metz-Robert* (?).
Sancte Julie (capella), 33, 49. Vide : *Troyes*.
Sancte Margarete (Belnensis abbatia), 339. Vide : *Beaune*.
Sancte Margarete (decanatus), 145, 209, 303, 388. Vide : *Margerie-Hancourt*.
Sancte Marie de Calmis (ecclesia Arremarensis), 35, 51. Vide : *Sainte-Marie-en-Chaux*.
Sancte Marie Deaurate (capella), 33, 49, 88. Vide : *Troyes*.
Sancta Maure (decima), 193. Vide : *Sainte-Maure*.
Sancte Rufine (diœcesis), (*Italie*), 102. Episcopus Teodinus.
Sancte Theodosie (ecclesia), 34, 45, 50, 55, 56, 101, 306 ; Sancte Theusie (molindina), 217. Vide : *Sainte-Thuise*.
Sancti Augustini, (presbiter), 210. Vide : *Saint-Utin*.
Sancti Anthonii Viennensis (magister et fratres hospitalis), 379. Vide : *Vienne et Troyes*.
Sancto Aventino (de), 142, 153, 301, 346. Vide : *Saint-Aventin*.
Sancti Dionisii (in monasterio), 8. Vide : *Saint-Denis*.
Sancti Evodii de Brana (abbatia), 332. Vide : *Braisne*.
Sancti Florentini (castellarium), 80, 96, 267. Vide : *Saint-Florentin*.
Sancti Johannis in foro (ecclesia Trecensis), 112. Vide : *Troyes*.
Sancti Johannis Baptistæ in Castello Trecensi (prioratus Arremarensis). Vide : *Troyes*.
Sancti Johannis [de Castello] (terra communie que dicitur), 90, 97. Vide : *Troyes*.
Sancti Hylarii (capella) [Arremarensis] vel fons, vel locus, juxta Thieffrein et Villy-en-Trodes, 36, 37, 99, 101, 329, 348.
Sancti Lupi Trecensis (abbatia). Vide : *Troyes*.
Sancti Lupi (terra), 40.
Sancti Martini [in Areis] Trecensis (abbatia). Vide : *Troyes*.
Sancti Martini (grangia), 374. Vide : *Saint-Martin*.
Sancti Martini in Vineis (villa vel ecclesia). Vide : *Troyes*.

Sancti Patrocli (in hasta), 159, 160, 277. Vide : *Saint-Parres-les-Tertres.*
Sancti Petri de Colla (monachi), 148. Vide : *Montier-la-Celle.*
Sancti Petri Dervensis (cenobium), 9, 19, 34 ; Sancti Petri in Dervo (ecclesia), 32, 50. Vide : *Montiéramey.*
Sancti Petri apud Essoyam (homines), 160.
Sancti Petri de Montibus (abbatia Cathalaunensis), 197. Vide : *Châlons-sur-Marne.*
Sancti Petri (ecclesia), quæ !est parrochia monasterii S. Salvatoris quod Alfa dicitur, 34, 37. Vide : *Saint-Sauveur.*
Sancti Quintini Trecensis (prioratus), 326, 328. Vide : *Troyes.*
Sancti Remigii de Brana (prioratus), 332. Vide : *Braisnes.*
Sancti Salvatoris (monasterium), vel prioratus, 34, 37, 38, 47, 48, 51, 78, 101, 119, 171, 172, 179, 239, 337, 357, 358, 359, 361. Vide : *Saint-Sauveur,* etiam Alfa.
Sancti Saturnini (finagium), 330. Vide : *Saint-Saturnin.*
Sancti Stephani Trecensis (collegiata). Vide : *Troyes.*
Sancti Victoris (landa), 225.
Sancti Winemauri (decanatus), 156. Vide : *Saint-Vinnemer.*
Sancto Karauno (de), 45. Vide : *Saint-Chéron.*
Sancto Leone (de), 153. Vide : *Saint-Lyé.*
Sancto Mauricio (Henricus de), 247.
Sancto Quintino (de), 82, 145, 254, (Herbertus ; Milo, miles ; Renerus).
Sancto Victore (grangia de), 374. Vide : *Saint-Victor.*
Sancto Victore (Sarracenus de), 145.
Sanctum Egidium (apud), 141.
Sanctum Martinum (apud), 312. Vide : *Saint-Martin.*
Sanctum Remigium (apud), 312. Vide : *Saint-Remy-sous-Barbuise.*
Sanctum Sepulchrum, 22, 104. Vide : *Villacerf.*
Sanctum Stephanum (apud), 312. Vide : *Saint-Etienne-sous-Barbuise.*
Sanctus Leodegarius, vetus prioratus, 180. Vide : *Saint-Léger.*
Sanctus Patroclus, 114. Vide : *Saint-Parres-les-Vaudes* (?).
Sanctus Petrus de Valleclusa, vetus prioratus, 6. Vide : *Vaucluse.*
Sarmagiis (ecclesia sancti Petri de) in diocesi Bizuntinensi, 35, 51. Vide : *Sermanges* (?).
Saucil (in censu *dou*) de Sancto Patroclo, 114.
Saulieu, Côte-d'Or, a. Semur, 304. Cfr. Sedelocum (apud).
Saulnot, Haute-Saône, a. Lure, c. Héricourt [Ecclesia Arremarensis], 32, 35, 51, 180. (Girardus).Cfr. *Salnez, Salueth, Saunet.*
Saunet (de), 180. Vide : *Saulnot* (?).
Savaut (locus qui dicitur) in finagio Villemedie, 364.
Savigneio (de), 336. Vide : *Savigny.*
Savigniaco (Girardus de), 390.
Savigny, Haute-Marne, a. Langres, c. Fayl-Billot, 336. (Hugo). Cfr. Savigneio (de).

Savigny-les-Beaune, Côte-d'Or, a. et c. Beaune, 35, 51, 71, 72, 101, 175, 273, 304, 340. — Vetus prioratus Arremarensis, 339, 340. — Rectores: Petrus, Renaudus (Ismerus, Johannes). Cfr. Savini, Savineio (de), Saviniaco (de).
Savini, 72 ; Savineio (de), 175 ; Saviniaco (ecclesia Sancti Cassiani de), juxta Belnam, 35, 51, 71, 72, 101, 273, 304. Vide : *Savigny-les-Beaune.*
Scambium (nemus quod vocatur), 87. Vide : *Echange (bois de l').*
Secanam (ad), 132, 165, 244. Vide : *la Seine.*
Sedelocum (apud), 304. Vide : *Saulieu.*
Seine (la), fluvius, 132, 165, 244.
Seloncort (villa de), haud procul *Mesnil-Lettre et Avant,* 83.
Senis (de), 379. Vide : *Sienne.*
Senonensis (diocesis), 74, 144. Vide : *Sens.*
Sens, Yonne, 74, 109, 144. — Archiepiscopi : Guido, Hugo, Michaël. — Sancte Columbe abbatia, 109, abbas : Radulfus.
Sephons (villa de) in episcopatu Lingonensi, 280, 388. Vide : *Sumfunz* (?).
Sepulchrum Dominicum (ad), 30, 42. Vide : *Jerusalem.*
Sermanges, Jura, a. Dole, c. Gendrey [ecclesia Arremarensis], 35, 51. Cfr. Sarmagiis (de) (?).
Serrigniaco (ecclesia de), 70. Vide : *Serrigny* (?).
Serrigny, Yonne, a. et c. Tonnerre, 70.
Servigny, Aube, a. Bar-sur-Seine, c. et com. Essoyes, 275. (Adam).
Servini, 275. Vide : *Servigny.*
Sézanne, Marne, a. Epernay, 88, 94, 140, 199, 216. — Archidiaconus : Galterius. (Odo, Philippus).
Sezannia (de), 88, 94, 140, 199, 216. Vide : *Sézanne.*
Sicile, Italie, 370. — Rex : [Carolus Andegavensis]. Cfr. Cecilie (rex).
Sienne, Italie, 379. (Aldobrandinus). Cfr. Senis (de).
Soderum (Johannes de), 140.
Sommeval, Aube, a. Troyes, c. Bouilly, 56, 57. (Burdinus). Cfr. Summa Valle (de).
Somsois, Marne, a. Vitry-le-François, c. Sompuis, 50, 208, 210, 290, 302, 303, 318. — Presbiteri : Radulfus, Robertus. (Garinus, Rembertus). Cfr. *Sonsois, Sumseis, Sumsois.*
Sonsois (ecclesia de), 290, 302-303, 318. Vide : *Somsois.*
Sormery, Yonne, a. Tonnerre, c. Flogny, 217. (Milo).
Spargis (prior de), 364. Vide : *Pargues* (?).
Sparnaio (de), 26. Vide : *Epernay.*
Spoy, Aube, a. Bar-sur-Aube, c. Vendeuvre, 296, 336, 367. — Curatus : Nicholaus. (Walterinus). Cfr. Cepeio (de), Cepoy (de).
Sumfunz (ecclesia [Arremarensis] Sancti Remigii de), in episcopatu Lingonensi, 34, 36, 51. Vide : *Ceffonds.* Sephons (?).
Summa Valle (de), 56, 57. Vide : *Sommeval.*
Sumseis (in villa), 50 ; *Sumsois* (de), 208. Vide : *Somsois.*

Susmuro (Galterius de), 92. Vide : *Troyes.*
Sylva communis ex potestate Sancti Petri de Valleclusa vel Sancti Lupi [in comitatu Tricassinensi haud procul monasterio Arremarensi], 6.
Syneval (ad pedem de) in finagio de *Fravaux*, 339.

Taast, 104, 148, 149. Vide : *Thaas.*
Taneileres, 121 ; Tanoclaria (villa que dicitur), 7. Vide : *Thennelières.*
Taneyaco (ecclesia Sancti Martini de) in archiepiscopatu Bisuntino. Vide : *Tincey.*
Telous (rivus qui dicitur), versus abbatiam Arremarensem, 39, 163, 225. Vide : *Thielou.*
Temple (le), olim Villare, *Aube, a. Troyes, c. Lusigny*, com. *Verrières*. (meteria), 207. Cfr. Villare secus Verrerias.
Tervantis (Deimbertus de), 71.
Thaas, Marne, a. Epernay, c. Fère-Champenoise, 104, 148, 149. (Petrus). Cfr. *Taast.*
Theffreim (juxta), 99, 329. Vide : *Thieffrain.*
Theoloci (abbatia), 361. Vide : *Theuley.*
Theuley, Haute-Saône, a. Gray, c. Dampierre-sur-Salon, vetus abbatia, 361. Prior : Adam.
Thieffrain, Aube, a. Bar-sur-Seine, c. Essoyes, 99, 239. (Bernardus). Cfr. *Theffrim.*
Thielou, rivulus affluens in Barsam, *Aube, a. Troyes, c. Lusigny*, 39, 163, 176, 206, 225. Cfr. *Telous, Tielus, Treloux.*
Thennelières, Aube, a. Troyes, c. Lusigny, 7, 121, 247 (?). (Aubertus). Cfr. *Taneileres, Tanoclaria.*
Thori (de), 333. Vide : *Thors.*
Thors, Aube, a. Bar-sur-Aube, c. Soulaines, 333. (Adelina, Milo).
Tielus, 176, 206. Vide : *Thielou.*
Tilleio (Boso de), 45.
Tincey, Haute-Saône, a. Gray, c. Dampierre-sur-Salon, 35, 51. Cfr. Taneyaco (ce) ; Tinciaco (de).
Tinciaco (ecclesia [Arremarensis] S. Martini de) in archiepiscopatu Bizuntino, 35. Vide : *Tincey.*
Toiri (Poncius de), 243.
Tonnerre, Yonne, 70, 257, 313. — Abbatia S. Michaelis, 70, 313 ; Abbates : Petrus, Stephanus ; Decanus : Petrus de Chabelia. Cfr. Tornodorensis (urbs).
Tonnerrois (le), *Yonne*, 8, 9. (Adilo. Ardebertus, Arorardus, Bernardus, Bertoldus, Bertraldus, Bobinus, Boso, Elbertus, Franco, Frederius, Ingelbodus, Sorebertus, Valterus). Cfr. Tornodrinse (in pago).
Torcei (de), 67 ; Torceio (de), 110. Vide : *Torcy-le-Grand.*
Torcy-le-Grand, Aube, a. et c. Arcis-sur-Aube, 67, 110. (Hugo).
Torneille (pratum de la), 186.

Tornodorensis [urbs], 70, 257, 313. Vide: *Tonnerre.*
Tornudrinse (in pago), 8. Vide : *Tonnerrois* (le).
Toul, Meurthe-et-Moselle, 2. — Episcopus : Frotarius. Cfr. Tullensium (episcopus).
Trainel, Aube, a. et c. Nogent-sur-Seine, 56, 71, 87. — Dominus : Ansellus I (Ansellus, clericus; Garnerus, episcopus Trecencis). Cfr. Triagnello (de), Triangulo (de).
Treloux. 39. Vide : *Thielou.*
Triagnello (de), 56. Triangulo (de), 71, 87. Vide : *Trainel.*
Trode (la forêt), *Aube, a. et c. Bar-sur-Seine,* com. *Villy-en-Trode,* 151, 238, 261, 298, 304, 348, 392. Cfr. Trohouda, Trooda (de).
Trohouda (usuarium [nemoris] de), 151, 238, 304 ; Trooda (de), 261, 298. Vide : *Trode.*
Tron (Bonardus *du*), 327.

Troyes, Aube, 1, 2, 3, 6, 7, 9, 12, 19, 20, 21, 24, 25, 26, 27, 30, 31, 42, 48, 49, 55, 57, 58, 67, 71, 74, 76, 77, 80, 85, 86, 88, 90, 91, 94, 96, 98, 100, 112, 153, 154, 171, 180, 184, 186, 188, 189, 196, 220, 228, 236, 247, 255, 267, 277, 281, 291, 293, 300, 301, 320, 327, 329, 370, 374, 380, 390, 391, 394, 395.

I.

ECCLESIA VEL DIOECESIS TRECENSIS,
224, 395.

§ 1er. DE EPISCOPATU ET DE VARIIS OFFICIIS ET MINISTRIS EPISCOPI.

I. Episcopi : Adalbertus, Bartholomeus alias Haicius, Bodo, Garnerus de Triangulo, Haicius de Planceio alias Bartholomeus, Hatto, Henricus de Carenthia, Herveus, Johannes III, Manasses de Pogeio, Matheus, Milo alias Philippus, Nicholaus, Philippus alias Milo, Prudentius (sanctus), Robertus.

II. Archidiaconi. — Major archidiaconus : Milo. — Archidiaconi : Bernardus, Drogo, Falco, Galterius, Galterius (pro Sezannia), Gibuinus, Girardus, Guiardus, Guirricus, Henricus, Herbertus, Jocelinus, Lambertus de Parisiis (pro Brena), Manasses, Manasses de Rumilliaco, Manasses de Villamauro, Milo, Nicolaus, Odo, Petrus de Mareio, Rainaldus.

III. Curia officialitatis, 363, 365, 373. — Officiales : Guiardus, Henricus, Hugo, Johannes, Milo, Nicholaus, O., Petrus Gervasius, Stephanus, Thomas de Pomerio. — Tabellio : Johannes Patriarcha.

IV. Episcopalium procurator : Milo.

§ 2. PRÆPOSITURA ECCLESIÆ TRECENSIS.

Præpositi : Guillelmus de Campania, Odo.

§ 3. CAPITULUM TRECENSE,
91, 125, 137.

I. Decani ante 1167 : Petrus ; decani post 1167 : Dyonisius ; Johannes, Milo, Nicholaus, Petrus de *Tast*.
II. Cantores : Gibuinus, Henricus, Johannes.
III. Canonici. 1º Canonici presbiteri. — Decanus canonicorum presbiterorum : Galterus. — Canonici presbiteri : Alexander ; Stephanus, filius Girufli. 2º Canonici diaconi : Johannes, Manasses de Buceio, Petrus *Bogre*. 3º Canonici subdiaconi : Herbertus, cantor Sancti Stephani Trecensis ; Milo de Braio ; Philippus de Sezannia. 4º Canonici sine distinctione ordinis : Droco de Cantumerula, Guerricus, Haicius de Planceio, Hato, Henricus de Noa, Herbertus, Hilduinus, Jacobus de Baaconno, Petrus Bibitor, Rainaldus de Pruvino, Renerus de Sancto Quintino, Rocelinus, Stephanus, Stephanus, Tegerius.

§ 4. MATRICULARIA ECCLESIÆ TRECENSIS,
146.

§ 5. DECANI XPISTIANITATIS TRECENSIS,
145, 313. — Radulphus, Stephanus.

§ 6. COLLEGIATÆ ET ABBATIÆ IN CIVITATE TRECENSI.

I. Sanctus Stephanus, 74, 77, 84, 88, 202. — Decani : Bartholomæus ; Manasses de Villamauro, archidiaconus Trecensis. — Cantor : Herbertus. — Prepositus : Manasses de Pogeio. — Subdecanus : Haicius de Planceio. — Canonici : Bonellus *Plais*, Guillelmus, Stephanus de Aliorra.
II. Beatæ Mariæ ad Moniales abbatia, 202, 370. — Abbatissa : Odda.
III. Sancti Lupi abbatia : 6, 56, 88, 104, 106, 111, 148, 149, 166, 170, 277, 326, 334, 335. — Abbates : Drogo, Guiterus, Manasses, Philippus, Renaudus. — Cantor : H. — Canonici : Everardus, Johannes, Petrus Theodorici, Vilelmus.
IV. Sancti Martini in Areis abbatia : 57, 62, 111, 193, 204, 277, 339. — Abbates : Guillermus, Lambertus, Odo, Petrus, Vitalis.

§ 7. PARROCHIÆ IN CIVITATE TRECENSI.

I. Sanctus Johannes in Foro, 112. — Presbiter : Johannes.
II. Sanctus Martinus in Vineis, [ecclesia Arremarensis], 20, 21, 25, 33, 43 (?), 49, 58, 76, 82, 84, 90, 93, 97, 105 (?), 106, 112, 180. (Fulco Parinus, Jacobus, Odo, Petrus).

§ 8. PRIORATUS IN CIVITATE TRECENSI.

I. Sancti Johannis Baptistæ in Castello, alias Sancti Blasii [prioratus Arremarensis], 21, 33, 42, 49, 58, 75, 76, 77, 81, 84, 85, 86, 88, 90, 92, 93, 97, 98, 100, 110, 111, 112, 120, 132, 140.

142, 153, 161, 170, 171, 184, 186, 201, 254, 274, 299, 306, 370, 380, 385, 394, 395. — Altare vel Reliquiæ Sancti Blasii, 86, 97. — Priores : Guiardus, Jacobus *Baume*, Nicolaus de Claravalle, Tebaudus, Theodericus. — Servientes : Arnulfus *Testous*, Gilbertus, Petrus. — Villicus : Ayricus.

II. Sancti Quintini prioratus, 326, 328.

§ 9. MONASTERIUM FRATRUM MINORUM.

365.

§ 10. DOMUS DEI VEL DOMUS HOSPITALES IN CIVITATE.

I. Sancti Stephani Domus Dei, 281, 283. — Provisor. Herbertus.

II. Sancti Anthonii Viennensis hospitalis, 379.

§ 11. CAPELLÆ IN CIVITATE.

I. Sanctæ Mariæ Deauratæ capella, 33, 49, 88.
II. Sanctæ Juliæ capella, 33, 49.

II.

PAGUS VEL TERRITORIUM TRICASSIUM,
1, 7, 9, 27, 18.

III.

COMITATUS TRECENSIS ALIAS CAMPANIÆ.

I. Comitatus, 1, 3, 6, 10, 27, 262-268, 334.

II. Comites : Aledramnus ; Boso ; Henricus I ; Henricus II ; Herbertus II ; Hugo ; Ludovicus X, rex Francorum ; Odo I ; Odo II ; Robertus II de Francia ; Theobaldus I, Theobaldus II, Theobaldus III ; Theobaldus IV, rex Navarræ ; Theobaldus V, rex Navarræ.

III. Comitissæ : Agnes [de *Beaujeu*], Blancha, Margarita, Maria, Mathildis [de *Carinthie*].

IV. De varis officiis et ministris comitum. — 1° Buticularius : Ansellus I de Triangulo. — Camerarii : Artaudus, Lambertus *Bouchu*. — 3° Cancellarii : Galterus, Guillelmus, Haicius de Planceio, Stephanus. — Vice cancellarius : Petrus de Roscida. — 4° Conestabuli : *Erard* de *Vallery*, Odo de Pugeio. — 5° Dapifer : Gaufredus, filius Otranni. — 6° Marescalli : Gaufridus [de Villarharduini] Guillelmus rex. — 7° Capellani : Albertus, Drogo, Milo. — 8° Elemosinarii : Guillermus, Petrus de Roscida. — 9° Prepositus : Robertus de Insulis. — 10° Scriptor : G. Sanctius. — 11° Notarii : Alermus, Ferduandus Petrus, Guillelmus, Johannes, Michael Pampilonensis, Milo, Odo. — 12° Coqus : Gualterius. — 13° Magister pistorum : Odardus. — 14° Major pincerna : Winibertus ; pincernæ : Framerius, Hugo.

V. Vice comitatus, 86, 97. — Vice comites, Milo (?), Rainaldus. — Præpositus vice comitis : Symon.

IV.
CIVITAS TRECENSIS.
§ 1er. PERSONNÆ.

Baillis : Michiel de Paris, Pierre Symiaus.
Præpositi : Guiardus, Herbertus *Putemonoie*, Ingelmerus, Josberlus de *Vertu*, Robertus, Wicelinus.
Custodes Sigilli : *Henris de Dammart, Jehans li Monoiers.*
Cives : Alebrandinus de Senis, phisicus ; Anscherius ; Baucendus, miles ; Bernardus de Montecuco ; Galterius de Susmuro ; Garinus *Barbette* ; Gilo de *Dilon* ; Grimaldus ; Guerricus *Buci* ; Ilato ; Hugo ; *Jehans li Monoiers* ; Johannes de Erviaco ; Matheus ; Petrus *Fourmagez* ; Savericus ; Theobaldus de Acenaio.

§ 2. TOPOGRAPHIA.

1° REGIONES: Banleia, 320. — Brocia [Judeorum],365. — Terra communie que dicitur Sancti Johannis de Castello, 90, 97, 180. — Corderia, 366. — Forum Trecense, 76, 86. — Sanctus Martinus in Vineis, 20, 21, 25, 33, 49, 58. — Surmuro (Galterius de), 92.

2° VICI. — Vicus Beatæ Mariæ, 202. — Vicus Clericorum, 320. — Vicus Hardewini, 86. — Ruella Harduini, 97, 154, 161, 184. — Via Pacriæ, 90, 97. — Vicus Sancti Abrahæ, 379.

3° MONUMENTA : Ecclesia Sancti Petri, 112. — Ecclesia Sancti Quintini : 132, 171. — Hospitalis sancti Anthonii Viennensis, 365. — Balnea Comitis et molindinum ad Balnea, 28. — Puteus Leprosorum, 340. — Halæ de Ypra, 365, 366. — Porta de *Comporté*, 320. — Muri civitatis, 132, 171.

4° DOMUS : 97. — Masceline, 76, 85, 120, 142, 170, 228. — Sancti Johannis, 86. — Sanctæ Mariæ, 202. — Petri *Paris*, 201. — de *Liebaut*, 202. — Mathei Ruß, 255, 291. — Saverici, 228. — de *Dovion*, 228. — Magna domus de Brocia, 366.

VIÆ : Via publica que vadit Puilliacum usque ad viam Pracrie, 90. — Via Pracrie, 90, 97.

Tullensium (episcopatus), 2, Vide : *Toul.*
Turpivilla (Gaulridus de), 122.
Tyois (in prato), haud procul *Chaource*, 313.

Ulmeio (Boso de), 208.
Unienville, Aube, a. Bar-sur-Aube, c. Vendeuvre, 45, 110, 170, 317. (Guido, miles ; Laurentius ; Paganus). Cfr. Univilla.
Univilla (de), 45, 110, 170, 317. Vide : *Unienville.*
Unneio (Viardus de), 179.

Vacheria, 100, 196, 204, 237, 328. Vide : *Vacherie (la)*.
Vacherie (la), *Aube*, *a. Troyes*, *c. Lusigny*, *com. Clérey*, 100, 196, 204, 237, 328.
Vacua Grangia (terra in) in finagio *de Lusigny*, 345.
Vaisse, 361. Vide : *Vaite*.
Vaite, *Haute-Saône*, *a. Gray*, *c. Dampierre-sur-Salon*, 361. Cfr. *Vaisse*.
Val (terra de), 224.
Val d'Osne, *Haute-Marne*, *a. Wassy*, *c. Chevillon*, com. *Osne-le-Val*, vetus prioratus, 73, 75. Cfr. Valle One (de).
Valeri (de), 373. Vide : *Vallery*.
Valièvre-Larrivour, *Aube*, *a. Troyes*, *c. et com. Lusigny*, (grangia), 324, 389. Cfr. *Voylievre*, Waleuria (de).
Valle *Brioth* (terra, sita in finagio de *Fralignes*, in communia de), 335.
Valle Erardi (terra in), 224.
Valle One (moniales de), 73, 75. Vide : *Val d'Osne*.
Vallery, *Yonne*, *a. Sens*, *c. Chéroy*, 373. — Dominus : Erarz. Cfr. *Valeri*.
Valluart alias *Galluart* (ecclesia [Arremarensis] S. Marie de), 37.
Vanne (la) rivus, affluens in fluvium de l'*Yonne*, *Aube et Yonne*, 346. (Ballivia in Ripparia Vernne).
Vannis (terra in valle de), 225.
Varricurte (de), 56. Vide : *Verricourt*.
Vaubercey, *Aube*, *a. Bar-sur-Aube*, *c. Brienne-le-Château*, com. *Blaincourt*, 107. (Petrus, miles). Cfr. Warberceis (de).
Vauborot (campus de), 253.
Vaucluse, *Doubs*, *a. Montbéliard*, *c. Maiche*, 6. Cfr. Sanctus Petrus de Valleclusa.
Vaudémont, *Meurthe-et-Moselle*, *a. Nancy*, *c. Vezelise*, 280 (?). — Comes : Hugo. Cfr. Waudimontis (comitatus).
Vaudes, *Aube*, *a. et c. Bar-sur-Seine*, 135, 207. Cfr. Wauda.
Velletri, *Italie*, 201.
Vendeuvre-sur-Barse, *Aube*, *a. Bar-sur-Aube*, 24, 29, 38, 39, 41, 45, 56, 67, 87, 99, 111, 113, 116, 117, 121, 124, 128, 140, 150, 173, 176, 177, 198, 219, 253, 273, 276, 335, 348, 379. — Castrum, 29, 39, 41. — Domini : Androinus, Hilduinus, Hugo, Odo, *Taillefers*. — Dominæ : Beatrix, Guillelma. — Decani : H. de Gieio, Hugo, Maubertus, Nicholaus, Thomas. — Prepositi : Bernardus ; Hilduinus sutor. (Andreas ; Bochardus ; Durannus ; Engerbertus Niger ; Gaufridus ; Guido ; Hiduinus Grossus ; Hilduinus, decanus Lingonensis ; Jacobus ; OdelarJus ; Petrus ; Rocelinus, Simon). Cfr. Vendopera (de).
Vendopera. Vide : *Vendeuvre-sur-Barse*.
Venisiaci (dominus), 350. Vide : *Venizy*.
Venizy, *Yonne*, *a. Joigny*, *c. Brinon*, 350. — Dominus : Henricus de Brena.
Venna (Bonellus de), 22.

Verberie, Oise, a. Senlis, c. Pont-Maxence, 16 (?). Cfr. Vermeriam apud.
Vermeriam (apud), 16. Vide : *Verberie* (?).
Verreriis (de), 283. Vide : *Verrières*.
Verricourt, Aube, a. Arcis-sur-Aube, c. Ramerupt, 56. (Philippus). Cfr. Varricurte (de).
Verrières, Aube, a. Troyes. c. Lusigny, 283. (Amarricus). Cfr. Verreriis (de).
Vertu (de), 125. Vide : *Vertus*.
Vertus, Marne, a. Châlons-sur-Marne, 125. (Josbertus).
Veugi (terra de) haud procul Verrières.
Victreyo (de), 197. Vide : *Vitry-le-Croisé*.
Videliacum (apud), 12, 34, 39, 44. Vide : *Villy-en-Trode*.
Vienne, Isère, 379.
Viennensis (diœcesis), 379. Vide : *Vienne*.
Vignory, Haute-Marne, a. Chaumont, 24, 26. (Wido). Cfr. Wannonis rivo (de).
Viler le Fol (grangia de), 244. Vide : Villario le Fol (villa de) (?).
Vilers (Aubricus, Odo de), 296.
Vilers (Arnulfus, Rainaudus de), 67, 122, 147, 219, 253.
Vilers (grangia apud), 176, 252. Vide : *Villiers-le-Bourg*.
Villacerf, Aube, a. et c. Troyes, 22, 104. — Prior. Hugo (Bovo). Cfr. Sanctum Sepulcrum.
Villamauro (de) 24, 42, 43, 59, 96, 267. Vide : *Villemaur*.
Villa Media (villa de), 100, 165, 167, 230, 241, 242, 245, 250, 335, 363, 364. Vide : *Villemoyenne*.
Villa *Meruel* (de), 132. Vide : *Villemereuil*.
Villa Nova (Gaufridus miles de), 369.
Villa Nova apud Cheminum alias de Chemino, 98, 126. Vide : *Villeneuve-au-Chemin*.
Villa Nova (finagium de), juxta Villammediam, 230, 241, 363. Vide : *Villeneuves (Hautes ou Basses)*.
Villa Nova super Vennam, 110. Vide : *Neuville-sur-Vanne*.
Villare secus Verrerias (apud), 207. Vide : *Villiers, alias le Temple*.
Villari (grangia de), 151, 165, 322. Vide : *Villiers-le-Bourg*.
Villario *le Fol* (villa de), 100. Vide : *Viler le Fol* (?).
Villeiaco (de), 117. Vide : *Villy-en-Trode*.
Villeio (villa de), 100.
Villeium in Orreo (apud), 259.
Villemaur, Aube, a. Troyes, c. Estissac, 24, 42, 43, 59, 96, 267. (Drogo, Hilduinus, Manasses, Manasses). Cfr. Villamauro (de).
Villemeayne (héritages seans a), 384. Vide : *Villemoyenne*.
Villemereuil, Aube, a. Troyes, c. Bouilly, 132. (Garnerus). Cfr. Villa *Meruel*.
Villemoyenne, Aube, a. et c. Bar-sur-Seine, 100, 165, 167, 230, 241, 242, 245, 250, 335, 363, 364, 384. (Hemaniardis, *Hugo*

a la Bouche, Robertus, Stephanus *Bochart)*. Cfr. Villa Media (de), *Villemeayne*.

Villeneuve-eu-Chemin, Aube, a. Troyes, c. Ervy, 98, 126, 314, 315. Cfr. Cheminum (apud). Villa Nova apud Cheminum.

Villeneuves (Hautes ou Basses), Aube, a. et c. Bar-sur-Seine, com. *Villemoyenne*, 25, 30, 230, 241, 363, 384. (Petrus). Cfr. Nova Villa, Villa Nova.

Villerio (Ernulfus de), 47.

Villers (grangia de), 100. Vide : *Villiers-le-Bourg* (?).

Villers (grangia de), 100. Vide : *Villiers-sous-Praslain* vel *Villiers-le-Bois* (?).

Ville super Arciam (finagium), 271, 274, 294, 316, 378. Vide : *Ville-sur-Arce*.

Ville-sur-Arce, Aube, a. et c. Bar-sur-Seine, 271, 274, 294, 316, 378. (Milo, Perretus, Theobaldus, Thuricus).

Villetard, alias *Veletart*, Aube, a. Troyes, c. Bouilly, com. Buchères et Moussey, 207.

Villeyo (Thomas de), 389.

Villiaco (Ecclesia S. Laurentii de), 36, 51, 56, 67, 128, 129, 130, 163, 176, 177, 238, 260, 322, 335, 348. Vide : *Villy-en-Trode*.

Villiers-le-Bourg, Aube, a. et c. Bar-sur-Seine, com. *Villy-en-Trode*, 100, 151, 163, 176, 252, 322. Cfr. *Vilers* (grangiam apud), Villari (grangia de), *Villers* (grangia de).

Villiers alias *le Temple*, Aube, a. Troyes, c. Lusigny, com. Verrières, meteria, 207. Cfr. Villare secus Verrerias (apud).

Villiers-sous-Praslin, vel *Villiers-le-Bois*, Aube, a. Bar-sur-Saine, c. Chaource, 100 (?). Cfr. *Viller*.

Villy-en-Trode, Aube, a. et c. Bar-sur-Seine, 12, 34, 36, 39, 44, 51, 56, 65, 67, 117, 128, 129, 130, 163, 165, 176, 177, 238, 260, 322, 335, 348. — Major : Galterus (Adelina, Petrus, Ricardus). Cfr. Videliacum (apud), Villeiaco (de), Villiaco (de).

Vinea (terra de), haud procul *Clérey*, 204.

Vinea Alba (vinee in) in finagio de *Fravaux*, 339.

Vinea Rubea (vinee in) in finagio de *Fravaux*, 339.

Vireio (de), 362. Vide : *Virey-sous-Bar*.

Virelei (miles de), 136.

Virey-sous-Bar, Aube, a. et c. Bar-sur-Seine, 362. Cfr. Vireio (de).

Vitriaco (de), 129. Vide : *Vitry-le-Croisé*.

Vitriaco (de), 21, 24, 25. Vide : *Vitry-en-Perthois*.

Vitry-le-Croisé, Aube, a. Bar-sur-Seine, c. Essoyes, 129, 197. (Guido, Hugo). Cfr. Victreyo (de), Vitriaco (de).

Vitry-en-Perthois ou le Brulé, Marne, a. et c. *Vitry-le-François*, 21, 24, 25. (Albericus, Jorannus). Cfr. Vitriaco (de).

Vivariis (vincis de), 155, 221. 224, 274, 290, 291, 294, 300, 316, 351, 357 ; Viveriis (Ecclesia [Arremarensis] S. Victoris de), 34, 37, 51, 101, 140, 271, 272. Vide : *Viviers*.

Viviers, Aube, a. Bar-sur-Seine, c. Essoyes, **vetus prioratus**

Arremarensis, 34, 37, 51, 101, 140, 155, 221, 271, 274, 290, 291, 294, 300, 316, 345, 351, 357. — Prior : Thecelius. (Esmeniardis, Petrus). Cfr. Vivariis (de), Viveriis (de).
Voenon, 98. Vide : *Vosnon*.
Voigny, Aube, a. et c. Bar-sur-Aube, 356. Cfr. *Waigni*.
Volenissa (Odardus de), 22.
Voonon, 314. Vide : *Vosnon*.
Vosnon, Aube, a. Troyes, c. Ervy, 98, 314. Cfr. *Voenon*, *Voonon*.
Vouarces, Marne, a. Epernay, c. Anglure, 330. Cfr. *Warce*.
Voylièvre (molindina de), 389. Vide : *Valièvre-Larrivour*.

Waigni (de), 356. Vide : *Voigny*.
Waissei (terra), 71 ; Waissiacum (castrum), 191. Vide : *Wassy*.
Walerant (vinee in) in finagio de *Fravaux*, 339.
Waleuria (vadum de), 324. Vide : *Valièvre-Larrivour*.
Wannonis rivo (de), 24, 26. Vide : *Vignory*.
Warberceis (de), 107. Vide : *Vaubercey*.
Warce (aqua de), subtus monasterium prioratus de *Angluzelles*, 331. Vide : *Vouarces*.
Wassy, Haute-Marne, 71, 191, 192. — Domus Hospitalis, 191, 192, 193. Cfr. *Waissei*, Waissiacum.
Wauda (de), 135, 207. Vide : *Vaudes*.
Waudimontis (comitatus), 280. Vide : *Vaudémont* (?).
Wiler (foresta), que est in finagio de Vivariis, 290.

Ylles (chastellerie d'), 384. Vide : *Isle-Aumont*.

www.ingramcontent.com/pod-product-compliance
Lightning Source LLC
Chambersburg PA
CBHW050555230426
43670CB00009B/1131